U0926559

“十二五”高等职业教育物流专业工学结合系列教材

报关与报检实务

主　编　孙　康

副主编　王瑞华　郭　静

　　　　赵　阔　连　有

中国财富出版社

图书在版编目（CIP）数据

报关与报检实务/孙康主编．—北京：中国财富出版社，2013.1
（“十二五”高等职业教育物流专业工学结合系列教材）
ISBN 978-7-5047-4577-4

Ⅰ.①报… Ⅱ.①孙… Ⅲ.①进出口贸易—海关手续—中国—高等职业教育—教材
Ⅳ.①F752.5

中国版本图书馆 CIP 数据核字（2012）第 298473 号

策划编辑 张 茜　　**责任印制** 何崇杭 王 洁
责任编辑 张 茜　　**责任校对** 梁 凡

出版发行 中国财富出版社（原中国物资出版社）
社　　址 北京市丰台区南四环西路 188 号 5 区 20 楼　　**邮政编码** 100070
电　　话 010-52227568（发行部）　　010-52227588 转 307（总编室）
010-68589540（读者服务部）　　010-52227588 转 305（质检部）
网　　址 http://www.clph.cn
经　　销 新华书店
印　　刷 三河市西华印务有限公司
书　　号 ISBN 978-7-5047-4577-4/F·1887
开　　本 787mm×1092mm 1/16
印　　张 19.75　　**版　　次** 2013 年 1 月第 1 版
字　　数 493 千字　　**印　　次** 2013 年 1 月第 1 次印刷
印　　数 0001—3000 册　　**定　　价** 39.80 元

“十二五”高等职业教育物流专业工学结合系列教材编审委员会

(按姓氏笔画顺序排列)

序　言

为贯彻落实《国家中长期教育改革和发展规划纲要（2010—2020年）》，推行工学结合、校企合作、顶岗实习的职业教育人才培养模式，中国财富出版社（原中国物资出版社）现代物流教材中心特组织国家示范性高等职业院校教师以及职业教育专家共同开发了“十二五”高等职业教育物流专业工学结合系列教材。

近年来，高等职业教育在教学改革及课程建设方面取得了巨大成就，教材是教学课程的物化，所以教材建设需要同步跟进、创新。本系列教材的编写正是在物流专业课程体系全面、系统改革的基础上进行的，因此本系列教材具有如下特点：

(1) 依据校企合作、工学结合的模式编写教材。本系列教材的编写以职业院校教师为主，以物流企业人员为辅，把课堂知识与岗位技能要求相融合，保证了课本知识符合物流企业所需人才的培养方案要求。

(2) 内容和形式的创新。教材打破了原来学科体系的编写方法，以任务、实训案例为载体，以小贴士、小资料为课外补充，充分展示了本系列教材理论与实践的结合、知识与岗位技能对接的特点。不仅有助于学生掌握物流岗位“必须”知识，而且有助于学生直观地了解企业的物流活动。

(3) 案例真实，实训性强。教材选取的企业典型案例，具有真实性、针对性，有助于学生真实体会物流企业岗位工作内容。教材中还设置了具体的工作任务及工作流程，并采用步骤式的方案引导学生分组进行实践操作，培养学生全局意识及工作过程中的协调能力。

(4) 任务、案例循序渐进，易于学习。教材中任务、案例的安排遵循由简单到复杂、由单一到综合的递进关系，逻辑性强，符合高等职业院校学生认知特点和职业教育能力培养方案。此外，循序渐进式的安排也有助于增强学生的自信心，激发学生对物流专业学习的兴趣。

本系列教材是中国财富出版社（原中国物资出版社）及该系列教材编委会在职业教育方面努力创新、不断完善的成果，但仍有许多需要改进之处。伴随不断的实践和经验的总结，中国物资出版社会与职业教育专家、全国物流专业教师共同再接再厉，为全国高等职业院校物流专业的学子提供规范、适用的精品教材。

编委会
2011年8月

前　言

"报关与报检实务"是报关与国际货运专业、国际贸易专业、物流管理专业的专业课程，是实践性较强的一门综合性课程。该课程旨在让学生掌握我国各项报关、报检制度及通关程序，培养学生良好的职业素质，从而提高学生的专业知识水平和实际操作能力。

本书做为该课程的配套教材，依据以学生就业为导向、以职业岗位能力为核心、以工作任务为主线的职业教育理念编写而成。在内容编排上尽量符合报关与报检工作的实际，由浅入深、通俗易懂，包含"必需、够用"的理论知识，又充分融入"能说、会做"的职业能力，充分体现了高等职业教育"项目导向、任务驱动、理实一体"的教学理念和特色。本书在编写过程中选择了报关与报检活动中的典型任务，同时还紧密地结合职业资格认证考试的知识内容。

本书内容分为上下两篇，共有十个模块。上篇报关实务包括五个模块：报关资格的申请、对外贸易管制、报关作业实施、报关单证管理、报关核算。下篇报检实务包括五个模块：报检资格的申请、检验检疫监督管理、报检作业实施、报检单的填制及原产地证书的申请、进出口商品归类。

本书由孙康任主编并统稿，王瑞华、郭静、赵阔、连有任副主编，参加编写的人员任务分配如下：孙康（苏州建设交通高等职业技术学校）负责模块一、模块三、模块四；李万里（北京京北职业技术学院）负责模块二；王瑞华（辽宁经济职业技术学院）负责模块五；赵阔（辽宁经济职业技术学院）负责模块六、模块七；孙莉（安徽省宿州市商务局）负责模块八；郭静（苏州建设交通高等职业技术学校）负责模块九；连有（北京京北职业技术学院）负责模块十。

本书可作为广大高职高专院校、应用型本科院校报关与国际货运专业、物流管理专业教材，也可作为报关员、报检员资格全国统一考试的重要参考用书，还可以作为物流工作者的参考用书。

在本书的编写过程中，我们参阅了大量国内有关报关报检的资料，并得到有关企业专家的具体指导，在此一并致谢。由于编者水平有限，书中难免存在疏漏和不足之处，恳请广大读者批评指正。

编　者

2012 年 9 月

目 录

上篇 报关实务

下篇 报检实务

上篇

报关实务

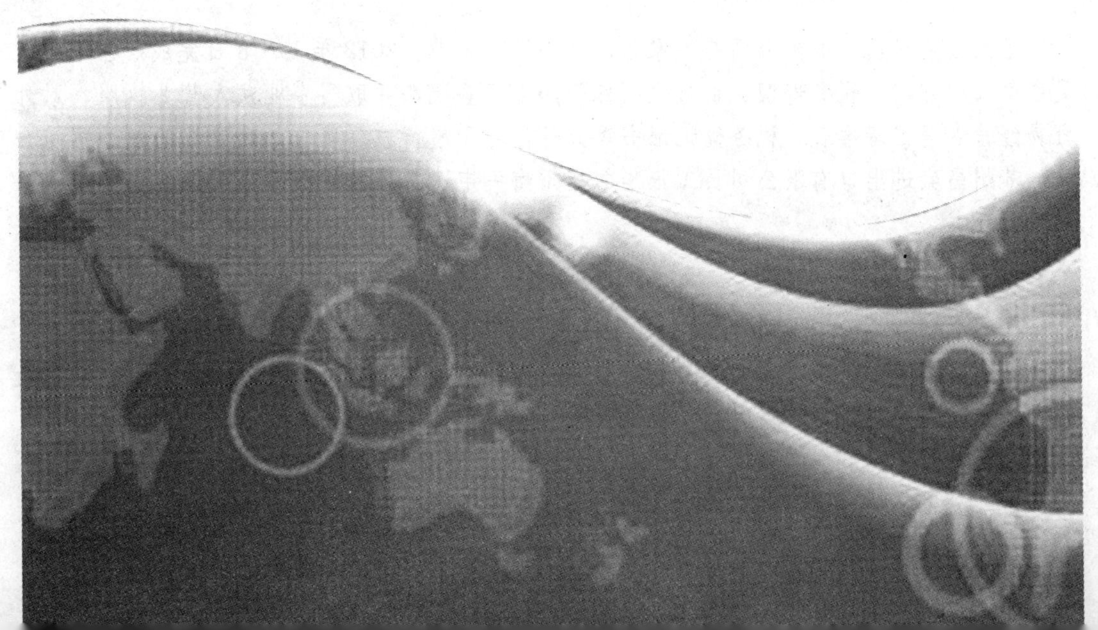

模块一 报关资格的申请

《中华人民共和国海关法》（以下简称《海关法》）规定："进出口货物收发货人、报关企业办理报关手续，必须依法经海关注册登记，报关人员必须依法取得报关从业资格。未依法经海关注册登记的企业和未依法取得报关从业资格的人员，不得从事报关业务。"法律明确规定了对向海关办理进出口货物报关手续的进出口货物收发货人、报关企业实行注册登记管理制度。因此，依法向海关注册登记、获得向海关申报的资格是法人、其他组织或者个人成为报关单位的法定要求。

任务一 自理报关单位的备案登记

知识目标

1. 了解报关的含义及分类。
2. 了解报关单位的类型。
3. 掌握进出口收发货人的概念。
4. 掌握进出口货物收发货人登记证书的时效。

能力目标

1. 掌握自理报关单位注册登记步骤。
2. 掌握自理报关单位的换证管理步骤。

任务导入

苏州昌盛进出口有限公司是一家新成立的民营企业，2012年1月8日完成了在苏州市吴中区工商部门、税务部门、商务主管部门的备案登记，并取得企业法人营业执照、对外贸易经营者登记备案表、税务登记证书等文件，为了履行该公司与外商签订的对外贸易合同，苏州昌盛进出口有限公司员工张华向苏州海关申请本公司的报关资格即向海关申请注册登记证书。

任务分析

向海关办理注册登记证书的申请，首先要明确报关的概念及分类、报关单位的概念及分类，在向海关注册完成后更需要明确报关行为规则及相应的法律责任。

相关知识与拓展

一、报关的含义及分类

《海关法》第八条规定："进出境运输工具、货物、物品，必须通过设立海关的地点进境或出境。"因此，由设关地进出境并办理规定的海关手续是运输工具、货物、物品进出境的基本规则，也是进出境运输工具负责人、进出口货物收发货人、进出境物品的所有人应履行的一项基本义务。

（一）报关的含义

报关是与运输工具、货物、物品的进出境密切相关的一个概念。一般而言，报关是指进出口货物收发货人、进出境运输工具负责人、进出境物品的所有人或者他们的代理人向海关办理货物、物品或运输工具进出境手续及相关海关事务的过程。

报关的具体范围包括进出境运输工具报关、进出境物品报关、进出境货物报关和进出境邮递物品报关。

进出境运输工具主要包括用以载运人员、货物、物品进出境，在国际间运营的各种境内或境外船舶、车辆、航空器和驮畜等。

进出境货物报关主要包括一般进口货物，一般出口货物，保税货物，暂准进出口货物，特定减免税进出口货物，过境、转运和通运货物及其他进出境货物。另外，一些特殊货物，如通过电缆、管道输送进出境的水、电等和无形的货物，如附着在货品载体上的软件等也属于报关的范围。

进出境物品报关主要包括进出境的行李物品、邮递物品和其他物品。以进出境人员携带、托运等方式进出境的物品为行李物品；以邮递方式进出境的物品为邮递物品；其他物品主要包括享有外交特权和豁免的外国机构或者人员的公务用品或自用物品以及通过国际速递企业进出境的快件等。

（二）报关的分类

1. 按照报关的对象分类，可分为运输工具报关、货物报关和物品报关

由于海关对进出境运输工具、货物、物品的监管要求各不相同，报关可分为运输工具的报关、货物的报关和物品的报关三类，如图 1－1 所示。其中，进出境运输工具作为货物、人员及其携带物品的进出境载体，其报关主要是向海关直接交验随附的、符合国际商业运输惯例、能反映运输工具进出境合法性及其所承运货物、物品情况的合法证件、清单和其他运输单证，其报关手续较为简单。进出境物品由于其非贸易性质，且一般限于自用、合理数量，其报关手续也很简单。进出境货物的报关就较为复杂，为此，海关根据对进出境货物的监管要求，制定了一系列报关管理规范，并要求必须由具备一定的专业知识和技能且经海关核准的专业人员代表报关单位专门办理。

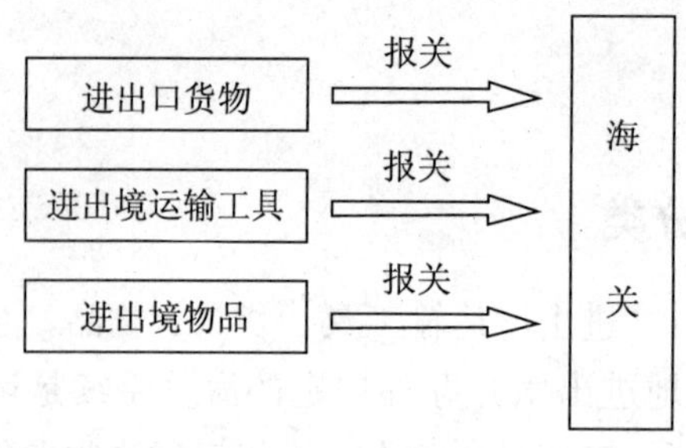

图1-1　报关的分类

2. 按照报关的目的分类，可分为进境报关和出境报关

由于海关对运输工具、货物、物品的进境和出境有不同的管理要求，运输工具、货物、物品根据进境或出境的目的分别形成了一套进境报关和出境报关手续。

3. 按照报关的行为性质分类，可分为自理报关和代理报关

进出境运输工具、货物、物品的报关是一项专业性较强的工作，尤其是进出境货物的报关比较复杂。由于经济、时间、地点等方面的原因，一些运输工具负责人、进出口货物收发货人或者物品的所有人，不能或者不愿意自行办理报关手续，而委托代理人代为报关，于是形成了自理报关和代理报关两种报关类型。

(1) 自理报关。进出口货物收发货人自行办理报关业务称为自理报关。根据我国海关目前的规定，进出口货物收发货人必须依法向海关注册登记后方能办理报关业务。

(2) 代理报关。代理报关是指接受进出口货物收发货人的委托代理其办理报关业务的行为。我国海关法律把有权接受他人委托办理报关业务的企业称为报关企业。报关企业必须依法取得报关企业注册登记许可并向海关注册登记后方能从事代理报关业务。

根据代理报关法律行为责任承担者的不同，代理报关又分为直接代理报关和间接代理报关。直接代理报关是指报关企业接受委托人（即进出口货物收发货人）的委托，以委托人的名义办理报关业务的行为。间接代理报关是指报关企业接受委托人的委托以报关企业自身的名义向海关办理报关业务的行为。在直接代理中，代理人代理行为的法律后果直接作用于被代理人；而在间接代理中，报关企业应当承担与进出口货物收发货人自己报关时所应当承担的相同的法律责任（如表1-1所示）。目前，我国报关企业大都采取直接代理形式代理报关，间接代理报关只适用于经营快件业务的国际货物运输代理企业。

表1-1　代理报关的属性及法律责任

报关性质	代理方式	行为属性	法律责任
代理报关	直接代理	委托代理行为	法律后果直接作用于被代理人（委托人）；报关企业亦应承担相应的法律责任
	间接代理	视同报关企业自己报关	法律后果直接作用于被代理人（报关企业）；由报关企业承担委托人自己报关时所应承担的相同法律责任

二、报关单位的概念及类型

报关单位是指依法在海关注册登记的进出口货物收发货人和报关企业。

《海关法》规定："进出口货物收发货人、报关企业办理报关手续，必须依法经海关注册登记，报关人员必须依法取得报关从业资格。未依法经海关注册登记的企业和未依法取得报关从业资格的人员，不得从事报关业务。"法律明确规定了对向海关办理进出口货物报关手续的进出口货物收发货人、报关企业实行注册登记管理制度。因此，依法向海关注册登记是法人、其他组织或者个人成为报关单位的法定要求。

《海关法》将报关单位划分为两种类型，即进出口货物收发货人和报关企业。

（一）进出口货物收发货人

进出口货物收发货人是指依法直接进口或者出口货物的中华人民共和国关境内的法人、其他组织或者个人。

一般而言，进出口货物收发货人指的是依法向国务院对外贸易主管部门或者其委托的机构办理备案登记的对外贸易经营者。对于一些未取得对外贸易经营者备案登记表但按照国家有关规定需要从事非贸易性进出口活动的单位，如境外企业、新闻、经贸机构、文化团体等依法在中国境内设立的常驻代表机构，少量货样进出境的单位，国家机关、学校、科研院所等组织机构，临时接受捐赠、礼品、国际援助的单位，国际船舶代理企业等，在进出口货物时，海关也视其为进出口货物收发货人。进出口货物收发货人经向海关注册登记后，只能为本单位进出口货物报关。

（二）报关企业

报关企业是指按照规定经海关准予注册登记，接受进出口货物收发货人的委托，以进出口货物收发货人的名义或者以自己的名义，向海关办理代理报关业务，从事报关服务的境内企业法人。

进出口货物报关是一项专业性很强的工作。有些进出口货物收发货人由于经济、时间、地点等方面的原因不能或者不愿自行办理报关手续，便在实践中产生了委托报关的需要。报关企业正是为进出口货物收发货人提供报关服务的企业。作为报关企业，必须在经营规模、管理人员素质、报关员数量、守法状况、管理制度等几个方面符合海关规定的设立条件，并经海关注册登记行政许可，依法向海关办理注册登记。

目前，我国从事报关服务的报关企业主要有两类：一类是经营国际货物运输代理等业务，兼营进出口货物代理报关业务的国际货物运输代理公司等；另一类是主营代理报关业务的报关公司或报关行。

三、海关对报关单位的分类管理

为了鼓励企业守法自律，提高海关管理效能，保障进出口贸易的安全与便利，海关根据企业遵守法律、行政法规、海关规章、相关廉政规定和经营管理状况，以及海关监管、统计记录等，对在海关注册登记的进出口货物收发货人、报关企业进行评估，按照AA、A、B、C、D五个管理类别进行管理，并对企业的管理类别予以公开。海关按照守法便利原则，对适用不同管理类别的企业，制订相应的差别管理措施，其中AA类和A类企业适用相应的通关便利措施，B类企业适用常规管理措施，C类和D类企业适用严密监管措施。

四、进出口货物收发货人的注册登记

根据《海关法》规定，进出口货物，除另有规定的外，可以由进出口货物收发货人自行办理报关纳税手续，也可以由进出口货物收发货人委托海关准予注册登记的报关企业办理报关纳税手续。进出口货物收发货人、报关企业办理报关手续，必须依法经海关注册登记。因此，向海关注册登记是进出口货物收发货人、报关企业向海关报关的前提条件。

海关对未取得对外贸易经营者备案登记表，但依照国家有关规定需要从事非贸易性进出口活动的有关单位，允许其向进出口口岸地或者海关监管业务集中地海关办理临时注册登记手续。临时注册登记有效期最长为7日。对于报关企业，海关要求其必须具备规定的设立条件并取得海关报关注册登记许可。对于进出口货物收发货人则实行备案制，其办理报关注册登记的手续和条件比报关企业简单。

进出口货物收发货人应当按照规定到所在地海关办理报关单位注册登记手续。

进出口货物收发货人申请办理注册登记，应当提交的文件材料包括：企业法人营业执照副本复印件（个人独资、合伙企业或者个体工商户提交营业执照）；对外贸易经营者登记备案表复印件（法律、行政法规或者商务部规定不需要备案登记的除外）；企业章程复印件（非企业法人免提交）；税务登记证书副本复印件；银行开户证明复印件；组织机构代码证书副本复印件；报关单位情况登记表、报关单位管理人员情况登记表；其他与注册登记有关的文件材料。注册地海关依法对申请注册登记材料是否齐全、是否符合法定形式进行核对。申请材料齐全、符合法定形式的申请人由注册地海关核发“中华人民共和国海关进出口货物收发货人报关注册登记证书”。进出口收发货人凭以办理报关业务。

五、进出口货物收发货人登记证书的时效及换证管理

根据海关规定，收发货人登记证书的有效期限为3年。进出口货物收发货人应当在收发货人登记证书有效期届满前30日到注册地海关办理换证手续。进出口货物收发货人办理换证手续时应当向注册地海关递交的文件材料包括：企业法人营业执照副本复印件（个人独资、合伙企业或者个体工商户提交营业执照）；对外贸易经营者登记备案表复印件（法律、行政法规或者商务部规定不需要备案登记的除外）；中华人民共和国外商投资企业批准证书，中华人民共和国台、港、澳、侨投资企业批准证书复印件（限外商投资企业提交）；报关单位情况登记表、报关员情况登记表（无报关员的免提交）、报关单位管理人员情况登记表。

材料齐全、符合法定形式的进出口货物收发货人由注册地海关换发收发货人登记证书。

任务实施

第一步：在南京海关门户网站办事指南—企业管理链接下载《报关单位注册登记申请

书》“报关单位情况登记表”“报关单位管理人员情况登记表”，填写企业基本信息并加盖企业公章及法人印鉴章。

第二步：到企业所在地主管海关苏州海关业务现场或在授权报关行的“中国电子口岸报关行专用版”预录入上述三张表格所有信息并获取预录入编码。

第三步：持已录入的表格及相关证件材料向主管海关企业备案窗口办理报关单位海关注册登记审核手续；其中相关证件材料包括：①企业法人营业执照副本原件及复印件（个人独资、合伙企业或者个体工商户提交营业执照副本）；②对外贸易经营者登记备案表原件及复印件（内资法律、行政法规或者商务部规定不需要备案登记的除外）；③中华人民共和国外商投资企业批准证书原件及复印件（外商投资企业提交）；④企业章程原件及复印件（非企业法人免提交）；⑤税务登记证书副本原件及复印件；⑥以人民币为基本账户的银行开户证明（银行开户许可证）原件及复印件；⑦组织机构代码证书副本原件及复印件；⑧《报关单位注册登记申请书》“报关单位情况登记表”“报关单位管理人员情况登记表”加盖单位公章及法人印鉴章，其他表格按照要求来做；⑨（经办人）办理报关单位海关注册登记手续的人员须携带本人身份证件原件及单位出具的加盖公章的介绍信。

第四步：经海关审核并登记备案后，企业获取“中华人民共和国海关进出口货物收发货人报关注册登记证书”及报关专用章刻制式样，具名签收，并在启用前向海关备案印模。

第五步：在苏州海关办理备案登记手续后，需前往中国电子口岸南京数据分中心办理电子口岸入网手续，包括IC卡制卡手续。

归纳总结

进出口货物收发货人应当按照规定到所在地海关办理报关单位注册登记手续。

进出口货物收发货人申请办理注册登记，应当提交的文件材料包括企业法人营业执照副本复印件（个人独资、合伙企业或者个体工商户提交营业执照）；对外贸易经营者登记备案表复印件（法律、行政法规或者商务部规定不需要备案登记的除外）；企业章程复印件（非企业法人免提交）；税务登记证书副本复印件；银行开户证明复印件；组织机构代码证书副本复印件；报关单位情况登记表、报关单位管理人员情况登记表；其他与注册登记有关的文件材料。

注册地海关依法对申请注册登记材料是否齐全、是否符合法定形式进行核对。申请材料齐全、符合法定形式的申请人由注册地海关核发“中华人民共和国海关进出口货物收发货人报关注册登记证书”。进出口收发货人凭以办理报关业务。

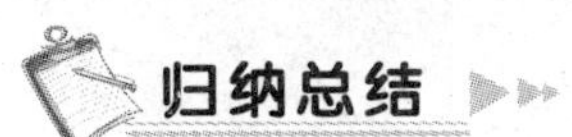

思考与训练

任务情境：南通盛大纺织品有限公司的进出口货物收发货人报关注册登记证书于2012年6月过期，需要办理换证手续，请根据所学习的知识，完成换发进出口收发货人报关注册登记证书的任务。

任务二　代理报关单位的注册登记

知识目标

1. 了解代理报关单位的概念。
2. 了解海关的任务及组织机构。
3. 了解海关的权力内容。
4. 了解报关单位注册的相关法律责任。

能力目标

1. 掌握报关企业注册登记许可申请步骤。
2. 掌握代理报关单位注册登记步骤。
3. 掌握代理报关单位的变更登记及注销登记步骤。

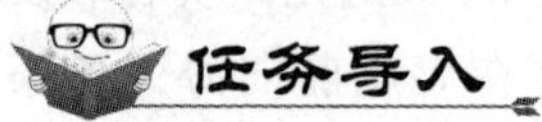

苏州永诚报关有限公司于2012年1月10日向苏州市沧浪工商分局注册，在向工商局办理许可经营项目登记时，工商部门要求苏州永诚报关有限公司提交南京海关颁发的海关注册登记许可证书复印件。只有取得注册登记许可，才可以向工商部门办理工商营业执照。

任务分析

苏州永诚报关有限公司向海关办理注册登记证书的申请，首先要明确海关的基本权力和组织机构，其次要取得海关注册登记许可后，才可以向海关办理代理报关单位注册登记。

相关知识与拓展

一、海关的分类及组织机构

《海关法》规定："中华人民共和国海关是国家的进出关境监督管理机关。海关依照本法和其他有关法律、行政法规，监管进出境的运输工具、货物、行李物品、邮递物品和其他物品，征收关税和其他税、费，查缉走私，并编制海关统计和办理其他海关业务。"海关是国家行政机关之一，是国务院的直属机构，从属于国家行政管理体制。

海关代表国家依法独立行使行政管理权。海关是国家进出境监督管理机关，海关依照有关法律、行政法规并通过法律赋予的权力，制定具体的行政规章和行政措施，对特定领域的活动开展监督管理，以保证其按国家的法律规范进行。海关通过法律赋予的权力，对

特定范围内的社会经济活动进行监督管理，并对违法行为依法实施行政处罚，以保证这些社会经济活动按照国家的法律规范进行。因此，海关的监督管理是保证国家有关法律法规实施的行政执法活动。

《海关法》明确规定海关有四项基本任务，即监管进出境的运输工具、货物、行李物品、邮递物品和其他物品，征收关税和其他税费，缉查走私和编制海关统计。

海关机构的设置为海关总署、直属海关和隶属海关三级。隶属海关由直属海关领导，向直属海关负责；直属海关由海关总署领导，向海关总署负责。

海关总署是国务院的直属机构，在国务院领导下统一管理全国海关机构、人员编制、经费物资和各项海关业务，是海关系统的最高领导部门。海关总署下设广东分署，在上海和天津设立特派员办事处，作为其派出机构。海关总署的基本任务是在国务院领导下，领导和组织全国海关正确贯彻实施《海关法》和国家的有关政策、行政法规，积极发挥依法行政、为国把关的职能，服务、促进和保护社会主义现代化建设。

直属海关是指直接由海关总署领导，负责管理一定区域范围内海关业务的海关。目前直属海关共有41个，除中国香港、澳门、台湾地区外，分布在全国32个省、自治区、直辖市。直属海关就本关区内的海关事务独立行使职权，向海关总署负责。直属海关承担着在关区内组织开展海关各项业务和关区集中审单作业，全面有效地贯彻执行海关各项政策、法律法规、管理制度和作业规范的重要职责，在海关三级业务职能管理中发挥着承上启下的作用。

隶属海关是指由直属海关领导，负责办理具体海关业务的海关，是海关进出境监督管理职能的基本执行单位，一般都设在口岸和海关业务集中的地点。隶属海关根据海关业务情况设立若干业务科室，其人员从十几人到二三百人不等。

1998年，根据党中央、国务院的决定，由海关总署、公安部联合组建走私犯罪侦查局，设在海关总署。走私犯罪侦查局既是海关总署的一个内设局，又是公安部的一个序列局，实行海关总署和公安部双重领导，以海关领导为主的体制。走私犯罪侦查局在广东分署和全国各直属海关设立走私犯罪侦查分局，在部分隶属海关设立走私犯罪侦查支局。各级走私犯罪侦查机关负责其所在海关业务管辖区域内的走私犯罪案件的侦查工作。

二、海关的基本权力

《海关法》在规定了海关任务的同时，为了保证任务的完成，赋予海关许多具体权力。海关权力，是指国家为保证海关依法履行职责，通过《海关法》和其他法律、行政法规赋予海关的对进出境运输工具、货物、物品的监督管理权能。海关权力属于公共行政职权，其行使受一定范围和条件的限制，并应当接受执法监督。

根据《海关法》及有关法律、行政法规，海关的权力主要包括：行政审批权、税费征收权、行政检查权、行政强制权、行政处罚权、其他权力。

1. 行政审批权

行政审批权包括转关运输申请的审核，报名资格的审核等。

2. 税费征收权

税费征收权包括征、免、减、补、追征权。

3. 行政检查权

（1）检查权。实施对象是运输工具、场所和走私嫌疑人。检查运输工具不受区域限制；走私嫌疑人在规定区域内检查。对于检查走私嫌疑案件，在海关监管区和海关附近沿海沿边规定地区外，须经直属海关关长或者其授权的隶属海关关长批准，才能进行检查，但不能检查公民住处。如表1－2所示。

表1－2　检查权的行使

对象 ＼ 限制 区域		授权限制
进出境运输工具	“两区”内	海关有关部门可直接行使
	“两区”外	
有走私嫌疑的运输工具	“两区”内	海关有关部门可直接行使
	“两区”外	须经直属海关关长或者其授权的隶属海关关长批准
有藏匿走私嫌疑货物、物品的场所	“两区”内	海关有关部门可直接行使
	“两区”外	①直属海关关长或者其授权的隶属海关关长批准方可； ②当事人在场；当事人未到场，须有见证人在场； ③不能对公民住所实施检查
走私嫌疑人	“两区”内	海关有关部门可直接行使
	“两区”外	海关无权检查

注：“两区”指海关监管区和海关附近沿海沿边规定地区。

（2）查验权。实施对象是货物、物品。必要时，可径行取样，鉴别其合法性。

（3）施加封志权。对监管货物、物品、运输工具施加封志。

（4）查阅、复制权。实施对象是出入境人员的证件、其他出入境贸易的资料。

（5）查问权。实施对象是违法嫌疑人。

（6）查询权。经直属海关关长或者其授权的隶属海关关长批准，可对涉嫌单位和涉嫌人员在金融机构、邮政企业的存款、汇款进行查询。

（7）稽查权。自进出口货物放行之日起3年内或者在保税货物、减免税进口货物的海关监管期限内及其后的3年内，海关可以对与进出口货物直接有关的企业、单位的会计账簿、会计凭证、报关单证以及其他有关资料和有关进出口货物实施稽查。进行稽查的法律依据是《中华人民共和国海关稽查条例》。

4. 行政强制权

（1）扣留权。必须经过直属海关或授权的隶属海关关长同意。不分“两区”内外，但合同、发票等资料除外。对走私嫌疑人，扣留时间24小时，可延长24小时。扣留权的行

使如表 1－3 所示。

表 1－3 扣留权的行使

限制 对象	区 域	条 件	授 权
合同、发票等资料	“两区”内	与违反《海关法》或其他法律法规的进出境运输工具、货物、物品有牵连的	海关有关部门可直接行使
	“两区”外		
有走私嫌疑的运输工具、货物、物品	“两区”内	违反《海关法》或者其他有关法律、行政法规	经直属海关关长或者授权的隶属海关关长批准后行使
	“两区”外	在实施检查时其中有证据证明有走私嫌疑的	经直属海关关长或者授权的隶属海关关长批准后行使
走私嫌疑人	“两区”内	①有走私罪嫌疑； ②扣留时间不超过 24 小时，在特殊情况下可延长至 48 小时	经直属海关关长或者其授权的隶属海关关长批准后行使
	“两区”外	—	不能行使

（2）滞报、滞纳金征收权。

（3）提取货物变卖、先行变卖权适用以下情况：进口 3 个月未申报的；经许可，所有人申明放弃的；依法扣留不宜长期保留的，必须经直属海关关长或其授权的隶属海关关长批准误卸或溢卸且不宜长期保留的；规定期限内未申报而又不宜长期保留的。

（4）扣缴、变价抵缴关税权。超期未缴纳税款的，经直属海关关长或授权隶属海关关长批准，对义务人、担保人扣等额银行存款、变卖应税货物或其他货物等财产抵缴关税。

（5）税收保全。不能提供纳税担保时，经直属海关关长或授权隶属海关关长批准，扣等额金融存款、货物或其他财产。

（6）抵缴、变价抵缴罚款权。逾期不履行处罚决定而又不申请复议或提起诉讼时，保证金抵缴、变价被扣货物、物品或运输工具抵缴。

（7）其他特殊行政强制。

①处罚担保。无法或不便扣留、当事人申请先放行或解除扣留的，应提供等值担保。

②税收担保。在纳税义务人规定期限内有违法违规行为，可责令提供担保。

5. 行政处罚权

对违规报关员、走私行为人的警告、处罚、暂停资格和取消资格权。

6. 其他权力

（1）佩带和使用武器权。范围——执行缉私时；对象——走私分子和走私嫌疑人；条件——暴力抗法、非开枪不能自卫。

（2）连续追缉权。可向内或向外连续追缉，保持连续状态。

（3）行政裁定权。商品归类、原产地确认、许可证适用。

(4) 行政奖励权。对举报违法案件，可给予奖励。

三、报关企业注册登记

报关企业注册登记应依法获得报关企业注册登记许可。

1. 报关企业注册登记许可

(1) 报关企业设立条件。报关企业注册登记许可应当具备的条件包括具备境内企业法人资格条件；企业注册资本不低于人民币150万元；健全的组织机构和财务管理制度；报关员人数不少于5名；投资者、报关业务负责人、报关员均无走私记录；报关业务负责人具有5年以上从事对外贸易工作经验或者报关工作经验；无因走私违法行为被海关撤销注册登记许可的记录；有符合从事报关服务所必需的固定经营场所和设施；海关监管所需要的其他条件等。

(2) 报关企业注册登记许可程序。

①报关企业注册登记许可申请。申请报关企业注册登记许可的申请人应当到所在地直属海关对外公布受理申请的场所向海关提出申请。

提出申请时应提交的材料包括报关企业注册登记许可申请书；企业法人营业执照副本或者企业名称预先核准通知书复印件；企业章程；出资证明文件复印件；所聘报关从业人员的报关员资格证书复印件；从事报关服务业可行性研究报告；报关业务负责人工作简历；报关服务营业场所所有权证明、租赁证明；其他与申请注册登记许可相关的材料等。

②海关对申请的处理。对申请人提出的申请，海关应当根据下列情况分别作出处理。

申请人不具备报关企业注册登记许可申请资格的，应当作出不予受理的决定；申请材料不齐全或者不符合法定形式的，应当当场或者在签收申请材料后5日内一次性告知申请人需要补正的全部内容，逾期不告知的，自收到申请材料之日起即为受理。

申请材料仅存在文字性、技术性或者装订等可以当场更正的错误的，应当允许申请人当场更正，并且由申请人对更正内容予以签章确认；申请材料齐全、符合法定形式，或者申请人按照海关的要求提交全部补正申请材料的，海关应当受理报关企业注册登记许可申请，并作出受理决定。

③海关对申请的审查。海关受理申请后，应当根据法定条件和程序进行全面审查，并于受理注册登记许可申请之日起20日内审查完毕，将审查意见和全部申请材料报送直属海关。直属海关应当自收到接受申请的海关报送的审查意见之日起20日内作出决定。

④行政许可的作出。申请人的申请符合法定条件的，海关应当依法作出准予注册登记许可的书面决定，并通知申请人；申请人的申请不符合法定条件的，海关应当依法作出不准予注册登记许可的书面决定，并且告知申请人享有依法申请行政复议或者提起行政诉讼的权利。

(3) 报关企业跨关区分支机构注册登记许可。报关企业如需要在注册登记许可区域外（即另一直属海关关区）从事报关服务的，应当依法设立分支机构，并且向拟注册登记地海关递交报关企业分支机构注册登记许可申请。

申请分支机构注册登记许可的报关企业应当符合的条件包括：报关企业自取得海关核发的“中华人民共和国海关报关企业报关注册登记证书”之日起满2年；报关企业自申请

之日起最近2年未因走私受过处罚。同时，报关企业每申请一项跨关区分支机构注册登记许可，应当增加注册资本人民币50万元。

报关企业跨关区设立的分支机构拟取得注册登记许可的，应当具备的条件包括：符合境内企业法人分支机构设立条件；报关员人数不少于3名；有符合从事报关服务所必需的固定经营场所和设施；分支机构负责人应当具有5年以上从事对外贸易工作经验或者报关工作经验；报关业务负责人、报关员均无走私行为记录。

海关比照报关企业注册登记许可程序规定作出是否准予跨关区分支机构注册登记许可的决定。

报关企业如需要在注册登记许可区域外（即另一直属海关关区）从事报关服务的，应当依法设立分支机构，并且向拟注册登记地海关递交报关企业分支机构注册登记许可申请，取得跨关区分支机构注册登记许可证书。

报关企业及其跨关区分支机构注册登记许可期限均为2年。被许可人需要延续注册登记许可有效期的，应当办理注册登记许可延续手续。

报关企业及其分支机构注册登记许可需要进行延续的，应当在有效期届满40日前向海关提出延续申请并递交海关规定的材料。海关比照注册登记许可程序在有效期届满前对报关企业的申请予以审查，对符合注册登记许可条件的，并且符合法律、行政法规、海关规章规定的延续注册登记许可应当具备的其他条件的，依法作出准予延续的决定，延续的有效期为2年。

2. 报关企业注册登记手续

报关企业申请人经直属海关注册登记许可后，应当到工商行政管理部门办理许可经营项目登记，并且自工商行政管理部门登记之日起90日内到企业所在地海关办理注册登记手续。逾期，海关不予注册登记。

报关企业申请办理注册登记，应当提交的文件材料包括：直属海关注册登记许可文件复印件；企业法人营业执照副本复印件（分支机构提交营业执照）；税务登记证书副本复印件；银行开户证明复印件；组织机构代码证书副本复印件；报关单位情况登记表、报关单位管理人员情况登记表；报关企业与所聘报关员签订的用工劳动合同复印件；其他与报关注册登记有关的文件材料。

注册地海关依法对申请注册登记材料是否齐全、是否符合法定形式进行核对。申请材料齐全、符合法定形式的申请人由注册地海关核发报关企业登记证书。报关企业凭以办理报关业务。

四、报关企业注册登记证书的时效及换证管理

根据海关规定，报关企业登记证书的有效期限为2年，报关企业应当在办理注册登记许可延期的同时办理换领报关企业报关登记证书手续。

材料齐全、符合法定形式的报关企业由注册地海关换发报关企业登记证书。

五、报关单位的变更登记及注销登记

1. 变更登记

报关企业取得变更注册登记许可后或者进出口货物收发货人单位名称、企业性质、企

业住所、法定代表人（负责人）等海关注册登记内容发生变更的，应当自批准变更之日起30日内，向注册地海关提交变更后的工商营业执照或者其他批准文件及复印件，办理变更手续。

2. 注销登记

报关单位有下列情形之一的，应当以书面形式向注册地海关报告。海关在办结有关手续后，依法办理注销注册登记手续：

（1）破产、解散、自行放弃报关权或者分立成两个以上新企业的；

（2）被工商行政管理部门注销登记或吊销营业执照的；

（3）丧失独立承担责任能力的；

（4）报关企业丧失注册登记许可的；

（5）进出口货物收发货人的对外贸易经营者备案登记表或者外商投资企业批准证书失效的；

（6）其他依法应当注销注册登记的情形。

六、报关单位注册相关法律责任

（1）报关单位违反《中华人民共和国海关对报关单位注册登记管理规定》、以非法手段骗取海关注册登记的，海关查实后将暂停其报关权，依法予以注销，并按照《海关法》《中华人民共和国海关行政处罚实施条例》等有关规定予以处理；构成犯罪的，依法追究刑事责任。

（2）报关单位有下列情形之一的，海关予以警告，责令其改正，并可以处人民币1000元以上5000元以下罚款：①进出口货物收发货人单位名称、企业性质、企业住所、法定代表人（负责人）等海关注册登记内容发生变更，未按照规定向海关办理变更手续的；②未向海关备案，擅自变更或者启用“报关专用章”的；③所属报关员离职，未按照规定向海关报告并办理相关手续的。

任务实施

第一步：苏州永诚报关有限公司根据海关办理报关企业注册登记许可的条件，审核自身是否满足许可条件。

报关企业注册登记许可条件：

①具备境内企业法人资格条件；

②企业注册资本不低于人民币150万元；

③健全的组织机构和财务管理制度；

④报关员人数不少于5名；

⑤投资者、报关业务负责人、报关员无走私记录；

⑥报关业务负责人具有五年以上从事对外贸易工作经验或者报关工作经验；

⑦无因走私违法行为被海关撤销注册登记许可记录；

⑧有符合从事报关服务所必需的固定经营场所和设施；

⑨海关监管所需要的其他条件。

第二步：苏州永诚报关有限公司在苏州海关网站（http：//nanjing. customs. gov. cn/publish/portal208）下载相关报关企业行政许可表格。向苏州海关稽查处企业管理科提交申请资料，申请时应提交的材料包括报关企业注册登记许可申请书；企业法人营业执照副本或者企业名称预先核准通知书复印件；企业章程；出资证明文件复印件；所聘报关从业人员的报关员资格证书复印件；从事报关服务业可行性研究报告；报关业务负责人工作简历；报关服务营业场所所有权证明、租赁证明；其他与申请注册登记许可相关的材料等。

第三步：申请资料齐全有效的，苏州海关予以受理并向企业出具《受理决定书》，企管科在受理申请之日起 20 日内，将材料上报南京海关审批，申请材料不齐全或者不符合法定形式的，应当当场或者在签收申请材料后 5 日内一次告知申请人需要补正的全部内容，逾期不告知的，自收到申请材料之日起即为受理；申请材料仅存在文字性、技术性或者装订等可以当场更正的错误的，应当允许申请人当场更正，并且由申请人对更正内容予以签章确认；申请材料齐全、符合法定形式，或者申请人按照海关的要求提交全部补正申请材料的，海关应当受理报关企业注册登记许可申请，并作出受理决定。

第四步：苏州海关受理申请后，应当根据法定条件和程序进行全面审查，并于受理注册登记许可申请之日起 20 日内审查完毕，将审查意见和全部申请材料报送南京海关。南京海关应当自收到接受申请的海关报送的审查意见之日起 20 日内作出是否准予许可的决定。申请人的申请符合法定条件的，海关应当依法作出准予注册登记许可的书面决定，并通知申请人。申请人的申请不符合法定条件的，海关应当依法作出不准予注册登记许可的书面决定，并且告知申请人享有依法申请行政复议或者提起行政诉讼的权利。

第五步：苏州永诚报关有限公司在海关规定时间内领取报关企业注册登记许可证书。

第六步：苏州永诚报关有限公司获得注册登记许可后工商行政管理部门登记之日起 90 日内到企业所在地海关办理注册登记手续。

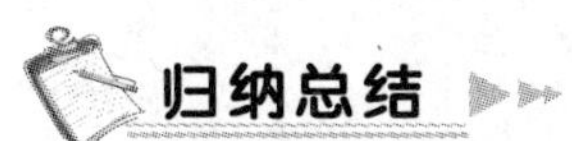

归纳总结

报关企业注册登记应依法获得报关企业注册登记许可。申请报关企业注册登记许可的申请人应当到所在地直属海关对外公布受理申请的场所，向海关提出申请。对申请人提出的申请，海关应当根据下列情况分别作出受理或者不予受理的决定。海关受理申请后，应当根据法定条件和程序进行全面审查，并于受理注册登记许可申请之日起 20 日内审查完毕，将审查意见和全部申请材料报送直属海关。直属海关应当自收到接受申请的海关报送的审查意见之日起 20 日内作出是否准予注册登记许可的决定。

报关企业申请人经直属海关注册登记许可后，应当到工商行政管理部门办理许可经营项目登记，并且自工商行政管理部门登记之日起 90 日内到企业所在地海关办理注册登记手续。逾期海关不予注册登记。注册地海关依法对申请注册登记材料是否齐全、是否符合法定形式进行核对。申请材料齐全、符合法定形式的申请人由注册地海关核发报关企业登记证书。报关企业凭此办理报关业务。

思考与训练

苏州永诚报关有限公司在取得南京海关签发的注册登记许可证书，并办理了苏州工商局核发的工商营业执照后，向苏州海关办理注册登记。

任务三　报关员的注册登记

知识目标

1. 了解报关员的概念。
2. 了解取得报关员资格的要求。
3. 了解报关员的执业范围。
4. 了解报关员的海关法律责任。

能力目标

1. 掌握报关员注册登记步骤。
2. 掌握报关员注册变更与延续步骤。
3. 掌握报关员的权利与义务。
4. 掌握报关员的海关记分考核管理。

任务导入

苏州昌盛进出口有限公司员工张华通过 2011 年的报关员全国考试获得报关员资格证书后，向海关办理代理报关员注册登记。

任务分析

在报关单位中报关员是报关活动的主体，办理报关员注册的前提条件是获得报关员资格证书，并且与报关单位签订劳动合同，对于首次申请报关员注册，还需要在报关单位具备连续 3 个月的报关业务实习经验。

相关知识与拓展

一、报关员资格考试

报关员是指依法取得报关员从业资格，并在海关注册，向海关办理进出口货物报关业务的人员。根据海关规定，只有向海关注册登记的进出口货物收发货人和报关企业才可以向海关报关，报关员必须受雇于一个依法向海关注册登记的进出口货物收发货人或者报关企业，并代表该企业向海关办理报关业务。

《海关法》第十一条规定，未依法取得报关从业资格的人员，不得从事报关业务，明确了报关员资格许可制度。因此要想成为报关员，必须通过报关员资格考试。

报关员资格全国统一考试由海关总署组织。海关总署负责确定考试原则，制定考试大纲。报关员资格全国统一考试每年举行一次，特殊情况下，经海关总署决定，可以进行调整。考试实行公平、公开、公正、诚信的原则，采取全国统一报名、统一命题、统一考试、统一评分标准和统一阅卷核分的方式进行。考试主要测试考生从事报关业务必备的基础知识和技能，考试内容包括报关专业知识、报关专业技能、报关相关知识以及与报关业务相关的法律、行政法规及海关总署规章。海关总署在统一考试前3个月对外公告考试事宜。

我国海关规定，报关员资格考试的报名条件是具有中华人民共和国国籍；年满18周岁，具有完全民事行为能力；具有大专及以上学历，并且符合《中华人民共和国海关关于报关员资格考试及资格证书管理办法》规定的其他条件的人员，可以报名参加考试。中国香港、澳门特别行政区居民中的中国公民和中国台湾居民，可以报名参加考试。

有下列情形之一的，不得报名参加考试，已经办理报名手续的，报名无效：

(1) 因故意犯罪，受到刑事处罚的；

(2) 因在报关活动中发生走私或严重违反海关规定的行为，被海关依法取消报关从业资格的；

(3) 因向海关工作人员行贿，被海关依法撤销报关注册登记、取消报关从业资格的；

(4) 曾被宣布考试成绩无效，并被撤销报关员资格、吊销资格证书，不满3年的。

报关员资格考试实行网上报名和现场确认相结合。报名时应当按规定交纳有关费用。海关对符合条件者准予报名并发放准考证，考生凭准考证及身份证件参加资格考试。海关总署核定并公布全国统一合格分数线。直属海关及受委托的隶属海关根据统一合格分数线，公布成绩合格、可以申请报关员资格的考生名单。根据海关公布的名单可以申请报关员资格的考生，应当自名单公布之日起6个月内向原报名海关申请报关员资格。海关依法对申请人授予报关员资格的申请进行受理、审查、作出决定。海关决定授予报关员资格的，应当自作出决定之日起10个工作日内颁发报关员资格证书；可以当场作出决定并颁发报关员资格证书的，海关不再制发受理决定书和准予报关员资格决定书。考生以伪造文件、冒名代考或者其他欺骗行为参加考试，取得报关员资格的，海关经查实宣布其成绩无效，并撤销其报关员资格。

报关员资格证书是从事报关工作的资格证明，由海关总署统一制作，在全国范围内有效，取得报关员资格证书者可以按规定向海关申请报关员注册。

二、报关员注册登记

报关员注册登记应该满足以下条件：

(1) 通过报关员资格全国统一考试，取得“报关员资格证书”；

(2) 被在海关注册登记的报关单位录用，由企业向海关提出申请。

在注册时应提交以下文件：

(1)《报关员注册申请书》；

(2) 申请人所属报关单位的注册登记证书;

(3) 申请人所属报关单位的人事证明或用工劳动合同;

(4) 申请人有效的身份证件;

(5) "报关员资格证书";

(6) 申请人近期免冠照片(大一寸)两张。

报关员注册流程如图 1-2 所示。

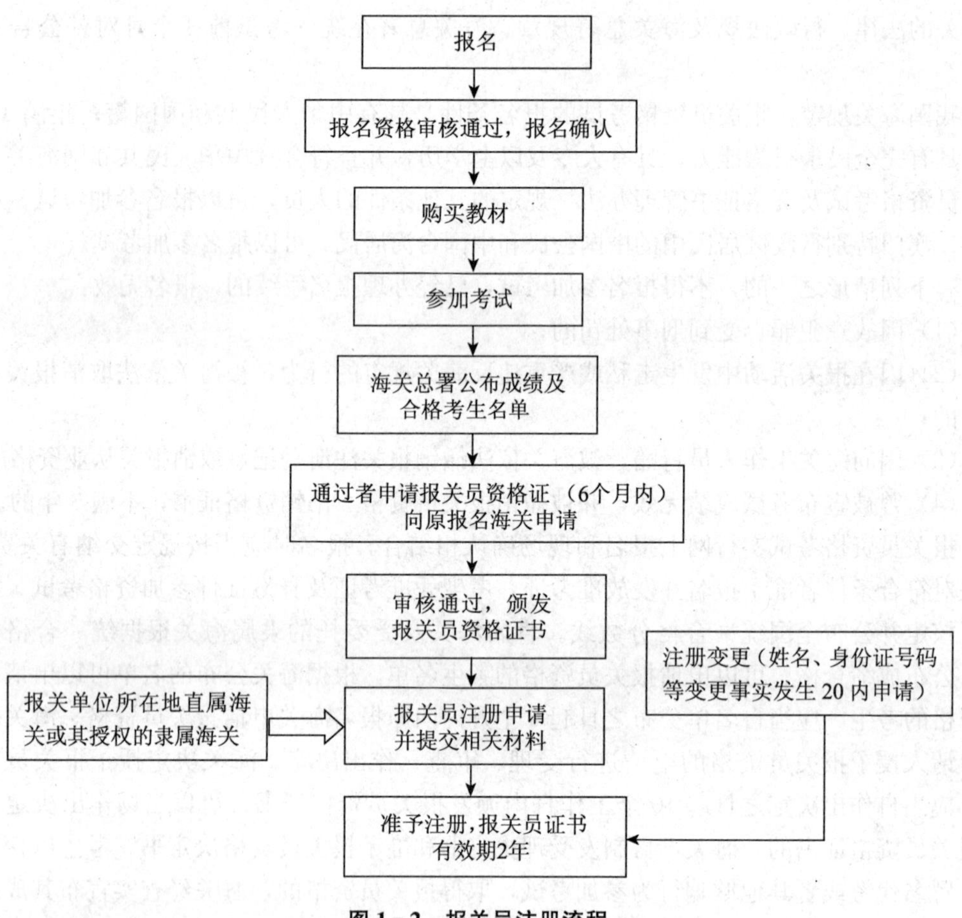

图 1-2　报关员注册流程

三、报关员办理变更应提交的材料

报关员姓名、身份证件号码等身份资料和所在报关单位名称、海关编码发生变更的,应当在变更事实发生之日起 20 日内,至注册地海关书面申请变更报关员注册。并如实递交下列文件材料:

(1)《报关员注册变更申请书》;

(2)"报关员资格证书"原件及复印件;

(3)"报关员证"原件及复印件;

（4）变更证明文件等材料的原件及复印件。

注：提交的所有复印件材料，必须全部加盖公司公章。

四、报关员办理注册登记延续应如实提交的资料

报关员注册有效期为2年。报关员需要延续报关员注册有效期的，应当办理报关员注册延续手续。报关员未办理注册延续手续或者海关未准予报关员注册延续的，自有效期届满之日起，其报关员注册自动终止。报关员办理报关员注册延续手续的，应当在有效期届满30日前向海关提出延续申请并递交下列文件材料：

（1）《报关员注册延续申请书》；

（2）“报关员证”原件及复印件；

（3）申请人所在报关单位的“中华人民共和国海关报关企业报关注册登记证书”或者“中华人民共和国海关进出口货物收发货人报关注册登记证书”复印件；

（4）“报关员资格证书”原件及复印件；

（5）报关员与所在报关单位签订的合法有效的劳动合同复印件（报关单位为非企业性质的，可以提交聘用合同复印件或者人事证明）；

（6）身份证件复印件；

（7）报关员所在报关单位为其缴纳社会保险证明复印件，但是法律、行政法规另有规定的，依照其规定；

（8）中国台湾居民、香港和澳门居民中的中国公民办理报关员注册延续手续的，还应当提交“台港澳人员就业证”复印件。

注：报关员逾期提出报关员注册延续申请的，海关不予受理。报关员未办理注册延续手续或者海关未准予报关员注册延续的，自有效期届满之日起，其报关员注册登记许可自动终止；所提交的所有复印件材料，必须全部加盖公司公章。

五、报关员办理注销手续应提交的资料

（1）《注销报关员注册申请书》；

（2）“报关员证”原件；

（3）“报关员资格证书”原件及复印件；

（4）报关员与所属报关单位的解聘协议原件及复印件。

注：不能提交“报关员证”的，应当提交在报刊刊登的作废声明。报关单位所属报关员离职，应当自报关员离职之日起7日内向海关报告并将报关员证件交注册地海关予以注销。报关员未向报关单位交还报关员证件的，报关单位应当在报刊声明作废，并向注册地海关办理注销手续。

六、报关员执业

（一）报关员执业范围

报关员应当在一个报关单位执业。报关企业及其跨关区分支机构的报关员，应当在所在报关企业或者跨关区分支机构的报关服务的口岸地或者海关监管业务集中的地点执业。

进出口货物收发货人的报关员，可以在中华人民共和国关境内的各口岸地或者海关监管业务集中的地点执业。报关员应当在所在报关单位授权范围内执业。报关员应当按照报关单位的要求和委托人的委托依法办理下列业务：

（1）按照规定如实申报进出口货物的商品编码、商品名称、规格型号、实际成交价格、原产地及相应优惠贸易协定代码等报关单有关项目，并办理填制报关单、提交报关单证等与申报有关的事宜；

（2）申请办理缴纳税费和退税、补税事宜；

（3）申请办理加工贸易合同备案（变更）、深加工结转、外发加工、内销、放弃核准、余料结转、核销及保税监管等事宜；

（4）申请办理进出口货物减税、免税等事宜；

（5）协助海关办理进出口货物的查验、结关等事宜；

（6）应当由报关员办理的其他报关事宜。

（二）报关员的权利和义务

1. 报关员拥有的权利

（1）以所在报关单位名义执业，办理报关业务；

（2）向海关查询其办理的报关业务情况；

（3）拒绝海关工作人员的不合法要求；

（4）对海关对其作出的处理决定享有陈述、申辩、申诉的权利；

（5）依法申请行政复议或者提起行政诉讼；

（6）合法权益因海关违法行为受到损害的，依法要求赔偿；

（7）参加执业培训。

2. 报关员应当履行的义务

（1）熟悉所申报货物的基本情况，对申报内容和有关材料的真实性、完整性进行合理审查；

（2）提供齐全、正确、有效的单证，准确、清楚、完整地填制海关单证，并按照规定办理报关业务及相关手续；

（3）海关查验进出口货物时，配合海关查验；

（4）配合海关稽查和对涉嫌走私违规案件的查处；

（5）按照规定参加直属海关或者直属海关授权组织举办的报关业务岗位考核；

（6）持报关员证办理报关业务，海关核对时，应当出示；

（7）妥善保管海关核发的报关员证和相关文件；

（8）协助落实海关对报关单位管理的具体措施。

（三）报关执业禁止

报关员执业不得有以下行为：

（1）故意制造海关与报关单位、委托人之间的矛盾和纠纷；

（2）假借海关名义，以明示或者暗示的方式向委托人索要委托合同约定以外的酬金或者其他财物、虚假报销；

（3）同时在两个或者两个以上报关单位执业；

（4）私自接受委托办理报关业务，或者私自收取委托人酬金及其他财物；

（5）将报关员证转借或者转让他人，允许他人持本人报关员证执业；

（6）涂改报关员证；

（7）其他利用执业之便谋取不正当利益的行为。

（四）报关员的海关记分考核管理

为了维护报关秩序，提高报关质量，规范报关员的报关行为，保证通关效率，海关对报关员实行记分考核管理。根据海关规定，对记分达到规定分值的报关员，海关中止其报关员证效力，不再接受其办理报关手续。报关员应当参加注册登记地海关的报关业务岗位考核，经岗位考核合格之后，方可重新上岗。

海关对报关员的记分考核管理从性质上讲是一种教育和管理措施，而不是行政处罚。海关对记分达到一定分值的报关员实行岗位考核管理，目的是督促其增强遵纪守法意识，提高其自身业务水平。海关通过对报关员记分记满至考核合格前，中止其报关员证效力、不再接受其办理报关手续的方式，来督促报关员履行义务。

海关对报关员的记分考核，依据其报关单填制不规范、报关行为不规范的程度和行为性质，一次记分的分值分别为 1 分、2 分、5 分、10 分、20 分、30 分。记分周期从每年 1 月 1 日起至 12 月 31 日止，报关员在海关注册登记之日起至当年 12 月31 日不足 1 年的，按一个记分周期计算。一个记分周期期满后，记分分值累加未达到 30 分的，该周期内的记分分值予以消除，不转入下一个记分周期。但报关员在一个记分周期内办理变更注册登记报关单位或者注销手续的，已记分分值在该记分周期内不予消除。

（1）一次记分的分值为 1 分的情形包括：

①电子数据报关单的有关项目填写不规范，海关退回责令更正的；

②在海关签印放行前，因为报关员原因造成申报差错，报关单位向海关要求修改申报单证及其内容，经海关同意修改，但未对国家贸易管制政策的实施、税费征收及海关统计指标等造成危害的；

③未按照规定在纸质报关单及随附单证上加盖报关专用章及其他印章或者使用印章不规范的；

④未按照规定在纸质报关单及随附单证上签名盖章或者由其他人代表签名盖章的。

（2）一次记分的分值为 2 分的情形包括：

①在海关签印放行前，因为报关员填制报关单不规范，报关单位向海关申请撤销申报单证及其内容，经海关同意撤销，但未对国家贸易管制政策的实施、税费征收及海关统计指标等造成危害的；

②海关人员审核电子数据报关单时，要求报关员向海关解释、说明情况、补充材料或者要求提交货物样品等有关内容的，海关告知后报关员拒不解释、说明、补充材料或者拒不提供货物样品等有关内容，导致海关退回报关单的。

（3）一次记分的分值为 5 分的情形包括：

①报关员自接到海关“现场交单”或者“放行交单”通知之日起 10 日内，没有正当理由，未按照规定持打印出的纸质报关单，备齐规定的随附单证，到货物所在地海关递交书面单证并办理相关海关手续，导致海关撤销报关单的；

②在海关签印放行后，因为报关员填制报关单不规范，报关单位向海关申请修改或者撤销报关单（因出口更换舱单除外），经海关同意且不属于走私、偷逃税等违法违规性质的；

③在海关签印放行后，海关发现因为报关员填制报关单不规范，报关单币值或者价格填报与实际不符，且两者差额在100万元人民币以下；数量与实际不符，且有4位数以下差值，经海关确认不属伪报，但影响海关统计的。

（4）一次记分的分值为10分的情形包括：

①出借本人报关员证件、借用他人报关员证件或者涂改报关员证件内容的；

②在海关签印放行后，海关发现因报关员填制报关单不规范，报关单币值或者价格填报与实际不符，且两者差额在100万元人民币以上；数量与实际不符，且有4位数以上差值，经海关确认不属伪报的。

（5）因为违反海关监管规定行为被海关予以行政处罚，但未被暂停执业、取消报关从业资格的，记20分。

（6）因为走私行为被海关予以行政处罚，但未被暂停执业、取消报关从业资格的，记30分。

考虑到记分考核管理作为一项与报关员的利益密切相关的行政行为，《记分考核管理办法》除了根据《中华人民共和国行政复议法》（以下简称《行政复议法》）、《中华人民共和国行政诉讼法》的规定，对具体行政行为允许其提请行政复议或行政诉讼外，结合记分的实际情况，规定了报关员可向记分执行海关提出书面申辩的救济途径，以降低救济成本。《记分考核管理办法》规定报关员对记分的行政行为有异议的，应当自收到电子或纸质告知单之日起7日内向作出该记分行政行为的海关部门提出书面申辩；海关应当在接到申辩申请7日内作出答复，对记分错误的应当及时予以更正。

根据海关规定，记分达到30分的报关员，海关中止其报关员证效力，不再接受其办理报关手续。报关员应当参加注册登记地海关的报关业务岗位考核，经岗位考核合格之后，方可重新上岗。岗位考核由报关员注册地直属海关或者直属海关委托的单位负责组织。岗位考核内容为海关法律、行政法规、报关单填制规范及相关业务知识和技能。报关员经岗位考核合格的，可以向注册登记地海关申请将原记分分值予以消除。岗位考核不合格的，应当继续参加下一次考核。报关员记分已达30分，拒不参加考核的，直属海关可以将报关员的姓名及所在单位等情况对外公告。

七、报关员的法律责任

（1）报关员因工作疏忽或在代理报关业务中因对委托人所提供情况的真实性未进行合理审查，以致发生进出口货物的品名、税则列号、数量、规格、价格、贸易方式、原产地、起运地、运抵地、最终目的地或者其他应当申报的项目未申报或者申报不实的，海关可以暂停其6个月以内报关执业；情节严重的，取消其报关从业资格。

（2）报关员被海关暂停报关执业，恢复从事有关业务后1年内再次被暂停报关执业的，海关可以取消其报关从业资格。

（3）报关员非法代理他人报关或者超出海关准予的从业范围进行报关活动的，责令改正，处5万元以下罚款，暂停其6个月以内报关执业；情节严重的，取消其报关从业资格。

(4) 报关员向海关工作人员行贿的，取消其报关从业资格，并处 10 万元以下罚款；构成犯罪的，依法追究刑事责任，并不得重新取得报关从业资格。

(5) 海关对于未取得报关从业资格从事报关业务的，予以取缔，没收违法所得，可以并处 10 万元以下罚款。

(6) 提供虚假资料骗取海关注册登记、报关从业资格的，撤销其注册登记、取消其报关从业资格，并处 30 万元以下罚款。

(7) 报关员有下列情形之一的，海关予以警告，责令其改正，并可以处 2000 元以下罚款：

①有报关员执业禁止行为的；

②报关员海关注册内容发生变更，未按照规定向海关办理变更手续的。

海关对于未取得报关从业资格从事报关业务的，予以取缔，没收违法所得，可以并处 10 万元以下罚款。

任务实施

第一步：苏州昌盛进出口有限公司员工张华首先查询海关有关的报关员注册的规定，并准备以下资料：

(1)《报关员注册申请书》；

(2) 所在报关单位的“中华人民共和国海关报关企业报关注册登记证书”或者“中华人民共和国海关进出口货物收发货人报关注册登记证书”复印件；

(3)“报关员资格证书”原件及复印件；

(4) 申请人与所在报关单位签订的合法有效的劳动合同复印件（报关单位为非企业性质的，可以提交聘用合同复印件或者人事证明）；

(5) 申请人身份证件复印件；

(6) 申请人所在报关单位为其缴纳社会保险证明原件（法律、行政法规另有规定的依照其规定）；

(7) 报关单位出具的报关业务实习证明材料（限首次申请报关员注册的申请人提交）；

(8) 报关协会出具报关业务岗位考核合格的证明材料（限报关员注册有效期届满之日起连续 2 年未注册再次申请报关员注册的申请人提交）；

(9) 申请人近期免冠照片（大一寸）两张；

(10) 提交的所有复印件材料，必须全部加盖公司公章；

(11) 申请人需要调取社会保险证明的，可以由苏州海关稽查处企业管理科出具“工作联系单”，向苏州市社会保险基金管理中心申请调取。

第二步：苏州海关对张华提交的资料进行审查，如申请人的申请符合法定条件的，海关应当依法作出准予报关员注册的决定，并应当自作出决定之日起 10 日内向申请人颁发报关员证。可以当场作出决定并颁发报关员证的，海关不再制发受理决定书和准予报关员注册决定书。

归纳总结

我国报关员资格许可是通过报关员资格全国统一考试和颁发报关员资格证书的形式进行的。报关员注册是指报关单位所在地直属海关或受其委托的隶属海关，对通过报关员资格考试、依法取得报关员资格证书的人员提出的注册申请，依法作出准予报关员注册的决定，并颁发报关员证的行为。

思考与训练

苏州昌盛进出口有限公司的另一位报关员李宏于 2010 年 6 月 30 日注册为该公司的报关员，根据海关有关报关员证书有效期为 2 年的规定，李宏应该向海关办理报关员证注册延续手续。

模块二　对外贸易管制

对外贸易管制是指一国政府为了国家的宏观经济利益、国内外政策需要以及履行所缔结或加入国际条约的义务，确立实行各种管制制度、设立相应管制机构和规范对外贸易的活动的总称。

一个国家对外贸易管制制度涉及工业、农业、商业、军事、技术、卫生、环保、税务、资源保护、质量监督、外汇管理以及金融、保险、信息服务等诸多领域。对外贸易管制通常有三种分类形式：一是按照管理目的分为进口贸易管制和出口贸易管制；二是按其管制手段分为关税措施和非关税措施；三是按管制对象分为货物进出口贸易管制、技术进出口贸易管制和国际服务贸易管制。

为了维护对外贸易秩序，促进对外经济贸易和科技文化交往，保障社会主义现代化建设，我国颁布了一系列对外贸易管制的法律、行政法规、部门规章，确立了对外贸易经营者登记管理、出入境检验检疫、外汇管理等制度，制定了有关进出口禁止、限制、自动许可、反倾销、反补贴、进出口收付汇核销等措施。

本章重点介绍我国对外贸易管制中最常见的管制措施——自动进口许可证管理、出口许可证管理。

任务一　自动进口许可证申请

知识目标

1. 了解进口许可证的含义和种类。
2. 熟悉自动进口许可证申请表的内容。

能力目标

1. 掌握自动进口许可证的办理程序。
2. 根据相关信息填写自动进口许可证申请表。

任务导入

上海昌盛冷冻食品有限公司 2012 年 3 月 8 日与美国的商人签订 2500 千克的冷冻肉鸡的进口合同，肉鸡属于国家 2012 年自动进口许可证管理范围内的商品。其员工张华在查询到该冷冻肉鸡的商品编码是 0207120000，其监管条件为 4x7AB，其中 7 证为自动进口许可证，于是 2012 年 3 月 10 日张华向上海的外经贸主管部门申请本公司该批冷冻肉鸡的自动进口许可证。

该批商品的基本资料如下。

企业代码：3100632423943　　企业性质：外资企业

贸易方式：一般贸易　　外汇来源：银行购汇

报关口岸：上海海关　　商品用途：企业自用

商品名称：冷冻肉鸡　　数量：2500 千克

单价：USD3　　总值：USD7500.00

规格等级：1～1.5 千克/只　　产地：美国

申请日期：2012 年 3 月 10 日　　联系电话：021－53439872

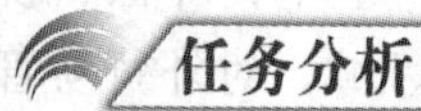

任务分析

申请自动进口许可证，要明确自动许可证申请表的含义及种类，同时掌握自动进口许可证申请表的内容填制方法和申请程序。

相关知识与拓展

一、自动进口许可证概述

商务部根据监测货物进口情况的需要，对部分自由进口货物实行自动许可管理。商务部配额许可证事务局，商务部驻各地特派员办事处，各省、自治区、直辖市、计划单列市商务主管部门以及地方机电产品进出口机构负责自动进口许可货物管理和自动进口许可证的签发工作。目前涉及的管理目录是商务部公布的《自动进口许可管理货物目录》，对应的许可证件为"中华人民共和国自动进口许可证"。

《中华人民共和国货物进出口管理条例》规定，对进口属于自动进口许可管理的货物，国家均应当给予许可；进口属于自动进口许可管理的货物，进口经营者应当在办理海关报关手续前，向国务院外经贸主管部门或者国务院有关经济管理部门提交自动进口许可申请，国务院外经贸主管部门或者国务院有关经济管理部门应当在收到申请后，立即发放自动进口许可证明；进口经营者凭该证明向海关办理报关验放手续。

二、自动进口许可证管理

(1) 商务部对"自动进口许可证"项下货物原则上实行"一批一证"管理，对部分货物也可实行"非一批一证"管理。"一批一证"指同一份"自动进口许可证"不得分批次累计报关使用。同一进口合同项下，收货人可以申请并领取多份"自动进口许可证"。

(2) 海关对散装货物的溢短装数量，在货物总量±5%以内的予以免证验放，对原油、成品油、化肥、钢材四种大宗货物的散装货物溢短装数量在货物总量±3%以内的予以免证验放。

(3) 2012 年实施自动进口许可管理的商品包括非机电产品、机电产品（包括旧机电产品）两大类，分为 3 个管理目录。

目录一：牛肉、猪肉及副产品、羊肉、肉鸡、鲜奶、奶粉、乳清、大豆、油菜子、植物油、玉米酒精、豆粕、烟草、二醋酸纤维丝束、铜精矿、煤、废纸、废钢、废铝、铜、铁矿石、铝土矿、原油、成品油、天然气、氧化铝、化肥、钢材，共28类。

目录二：商务部发证的8类机电产品；地方或部门机电办发证的17类机电产品。

目录三：旧机电产品（旧胶印机）。由商务部签发自动进口许可证。

（4）免交自动进口许可证的情形。

进口列入《自动进口许可管理货物目录》的商品，在办理报关手续时须向海关提交自动进口许可证，但下列情形免交：

①加工贸易项下进口并复出口的（原油、成品油除外）；

②外商投资企业作为投资进口或者投资额内生产自用的（旧机电产品除外）；

③货样广告品、实验品进口，每批次价值不超过5000元人民币的；

④暂时进口的海关监管货物；

⑤进入保税区、出口加工区等海关特殊监管区域及进入保税仓库、保税物流中心的属自动进口许可管理的货物；

⑥国家法律法规规定其他免领自动进口许可证的。

三、自动进口许可证的申领程序

1. 申请自动进口许可证应向发证机构提交的材料

（1）进口商从事货物进出口的资格证书、备案登记文件或者外商投资企业批准证书，进口用户营业执照（初次申领者提交）；

（2）自动进口许可证申请表（一式两份）；

（3）货物进口合同；

（4）属于委托代理进口的，应当提交委托代理进口协议（正本）；

（5）废物进口还需提供环保批文外经贸部门留存联（首次申请提供正本，再次申请提供复印件）。

2. 申领方式

进口经营者可以通过书面申领方式或网上申领方式向相关商务主管部门提出申请。

（1）书面申请。收货人可以到各地经贸厅网站上下载“自动进口许可证申请表”（可复印），按要求如实填写，并将所需材料一并递交商务主管部门。外资企业申请一般要求纸质资料。

（2）网上申请。进口经营者在网上申领前，应当先申领用于企业身份认证的电子钥匙。申请时，登录商务部配额许可证事务局许可证网上申领系统。

按要求如实在线填写“自动进口许可证申请表”等资料，在线查看“进口许可证申请表”状态，待复审通过后打印“自动进口许可证申请表”并加盖公章。

进口经营者持“进口许可证申请表”以及相关材料到相关商务主管部门领取自动进口许可证。

3. 自动进口许可证申请表填制规范

(1) 进口商：填写进口商名称。

(2) 进口用户：输入进口用户的名称。

(3) 自动进口许可证申请表号、自动进口许可证号：由发证机关编排；书面申请留空不填，网上申请，自动生成。

(4) 申请自动进口许可证有效截止日期：自动进口许可证的有效期为6个月，一般情况下自动进口许可证仅限公历年度内有效。

(5) 贸易方式：贸易方式可以分为一般贸易、来料加工、进料对口、进料深加工、合资合作设备、外资设备物品、货样广告品及无代价抵偿。根据实际情况选择填写。

(6) 外汇来源：按实际填写，如银行购汇、自有资金、其他等。

(7) 报关口岸：按实际的报关口岸填写。

(8) 贸易国（地区）：填写出口国（地区）的名称。

(9) 原产地国（地区）：填写实际原产国（地区）的名称。

(10) 商品用途：商品用途包括自用、生产配套件、仿制样机或合作制造、直接销售等。

(11) 商品名称、商品编码、商品状态：商品名称应按外经贸部公布的实行进口许可证管理商品目录填写，商品编码填写实际进口商品的10位编码，商品状态为“新”或“旧”。

(12) 规格、型号：规格只能填写同一编码商品不同规格型号的4种，多于4种型应另行填写许可证申请表。

(13) 单位：单位指计量单位。各商品使用的计量单位由外经贸部统一规定，如台、套、辆、条、公升、千克、平方米、米等，不得任意变动。

(14) 数量：应按商务部规定的计量单位填写数量，允许保留一位小数。

(15) 单价（币别）：应填写成交时用的价格或估计价格并与计量单位一致。

(16) 总值（币别）：根据数量和单价的乘积填写。

(17) 总值折美元：如果成交币别不是美元，要填写折成美元后的数字。

(18) 总计：根据内容进行汇总。

(19) 备注：此栏填写联系人的姓名和联系电话以及申请日期。

(20) 发证机构签章：此栏可不填，由发证机构盖章。

(21) 发证日期：此栏可不填，由发证机构填写。

4. 自动进口许可证申请流程

自动进口许可证申请流程如图2-1所示，自动进口许可证申请表如图2-2所示，自动进口许可证样本如图2-3所示。

事项编码：JS000000WM－XK－0002　　　　事项类型：行政许可

法定期限：10 个工作日　　　　承诺期限：3 个工作日（报商务部除外）

办理部门：商务部、省商务厅外贸处、省进出口许可证事务中心

办理地点：北京东路 29 号江苏省商务厅，江苏省南京市白下区中华路 50 号裙楼二楼许可证事务中心

服务电话：025－57710072、025－52856372　　　　监督投诉电话：025－57710176

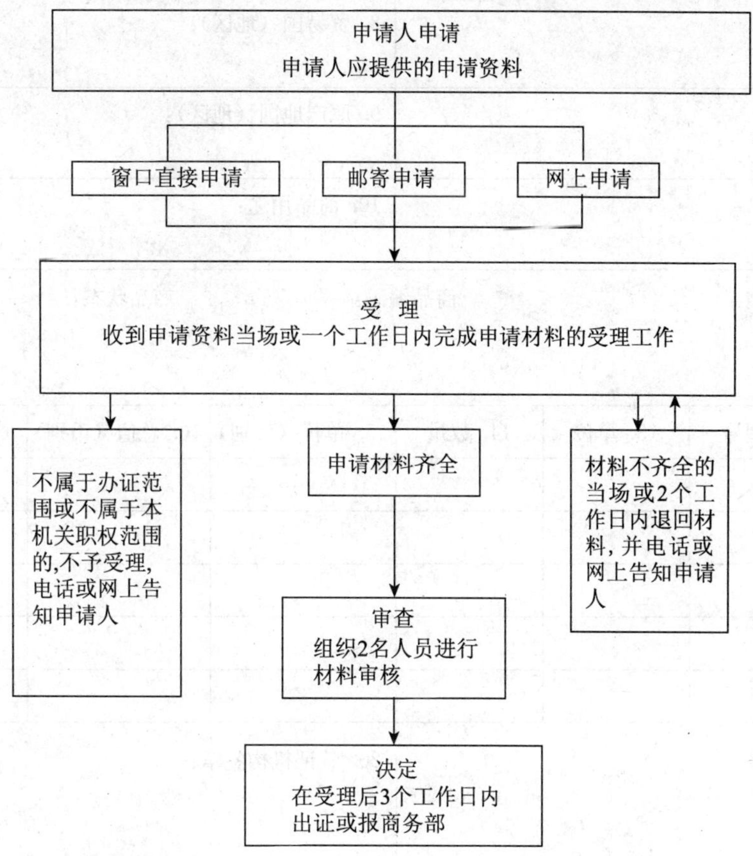

申请人应提供的申请资料：

①“中华人民共和国自动进口许可证申请表”（加盖公章）；

②中华人民共和国进出口企业资格证书；

③进口合同（正本复印件）；

④属委托代理进口的，需提供进口代理协议；

⑤商务部规定的其他需提交的材料。

图 2－1　自动进口许可证申请流程（以江苏省南京市为例）

中华人民共和国自动进口许可证申请表

1. 进口商：	3. 自动进口许可证申请表号： 自动进口许可证号：
2. 进口用户：	4. 申请自动进口许可证有效截止日期： 年 月 日
5. 贸易方式：	8. 贸易国（地区）：
6. 外汇来源：	9. 原产地国（地区）：
7. 报关口岸：	10. 商品用途：

11. 商品名称：	商品编码：	商品状态：

12. 规格、型号	13. 单位	14. 数量	15. 单价（币别）	16. 总值（币别）	17. 总值折美元
18. 总 计					

19. 备注： 联系人： 联系电话： 申请日期：	20. 签证机构签章： 21. 发证日期

图 2-2 中华人民共和国自动进口许可证申请表样本

中华人民共和国自动进口许可证

AUTOMATIC IMPORT LICENCE OF THE PEOPLE'S REPUBLIC OF CHINA

No.

<table>
<tr><td colspan="3">1. 进口商：
Importer</td><td colspan="3">3. 自动进口许可证号：
Automatic import licence No.</td></tr>
<tr><td colspan="3">2. 进口用户：
Consignee</td><td colspan="3">4. 自动进口许可证有效截止日期：
Automatic import licence expiry date</td></tr>
<tr><td colspan="3">5. 贸易方式：
Terms of trade</td><td colspan="3">8. 出口国（地区）：
Country/Region of exportation</td></tr>
<tr><td colspan="3">6. 外汇来源：
Terms of foreign exchange</td><td colspan="3">9. 原产地国（地区）：
Country/Region of origin</td></tr>
<tr><td colspan="3">7. 报关口岸：
Place of clearance</td><td colspan="3">10. 商品用途：
Use of goods</td></tr>
<tr><td colspan="3">11. 商品名称
Description of goods</td><td colspan="2">商品编码：
Code of goods</td><td>商品状态：
Status of goods</td></tr>
<tr><td>12. 规格、型号
Specification</td><td>13. 单位
Unit</td><td>14. 数量
Quantity</td><td>15. 单价（　）
Unit price</td><td>16. 总值（　）
Amount</td><td>17. 总值折美元
Amount in USD</td></tr>
<tr><td></td><td></td><td></td><td></td><td></td><td></td></tr>
<tr><td></td><td></td><td></td><td></td><td></td><td></td></tr>
<tr><td>18. 总计
Total</td><td></td><td></td><td></td><td></td><td></td></tr>
<tr><td colspan="3">19. 备注：
Supplementary details</td><td colspan="3">20. 发证机关签章
Issuing authority's stamp & signature

21. 发证日期
Licence date</td></tr>
</table>

图 2－3　自动进口许可证样本

任务实施

根据任务导入中本批进口商品的基本资料，对申请表各栏目的填制如下。

第1栏：根据申请单位的具体信息填写公司的名称、代码及地址。

申请单位填写“上海昌盛冷冻食品有限公司”；代码填写：3100632423943

第2栏：进口用户栏填写“上海昌盛冷冻食品有限公司”。

第3栏和第4栏：书面申请时留空不填，网上申请自动生成。

第5栏：填写“一般贸易”；

第6栏：填写“银行购汇”；

第7栏：填写“上海海关”；

第8栏：填写“美国”；

第9栏：填写“美国”；

第10栏：填写“企业自用”；

第11栏：填写“冷冻肉鸡”；“0207120000”；

第12栏：填写“1～1.5千克/只”；

第13栏：填写“千克”；

第14栏：填写“2500”；

第15栏：填写“3”；

第16栏：填写“7500”；

第17栏：由于合同计价货币为USD，因此该栏无须换算成美元，即填写“7500”；

第18栏：“数量”总计填写“2500”；“金额”总计填写“7500”；

第19栏：填写“张华；2012年3月10日；021-53439872”；

第20栏和第21栏：由签证机构填写。

归纳总结

《中华人民共和国对外贸易法》规定：国务院对外贸易主管部门基于监测进出口情况的需要，可以对部分自由进出口的货物实行进出口自动许可并公布其目录。实行自动许可的进出口货物，收货人、发货人在办理海关报关手续前提出自动许可申请的，国务院对外贸易主管部门或者其委托的机构应当予以许可；未办理自动许可手续的，海关不予放行。进出口属于自由进出口的技术，应当向国务院对外贸易主管部门或者其委托的机构办理合同备案登记。

《货物自动进口许可管理办法》（商务部、海关总署令2004年第26号）：第五条商务部授权配额许可证事务局、商务部驻各地特派员办事处、各省、自治区、直辖市、计划单列市商务（外经贸）主管部门以及部门和地方机电产品进出口机构（以下简称发证机构）负责自动进口许可货物管理和“自动进口许可证”的签发工作。目前涉及的管理目录是商务部公布的《自动进口许可管理货物目录》，对应的许可证件为“中华人民共和国自动进口许可证”，在申请“自动进口许可证”时需准备以下材料：

1. “中华人民共和国自动进口许可证申请表”（加盖公章）
2. 属委托代理进口的，需提供进口代理协议
3. 进口合同（正本复印件）
4. 中华人民共和国进出口企业资格证书
5. 商务部规定的其他需提交的材料

思考与训练

上海德胜纸业有限公司 2012 年 3 月 8 日与美国 ABC 公司达成了 500 公吨废纸的交易，根据我国法律，废纸属于《自动进口许可证管理类可用作原料的废物目录》的货物，废纸进口企业需向环保部门申请固体废物进口许可证。因此，上海德胜纸业有限公司张华在签订合同后需向商务部申请自动进口许可证。

申请所需相关资料如下。

企业代码：3100114323965	企业性质：外资企业
贸易方式：一般贸易	外汇来源：银行购汇
报关口岸：上海海关	商品用途：企业自用
商品名称：废纸	商品规格：HCA23
数量：250 公吨	单价：每公吨 98 美元
申请日期：2012-03-10	联系电话：021-56432345
上年进口数量（吨）：500 公吨	今年已进口报关数量：200 公吨

任务二　出口许可证申请表的填制

知识目标

1. 了解进出口许可证的含义。
2. 熟悉进出口许可证管理的主要范围。

能力目标

1. 掌握出口许可证的基本程序。
2. 掌握出口许可证的填制规范。

任务导入

2012 年 4 月 10 日，苏州昌盛进出口有限公司（海关经营单位编码为 3223930750）向上海外港海关申报海运出口到日本的 24000 千克的钢丝，规格等级为 BXG023，商品编码为 72172000000，货物价值 36000 美元，收汇方式为即期付款交单，贸易方式为一般贸易，合同号为 AC034，根据上述资料该公司员工李明 3 月 30 日填写出口许可证申请表向苏州商务局申请出口许可证。

任务分析

出口许可证申请表的填制质量，直接会影响到商务主管部门是否能够及时核发许可证。因此必须深刻理解出口许可证申请表各栏目的含义及其填制规范。

相关知识与拓展

一、进出口许可证管理概述

进出口许可证管理是指由商务部或者由商务部会同国务院其他有关部门，依法制定并调整进出口许可证管理目录，以签发进出口许可证的方式对进出口许可证管理目录中的商品实行的行政许可管理。

进出口许可证管理属于国家限制进出口管理范畴，分为进口许可证管理和出口许可证管理。商务部是全国进出口许可证的归口管理部门，负责制定进出口许可证管理办法及规章制度，监督、检查进出口许可证管理办法的执行情况，处罚违规行为。商务部会同海关总署制定、调整和发布年度进口许可证管理货物目录及出口许可证管理货物目录。

商务部统一管理、指导全国各发证机构的进出口许可证签发工作，商务部配额许可证事务局，商务部驻各地特派员办事处和各省、自治区、直辖市、计划单列市以及商务部授权的其他省会城市商务厅（局）、外经贸委（厅、局）为进出口许可证的发证机构，负责在授权范围内签发“中华人民共和国进口许可证”（以下简称进口许可证）或“中华人民共和国出口许可证”（以下简称出口许可证）。

进出口许可证是国家管理货物进出口的凭证，不得买卖、转让、涂改、伪造和变造。凡属于进出口许可证管理的货物，除国家另有规定外，对外贸易经营者应当在进口或出口前按规定向指定的发证机构申领进出口许可证，海关凭进出口许可证接受申报和验放。

2012 年实施进口许可证管理的货物有：①重点旧机电产品；②消耗臭氧层物质。消耗臭氧层物质的进口许可证由各地外经贸委（厅、局）、商务厅（局）签发；在京中央企业的进口许可证由许可证局签发。重点旧机电产品的进口许可证由商务部配额许可证事务局负责。

2012 年实行出口许可证管理的商品有 49 种，分别实行出口配额许可证、出口配额招标和出口许可证管理。其中玉米、小麦、棉花、煤炭、原油、成品油 6 类商品的出口许可证，由配额许可证事务局签发；大米、玉米粉、钢材、活牛、焦炭、稀土、锑及锑制品等商品的出口许可证，由各地特派员办事处签发；消耗臭氧层物质、石蜡等 11 类商品的出口许可证，由地方发证机构签发。

二、进出口许可证办理程序

1. 进口消耗臭氧层物质及实行出口许可证管理的商品

进口消耗臭氧层物质及实行出口许可证管理的商品在组织该类进出口应证商品前，经营者应事先向主管部门申领进（出）口许可证，可通过网上和书面两种形式申领。首先应

向发证机关提交进（出）口许可证申请，申请进（出）口许可证时须提交加盖经营者公章的相对应的进（出）口许可证申请表、主管机关签发的进（出）口批准文件、进（出）口合同正本复印件［进（出）口商与收（发）货人不一致的，应当提交委托代理协议正本复印件］以及商务部规定的其他应当提交的材料。网上申请的，领取进（出）口许可证时提交上述材料；书面申请的，申请时提交。如果为年度内初次申请进（出）口许可证的，还应提交“企业法人登记营业执照”、加盖对外贸易经营者备案登记专用章的“对外贸易经营者备案登记表”或“中华人民共和国进出口企业资格证书”，经营者为外商投资企业的，还应当提交“外商投资企业批准证书”。

发证机构自收到符合规定的申请之日起 3 个工作日内发放进（出）口许可证。特殊情况下，进口许可证最多不超过 10 个工作日。发证机构凭加盖经营者公章的申请表取证联和领证人员本人身份证明材料发放进（出）口许可证。

2. 进口重点旧机电产品

在组织进口列入《重点旧机电产品进口目录》的旧机电产品前，经营者应事先向主管部门申领进口许可证，可通过网上和书面两种形式申领。申领时应由旧机电产品进口的最终用户提出申请，并且申请企业应具备从事重点旧机电产品用于翻新（含再制造）的资质。

商务部应在正式受理后 20 日内决定是否批准进口申请；如需征求相关部门或行业协会意见的，商务部应在正式受理后 35 日内决定是否批准进口申请。

三、进出口许可证的报关规范

（1）进口许可证的有效期为 1 年，当年有效。特殊情况需要跨年度使用时，有效期最长不得超过次年 3 月 31 日，逾期自行失效。

（2）出口许可证的有效期最长不得超过 6 个月，且有效期截止时间不得超过当年 12 月 31 日。商务部可视具体情况，调整某些货物出口许可证的有效期。出口许可证应当在有效期内使用，逾期自行失效。

（3）进出口许可证一经签发，不得擅自更改证面内容。如需更改，经营者应当在许可证有效期内提出更改申请，并将许可证交回原发证机构，由原发证机构重新换发许可证。

（4）进出口许可证实行“一证一关”（指进出口许可证只能在一个海关报关，下同）管理。一般情况下，进出口许可证为“一批一证”（指进出口许可证在有效期内一次报关使用，下同）。如要实行“非一批一证”（指进出口许可证在有效期内可多次报关使用，下同），应当同时在进出口许可证备注栏内打印“非一批一证”字样，但最多不超过 12 次，由海关在许可证背面“海关验放签注栏”内逐批签注核减进出口数量。

（5）对实行进出口许可证管理的大宗、散装货物，溢装数量按照国际贸易惯例办理，即报关进出口的大宗、散装货物的溢装数量不得超过其进出口许可证所列数量的 5%，其中原油、成品油溢装数量不得超过其许可证所列数量的 3%。对不实行“一批一证”制的大宗、散装货物，在每批货物进出口时，按其实际进出口数量进行核扣，最后一批货物进出口时，其溢装数量按该许可证实际剩余数量并在规定的溢装上限 5%内计算（原油、成品油在溢装上限 3%内计算）。

四、出口许可证申请表的填制规范

（1）出口商名称及代码：应填写有出口经营权的各类进出口企业的全称或有出口经营权的代理公司全称；若为非外贸单位经批准出口货物，此栏应填写该单位全称；编码按发证机关编定的电脑代码填写。

（2）发货单位名称及代码：发货人一般与出口商是一致的，此栏一般填写出口公司的全称及统一编制的编码，与第一栏内容基本相同。

（3）出口许可证编号：编号由发证机关统一排定。

（4）出口许可证有效期：应填写许可证的到期日。

出口许可证的有效期最长不得超过 6 个月，且有效期截止时间不得超过当年 12 月 31 日。

（5）贸易方式：该栏填写范围包括一般贸易、边境贸易、协定贸易、易货贸易、补偿贸易、进料加工、来料加工、转口贸易、期货贸易、工程承包、外资企业进口、非贸易和租赁出口。出口单位根据实际情况，选填其中一种方式，不得使用非规范术语。

（6）合同号：合同号是指申领许可证、报关及结汇时所用出口合同的编码。该栏应填写当次出口所凭借的成交合同号码，号码长度在 20 个（含 20 个）英文字母或阿拉伯数字之内。

（7）报关口岸：此栏应填写海关验放货物允许出口的边境口岸，即装运港或出境口岸。

（8）进口国（地区）：此栏填写货物实际运达或买断的目的国家（地区），即最终目的地，一般指合同目的地。本栏只能填写一个具体国家（地区）的准确全称，不能填写抵达的具体城市或港口全称，更不能填写途径的中间国家、地区、港口及城市的名称。

（9）付款方式：此栏可选择以下几种支付方式填充，如信用证、托收、汇付、托收等。

（10）运输方式：货物通关运输的方式可填写水路运输、铁路运输、公路运输、航空运输、邮政运输、自带等。

（11）商品名称、商品编码：此栏应按商务部发布的出口许可证管理商品名录的标准名称和统一编码填写。

（12）规格、等级：此栏用于对出口商品作具体说明，包括具体品种、规格、等级等，出口货物必须与此栏说明的品种、规格或等级相一致。一份许可证该栏的填写数量最多不能超过 4 个，否则应另行填写出口许可证申请表。

（13）单位：此栏应填写货物的计量单位。

（14）数量：此栏填写出口许可证允许出口商品的多少，应填写实际出运数量。此栏允许保留一位小数，尾数超出一位的，应四舍五入。计量单位为“批”的，数量填为“1”。

（15）单价（币别）：此栏按合同成交单价填写，是与计量单位相一致的单位价格。计量单位为“批”的，此栏应填写商品价值的总金额，整体上将该商品作为单位商品对待。

（16）总值（币别）：此栏为商品数量与单价的乘积，应与发票上列明的总值一致，小数部分应四舍五入取整。

（17）总值折美元：此栏填写由签证机关根据国家公布的外汇牌价将商品总值折算为美元的金额。

（18）总计：将各项目的合计数分别填入对应栏目，以便从总体上把握出口业务状况。

（19）备注：此栏为补充说明栏，填写以上各栏未尽事宜、需特别说明内容或需强调内容。

（20）签证机构审批（初审）和终审：该栏由签证机构填写。

出口许可证申请表如图 2－4 所示，出口许可证样例如图 2－5 所示。

出口许可证申请表填写规范与进口许可证填写规范机构，可以不再赘述。

中华人民共和国出口许可证申请表

1. 出口商：　　　代码： 领证人姓名：　　　电话：	3. 出口许可证号：
2. 发货单位：　　　代码：	4. 出口许可证有效截止日期： 年　月　日
5. 贸易方式：	8. 进口国（地区）：
6. 合同号：	9. 付款方式：
7. 报关口岸：	10. 运输方式：
11. 商品名称：	商品编码：

12. 规格、等级	13. 单位	14. 数量	15. 单价（币别）	16. 总值（币别）	17. 总值折美元
18. 总　计					

19. 备　注 申请单位盖章 申领日期：	20. 签证机构审批（初审）： 经办人：
	终审：

填表说明：①本表应用正楷逐项填写清楚，不得涂改、遗漏，否则无效。

②本表内容需打印多份许可证的，请在备注栏内注明。

图 2－4　中华人民共和国出口许可证申请表样本

中华人民共和国出口许可证
EXPORT LICENCE OF THE PEOPLE'S REPUBLIC OF CHINA　　No.7792897

1.出口商：Exporter　4403793852894 深圳市友信隆贸易有限公司			3.出口许可证号：Export licence No. 08-41-101821		
2.发货人：Consignor　4403793852894 深圳市友信隆贸易有限公司			4.出口许可证有效截止日期：Export licence expiry date 2008年10月17日		
5.贸易方式：Terms of trade　一般贸易			8.进口国（地区）：Country/Region of purchase　朝鲜		
6.合同号：Contract No.　08TS14			9.付款方式：Payment　汇付		
7.报关口岸：Place of clearance　天津关区			10.运输方式：Mde of transport　海上运输		
11.商品名称：Description of goods　镀或涂锌的铁或非合金钢丝			商品编码：Code of goods　7217200000		
12.规格、等级 Specification	13.单位 Unit	14.数量 Quantity	15.单价（USD） Unit price	16.总值（USD） Amount	17.总值折美元 Amount in USD
BWG22	公斤	*24,000.0	*1.2890	*30,936	$30,936
18.总　计 Total	公斤	*24,000.0		*30,936	$30,936
19.备　注 Supplementary details			20.发证机关签单 Issuing authority's stamp & signature （印章：中华人民共和国商务部 出口许可证专用章 深圳） 21.发证日期 Licence date　2008年07月18日		

中华人民共和国商务部监制（2007）

第一联（正本）发货人办理海关手续　海关验放签注栏在背面

图 2-5　出口许可证样例

任务实施

按照填制规范，对申请表各栏目的填制如下：

（1）出口商名称及代码：此栏填写"苏州昌盛进出口有限公司"，代码填写"3223930750"。

(2) 发货单位名称及编码：此栏填写“苏州昌盛进出口有限公司”，代码填写“3223930750”。

(3) 出口许可证编号：编号由发证机关统一填写。

(4) 出口许可证有效截止日期：由发证机关统一填写。

(5) 贸易方式：此栏填写“一般贸易”。

(6) 合同号：此栏填写“AC034”。

(7) 报关口岸：此栏填写“上海外港海关”。

(8) 进口国（地区）：此栏填写“日本”。

(9) 付款方式：此栏填写“汇付”。

(10) 运输方式：此栏填写“水路运输”。

(11) 商品名称、商品编码：此栏填写“钢丝、72172000000”。

(12) 规格等级：此栏填写“BXG023”。

(13) 单位：此栏填写“千克”。

(14) 数量：此栏填写“24000”。

(15) 单价（币别）：此栏填写“USD1.50”。

(16) 总值（币别）：此栏填写“USD36000”。

(17) 总值折美元：此栏填写“USD36000”。

(18) 总计：此栏填写“24000、USD36000、USD36000”。

(19) 备注：申请单位盖“苏州昌盛进出口有限公司”公章，并填写申请日期为“2012 年 3 月 30 日”。

(20) 发证机关盖章及发证日期：由发证机关盖章并填写发证日期。

归纳总结

进出口许可证管理是指由商务部或者由商务部会同国务院其他有关部门，依法制定并调整进出口许可证管理目录，以签发进出口许可证的方式对进出口许可证管理目录中的商品实行的行政许可管理。

由于进口许可证的填制与自动进口许可证的填制类似，因此在本模块不作介绍。

进出口许可证管理的商品范围、进出口许可证的报关规范、进出口许可证的填制规范是进出口许可证管理过程中需重点掌握的内容。

出口许可证管理的商品在组织该类进出口应证商品前，经营者应事先向主管部门申领进（出）口许可证，可通过网上和书面两种形式申领。首先应向发证机关提交进（出）口许可证申请，申请进（出）口许可证时须提交加盖经营者公章的相对应的进（出）口许可证申请表、主管机关签发的进（出）口批准文件、进（出）口合同正本复印件［进（出）口商与收（发）货人不一致的，应当提交委托代理协议正本复印件］、商务部规定的其他应当提交的材料。网上申请的，领取进（出）口许可证时提交上述材料；书面申请的，申请时提交。如果为年度内初次申请进（出）口许可证的，还应提交“企业法人登记营业执照”、加盖对外贸易经营者备案登记专用章的“对外贸易经营者备案登记表”或“中华人民共和国进出口企业资格证书”，经营者为外商投资企业的，还应当提交“外商投资企业批准证书”。

发证机构自收到符合规定的申请之日起3个工作日内发放进（出）口许可证。特殊情况下，进口许可证最多不超过10个工作日。发证机构凭加盖经营者公章的申请表取证联和领证人员本人身份证明材料发放进（出）口许可证。

思考与训练

2012年9月10日，苏州昌盛进出口有限公司（海关经营单位编码为3223930750）向苏州海关申报空运出口到美国的200000千克的大米，规格等级为一级，商品编码为1006309090，货物价值100000美元，收汇方式为信用证，贸易方式为进料加工，合同号为HC0054，根据上述资料该公司于8月27日填写出口许可证申请表向苏州商务局申请出口许可证。

模块三　报关作业实施

报关的具体范围包括进出境运输工具报关、进出境物品报关、进出境货物报关和进出境邮递物品报关。本模块主要介绍进出境货物即海关监管货物的报关程序。

海关监管货物是指自进境起到办结海关手续止的进口货物，自向海关申报起到出境止的出口货物，以及自进境起到出境止的过境、转运和通运货物等应当接受海关监管的货物，包括一般进出口货物、保税货物、特定减免税货物、暂准进出境货物，以及过境、转运、通运货物和其他尚未办结海关手续的货物。

根据货物进出境的不同目的，海关监管货物可以分成六大类。

一、一般进出口货物

一般进出口货物包括一般进口货物和一般出口货物，一般进口货物是指办结海关手续进入国内生产、消费领域流通的进口货物；一般出口货物是指办结海关手续到境外生产、消费领域流通的出口货物。

实际进出口的货物，除特定减免税货物外，都属于一般进出口货物的范围，一般进出口货物具体包括 10 种货物：

（1）一般贸易进口货物；

（2）一般贸易出口货物；

（3）转为实际进口的保税货物、暂准进境货物或转为实际出口的暂准出境货物；

（4）易货贸易、补偿贸易进出口货物；

（5）不批准保税的寄售代销贸易货物；

（6）承包工程项目实际进出口货物；

（7）外国驻华商业机构进出口陈列用的样品；

（8）外国旅游者小批量订货出口的商品；

（9）随展览品进境的小卖品；

（10）免费提供的进口货物，如：

①外商在经济贸易活动中赠送的进口货物；

②外商在经济贸易活动中免费提供的试车材料等；

③我国在境外的企业、机构向国内单位赠送的进口货物。

二、保税货物

保税货物是指经海关批准未办理纳税手续进境，在境内储存、加工、装配后复运出境的货物。保税货物又分为保税加工货物和保税物流货物两大类。

三、特定减免税货物

特定减免税货物是指经海关依法准予免税进口的用于特定地区、特定企业，有特定用途的货物。

四、暂准进出境货物

暂准进出境货物包括暂准进境货物和暂准出境货物，暂准进境货物是指经海关批准凭担保进境在境内使用后原状复运出境的货物；暂准出境货物是指经海关批准凭担保出境在境外使用后原状复运进境的货物。

暂准进出境货物分为两大类：

第一类：经海关批准暂时进境或者出境，缴纳保证金，在规定的期限内，复运出境或者复运进境的货物。一共有 9 项：

①在展览会、交易会、会议及类似活动中展示或者使用的货物；

②文化、体育交流活动中使用的表演、比赛用品；

③进行新闻报道或者摄制电影、电视节目使用的仪器、设备及用品；

④开展科研、教学、医疗活动使用的仪器、设备及用品；

⑤上述四项所列活动中使用的交通工具及特种车辆；

⑥暂时进出的货样；

⑦供安装、调试、检测设备时使用的仪器、工具；

⑧盛装货物的容器；

⑨其暂时进出境用于非商业目的的货物。

第二类是指第一类以外的暂准进出境货物，如工程施工中使用的设备、仪器及用品，应当按照该货物的完税价格和其在境内滞留时间与折旧时间的比例计算征收进出口税。

五、过境、转运、通运货物

过境、转运、通运货物是指由境外起运，通过中国境内继续运往境外的货物。

六、其他进出境货物

其他进出境货物是指上述货物以外其他尚未办结海关手续的进出境货物。

其他进出境货物主要包括：

①货样、广告品；②租赁货物；③加工贸易不作价设备；④出料加工货物；⑤无代价抵偿货物；⑥进出境修理货物；⑦集装箱箱体；⑧退运货物；⑨退关货物；⑩放弃货物。

海关按照对各种监管货物的不同要求，分别建立了相应的海关监管制度。本模块重点介绍一般进出口货物、保税货物、特定减免税货物。

货物进出境应当经过审单、查验、征税、放行四个海关作业环节。与之相适应，进出口货物收发货人或其代理人应当按程序办理相对应的进出口申报、配合查验、缴纳税费、提取或装运货物等手续，货物才能进出境。但是，这些程序还不能满足海关对所有进出境货物的实际监管要求。比如加工贸易原材料进口，海关要求事先备案，因此不能在“申

报”和“审单”这一环节完成上述工作，必须有一个前期办理手续的阶段；如果上述进口原材料加工成成品出口，在“放行”和“装运货物”离境的环节也不能完成所有的海关手续，必须有一个后期办理核销结案的阶段。因此，从海关对进出境货物进行监管的全过程来看，报关程序按时间先后可以分为三个阶段：前期阶段、进出口阶段、后续阶段。如表3－1所示。

前期阶段是指进出口货物收发货人或其代理人根据海关对进出境货物的监管要求，在货物进出口以前，向海关办理备案手续的过程。进出口阶段是指进出口货物收发货人或其代理人根据海关对进出境货物的监管要求，在货物进出境时，向海关办理进出口申报、配合查验、缴纳税费、提取或装运货物手续的过程。后续阶段是指进出口货物收发货人或其代理人根据海关对进出境货物的监管要求，在货物进出境储存、加工、装配、使用、维修后，在规定的期限内，按照规定的要求，向海关办理上述进出口货物核销、销案、申请解除监管等手续的过程。

表3－1　　进出口货物的报关三阶段

报关程序 货物类别	前期阶段 （货物在进境前办理）	进出口阶段 （货物在进出境时办理的四个环节）	后续阶段 （进出关境后需要办理才能接结关的手续）
一般进出口货物	不需要办理	申报（海关审查） ↓ 配合查验（查验） ↓ 缴纳税费（征税） ↓ 提取货物（放行）	不需要办理
保税进出口货物	备案、申请登记手册		办理核销手续
特定减免税货物	特定减免税申请和申领免税证明		办理解除海关监管手续
暂准进出境货物	展览品备案申请		办理销案手续
其他进出境货物	出料加工货物的备案		办理销案手续

任务一　一般进出口货物报关

知识目标

1. 熟悉一般进出口货物的含义、特征及范围。
2. 熟悉海关查验的方式。
3. 了解海关查验过程中货物损坏赔偿的原则。

能力目标

1. 掌握一般进出口货物进出口申报的含义、地点、期限、日期。
2. 掌握一般进出口货物报关程序的四个基本步骤。

任务导入

苏州昌盛进出口有限公司从日本进口24000米棉布（商品编码为5210320010），于2012年5月29日从上海外港海关入境，该批货物共60包，净重7020千克，毛重7500千克。该合同的贸易方式为一般贸易，合同总价39690美元，价格条款为USD1.54 PER METER CIF SHANGHAI，信用证方式结算，苏州昌盛进出口有限公司的报关员小李准备相关单证（海运提单、商业发票、装箱单等）于2012年6月1日向上海外港海关进行申报。

任务分析

小李要想顺利将该批棉布进口，必须了解一般进出口货物的报关环节，并且对进出口环节中涉及的各项内容做好相应准备，如是否需要进口批件，是否需要进行入境检验检疫。

相关知识与拓展

一、一般进出口货物概述

一般进出口货物是一般进口货物和一般出口货物的合称，是指在进出口环节缴纳了应征的进出口税费并办结了所有必要的海关手续，海关放行后不再进行监管，可以直接进入生产和消费领域流通的进出口货物。

一般进出口货物并不完全等同于一般贸易货物。一般贸易是国际贸易中的一种交易方式。在我国的对外贸易中，一般贸易是指中国境内有进出口经营权的企业单边进口或单边出口的贸易。按一般贸易交易方式进出口的货物即为一般贸易货物。一般进出口货物，是指按照海关一般进出口监管制度监管的进出口货物。一般贸易货物在进口时可以按一般进出口监管制度办理海关手续，这时它就是一般进出口货物；符合条件的可以享受特定减免税优惠，按特定减免税监管制度办理海关手续，这时它就是特定减免税货物；经海关批准保税，也可以按保税监管制度办理海关手续，这时它就是保税货物。

二、一般进出口货物的特征

一般进出口货物有以下特征。

1. 进出境时缴纳进出口税费

一般进出口货物的收发货人应当按照《海关法》和其他有关法律、行政法规的规定，在货物进出境时向海关缴纳应当缴纳的税费。

2. 进出口时提交相关的许可证件货物进出口应受国家法律、行政法规管制的，进出口货物收发货人或其代理人应当向海关提交相关的进出口许可证件。

3. 海关放行即办结海关手续

海关征收了全额的税费，审核了相关的进出口许可证件，并对货物进行实际查验（或

作出不予查验的决定）以后，按规定签章放行。这时，进出口货物收发货人或其代理人才能办理提取进口货物或者装运出口货物的手续。

三、一般进出口货物的报关程序

一般进出口货物报关程序没有前期阶段和后续阶段，只有进出口阶段，由四个环节构成，即进出口申报、配合查验、缴纳税费、提取或装运货物。但从海关的角度来说就是接受申报、查验货物、征收税费、结关放行四个环节。企业申报程序与海关接受申报程序如图 3－1 所示。

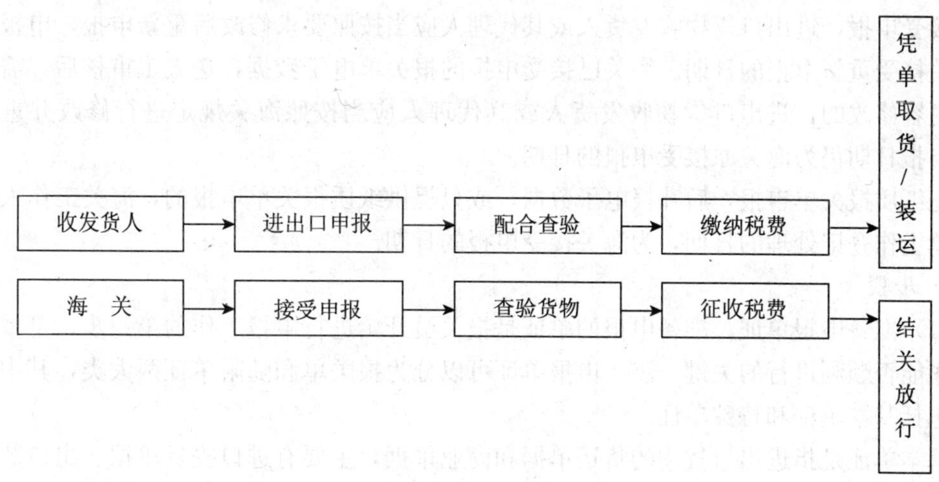

图 3－1 企业申报程序与海关接受申报程序

（一）进出口申报

1. 概述

（1）申报含义。申报是指进出口货物收发货人、受委托的报关企业，依照《海关法》以及有关法律、行政法规的要求，在规定的期限、地点，采用电子数据报关单和纸质报关单形式，向海关报告实际进出口货物的情况，并接受海关审核的行为。

（2）申报地点。进口货物应当由收货人或其代理人在货物的进境地海关申报；出口货物应当由发货人或其代理人在货物的出境地海关申报。

经收发货人申请，海关同意，进口货物的收货人或其代理人可以在设有海关的货物指运地申报，出口货物的发货人或其代理人可以在设有海关的货物起运地申报。

（3）申报期限。进口货物的申报期限为自装载货物的运输工具申报进境之日起 14 日内。经海关批准准予集中申报的，进口货物自装载货物的运输工具申报进境之日起 14 日内，申报期限的最后一天是法定节假日或休息日的，顺延至法定节假日或休息日后的第一个工作日。进口货物自装载货物的运输工具申报进境之日起超过 3 个月仍未向海关申报的，货物由海关提取并依法变卖。对属于不宜长期保存的货物，海关可以根据实际情况提前处理。

出口货物的申报期限为货物运抵海关监管区后、装货前24小时。

(4) 申报日期。进出口货物收发货人或其代理人的申报数据自被海关接受之日起产生法律效力，即进出口货物收发货人或其代理人应当向海关承担“如实申报”、“如期申报”等法律责任。因此，海关接受申报数据的日期非常重要。

申报日期是指申报数据被海关接受的日期。不论以电子数据报关单方式申报还是以纸质报关单方式申报，海关接受申报数据的日期即为接受申报的日期。采用先电子数据报关单申报，后提交纸质报关单，或者仅以电子数据报关单方式申报的，申报日期为海关计算机系统接受申报数据时记录的日期，该日期将反馈给原数据发送单位，或公布于海关业务现场，或通过公共信息系统发布。电子数据报关单经过海关计算机检查被退回的，视为海关不接受申报，进出口货物收发货人或其代理人应当按照要求修改后重新申报，申报日期为海关接受重新申报的日期。海关已接受申报的报关单电子数据，送人工审核后，需要对部分内容修改的，进出口货物收发货人或其代理人应当按照海关规定进行修改并重新发送，申报日期仍为海关原接受申报的日期。

先纸质报关单申报，后补报电子数据，或只提供纸质报关单申报的，海关工作人员在报关单上作登记处理的日期，为海关接受申报的日期。

2. 步骤

(1) 准备申报单证。准备申报的单证是报关员开始进行申报工作的第一步，是整个报关工作能否顺利进行的关键一步。申报单证可以分为报关单和随附单证两大类，其中随附单证包括基本单证和特殊单证。

基本单证是指进出口货物的货运单据和商业单据，主要有进口提货单据、出口装货单据、商业发票、装箱单等。一般来说，任何货物的申报，都必须有基本单证。

特殊单证主要有进出口许可证件、加工贸易手册（包括纸质手册、电子账册和电子化手册）、特定减免税证明、作为有些货物进出境证明的原进出口货物报关单证、出口收汇核销单、原产地证明书、贸易合同等。某些货物的申报，必须有特殊单证，如租赁贸易货物进口申报，必须有租赁合同，别的货物进口申报则不一定需要贸易合同。所以贸易合同对于租赁贸易货物申报来说是一种特殊单证。

进出口货物收发货人或其代理人应向报关员提供基本单证、特殊单证，报关员审核这些单证后据此填制报关单。

准备申报单证的原则是：基本单证、特殊单证必须齐全、有效、合法；填制报关单必须真实、准确、完整；报关单与随附单证数据必须一致。

(2) 申报前看货取样。进口货物的收货人，在向海关申报前，为了确定货物的品名、规格、型号等，可以向海关提出查看货物或者提取货样的书面申请。海关审核同意的，派员到场监管。

(3) 申报。

①电子数据申报。进出口货物收发货人或其代理人可以选择终端申报方式、委托EDI方式、自行EDI方式、网上申报方式等四种电子申报方式中适用的一种，将报关单内容录入海关电子计算机系统，生成电子数据报关单。

进出口货物收发货人或其代理人在委托录入或自行录入报关单数据的计算机上接收到

海关发送的接受申报信息，即表示电子申报成功；接收到海关发送的不接受申报信息后，则应当根据信息提示修改报关单内容后重新申报。

②提交纸质报关单及随附单证。海关审结电子数据报关单后，进出口货物收发货人或其代理人应当自接到海关“现场交单”或“放行交单”信息之日起10日内，持打印的纸质报关单，备齐规定的随附单证并签名盖章，到货物所在地海关提交书面单证，办理相关海关手续。

(4) 修改申报内容或撤销申报。海关接受进出口货物申报后，电子数据和纸质的进出口货物报关单不得修改或者撤销；确有正当理由的，经海关审核批准，可以修改或撤销。

因修改或者撤销进出口货物报关单导致需要变更、补办进出口许可证件的，进出口货物收发货人或其代理人应当向海关提交相应的进出口许可证件。

(二) 配合查验

1. 海关查验

(1) 含义。海关查验是指海关为确定进出境货物收发货人向海关申报的内容是否与进出口货物的真实情况相符，或者为确定商品的归类、价格、原产地等，依法对进出口货物进行实际核查的执法行为。

海关通过查验，检查报关单位是否伪报、瞒报、申报不实，同时也为海关的征税、统计、后续管理提供可靠的资料。

(2) 查验地点。查验应当在海关监管区内实施。因货物易受温度、静电、粉尘等自然因素的影响，不宜在海关监管区内实施查验，或者因其他特殊原因，需要在海关监管区外查验的，经进出口货物收发货人或其代理人书面申请，海关可以派员到海关监管区外实施查验。

(3) 查验时间。当海关决定查验时，即将查验的决定以书面通知的形式通知进出口货物收发货人或其代理人，约定查验的时间。查验时间一般约定在海关正常工作时间内。

(4) 查验方法。海关实施查验可以彻底查验，也可以抽查。彻底查验是指对一票货物逐件开拆包装、验核货物实际状况；抽查是指按照一定比例有选择地对一票货物中的部分货物验核实际状况。

查验操作可以分为人工查验和设备查验。

①人工查验。人工查验包括外形查验、开箱查验。外形查验是指对外部特征直观、易于判断基本属性的货物的包装、运输标志和外观等状况进行验核；开箱查验是指将货物从集装箱、货柜车厢等箱体中取出并拆除外包装后对货物实际状况进行验核。

②设备查验。设备查验是指以技术检查设备为主对货物实际状况进行的验核。海关可以根据货物情况以及实际执法需要，确定具体的查验方式。

(5) 复验。海关可以对已查验货物进行复验。有下列情形之一的，海关可以复验：

①经初次查验未能查明货物的真实属性，需要对已查验货物的某些性状作进一步确认的；

②货物涉嫌走私违规，需要重新查验的；

③进出口货物收发货人对海关查验结论有异议，提出复验要求并经海关同意的；

④其他海关认为必要的情形。

已经参加过查验的查验人员不得参加对同一票货物的复验。

(6) 径行开验。径行开验是指海关在进出口货物收发货人或其代理人不在场的情况下，对进出口货物进行开拆包装查验。有下列情形之一的，海关可以径行开验：

①进出口货物有违法嫌疑的；

②经海关通知查验，进出口货物收发货人或其代理人届时未到场的。

海关径行开验时，存放货物的海关监管场所经营人、运输工具负责人应当到场协助，并在查验记录上签名确认。

2. 配合查验

海关查验货物时，进出口货物收发货人或其代理人应当到场，配合海关查验。

查验记录准确清楚的，配合查验人员应即签名确认。如不签名的，海关查验人员在查验记录中予以注明，并由货物所在监管场所的经营人签名证明。

3. 货物损坏赔偿

因进出口货物所具有的特殊属性，容易因开启、搬运不当等原因导致货物损毁，需要海关查验人员在查验过程中予以特别注意的，进出口货物收发货人或其代理人应当在海关实施查验前申明。

在查验过程中，或者证实海关在径行开验过程中，因为海关查验人员的责任造成被查验货物损坏的，进出口货物的收发货人或其代理人可以要求海关赔偿。海关赔偿的范围仅限于在实施查验过程中，由于查验人员的责任造成被查验货物损坏的直接经济损失。

（三）缴纳税费

进出口货物收发货人或其代理人将报关单及随附单证提交给货物进出境地指定海关，海关对报关单进行审核，对需要查验的货物先由海关查验，然后核对计算机计算的税费，开具税款缴款书和收费票据。进出口货物收发货人或其代理人在规定时间内，持缴款书或收费票据向指定银行办理税费交付手续；在试行中国电子口岸网上缴税和付费的海关，进出口货物收发货人或其代理人可以通过电子口岸接收海关发出的税款缴款书和收费票据，在网上向指定银行进行电子支付税费。一旦收到银行缴款成功的信息，即可报请海关办理货物放行手续。

（四）提取或装运货物

1. 海关进出境现场放行和货物结关

(1) 海关进出境现场放行是指海关接受进出口货物的申报、审核电子数据报关单和纸质报关单及随附单证、查验货物、征免税费或接受担保以后，对进出口货物作出结束海关进出境现场监管决定，允许进出口货物离开海关监管现场的工作环节。

海关进出境现场放行一般由海关在进口货物提货凭证或者出口货物装货凭证上加盖海关放行章。进出口货物收发货人或其代理人签收进口提货凭证或者出口装货凭证，凭以提取进口货物或将出口货物装上运输工具离境。

在实行“无纸通关”申报方式的海关，海关作出现场放行决定时，应通过计算机将海

关决定放行的信息发送给进出口货物收发货人或其代理人和海关监管货物保管人。进出口货物收发货人或其代理人从计算机上自行打印海关通知放行的凭证，凭以提取进口货物或将出口货物装运到运输工具上离境。

（2）货物结关是进出境货物办结海关手续的简称。进出境货物由收发货人或其代理人向海关办理完所有的海关手续，履行了法律规定的与进出口有关的一切义务，就办结了海关手续，海关不再进行监管。

2. 提取货物或装运货物

进口货物收货人或其代理人签收海关加盖海关放行章戳记的进口提货凭证，凭以到货物进境地的港区、机场、车站、邮局等地的海关监管仓库办理提取进口货物的手续。

出口货物发货人或其代理人签收海关加盖海关放行章戳记的出口装货凭证，凭以到货物出境地的港区、机场、车站、邮局等地的海关监管仓库，办理将货物装上运输工具离境的手续。

3. 申请签发报关单证明联和办理其他证明手续

进出口货物收发货人或其代理人，办理完提取进口货物或装运出口货物的手续以后，如需要海关签发有关货物的进口、出口报关单证明联或办理其他证明手续的，均可向海关提出申请。

（1）进口付汇证明：海关签发，用于办理进口付汇核销；

（2）出口收汇证明：海关签发，用于办理出口收汇核销；

（3）出口收汇核销单：海关盖章，用于办理出口收汇核销（国家外汇部门签发）；

（4）出口退税证明：用于办理出口退税；

（5）进口货物证明书：用于进口汽车、摩托车等向国家交通管理部门办理牌照。

四、海关监管货物的转关

转关是指海关监管货物在海关监管下，从一个海关运至另一个海关办理某项海关手续的行为，包括货物由进境地入境，向海关申请转关，运往另一个设关地点进口报关；货物在起运地出口报关运往出境地，由出境地海关监管出境；已经办理入境手续的海关监管货物从境内一个设关地点运往境内另一个设关地点报关。

（一）允许转关的条件和不能转关的货物

1. 允许转关运输的条件

允许转关运输的条件包括：

（1）转关的指运地和起运地必须设有海关；

（2）转关的指运地和起运地应当设有经海关批准的监管场所；

（3）转关承运人应当在海关注册登记，承运车辆符合海关监管要求，并承诺按海关对转关路线范围和途中运输时间所作的限定将货物运往指定的场所。

2. 不能转关的货物

不能转关的货物包括：

（1）进口固体废物（废纸除外）；

(2)“易制毒”化学品、监控化学品、消耗臭氧层物质、氯化钠;

(3) 汽车类,包括成套散件和二类底盘;

(4) 国家检验检疫部门规定必须在口岸检验检疫的商品;

(二) 转关运输的方式

转关运输分为提前报关转关、直转转关和中转转关三种方式。

1. 提前报关转关

提前报关转关是指进口货物在指运地先申报,再到进境地办理进口转关手续,出口货物在未运抵起运地监管场所前先申报,货物运抵监管场所后再办理出口转关手续的转关。

2. 直转转关

进口直转转关是指进口货物在进境地海关办理转关手续,货物运抵指运地再在指运地海关办理申报手续的转关。

出口直转转关是指出口货物在运抵起运地海关监管场所申报后,在起运地海关办理出口转关手续再到出境地海关办理出境手续的转关。

3. 中转转关

进口中转转关是指持全程提运单需换装境内运输工具的进口中转货物由收货人或其代理人先向指运地海关办理进口申报手续,再由境内承运人或其代理人批量向进境地海关办理转关手续的转关。

出口中转转关是指持全程提运单需换装境内运输工具的出口中转货物由发货人或其代理人先向起运地海关办理出口申报手续,再由境内承运人或其代理人按出境工具分列舱单向起运地海关批量办理转关手续,并到出境地海关办理出境手续的转关。

(三) 转关运输的期限

1. 直转方式转关的期限

直转方式转关的进口货物应当自运输工具申报进境之日起 14 日内向进境地海关办理转关手续,在海关限定期限内运抵指运地之日起 14 日内,向指运地海关办理报关手续。逾期按规定征收滞报金。在进境地办理转关手续逾期的,以自载运进口货物的运输工具申报进境之日起第 15 日为征收滞报金的起始日;在指运地申报逾期的,以自货物运抵指运地之日起第 15 日为征收滞报金的起始日。

2. 提前报关方式转关的期限

(1) 进口转关货物应在电子数据申报之日起的 5 日内,向进境地海关办理转关手续,超过期限仍未到进境地海关办理转关手续的,指运地海关撤销提前报关的电子数据。

(2) 出口转关货物应于电子数据申报之日起 5 日内,运抵起运地海关监管场所,办理转关和验放等手续,超过期限的,起运地海关撤销提前报关的电子数据。

五、一般进出口货物的报关程序

一般进口货物的报关程序如图 3-2 所示,一般出口货物的报关程序如图 3-3 所示。

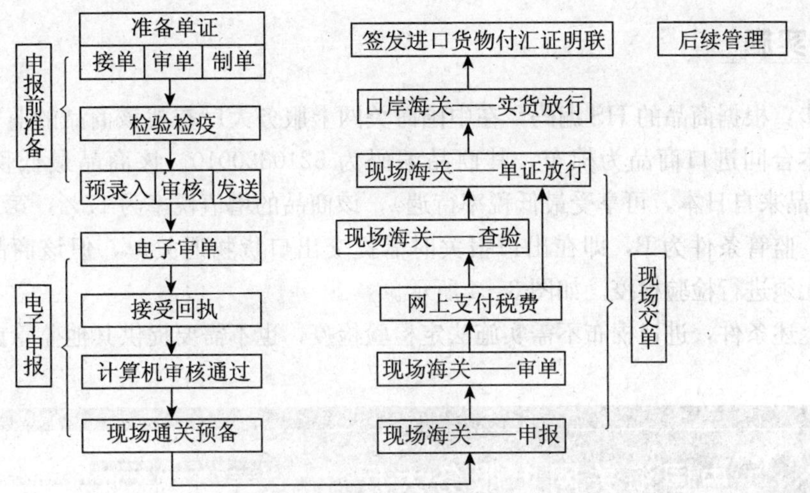

图 3－2　一般进口货物的报关程序

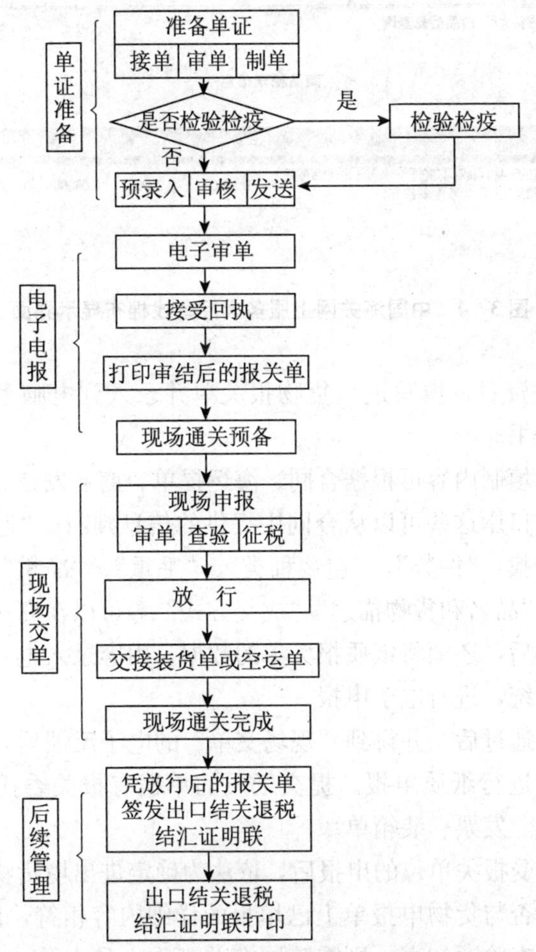

图 3－3　一般出口货物的报关程序

任务实施

第一步：根据商品的 HS 编码，在中国海关网上服务大厅查找该商品的监管条件及进口关税。本合同进口商品为棉布，其商品编码为 5210320010。该商品最低税率为 10%（由于该商品来自日本，可享受最低税率待遇），该商品的增值税率为 17%，第一法定计量单位为米，监管条件为 B，即在出口报关时需提交出口货物通关单，但该商品为进口申报，因此无须进行检验检疫。如图 3-4 所示。

根据上述条件，进口棉布不需实施法定检验检疫，也不需要提供其他监管证件。

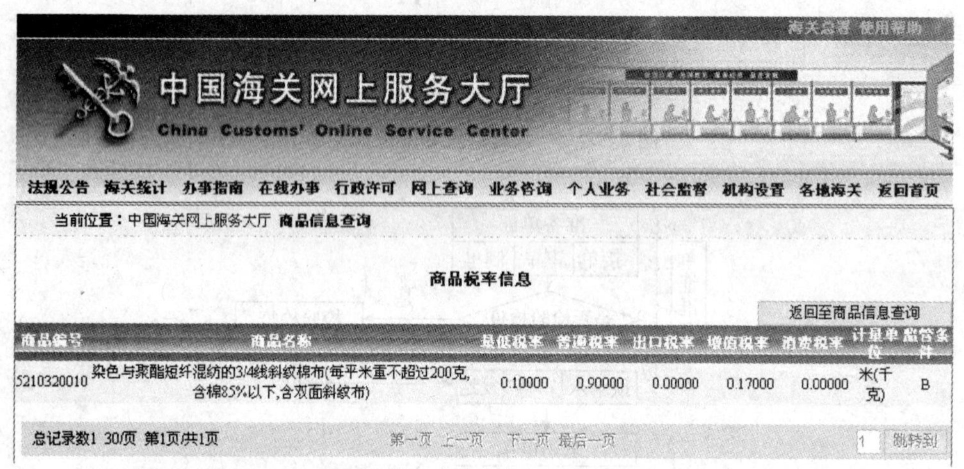

图 3-4 中国海关网上服务大厅查找棉布显示界面

第二步：根据相关资料，填写进口货物报关单并录入到电脑系统，如果不是自理报关，还需填制报关委托书。

进口货物报关单的填制内容可根据合同、海运提单、商业发票、装箱单等相关资料填写。如贸易关系、进口口岸这些可以从合同中提供的信息判断；“运输方式”、“运输工具名称”可以在提单中查找，“件数”、“包装种类”、“毛重”、“净重”等包装资料可以在装箱单中查找；“单价”、“品名和货物描述”“成交方式”等可以在商业发票中获取。

填制好进口报关单后，还须将纸质报关单的数据、内容录入电子计算机，通过网络将数据传送至海关报关系统，进行电子申报。

第三步：电子申报通过后，并得到“现场交单”的电子反馈后，在海关规定的时间内前往海关的通关大厅，进行纸质申报。提交纸质的单据有报关委托书（非自理报关时）、进口报关单、提单正本、发票、装箱单。

第四步：海关在接受报关单位的申报后，依法为确定进出境货物的性质、原产地、货物状况、数量和价值是否与货物申报单上已填报的详细内容相符，对货物进行实际检查。如在申报后，收到海关查验通知书，则需陪同海关工作人员查验。如海关没有布控查验，则无须查验。

第五步：根据进口商品的商品编码（5210320010）可得知该商品关税税率为10%、增值税税率为17%、消费税为0。由于该批商品海关监管方式为一般进口货物，因此在进口时需缴纳进口关税和增值税。

第六步：在收到海关制发的“海关进口关税专用缴款书”和“海关进口增值税专用缴款书”，收货人或其代理人通过网上银行或者到银行柜台缴纳税款，并取得完税凭证。

第七步：收货人凭完税凭证，向海关申请放行货物。海关批准放行后，进口商凭加盖海关放行章的提货单到海关监管仓库提取货物。

第八步：收货人至海关业务现场办理报关单证明联的签证手续，进口货物放行后，海关向申报人签发进口付汇证明单。

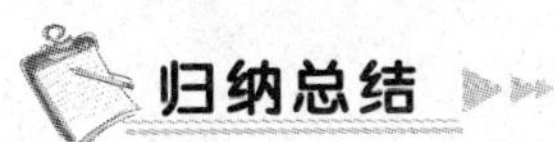

一、一般进出口的含义

一般进出口是指货物在进出境环节完全缴纳进出口税费，并办结各项海关手续后，可以直接进口在境内自行使用、销售，或者运离关境自由流通的海关结关制度。

这项结关制度与世界海关组织《京都公约》中的“结关内销”和“直接出口”两项附约基本吻合。它规定进出口的货物可以永久留在关境内或关境外。同时，本项制度包含着完全缴纳应缴的进出口税费和办理进出境环节各项海关手续两重意义。

二、一般进出口的特点

货物按一般进出口结关制度办理海关手续，其海关监管的过程和货物放行后的状态反映了该项结关制度的特点。

（一）在进出境环节完全缴纳进出口税费

这里的“进出境环节”即海关现场监管环节。“进出口税费”是指货物在进出口时，因与进出口有关，由海关征收的关税及进出口环节税、规费或其他费用。“完全缴纳”是指按照“进出口税则”的税率全额计征。对于“进出口税则”的税则列号后无税率或“关税条例”列明免征税（即法定减免）的货物则不再缴纳进出口税费。

（二）执行与进出口货物有关的国家进出境管制制度

对于进出口货物涉及的国家各项进出境管制措施，海关均应验凭有关证件、证书放行。包括许可证、检验检疫证书、审批件等。

（三）现场监管阶段办结海关手续

货物在放行时，应缴清进出口税费并经审单、查验完毕。“放行”是一般进出口结关制度的最后环节，放行即意味着办结了各项海关手续。

（四）货物进出口后可自由流通

所谓自由流通是指货物办结海关手续后交由收发货人或其代理人自由处置，出口货物须运离关境。

三、一般进出口货物的监管

一般进出口货物的监管主要包括三个环节。

(一) 一般进出口货物监管的第一个环节

第一个环节是受理申报，并进行审核。

1. 报关人资格的审核

一般进出口货物的收、发货人或其代理人，在向海关申报时，海关应通过初审，确认其是否已具备申报的条件、符合海关受理申报的要求，只有符合申报条件的才接受申报。如报关单位是否经海关报关注册登记，异地报关是否已办理报关备案手续，办理报关手续的报关员是否为该报关单位聘用，并经海关批准，等等。

2. 报关时限的审核

报关时限涉及三个方面的要求。

(1) 出口货物应在运抵海关监管区后、装货的 24 小时前向海关申报。除明确为“预申报”或要求到监管现场以外查验的外，出口申报时有关货物尚未运抵海关监管区的，海关原则上不予受理。

(2) 进口货物应在运载该批货物进境的运输工具申报进境之日起 14 日内向海关申报，超过 14 日申报的，从第 15 日起应该按进口货物到岸价格的 0.5‰按日征收滞报金，3 个月未向海关申报的进口货物按规定由海关提取变卖处理。

(3) 进口转关运输的货物按进口货物申报时限规定向进口地海关申办转关运输手续，自进境之日起 14 日内未向进境地海关申报办理转关运输手续的，由进境地海关征收滞报金；进口货物运抵指运地之日起 14 日内向指运地海关正式申报，未能在规定的期限内办理正式申报手续的，应由指运地海关征收滞报金。

3. 报关单及随附单证的审核

(1) 报关单。

进出口货物报关单是报关员代表报关人向海关申报的主要单证。进出口货物报关单是由海关总署规定统一格式和填制规范，由进出口货物收发货人或其代理人填制并向海关提交的申报货物状况的法律文书，是海关依法监管货物进出口、征收关税及其他税费、编制海关统计以及处理其他海关业务的重要凭证。

(2) 随附单证。

①运输单据。海运进口为提单，出口为装运单，陆运和空运进出口为运单。

②包装单据。视包装情况而定，如装箱单、重量单等。

③发票。如报关时呈交随附发票确有困难，海关可以接受申报。海关审单时有疑问或发现问题，应责成有关人员限期补交发票；对于委托国外销售，结算方式是待货物销售后按实际金额向出口单位结汇而无法在货物出口时提供发票的，可准予免交。

④进出口许可证或批文。如属国家限制进出口商品或者没有进出口经营权单位进出口的货物应交验许可证或允许进出口的批准文件。

⑤检验、检疫证书，如属商检、动植检验、药检、食品检验的货物，报关人应出具相应机关签发的检验或检疫证明。包括在报关单上加盖的印章。

⑥进出口特殊管制商品的批件、证明。如文物出口的鉴定、珍贵稀有野生动植物等需受进出口管制的，报关人应出具相应机关签发的批件、证明等。

⑦海关认为必要时可调阅的其他单证。例如，交易合同、原产地证明、信用证等。

（二）一般进出口货物监管的第二个环节

第二个环节是对货物实施查验。

对一般进出口货物的监管除了审核资格和单证外，还需进行查验。进出口货物通关时，海关将审核收发货人的申报与实际进出口货物在性质、原产地、货物状况、数量、价格等方面是否一致、对进出口货物实施查验，并以此确认有无伪报、瞒报和申报不实等走私违法情况。

（三）一般进出口货物监管的第三个环节

第三个环节是核放货物。

对一般进出口货物而言，放行是海关现场监管的最后环节，经海关放行的进出口货物，被货主提取或装运出境便可自由流通，因此，放行前必须确认具备以下三个条件：

（1）必要的证明、证书已呈交，海关已经验明合法有效；

（2）进出口税费已照章缴纳或已采取适当措施能保证追缴；

（3）未发现任何违法行为。

思考与训练

苏州昌盛进出口公司与美国商人签订一份30000套棉制针织女衬衫的出口合同，贸易方式为一般贸易。价格条款为CIF纽约，合同要求在2012年7月1日前装船。苏州昌盛进出口公司于2012年6月15日将30000套棉衣生产完成。试根据本任务学习的内容对苏州昌盛进出口公司该笔出口任务进行出口流程设计。

任务二　保税加工货物报关

知识目标

1. 熟悉保税加工货物的含义、特征及范围。
2. 熟悉保税加工货物海关监管模式和管理要点。
3. 了解保税加工货物设限商品范围。
4. 了解电子账册管理的含义及电子账册建立的步骤。
5. 了解电子化手册管理含义及其特点。

能力目标

1. 掌握纸质手册管理下的保税加工货物报关程序。
2. 掌握出口加工区进出货物的报关程序。
3. 掌握出口加工区出区深加工结转的含义及程序。

任务导入

苏州欧风服装有限公司是具有进出口经营权的内资企业，属海关分类管理下的A类企业。该公司位于苏州工业园区苏春工业坊。2012年3月该公司与美国商人签订一份进料加工合同，进口2吨棉纱，用此完成30万套棉制内衣的出口任务。在进口原材料之前，欧风服装有限公司的关务李辉需到主管海关对合同进行备案，申请保税并领取加工贸易登记手册。

任务分析

李辉要完成加工贸易登记手册的申领，必须能够明确加工贸易货物的含义及特征，熟悉海关对保税加工货物的管制规定，并掌握加工贸易手册申请的具体步骤。

相关知识与拓展

一、保税加工货物概述

（一）保税加工货物的含义

加工贸易俗称“两头在外”的贸易，即原材料、零部件、元器件、包装物料、辅助材料等从境外进口，在境内加工装配后，成品运往境外的贸易。

加工贸易通常有两种形式。

1. 来料加工

来料加工是指由境外企业提供料件，经营企业不需要付汇进口，按照境外企业的要求进行加工或装配，只收取加工费，制成品由境外企业销售的经营活动。

2. 进料加工

进料加工是指经营企业用外汇购买料件进口，制成成品后外销出口的经营活动。

经海关批准准予保税进口的加工贸易货物就是保税加工货物。保税加工货物是指经海关批准未办理纳税手续进境，在境内加工、装配后复运出境的货物。保税加工货物通常被称为加工贸易保税货物。

（二）特征

保税加工货物有以下特征。

（1）料件进口时暂缓缴纳进口关税及进口环节海关代征税，成品出口时除另有规定外无须缴纳关税。

（2）料件进口时除国家另有规定外免于交验进口许可证件，成品出口时凡属许可证件管理的，必须交验出口许可证件。

（3）进出境海关现场放行并未结关。

（三）范围

保税加工货物包括下面三种。

（1）专为加工、装配出口产品而从国外进口且海关准予保税的原材料、零部件、元器

件、包装物料、辅助材料（简称料件）。

（2）用进口保税料件生产的成品、半成品。

（3）在保税加工生产过程中产生的副产品、残次品、边角料和剩余料件。

（四）管理

海关对保税加工货物的监管模式有两大类，一类是物理围网的监管模式，包括出口加工区和跨境工业区；另一类是非物理围网的监管模式，采用电子化手册管理或电子账册联网监管。如图 3－5 所示。

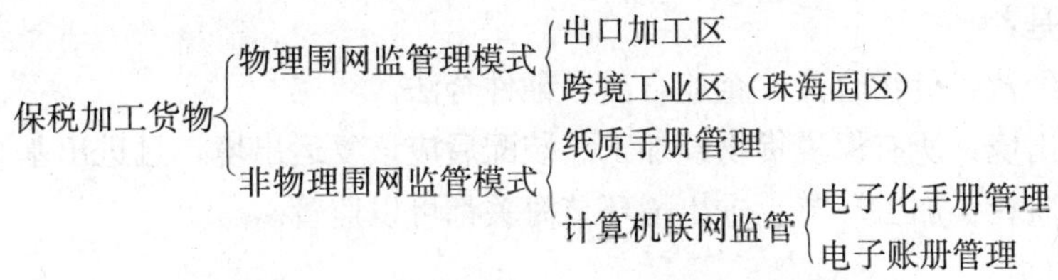

图 3－5　海关对保税加工货物的监管模式

所谓物理围网监管，是指经国家批准，在关境内或关境线上划出某片区域，采用物理围网，让企业在围网内专门从事保税加工业务，由海关进行的封闭式监管。在境内的保税加工封闭式监管模式为出口加工区，在关境线上的保税加工封闭式监管模式为跨境工业区（如珠海园区）。保税区和保税港区内的企业也可以从事保税加工业务，但是因为保税区和保税港区的主要功能是保税物流，所以被归入保税物流监管模式。

非物理围网监管模式主要有纸质手册管理和计算机联网监管两种。纸质手册管理是一种传统的监管方式，主要是用加工贸易纸质手册进行合同内容的备案，凭以进出口，并记录进口料件及出口成品的实际情况，最终凭以办理核销结案手续。这种监管方式在海关对保税加工货物监管中曾经起过相当重要的作用，但随着对外贸易和现代科技的发展，将逐渐被计算机联网监管所替代。

计算机联网监管是一种高科技的监管方式，主要是应用计算机手段实现海关对加工贸易企业实施联网监管，建立电子账册或电子化手册，备案、进口、出口、核销，全部通过计算机进行。海关管理科学严密，企业通关便捷高效，将成为海关对保税加工货物监管的主要模式。这种监管方式又分为两种，一种是针对大型企业的，以建立电子账册为主要标志，以企业为单元进行管理；另一种是针对中小企业的，以建立电子化手册为主要标志，继续以合同为单元进行管理。但由于计算机联网监管是建立在电子化手册管理的模式基础上，因此本任务中重点介绍电子化手册管理模式。

对各种监管模式的保税加工货物的管理，主要可以归纳为以下五点。

1. 商务审批

加工贸易业务经过商务主管部门审批才能进入向海关备案的程序。

（1）商务主管部门审批加工贸易合同。加工贸易经营企业在向海关办理加工贸易合同备案纸质手册或者申请设立电子化手册之前，先要到商务主管部门办理合同审批手续。审批后，凭商务主管部门出具的“加工贸易业务批准证书”和《加工贸易经营企业经营状况和生产能力证明》以及商务主管部门审批同意的加工贸易合同到海关备案。

(2) 商务主管部门审批加工贸易经营范围。加工贸易经营企业在向海关申请联网监管和建立电子账册、电子化手册前先到商务主管部门办理审批加工贸易经营范围的手续，由商务主管部门对加工贸易企业与海关联网监管的申请作出前置审批，凭商务主管部门出具的“经营范围批准证书”和《加工贸易经营企业经营状况和生产能力证明》到海关申请联网监管并建立电子账册、电子化手册。

2. 备案保税

凡准予备案的加工贸易料件进口时可以暂不办理纳税手续，即保税进口。海关批准货物保税的原则是：

(1) 合法经营：货物合法、企业合法、证件合法。

(2) 复运出境：所有保税货物经加工、装配后应该复运出境，且进出基本平衡。

(3) 可以监管：加工环节、进出境环节海关都可以监管。

3. 纳税暂缓

保税加工货物未办理纳税手续进境，属于暂时免纳税费，而不是免税，待货物最终流向确定后，海关再决定征税或免税。用于出口的保税料件的不予征税，不用于出口的需征税，然后再由企业办理纳税手续。此外保税加工货物经批准不复运出境，在征收进口关税和进口环节代征税时要征收缓税利息（边角料和特殊监管区域的保税加工货物除外）；料件进境时未办理纳税手续，适用海关事务担保，手续按加工贸易银行保证金台账制度执行。

加工贸易银行保证金台账制度的核心是对不同地区的加工贸易企业和加工贸易涉及的进出口商品实行分类管理，对部分企业进口的部分料件，由银行按照海关根据规定计算的金额征收保证金。

地区分为东部和中西部。东部包含辽宁省、北京市、天津市、河北省、山东省、江苏省、上海市、浙江省、福建省、广东省。中西部指东部地区以外的中国其他地区。

加工贸易企业按报关单位分类管理中“收发货人的审定标准”分为 AA 类、A 类、B 类、C 类、D 类五个管理类别。

加工贸易商品分为禁止类、限制类、允许类三类。加工贸易禁止类和限制类商品目录由海关总署会同国家其他有关部门适时公布。

按加工贸易银行保证金台账分类管理的原则，不转（不设台账）、空转（设台账不付保证金）、半实转（设台账付一半保证金）、实转（设台账付全额保证金）。为了简化手续，进口料件金额在 1 万美元及以下的，AA 类、A 类、B 类企业可以不设台账，即“不转”。

AA 类、A 类、B 类企业进口金额在 5000 美元及以下的列名的 78 种客供服装辅料，不仅可以不设台账，即“不转”，还可以免领登记手册，但要向海关备案。加工贸易纸质手册银行保证金台账分类管理表如表 3－2 所示。

表 3-2　　加工贸易纸质手册银行保证金台账分类管理

<table>
<tr><td rowspan="2">分类</td><td rowspan="2">禁止类</td><td colspan="2">限制类</td><td colspan="2">允许类</td><td rowspan="2">1万美元及以下零星材料</td><td rowspan="2">5000美元及以下78种客供辅料</td></tr>
<tr><td>东部</td><td>中西部</td><td>东部</td><td>中西部</td></tr>
<tr><td>AA类</td><td rowspan="5">不准开展加工贸易</td><td colspan="2" rowspan="2">空转</td><td colspan="2">不转</td><td rowspan="3">不转</td><td rowspan="3">不转/免册</td></tr>
<tr><td>A类</td><td colspan="2">空转</td></tr>
<tr><td>B类</td><td>半实转</td><td colspan="3">空转</td></tr>
<tr><td>C类</td><td colspan="6">实转</td></tr>
<tr><td>D类</td><td colspan="6">不准开展加工贸易</td></tr>
</table>

4. 监管延伸

海关对保税加工货物的监管无论是地点，还是时间，都需要延伸。

从地点上说，保税加工的料件运离进境地口岸海关监管场所后进行加工、装配的地方都是海关监管的场所。

从时间上说，保税加工的料件在进境地被提取并不是海关保税监管的结束，而是继续，海关一直要监管到加工、装配后复运出境或者办结正式进口手续最终核销结案为止。

在时间延伸中需考虑以下两个期限：

(1) 准予保税的期限：指经海关批准保税后在境内加工、装配，复运出境的时间限制。

(2) 申请核销的期限：指加工贸易经营人向海关申请核销的最后日期。

保税加工货物保税与核销期限如表 3-3 所示。

表 3-3　　保税加工货物保税与核销期限

种类	保税期限	申请核销期限
电子手册管理	原则上为 1 年，经批准可以延长 1 年	手册到期之日或最后一批成品出运后 30 天内核销
电子账册管理	企业电子账册记录第一批料件进口之日起到该电子账册被核销止	180 天为 1 个报核周期：首次报核从海关批准电子账册建立之日起算，满 180 天后的 30 天内报核，以后则从上一次的报核日期算，满 180 天后的 30 天内报核
出口加工区	加工贸易料件进区到成品出区结关止	向海关每 180 天申报一次保税加工货物的进出境、进出区实际情况
珠海园区	加工贸易料件进区到成品出区结关止	自企业开展业务之日起，每年向海关办理报核手续 1 次

5. 核销结关

保税加工货物经过海关核销后才能结关。

二、纸质手册管理下的保税加工货物报关程序

纸质手册管理模式的主要特征是以合同为单元进行监管，其基本程序是合同备案、货物报关、合同报核。

(一) 合同备案

加工贸易合同备案是指加工贸易企业持合法的加工贸易合同到主管海关备案，申请保税并领取加工贸易手册或其他准予备案凭证的行为。

海关根据国家规定在接受加工贸易合同备案后，批准合同约定的进口料件保税，并把合同内容转化为手册内容或作必要的登记，然后核发手册或其他准予备案凭证。

1. 合同备案的步骤

(1) 报商务主管部门审批合同，领取“加工贸易业务批准证”和《加工企业经营状况和生产能力证明》。

(2) 需要领取许可证件的，向有关主管部门领取许可证。

(3) 将合同相关内容预录入与主管海关联网的计算机。

(4) 由海关审核确定是否准予备案，准予备案的，还要由海关确定是否需要开设“加工贸易银行保证金台账”，需要开设台账的，在海关领取“台账开设联系单”。

(5) 不需要开设台账的，直接向海关领取“加工贸易登记手册”或其他备案凭证。

(6) 需要开设台账的，凭“台账开设联系单”到银行开设台账，领取“台账登记通知单”，凭“台账登记通知单”到海关领取“加工贸易登记手册”。

2. 合同备案的内容

(1) 备案单证。

①商务主管部门按照权限签发的“加工贸易业务批准证”和“加工贸易企业经营状况和生产能力证明”；

②加工贸易合同或合同副本；

③加工贸易合同备案申请表及企业加工贸易合同备案呈报表；

④属于加工贸易国家管制商品的需交验主管部门的许可证件或许可证件复印件；

⑤为确定单耗和损耗率所需的有关资料；

⑥其他备案所需要的单证。

(2) 备案商品。

①加工贸易禁止类商品不准备案；

②进出口消耗臭氧层物质、易制毒化学品、监控化学品，在备案时需要提供进出口许可证或两用物项进出口许可证复印件；

③进出口音像制品、印刷品、地图产品及附有地图的产品，进口工业再生废料等，在备案时需要提供有关主管部门签发的许可证件或批准文件。

(3) 保税额度。

加工贸易合同项下海关准予备案的料件，全额保税。

加工贸易合同项下海关不予备案的料件，以及试车材料、未列名消耗性物料等，不予保税，进口时按照一般进口货物照章征税。

(4) 台账制度。

按加工贸易银行保证金台账分类管理的原则，或不设台账，或设台账不付保证金，或设台账并付保证金。

(5) 合同备案的凭证。

海关受理并准予备案后，企业应当领取海关签章的“加工贸易手册”或其他准予备案的凭证。

其他准予备案的凭证，如对为生产出口产品而进口的属于国家规定的78种列名服装辅料金额不超过5000美元的合同，除C类企业外，免予申领手册，直接凭出口合同备案准予保税后，凭海关在备案出口合同上的签章和编号直接进入进出口报关阶段。

3. 与合同备案相关的事宜

(1) 异地加工贸易合同备案。异地加工贸易是指一个直属海关的关区内加工贸易经营企业，将进口料件委托另一个直属海关关区内的加工生产企业加工，成品回收后，再组织出口的加工贸易。

(2) 加工贸易单耗申报。是指加工贸易企业在备案时，在货物出口、深加工结转、内销以及报核前填写“中华人民共和国海关加工贸易单耗申报单”，向海关如实申报加工贸易单耗的行为。

(3) 加工贸易外发加工申请。外发加工是指经营企业因受自身生产特点和条件限制，经海关批准并办理有关手续，委托承揽企业对加工贸易货物进行加工，在规定期限内将加工后的产品运回本企业并最终复出口的行为。

(二) 货物报关

纸质手册管理下的保税加工货物报关，适用于进出口报关阶段程序的有进出境货物报关、深加工结转货物报关和其他保税加工货物报关三种情形。

1. 保税加工货物进出境报关

一般进出口货物的进出境报关程序是：申报—配合查验—缴纳税费—提取或装运货物。保税加工货物进境报关程序的第三个环节是暂缓纳税即保税。

(1) 关于进口许可证管理。

①进口料件，免交许可证件。易制毒化学品、监控化学品、消耗臭氧层物质、原油、成品油除外。

②出口成品，属于国家规定应交验许可证件的，出口报关时必须交验许可证件。

(2) 关于进出口税收征管。

①准予保税加工贸易进口料件，进口时暂缓纳税；

②生产成品出口时，全部使用进口料件生产，不征收关税；

③加工贸易项下应税商品，如果部分使用进口料件，部分使用国产料件加工的产品，

则按海关核定的比例征收关税；

④加工贸易出口未锻铝按一般贸易出口货物从价计征出口关税。

2. 加工贸易保税货物深加工结转报关

加工贸易保税货物深加工结转是指加工贸易企业将保税料件加工的产品转至另一个加工贸易企业进一步加工后复出口的经营活动。其程序分为计划备案（计划申报）、收发货登记、结转报关（办理报关手续）三个环节。

（1）计划备案。

①转出企业在申请表中填写本企业的转出计划并签章，向转出地海关备案。

②转出地海关备案后，留存申请表第一联，其他三联退转出企业交转入企业。

③转入企业自转出地海关备案之日起 20 日内，持其他三联填制本企业的内容，向转入地海关办理报备手续。

④转入地海关审核后，将第二联留存，第三联、第四联交转入、转出企业凭以办理结转收发货登记及报关手续。

（2）收发货登记。

①转出、转入企业办理结转计划申报后，按照双方海关核准后的申请表进行实际收发货。

②转出、转入企业每批次收发货记录应当在保税货物实际结转登记表上进行如实登记，并加盖企业结转专用名章。

③结转货物退货的，转出、转入企业按实际退货情况在登记表中登记，同时注明“退货”字样，并各自加盖企业结转专用名章。

（3）结转报关转出、转入企业实际收发货后，应当按照规定办理结转报关手续。

①转出、转入企业分别在转出地、转入地海关办理结转报关手续，可分批或集中报关，在实际收发货后的 90 天内办理报关；

②转入企业凭申请表、登记表等单证向转入地海关办理结转进口报关手续，在结转报关后第二个工作日内通知转出企业；

③转出企业自接到通知之日 10 日内，凭申请表、登记表等单证向转出地海关办理结转出口报关手续；

④结转进口、出口报关的申报价格为结转货物的实际成交价格；

⑤一份结转进口报关单对应一份结转出口报关单，两份报关单的申报序号、商品编号、数量、价格和手册号应当一致；

⑥结转货物分批报关的，企业同时提供申请表和登记表的原件和复印件。

申报结转计划备案程序如图 3-6 所示。

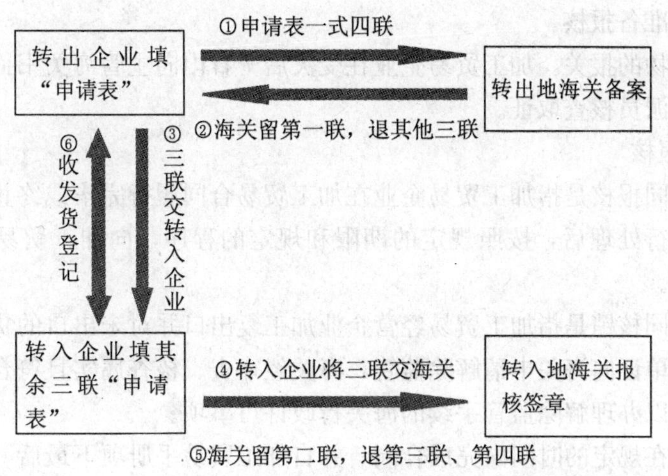

图 3－6　申报结转计划备案程序

3. 其他保税加工货物的报关

其他保税加工货物是指履行加工贸易合同过程中产生的剩余料件、边角料、残次品、副产品和受灾保税货物。

对于履行加工贸易合同中产生的上述剩余料件、边角料、残次品、副产品、受灾保税货物，企业必须在手册有效期内处理完毕。处理的方式有内销、结转、退运、放弃、销毁等。除销毁处理外，其他处理方式都必须填制报关单报关。

（1）内销报关。保税加工货物转内销应经商务主管部门审批，加工贸易企业凭“加工贸易保税进口料件内销批准证”办理内销料件正式进口报关手续，缴纳进口税和缓税利息。

经批准允许转内销的保税加工货物属进口许可证件管理的，企业还应按规定向海关补交进口许可证件；申请内销的剩余料件，如果金额占该加工贸易合同项下实际进口料件总额 3%及以下且总值在人民币 1 万元及以下的，免予审批，免予交验许可证件。

（2）结转报关。剩余料件可以结转到另一个加工贸易合同生产出口，但必须在同一经营单位、同一加工厂、同样的进口料件和同一加工贸易方式的情况下结转。

（3）退运报关。加工贸易企业因故将剩余料件、边角料、残次品、副产品等退运出境的，持登记手册等向口岸海关报关，办理出口手续，留存有关报关单备查。

（4）放弃报关。向海关提出书面申请，经批准并开具放弃加工贸易货物交接单，企业凭交接单将货物运到海关指定仓库，并办理货物报关手续。未得到海关批准的，该货物则只能按退运、征税内销、销毁处理。

有下列情形的，海关将做出不予放弃的决定：①申请放弃的货物属于国家禁止或限制进口的废物的；②申请放弃的货物属于对环境造成污染的；③法律、行政法规、规章规定不予放弃的其他情形。

（5）销毁。对于不能办理结转或不能放弃的货物，所属货物企业可以申请销毁，海关经核实同意销毁由企业按规定销毁，必要时海关可以派员监督销毁。企业收取海关出具的销毁证明材料，准备报核。

(6) 受灾货物的报关。加工贸易企业在受灾后 7 日内向主管海关书面报告，并提供有关材料，海关可派员核查取证。

(三) 合同报核

加工贸易合同报核是指加工贸易企业在加工贸易合同履行完毕或终止合同并按规定对未出口的货物进行处理后，按照规定的期限和规定的程序，向加工贸易主管海关申请核销、结案的行为。

加工贸易合同核销是指加工贸易经营企业加工复出口并对未出口的货物办妥有关海关手续后，凭规定单证向海关申请解除监管，海关经审查、核查属实且符合有关法律、行政法规的规定，予以办理解除监管手续的海关行政许可事项。

经营企业应在规定的时间内完成合同，并自加工贸易手册项下最后一批成品出口或者加工贸易手册到期之日起 30 日内向海关申请报核；因故提前终止的合同，自合同终止之日起 30 日内向海关报核。

在报核时需提供以下凭证：企业合同核销申请表；加工贸易登记手册；进出口报关单；核销核算表；其他海关需要的材料。报核基本步骤有以下四步。

(1) 及时将登记手册和报关单进行收集、整理、核对。

(2) 计算加工贸易单耗。

加工贸易单耗是指加工贸易企业在正常加工条件下加工单位成品所耗用的料件量，单耗包括净耗和工艺损耗。

净耗是指在加工后，料件通过物理变化或者化学反应存在或者转化到单位成品中的量。

工艺损耗是指因加工工艺原因，料件在正常加工过程中除净耗外所必需耗用、但不能存在或者转化到成品中的量，包括有形损耗和无形损耗。

工艺损耗率是指工艺损耗占所耗用料件的百分比。

$$\text{单耗}=\frac{\text{净耗}}{1-\text{工艺损耗率}}$$

根据有关账册纪录、生产工艺资料等计算此次合同的实际单耗，并填写核销核算表。

(3) 填核销预录入申请单，办理预录入手续。

(4) 携带报核单证到主管海关报核，填写报核签收“回联单”。

海关对企业的报核依法进行审核，对不符合规定的，书面告知企业不予受理的理由，并要求企业重新报核；符合规定的，予以受理。

海关自受理企业报核之日起 20 个工作日内核销完毕，特殊情况下，可以由直属海关的关长批准或者由直属海关关长授权的隶属海关关长批准延长 10 个工作日。经核销情况正常但未开设台账的，海关立即签发“核销结案通知书”；经核销情况正常且开设台账的，签发“银行保证金台账核销联系单”，企业凭以到银行核销台账，其中“实转”的台账，企业在银行领回保证金和应得的利息或者撤销保函，并领取“银行保证金台账核销通知单”，凭以向海关领取核销结案通知书。

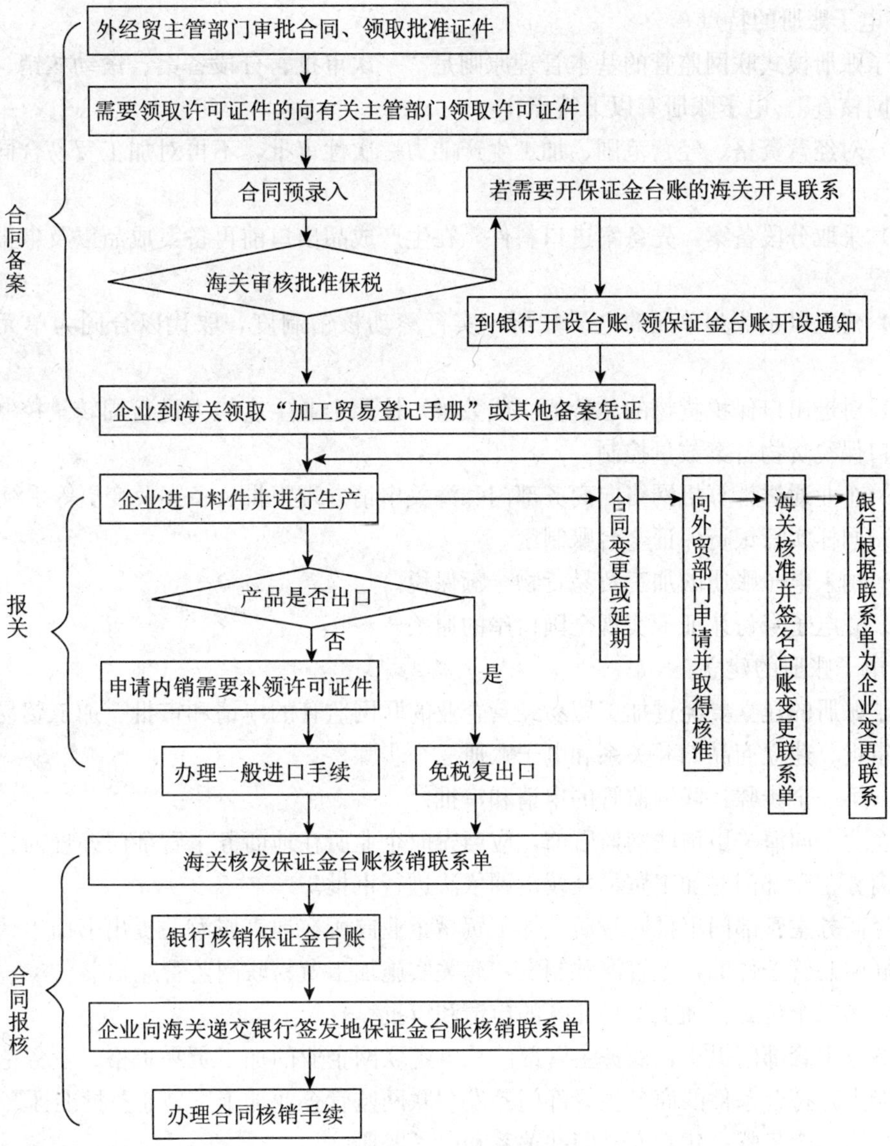

合同备案：
外经贸主管部门审批合同、领取批准证件
需要领取许可证件的向有关主管部门领取许可证件
合同预录入
海关审核批准保税
若需要开保证金台账的海关开具联系
到银行开设台账，领保证金台账开设通知
企业到海关领取“加工贸易登记手册”或其他备案凭证

报关：
企业进口料件并进行生产
合同变更或延期
向外贸部门申请并取得核准
海关核准并签名台账变更联系单
银行根据联系单为企业变更联系
产品是否出口
否
申请内销需要补领许可证件
办理一般进口手续
是
免税复出口

合同报核：
海关核发保证金台账核销联系单
银行核销保证金台账
企业向海关递交银行签发地保证金台账核销联系单
办理合同核销手续

图 3－7　保税加工货物报关流程

三、联网监管

海关对加工贸易企业实施联网监管是指加工贸易企业通过数据交换平台或者其他计算机网络方式向海关报送能满足海关监管需要的物流、生产经营等数据，海关对数据进行核对、核算，并结合实物进行核查的一种海关保税加工监管方式。

电子账册管理是以“企业整体加工贸易业务”为单元实施对保税加工货物的监管，只设立一个电子账册。

电子化手册管理是以企业的“单个加工合同”为单元实施对保税加工货物的监管。但不再使用纸质手册，海关为联网企业建立电子底账，一个加工贸易合同建立一个电子化手册。

1. 电子账册的特点

电子账册模式联网监管的基本管理原则是“一次审批、分段备案、滚动核销、控制周转、联网核查”。电子账册有以下特点：

(1) 对经营资格、经营范围、加工生产能力一次性审批，不再对加工贸易合同进行逐票审批。

(2) 采取分段备案，先备案进口料件，在生产成品出口前再备案成品以及申报实际的单耗情况。

(3) 建立以企业为单元的电子账册，实行滚动核销制度，取代以合同为单元的纸质手册。

(4) 对进出口保税货物的总价值（或数量）按照企业生产能力进行周转量控制，取消对进出口保税货物备案数量控制。

(5) 企业通过计算机网络向商务部门和海关申请办理审批、备案及变更等手续。

(6) 同样实行银行保证金台账制度。

(7) 纳入电子账册的加工贸易货物全额保税。

(8) 凭电子身份认证卡实现全国口岸的通关。

2. 电子账册的建立

电子账册的建立要经过加工贸易经营企业的联网监管的申请和审批、加工贸易业务的申请和审批、建立商品归并关系和电子账册三个步骤。

(1) 第一个步骤：联网监管的申请和审批。

①企业在向海关申请联网监管前，应当先向企业所在地商务主管部门办理前置审批手续，由商务主管部门对加工贸易经营范围依法进行审批。

②经商务主管部门审批同意后，加工贸易企业向所在地直属海关提出书面申请，经审核符合联网监管条件的，主管海关制发“海关实施加工贸易联网监管通知书”。

(2) 第二个步骤：加工贸易业务的申请和审批。

向商务主管部门提出，商务主管部门总审定联网企业的加工贸易资格、业务范围和加工生产能力，符合条件的商务主管部门签发“联网监管企业加工贸易业务批准证”。

(3) 第三个步骤：建立商品归并关系和电子账册。

①向所在地主管海关申请建立电子账册，取代纸质手册。

②电子账册包括：经营范围电子账册（IT 账册）和便捷通关电子账册（E 账册）。经营范围电子账册不能直接报关，主要是用来检查控制便捷通关电子账册进出口商品的范围。便捷通关电子账册用于加工贸易货物的备案、通关和核销。

③电子账册是在商品归并关系确立的基础上建立起来的，没有商品归并关系就不能建立电子账册。

商品归并关系是指海关与联网企业根据监管的需要按照中文品名、HS 编码、价格、贸易管制等条件，将联网企业内部管理的“料号级”商品与电子账册备案的“项号级”商品归并或拆分，建立一对多或多对一的对应关系。

3. 电子化手册管理特点

电子化手册管理有以下特点。

（1）以合同（订单）为单元进行管理。商务部门审批每份加工贸易合同（订单），海关根据合同（订单）建立电子底账，企业根据合同（订单）的数量建立多本电子化手册。

（2）企业通过计算机网络向商务主管部门和海关申请办理合同审批和合同备案、变更等手续。

（3）纳入加工贸易银行保证金台账制度管理。

（4）纳入电子化手册的加工贸易货物进口时全额保税。

（5）无须调度手册，凭身份认证卡实现全国口岸的报关。

4. 电子化手册的建立

电子化手册的建立同样要经过加工贸易经营企业的联网监管申请和审批、加工贸易业务的申请和审批、建立商品归并关系和电子化手册三个步骤，基本程序同电子账册。

四、出口加工区进出货物报关程序

出口加工区是指经国务院批准在中华人民共和国境内设立的，由海关对保税加工进出口货物进行封闭式监管的特定区域。

出口加工区的主要功能是保税加工。另外加工区内设置出口加工企业，专为出口加工企业生产提供服务的仓储企业，以及经海关核准专门从事加工区内货物进、出的运输企业。

（一）出口加工区的管理

出口加工区是海关监管的特定区域。加工区与境内其他地区之间设置符合海关监管要求的隔离设施及闭路电视监控系统，在进出区通道设立卡口。海关在加工区内设立机构，并依照有关法律、行政法规，对进出加工区的货物及区内相关场所实行 24 小时监管。区内不得经营商业零售、一般贸易、转口贸易及其他与加工区无关的业务，不得建立营业性的生活消费设施。除安全人员和企业值班人员外，其他人员不得在加工区内居住。区内企业建立符合海关监管要求的电子计算机管理数据库，并与海关实行电子计算机联网，进行电子数据交换。

加工区与境外之间进出的货物，除国家另有规定的外，不实行进出口许可证件管理。境内区外进入出口加工区的货物视同出口，办理出口报关手续，除属于取消出口退税的基建物资外，可以办理出口退税手续。

从境外运入出口加工区的加工贸易货物全额保税。出口加工区区内企业开展加工贸易业务不实行加工贸易银行保证金台账制度，适用电子账册管理，实行备案电子账册的滚动累加、扣减，每六个月核销一次。出口加工区内企业从境外进口的自用的生产、管理所需设备、物资，除交通车辆和生活用品外，予以免税。

出口加工区报关流程如图 3－8 所示。

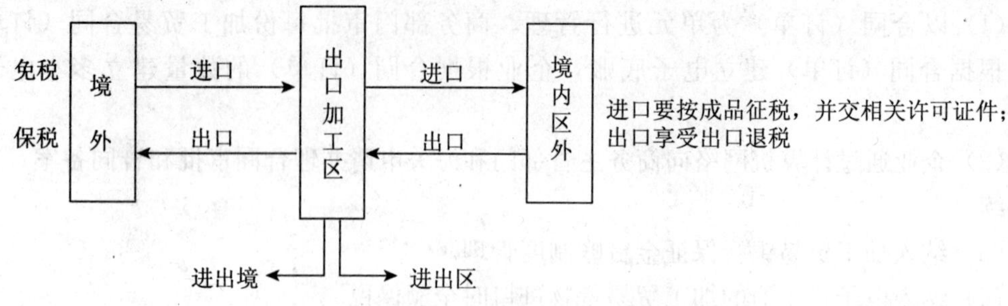

图 3-8 出口加工区报关流程

（二）出口加工区报关程序

出口加工区企业应向区主管海关申请建立电子账册，包括“加工贸易电子账册”和“企业设备电子账册”。出口加工区进出境货物和进出区货物通过电子账册办理报关手续。

1. 出口加工区与境外之间进出货物的报关

出口加工区企业从境外运进货物或运出货物到境外，由收发货人或其代理人填写进、出境货物备案清单，向出口加工区海关报关。如图 3-9 所示。

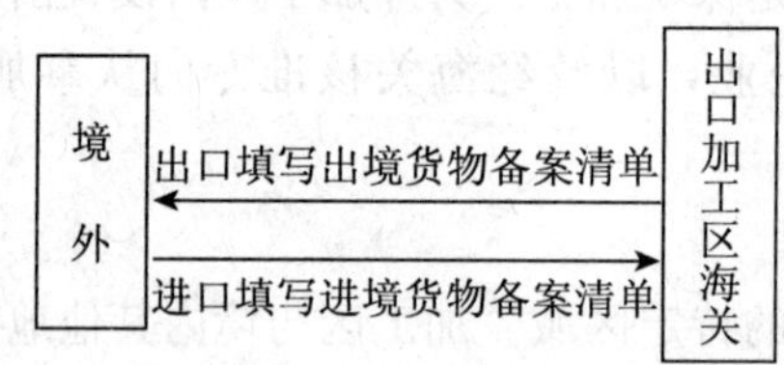

图 3-9 出口加工区与境外之间进出货物的报关

对于跨越关区进出境的出口加工区货物，除邮递物品、个人随身携带物品、跨越关区进口车辆和出区在异地口岸拼箱出口货物以外，可以按转关运输中的直转转关方式办理转关。对于同一直属海关关区内的出口加工区进出境货物，可以按直通式报关。

（1）境外货物运入出口加工区。

货物到港后，收货人或其代理人向口岸海关录入转关申报数据，并持“进口转关货物申报单”“汽车载货登记簿”向口岸海关物流监控部门办理转关手续；口岸海关审核同意企业转关申请后，向出口加工区海关发送转关申报电子数据，并对运输车辆进行加封。

货物运抵出口加工区后，收货人或其代理人向出口加工区海关办理转关核销手续，出口加工区海关物流监控部门核销“汽车载货登记簿”，并向口岸海关发送转关核销电子回执；同时收货人或其代理人录入“出口加工区进境货物备案清单”，向出口加工区海关提交运单、发票、装箱单、电子账册编号、相应的许可证件等单证办理进境报关手续；出口加工区海关审核有关报关单证，确定是否查验，对不需查验的货物予以放行，对需要查验的货物，由海关实施查验后，再办理放行手续，签发有关备案清单证明联。

境外货物运入出口加工区报关流程如图 3-10 所示。

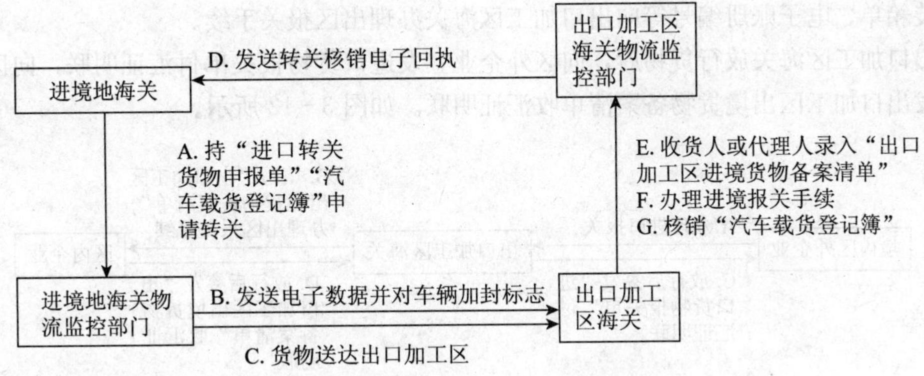

图 3－10　境外货物运入出口加工区报关流程

（2）出口加工区货物运往境外。

发货人或其代理人录入出口加工区出境货物备案清单，向出口加工区海关提交运单发票、装箱单、电子账册编号等单证，办理出口报关手续，同时向出口加工区海关录入转关申报数据，并持出口加工区出境货物备案清单、“汽车载货登记簿”向出口加工区海关物流监控部门办理出口转关手续；出口加工区海关审核同意企业转关申请后，向口岸海关发送转关申报电子数据，并对运输车辆进行加封。货物运抵出境地海关后，发货人或其代理人向出境地海关办理转关核销手续，出境海关核销“汽车载货登记簿”，并向出口加工区海关发送转关核销电子回执；货物实际离境后，出境地海关核销清洁载货清单并反馈出口加工区海关，出口加工区海关凭以签发有关备案清单证明联。

出口加工区货物运往境外报关流程如图 3－11 所示。

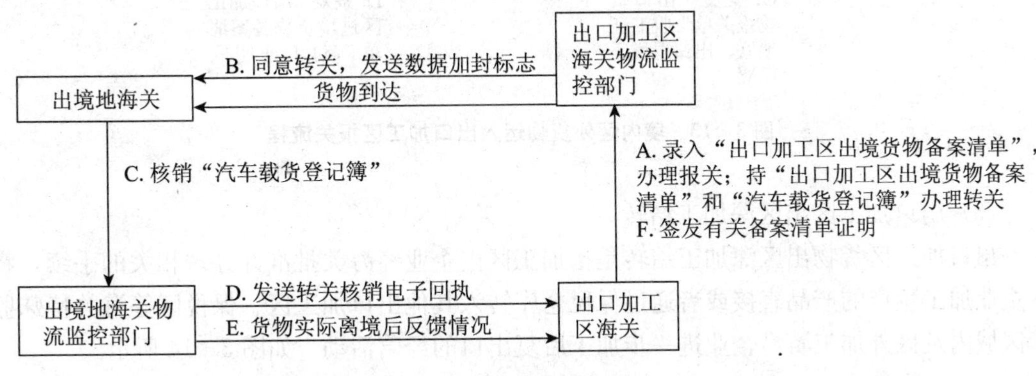

图 3－11　出口加工区货物运往境外报关流程

2. 出口加工区与境内区外其他地区之间进出货物报关

（1）出口加工区货物运往境内区外。

出口加工区运往境内区外的货物，按照对进口货物的有关规定办理报关手续。由区外企业录入进口货物报关单，凭发票、装箱单、相应的许可证件等单证向出口加工区海关办理进口报关手续。进口报关结束后，区内企业填制出口加工区出境货物备案清单，凭发票、装箱单、电子账册编号等向出口加工区海关办理出区报关手续。

出口加工区海关放行货物后，向区外企业签发进口货物报关单付汇证明联，向区内企业签发出口加工区出境货物备案清单收汇证明联。如图 3-12 所示。

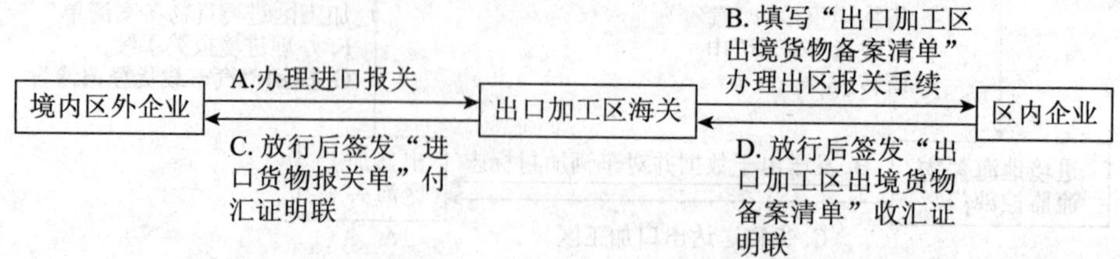

图 3-12　出口加工区货物运往境内区外报关流程

（2）境内区外货物运入出口加工区。

境内区外运入出口加工区的货物，按照对出口货物的有关规定办理报关手续。由区外企业录入出口货物报关单，凭购销合同（协议）、发票、装箱单等单证向出口加工区海关办理出口报关手续。出口报关结束后，区内企业填制出口加工区进境货物备案清单，凭购销发票、装箱单、电子账册编号等单证向出口加工区海关办理进区报关手续。

出口加工区海关查验、放行货物后，向区外企业签发出口货物报关单收汇证明联和出口退税证明联，向区内企业签发出口加工区进境货物备案清单付汇证明联。如图 3-13 所示。

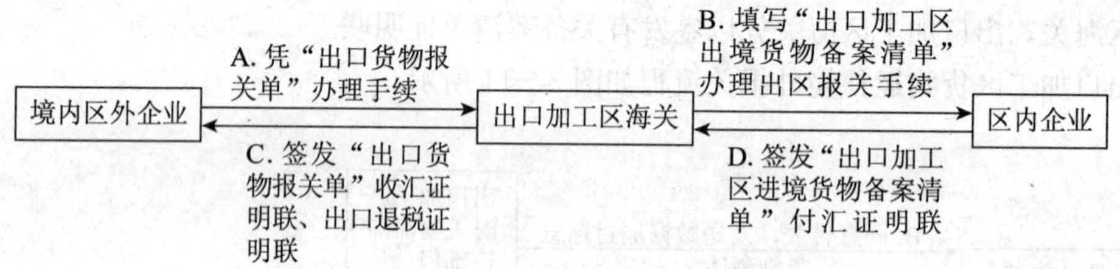

图 3-13　境内区外货物运入出口加工区报关流程

（3）出口加工区出区深加工结转。

出口加工区货物出区深加工结转是指加工区内企业经海关批准并办理相关的手续，将本企业加工生产的产品直接或者通过保税仓库转入其他出口加工区、保税区等海关特殊监管区域内及区外加工贸易企业进一步加工后复出口的经营活动。如图 3-14 所示。

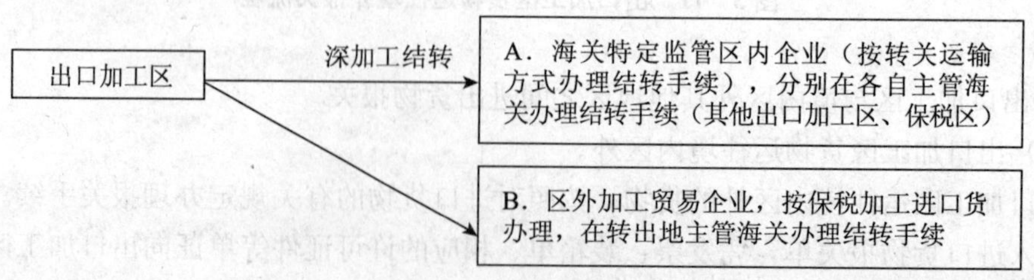

图 3-14　出口加工区出区深加工结转流向

对转入特殊监管区域的，转出、转入企业分别在自己的主管海关办理结转手续，对转入特殊监管区域外加工贸易企业的，转出、转入企业在转出地主管海关办理结转手续。

对转入特殊监管区域的深加工结转，除特殊情况外，比照转关运输方式办理结转手；不能比照转关运输方式办理结转手续的，在向主管海关提供相应的担保后，由企业自行运输。

对转入特殊监管区域外加工贸易企业的深加工结转报关程序如下：

转入企业在“中华人民共和国海关出口加工区出区深加工结转申请表”（一式四联）中填写本企业的转入计划，凭申请表向转入地海关备案。

转入地海关备案后，留存申请表第一联，其余三联退还转入企业，由转入企业送交出口加工区转出企业。

转出企业自转入地海关备案之日起 30 天内，持申请表其余三联，填写本企业的相关内容后，向主管海关办理备案手续。

转出地海关审核后，留存申请表第二联，将第三、第四联分别交给转出企业、转入企业。

转出、转入企业办理结转备案手续后，凭双方海关核准的申请表进行实际收发货。转出企业的每批次发货记录应当在一式三联的“出口加工区货物实际结转情况登记表”上如实登记，转出地海关在卡口签注登记表后，货物出区。

转出、转入企业每批实际发货、收货后，可以凭申请表和转出地卡口海关签注的登记表分批或者集中办理报关手续。转出、转入企业每批实际发货、收货后，应当在实际发货、收货之日起 30 天内办结该批货物的报关手续。转入企业填报结转进口报关单，转出企业填报结转出口备案清单。一份结转进口报关单对应一份结转出口备案清单。区内转出的货物因质量不符等原因发生退运、退换的，转入企业为特殊监管区以外的加工贸易企业的，按退运货物或退换货物办理相关手续。如图 3－15 所示。

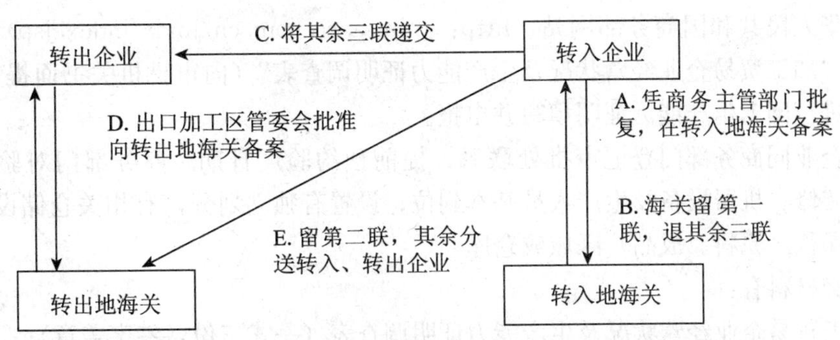

图 3－15 转入区外加工贸易企业的深加工结转备案流程

任务实施

李辉要完成合同备案需要以下步骤。

第一步：报商务主管部门审批合同，领取“加工贸易业务批准证”和“加工企业经营状况和生产能力证明”。

(1) 办理加工贸易CA证书和电子钥匙。登录中国国际电子商务中心网站（网址：http：//210.25.103.2）进入“加工贸易CA安全证书申领表”，打印一式三份，经园区商务主管部门审核同意并盖章。根据申领表的要求，到苏州市国际经贸大厦EDI中心办理加工贸易CA证书和电子钥匙。

(2) 加工贸易业务批准证书申领。初次从事加工贸易业务，需要办理验厂手续。

首先需要在网上（网址http：//jmsa.ec.com.cn/jmdc/HomeIndex.html）填写并发送加工企业生产能力证明申请表，其次提交验厂所需材料。

①企业批准证书复印件、企业营业执照复印件、企业验资报告复印件、税务登记证复印件；

②企业基本情况说明；

③房屋所有权证书、土地使用证书复印件；

④租赁房屋的应提供租赁合同及出租方的房屋所有权证书复印件；

⑤机器设备清单、工艺流程图；

⑥厂区平面布置图（标明车间设备、保税仓库、原材料、成品、废料）。

经审查，单证齐全有效可以受理的，商务部门将派员进行实地验厂。验厂合格后，向商务主管部门申请加工贸易业务批准证书，并提交以下材料：

①企业网上发送申报信；

②加工贸易业务批准证申请表一份（须加盖企业公章）；

③进口料件申请备案清单一式三份；

④出口制成品及对应进口料件消耗备案清单一式三份；

⑤加工贸易购货合同、售货合同一式一份（进料加工）。

(3) 加工贸易企业生产能力证明申领。

在中华人民共和国商务部网站（http：//jmsa.ec.com.cn/jmdc/index.jsp）下载、填写并打印“加工贸易企业经营状况及生产能力证明调查表”（向审批机关书面提交），同时在该网站进行网上生产能力证明填写并申报。

申请企业同商务部门登记审批处联系，提前预约验厂日期。商务部门对验厂基本要求：厂房装修、机器设备及生产人员基本到位；设置有独立划分，有相关仓储设备并由专人管理的保税（原料、成品）区域或仓库。

需呈交材料有：

①加工贸易企业经营状况及生产能力证明调查表（一式三份，签字盖章）；

②截至填表时，工厂拥有的生产设备清单（一份，盖章）；

③营业执照复印件；

④有进出口经营权的内资企业提交进出口资格证书复印件或对外贸易经营者登记备案证书复印件；

⑤生产工艺流程简图；

⑥企业厂房情况说明。

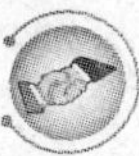

苏州工业园区一站式服务中心登记审批处经审核合格后签发“加工贸易加工企业生产能力证明”。

第二步：由于该公司进口的商品为棉纱，并且是用于加工贸易项目，无须向商务主管部门申请棉纱的进口许可证。

第三步：将加工贸易合同相关内容（如进口料件清单、出口料件清单、单耗表等）预录入与主管海关联网的计算机。

第四步：由苏州工业园区海关审核确定是否准予备案，准予备案的需由海关确定是否需要开设“加工贸易银行保证金台账”。

第五步：查询海关公布的加工贸易限制类目录，棉纱属于加工贸易限制类商品，根据海关的规定需要开设台账的，但只需“空转”。

第六步：李辉在园区海关领取“台账开设联系单”，凭“台账开设联系单”到银行开设台账，领取“台账登记通知单”，凭“台账登记通知单”到海关领取“加工贸易登记手册”。

归纳总结

保税加工货物是通常所说的加工贸易保税货物，是指经海关批准未办理纳税手续进境，在境内加工、装配后复运出境的货物。保税加工货物包括专为加工、装配出口产品而从国外进口且海关准予保税的原材料、零部件、元器件、包装物料、辅助材料（简称料件）以及用上述料件生产的成品、半成品。

其特征如下。

（1）备案保税：备案方可保税，备案必保税。

（2）纳税暂缓：进口时保税进口，实际出口成品所耗用料件免税，而不出口使用的料件则征税、并补交利息，如属许可证管理，则同时提交许可证。

（3）监管延伸：监管在时间与空间的延伸。

（4）核销结关：核销时要确认成品由料件加工、进出平衡。

海关对保税加工货物的监管模式有两大类，一类是物理围网的监管模式，包括出口加工区和跨境工业区；另一类是非物理围网的监管模式，采用电子化手册管理或电子账册管理。

一、物理围网监管

所谓物理围网监管，是指经国家批准，在关境内或关境线上划出一片区域，采用物理围网，让企业在围网内专门从事保税加工业务，由海关进行封闭的监管。在境内的保税加工封闭式监管模式为出口加工区，已经施行了多年，有一套完整的监管制度；在关境线上的保税加工封闭式监管模式为跨境工业区，目前仅有一处，即珠澳跨境工业区，分澳门园区和珠海园区两部分，在澳门特别行政区的部分是澳门园区，在珠海经济特区的部分是珠海园区。

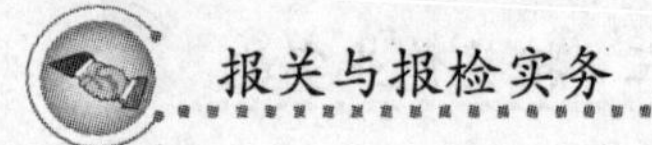

二、非物理围网

非物理围网的监管模式主要有以下两种：电子化手册管理和电子账册管理。

计算机联网监管是一种高科技的监管方式，主要是应用计算机手段实现海关对加工贸易企业实施联网监管，建立电子账册或电子化手册，备案、进口、出口、核销，全部通过计算机进行。海关管理科学严密，企业通关便捷高效，受到普遍欢迎，将成为海关对保税加工货物监管的主要模式。这种监管方式可以分为两种，一种是针对大型企业的，以建立电子账册为主要标志，以企业为单元进行管理，已经实施了多年，形成了完整的监管制度不执行银行“保证金台账”制度；另一种是针对中小企业的，以建立电子手册为主要标志，继续以合同为单位，执行银行“保证金台账”制度。

思考与训练

苏州百胜皮革有限公司（经营单位编码 2314941319）为进料加工企业，且在非物理围网区域，实行纸质手册管理。百胜公司将其成品牛皮革深加工结转给苏州飞跃鞋业有限公司（经营单位编码 2303912314）用于加工外销皮鞋。试说明其深加工结转的步骤。

任务三　保税物流货物报关

知识目标

1. 了解保税物流货物的含义、特征及范围。
2. 熟悉保税物流货物的管理要点。
3. 了解保税仓库、出口监管仓库、保税物流中心、保税物流园区、保税区的含义及分类。
4. 熟悉保税仓库、出口监管仓库、保税物流中心、保税物流园区、保税存放货物的范围和期限。
5. 熟悉保税仓库、出口监管仓库、保税物流中心、保税物流园区、保税区管理要点。

能力目标

1. 掌握保税仓库货物进出仓报关。
2. 掌握出口监管仓库货物进仓报关。
3. 掌握保税物流中心货物的报关程序。
4. 掌握保税区货物的报关程序。
5. 掌握综合保税区货物的报关程序。

任务导入

苏州铭泰电子有限公司（纸质手册监管模式下，位于非特殊监管区域内）出口一批液晶显示屏（属于保税加工货物，商品编码为8531200000）给张家港保税区内的张家港宏泰电视有限公司。两家公司间达成3000台显示屏的销售合同。苏州铭泰电子有限公司的关务张勇需完成此次出口任务。

任务分析

张勇要想完成此批货物的出口的步骤，必须明确该批货物的在海关监管下的属性，并掌握该性质下的货物的报关程序。

相关知识与拓展

一、保税物流货物概述

（一）含义

保税物流货物是指经海关批准未办理纳税手续进境，在境内进行分拨、配送，或储存后复运出境的货物，也称为保税仓储货物。

（二）特征

（1）进境时暂缓缴纳进口关税及代征税，复运出境免税，内销应当缴纳进口关税和进口环节海关代征税，不征收缓税利息。

（2）进出境时除国家另有规定外，免于交验进出口许可证件。

（3）进境海关现场放行不是结关，进境后必须进入海关保税监管场所或特殊监管区域，运离这些场所或区域必须办理结关手续。

（三）管理

海关对保税物流货物的监管模式有两大类，一类是非物理围网的监管模式，包括保税仓库、出口监管仓库；另一类是物理围网的监管模式，包括保税物流中心、保税物流园区、保税区、保税港区、综合保税区。如图3－16所示。

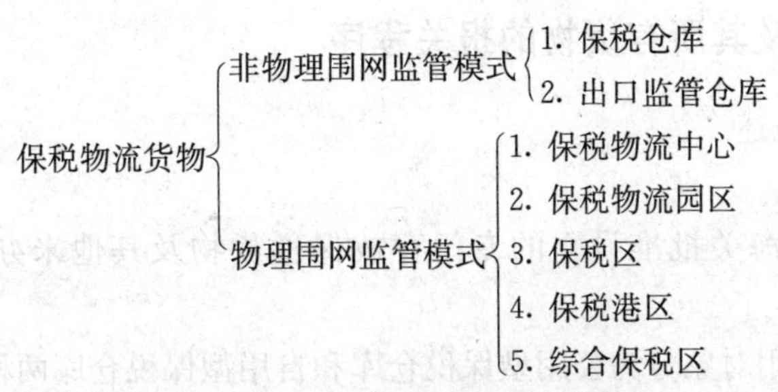

图3－16　保税物流货物的分类

对各种监管形式的保税物流货物的管理，可以归纳为以下五点。

1. 设立审批

保税物流货物必须存放在经过法定程序审批设立的专用场所或特殊区域。

2. 准入保税

保税物流货物通过准予进入保税监管场所或特殊监管区域来实现保税。

3. 纳税暂缓

凡进境进入保税物流监管场所或特殊监管区域的保税物流货物在进境时都可以暂时不办理进口纳税手续，等到运离保税监管场所时办理纳税手续或征税或免税。

内销时保税物流货物不需要征收缓税利息，而保税加工货物内销征税时（特殊监管区域内的加工贸易货物和边角料除外）需要增收缓税利息。

4. 监管延伸

（1）监管地点延伸。进境货物从进境地海关监管现场，已办结海关出口手续尚未离境的货物从出口申报地海关现场，分别延伸到保税监管场所或者特殊监管区域。

（2）监管时间延伸。监管时间延伸如表 3－4 所示。

表 3－4　　保税货物监管时间延伸

类型	存放保税物流的时间
保税仓库	1 年，可申请延长，最长可延长 1 年
出口监管仓库	6 个月，可申请延长，最长可延长 6 个月
保税物流中心	2 年，可申请延长，最长可延长 1 年
保税物流园区	没有限制
保税区	没有限制
保税港区	没有限制

5. “运离”结关

除外发加工和暂准“运离”（维修、测试、展览等）需要继续监管以外，每一批货物“运离”专用监管场所或者特殊监管区域，都必须根据货物的实际流向办结海关手续；办结海关手续后，该批货物就不再是运离的保税监管场所或者特殊监管区域范围的保税物流货物。

二、保税仓库及其所存货物的报关程序

（一）保税仓库概述

1. 含义

保税仓库是指经海关批准设立的专门存放保税货物及其他未办结海关手续货物的仓库。

保税仓库根据使用对象分为公用型保税仓库和自用型保税仓库两种。

在公用型保税仓库和自用型保税仓库下面衍生出一种专用型保税仓库（包括：液体危险品保税仓库、备料保税仓库、寄售维修保税仓库和其他专用保税仓库）。

2. 功能

保税仓库的功能单一，就是仓储，而且只能存放进境货物。

存放货物的范围如下：

(1) 加工贸易进口货物；

(2) 转口货物；

(3) 供应国际航行的船舶航空器的油料、物料和维修用零部件；

(4) 供应维修外国产品所进口寄售的零配件；

(5) 外商进境暂存货物；

(6) 未办结海关手续的一般贸易进口货物；

(7) 经海关批准的其他未办结海关手续的进境货物。

3. 管理

(1) 保税仓库存储货物的期限为1年，特殊情况经批准可以延长的最长期限不超过1年。特殊情况下，延期后货物存储期超过2年的，由直属海关审批。

(2) 保税仓库所存货物是海关监管货物，未经批准并办理相应手续，不得挪作他用。

(3) 储存期间发生损毁或灭失，除不可抗力原因外，保税仓库应向海关缴纳损毁、灭失货物的税款，并承担相应的法律责任。

(4) 保税仓库不得进行实质性加工（只可进行分类、简单拼装等辅助性简单作业)。

(5) 仓库经营企业每月5个工作日前，向海关申报上一个月仓库收、付、存情况，由主管海关核销。

(二) 保税仓库货物报关程序

1. 进仓报关

保税仓库货物进境入仓时，除易制毒化学品、监控化学品、消耗臭氧层物质外，免领进口许可证件。

(1) 如果仓库主管海关与进境口岸不是同一直属海关的，按转关方式来办理，可以按“提前报关转关方式”申报，也可以按“直转转关方式”申报。

(2) 如果仓库主管海关与进境口岸是同一直属海关的，经批准，可以不按转关运输方式办理，由经营企业直接在口岸海关办理报关手续，口岸海关放行后，企业自行提取货物入仓。

2. 出仓报关

保税仓库货物出仓可能出现进口报关（进入国内市场）和出口报关（复运出口)。

(1) 出口报关。保税仓库出仓复运出境货物，应当按转关运输方式办理出仓手续。是同一直属海关的，经批准，可以不按转关运输方式办理。

(2) 进口报关。转为正式进口的同一批货物，要填制两张报关单，一张办结出仓报关手续，由保税仓库经营企业填制出口货物报关单。另一张办理进口申报手续，按照实际进口监管方式，填制进口货物报关单。进口手续大体分为：

①保税仓库货物出仓用于加工贸易的，由加工贸易企业或其代理人按保税加工货物的报关程序办理进口报关手续。

②保税仓库货物出仓作为特定减免税货物的，由享受特定减免税的企业按特定减免税货物的报关程序办理进口报关手续。

③保税仓库货物出仓进入国内市场，由保税仓库经营企业按一般进口货物的报关程序办理进口报关手续。

④保税仓库内的寄售维修零配件申请以保修期内免费出仓的，由保税仓库经营企业办理进口报关手续，填制进口报关单，贸易方式栏填“无代价抵偿货物”，并确认免税出仓的维修件在保修期内不超过原设备进口之日起 3 年。

（3）集中报关。保税货物出库批量少批次频繁，经海关批准可以办理定期集中报关手续。

3. 流转报关

（1）保税仓库与特殊监管区域之间往来流转的货物，按转关运输的有关规定办理，保税仓库与特殊监管区域属于同一直属关区内的，可不按转关运输办理。

（2）保税仓库货物转往其他保税仓库的，应当各自在仓库主管海关报关，报关时先办理进口报关，再办理出口报关。

三、出口监管仓库及其所存货物的报关程序

（一）出口监管仓库简介

1. 含义

经过海关批准设立，对已办结海关出口手续的货物进行存储、保税货物配送、提供流通性增值服务的海关专用监管仓库。

出口监管仓库包括出口配送型仓库、国内结转型仓库。出口配送型仓库指存储以实际离境为目的的出口货物的仓库。国内结转型仓库指存储用于国内结转的出口货物的仓库。

2. 功能

出口监管仓库的功能也只有仓储，而且只能存放出口货物。

（1）一般贸易出口货物；

（2）加工贸易出口货物；

（3）从其他海关特殊监管区域、场所转入的出口货物；

（4）其他已办结海关出口手续的货物。

出口配送型仓库也可以存放为拼装出口货物而进口的货物。

3. 管理

（1）专库专用、不得转租、转借他人经营，不得下设分库；

（2）如实填写有关单证、仓库账册、业务活动和财务状况，并定期报送主管海关；

（3）储存期限为 6 个月，特殊情况经批准可以延长，延长的期限最长不得超过 6 个月；

（4）出口监管仓库的货物是海关监管货物，未经批准并办理相应手续，不得挪作他用；

（5）储存期间发生损毁，除不可抗力原因外，出口监管仓库应向海关缴纳灭失货物的税款，并承担相应的法律责任；

（6）可以进行流通性增值服务（不能进行实质性加工）。

（二）出口监管仓库货物报关程序

1. 进仓报关

（1）出口货物存入出口监管仓库，发货人或其代理人填制“出口货物报关单”。按国家规定应当提交出口许可证件和缴纳出口关税的，发货人或其代理人必须提交许可证件和缴纳出口关税。

（2）发货人或其代理人按照海关规定提交报关必需单证和仓库经营企业填制的“出口监管仓库货物入仓清单”。

（3）对经批准享受入仓即可退税政策的出口监管仓库，海关签发“出口货物报关单”退税证明联。对不享受入仓即退税政策的出口监管仓库，海关在货物实际离境后签发出口货物报关单退税证明联。

2. 出仓报关

出口监管仓库货物出仓可能出现出口报关和进口报关两种情况。

（1）出口报关。提交报关必需单证和仓库经营企业填制的“出口监管仓库货物出仓清单”。

（2）进口报关。出口监管仓库货物转进口的，应当经海关批准，按进口货物的有关规定办理相关手续。

①用于加工贸易的，由加工贸易企业按保税加工货物的报关程序办理进口报关手续。

②作为特定免税货物的，按特定减免税的报关程序办理进口报关手续。

③进入国内市场的货物，按一般进口货物的报关程序办理进口报关手续。

3. 结转报关

经转入、转出方所在地主管海关批准，并按照转关运输的规定办理相关手续后，出口监管仓库之间、出口监管仓库与保税区、出口加工区、保税物流园区、保税物流中心、保税仓库等特殊监管区域、专用监管场所之间可以进行货物流转。

4. 更换报关

对于已经存入出口监管仓库，因质量原因要求更换的。被更换货物出仓之前，更换货物应当先行入仓，应当与原货物的商品编码、品名、规格型号、数量、价值相同。

四、保税物流中心货物的报关程序

（一）保税物流中心简介

1. 含义

保税物流中心是指经海关批准，由中国境内一家企业法人经营，多家企业进入并从事保税仓储物流业务的海关监管场所。

2. 功能

保税物流中心功能是保税仓库和出口监管仓库功能的叠加，即可放进口货物也可存放出口货物。

3. 管理

（1）物流中心经营企业应当设立管理机构负责物流中心的日常工作。

（2）物流中心经营企业不得在中心内直接从事保税仓储物流的经营活动。

（3）物流中心内货物保税存储期限为2年，确有正当理由的，经主管海关同意可以予以延期，延期不得超过1年。

(4) 经海关批准，可以分批进出货物，月度集中报关，但集中申报不得跨年度办理。

(5) 未经海关批准，保税物流中心不得擅自将所存货物抵押、质押或进行其他处置。保税物流中心货物可以在中心内企业之间进行转让、转移，但必须向海关办理相关海关手续。

(6) 保税仓储货物在存储期间发生损毁或者灭失的，除不可抗力外，物流中心经营企业向海关缴纳税款，并承担相应的法律责任。

(二) 保税物流中心进出货物报关程序

1. 保税物流中心与境外之间的进出货物报关

(1) 物流中心与境外之间进出的货物应向物流中心主管海关办理相关手续。

(2) 物流中心与境外之间进出的货物，除实行出口被动配额管理和中华人民共和国参加或者缔结的国际条约及国家另有明确规定的以外，不实行进出口配额、许可证件管理。

(3) 从境外进入物流中心内的货物，凡属于规定存放货物范围内的货物予以保税。

(4) 从境外进入物流中心内的货物，凡属于物流中心企业进口自用的办公用品、交通运输工具、生活消费品等以及保税物流中心开展综合物流服务所需进口的机器、装卸设备、管理设备等，按照进口货物的有关规定和税收政策办理相关手续。

2. 物流中心与境内之间的进出货物报关

(1) 离开中心

①离开中心进入关境内其他地区视同进口。按照货物进入境内的实际流向和实际状态填制进口货物报关单，办理进口报关手续。

②离开中心运往境外填制出口货物报关单，办理出口报关手续。

(2) 进入中心。

货物从境内进入物流中心视同出口，办理出口报关手续。如需缴纳出口关税的，应当按照规定纳税；属许可证件管理的商品，还应当向海关出具有效的出口许可证件。

从境内运入保税物流中心的原进口货物，境内发货人应当向海关办理出口报关手续，经主管海关验放；已经缴纳的关税和进口环节海关代征税，不予退还。

从境内运入物流中心已办结报关手续的货物，或者从境内运入物流中心供中心内企业自用的国产设备以及转关出口货物，海关签发出口退税报关单证明联。

从境内运入物流中心的下列货物，海关不签发出口退税报关单证明联：

①供中心企业自用的生活消费品、交通运输工具；

②供中心企业自用的各种进口设备；

③特殊监管区域之间往来的货物。

五、保税物流园区及其货物的报关程序

(一) 保税物流园区简介

1. 含义

保税物流园区是指经国务院批准，在保税区规划面积内或者毗邻保税区的特定港区内设立的、专门发展现代国际物流的海关特殊监管区域。

2. 功能

保税物流园区主要功能是保税物流，可以开展的保税物流业务包括：

（1）存储进出口货物及其他为办结海关手续的货物；

（2）对所存货物开展流通性简单加工和增值服务；

（3）进口贸易，包括转口贸易；

（4）国际采购、分配和配送；

（5）国际中转；

（6）商品展示；

（7）经海关批准的其他国际物流业务。

3. 管理

（1）禁止事项。园区内不得建立工业生产加工场所和商业性消费设施。园区内不得开展商业零售、加工制造、翻新拆解及其他与园区无关的业务。

（2）物流管理。园区货物不设存储期限。但园区企业自开展业务之日起，应当每年向园区主管海关办理报核手续，海关应当自受理报核之日起 30 天内予以核库，有关的单证应当自核库之日起至少保留 3 年。

（二）保税物流园区进出货物的报关程序

1. 保税物流园区与境外之间进出货物报关

海关对园区和境外之间进出货物，实行“备案制管理”，适用进出境备案清单。

（1）境外进入园区：不实行许可证件管理。

（2）园区运往境外：从园区运往境外的货物，免征出口关税，不实行许可证件管理。

2. 保税物流园区与境内区外之间进出货物报关

（1）园区货物运往区外，视同进口。园内企业或者区外收发货人或其代理人按照进口货物的有关规定向园区主管海关申报，海关按照货物出园区时的实际监管方式办理相关手续。

（2）区外货物运入园区，视同出口，由区外企业或者区外的发货人或其代理人向园区主管海关办理出口申报手续。属于应当缴纳出口关税的商品，应当照章纳税；属于许可证件管理的商品，应当同时向海关出具有效的许可证件。

（3）保税物流园与其他特殊监管区域、保税监管场所之间往来货物，继续实行保税监管，不予签发出口报关单退税证明联。

六、保税区进出货物的报关程序

（一）保税区简介

1. 含义

保税区是指经国务院批准在中国境内设立的由海关进行监管特定区域。

2. 功能

保税区具有出口加工、转口贸易、商品展示、仓储运输等多种功能。

3. 加工贸易管理

（1）保税区企业开展加工贸易，除进口易制毒化学品、监控化学品、消耗臭氧层物质要提供进口许可证件，生产激光光盘要主管部门批准外，其他加工贸易料件进口免予交验许可证件。

(2) 保税区内企业开展加工贸易，不实行银行保证金台账制度。

(3) 区内加工企业加工的制成品及加工过程中产生的边角余料运往境外时，免征出口关税。

(4) 运往非保税区时，应当按照国家有关规定向海关办理进口报关手续，并依法纳税，免交缓税利息。

(二) 保税区进出货物报关程序

对于保税区进出货物报关程序应从进出境报关和进出区报关两方面来学习。具体内容如表 3 - 5 所示。

表 3 - 5　　保税区进出货物报关程序

<table>
<tr><td rowspan="3">进出境报关</td><td colspan="2">与境外之间进出境货物，属自用的</td><td>报关制：填写进出口报关单</td></tr>
<tr><td colspan="2">与境外之间进出境货物，属非自用的</td><td>备案制：填写进出境备案清单</td></tr>
<tr><td colspan="3">管理：
(1) 保税区与境外之间进出的货物，除特殊货物外，不实行进出口许可证件管理，免于交验许可证件。
(2) 为保税加工、保税仓储、转口贸易、展示而从境外进入保税区的货物可以保税。
(3) 从境外进入保税的以下货物可以免税：
①区内生产性的基础设施建设项目所需的机器、设备和其他基建物资。
②区内企业自用的生产、管理设备和自用合理数量的办公用品及所需的维修零配件等物资、设备，但交通工具和生活用品除外。
③保税区行政管理机构自用合理数量的管理设备和办公用品及其所需的维修零配件</td></tr>
<tr><td rowspan="5">进出区报关</td><td rowspan="2">保税加工货物进出区</td><td>进区</td><td>报出口，填写出口报关单，提供有关许可证件。出口应征收出口关税的商品，须缴纳出口关税，海关不签发报关单退税证明联</td></tr>
<tr><td>出区</td><td>报进口，根据货物不同流向，填写不同的进口报关单</td></tr>
<tr><td rowspan="2">进出区外发加工</td><td>进区加工</td><td>凭外发加工合同向保税区海关备案，加工出区后核销。不填写进出口货物报关单</td></tr>
<tr><td>出区加工</td><td>由区外加工企业向其所在地海关办理加工贸易备案手续，加工期限 6 个月＋6 个月</td></tr>
<tr><td>设备进出区</td><td>进出区</td><td>(1) 进出区都要向保税区海关备案；
(2) 设备进区，不填写报关单，不缴纳出口税，海关不签发出口报关单退税证明联。设备是从国外进口已征进口税的，不退进口税；
(3) 设备退出区外，不必填写报关单，但要向保税区海关办理销案</td></tr>
</table>

任务实施

苏州铭泰电子有限公司将液晶显示屏出口给位于张家港保税区内的张家港宏泰电视有限公司。对苏州铭泰电子有限公司来说，该批液晶显示屏属于保税物流加工货物，因此这批货物的报关程序应参照保税加工货物进保税区的报关程序。

第一步：进区报出口，苏州铭泰电子有限公司填写出口报关单并提交出口发票、装箱单、加工贸易手册等相关资料。

第二步：根据液晶显示屏的商品编码8531200000，可知出口无须提供许可证件，也无须缴纳出口关税，如图3-17所示。

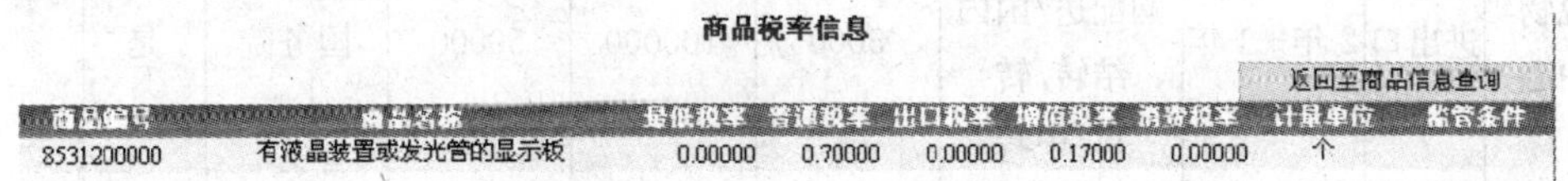

商品税率信息

返回至商品信息查询

商品编号	商品名称	最低税率	普通税率	出口税率	增值税率	消费税率	计量单位	监管条件
8531200000	有液晶装置或发光管的显示板	0.00000	0.70000	0.00000	0.17000	0.00000	个	

图3-17 液晶显示屏商品编码示意

第三步：海关不需向苏州铭泰电子有限公司签发报关单退税证明联。

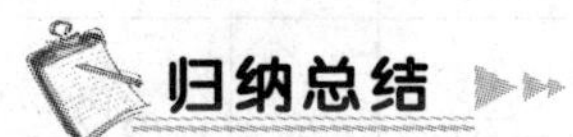

归纳总结

对于保税物流货物来说，首先要了解这些各种监管形式下的保税物流货物的管理要点（如表3-6所示），其次重点了解不同的保税物流货物的报关程序。通过熟悉不同保税物流货物的报关程序，加深对保税物流货物特征的理解和掌握。

保税物流货物的特征：

（1）进境时暂缓缴纳进口关税及进口环节海关代征税（如内销时，则应当但不征缓税利息），复运出境免税；

（2）进出境时除国家另有规定外免于交验进出口许可证件；

（3）进境海关现场放行不是结关，进境后必须进入海关保税监管场所或特殊监管区域，运离这些场所或区域必须办理结关手续。

保税物流货物的范围包括：

（1）进境经海关批准进入海关保税监管场所或特殊监管区域，保税储存后转口境外的货物；

（2）已办理出口报关手续尚未离境，经海关批准进入海关保税监管场所或特殊监管区域储存的货物；

（3）经海关批准进入海关保税监管场所或特殊监管区域保税储存的加工贸易货物，供应国际航行船舶和航空器的油料、物料和维修用部件，供维修外国产品所进口寄售的零配件，外商进境暂存货物；

（4）经海关批准进入海关保税监管场所或特殊监管区域保税的其他未办结海关手续的进境货物。

表 3-6　　各种监管形式下的保税物流货物的管理要点

<table>
<tr><th rowspan="2">监管场所、区域名称</th><th rowspan="2">存货范围</th><th rowspan="2">存储期限</th><th rowspan="2">服务功能</th><th rowspan="2">注册资本（人民币：万元）</th><th colspan="2">面积（不低于）（平方米）</th><th rowspan="2">审批权限</th><th rowspan="2">入区退税</th><th rowspan="2">备注</th></tr>
<tr><th>东部</th><th>中西部</th></tr>
<tr><td>保税仓库</td><td>进口</td><td>1年＋1年</td><td>储存</td><td>300</td><td colspan="2">公用/维修 2000
液体 5000</td><td>直属海关</td><td>否</td><td></td></tr>
<tr><td>出口监管仓库</td><td>出口</td><td>半年＋半年</td><td>储存/出口配送/国内结转</td><td></td><td colspan="2">配送 5000
结转 1000</td><td>直属海关</td><td>否</td><td>退换货物先入后出</td></tr>
<tr><td>保税物流中心</td><td>进出口</td><td>2年＋1年</td><td>储存/全球采购配送/国内结转/转口/中转</td><td>5000</td><td>100000</td><td>50000</td><td>国务院</td><td>是</td><td></td></tr>
<tr><td>保税物流园区</td><td>进出口</td><td>无期限</td><td>储存/国际转口贸易/全球采购配送/中转/展示</td><td colspan="3"></td><td>国务院</td><td>是</td><td>按年报核</td></tr>
<tr><td>保税区</td><td>进出口</td><td>无期限</td><td>物流园区功能＋维修/加工</td><td colspan="3"></td><td>国务院</td><td>否</td><td>离境退税</td></tr>
<tr><td>保税港区</td><td>进出口</td><td>无期限</td><td>保税区功能＋港口功能</td><td colspan="3"></td><td>国务院</td><td>是</td><td></td></tr>
</table>

注：①出口配送型仓库可以存放为拼装出口货物而进口的货物；②经批准享受入仓即退税政策的除外；③保税物流中心的经营者不得开展物流业务。

思考与训练

苏州名硕电脑有限公司从苏州新区保税仓库进口一批电脑显示器用开关（商品编码8536500000），作为该公司加工内销产品，该公司的关务应完成该批电脑显示器用开关的报关工作。

任务四　减免税货物报关

知识目标

1. 了解减免税货物的含义、特证及范围。
2. 熟悉减免税货物的监管年限。

能力目标

1. 掌握减免税货物的报关程序。
2. 掌握进出口货物证免税证明的填制规范。

任务导入

苏州纺织机械有限公司是一家外商独资企业。该公司现准备进口一批外商投资总额内免税进口的自用设备。该公司的关务李宏通过海关了解到该批自用设备在进口时可以享受减免税待遇，因此李宏需要办理该批自用设备的进口手续。

任务分析

要顺利办理自用设备的进口手续，首先必须判断该批货物是否属于减免税货物，并掌握特定减免税货物的进口流程。

相关知识与拓展

一、减免税货物概述

（一）含义

关税减免又称为关税优惠。关税减免分为三大类，即法定减免税、特定减免税和临时减免税。

法定减免是指依照海关法和进出口关税条例的规定，对列举的课税对象给予的关税减免。法定减免税货物一般无须办理减免税审批手续。

特定减免税和临时减免税都属于政策性减免税范围。政策性减免税是指根据国家政治、经济政策的需要，经国务院批准，对特定地区、特定企业或者有特定用途的进出口货物，给予减免进出口税收的优惠政策，包括基于特定目的实行的临时减免税政策。

（二）政策性减免税的特点

减免税货物的特点为纳税义务人必须在货物进出口前办理减免税审批手续；政策性减免税货物放行后，在其监管年限内应该接受海关监管，未经海关核准并交纳关税，不得移作他用；可以在两个享受同等税收优惠的单位之间转让并无须补税。

进口减免税货物的监管年限为：

(1) 船舶、飞机：8年；

(2) 机动车辆：6年；

(3) 其他货物：5年；

监管期限自货物进口之日起计算。

二、减免税货物的报关程序

(一) 减免税备案和审批

减免税申请人应当向其所在地海关申请办理减免税备案、审批手续，特殊情况除外。

1. 减免税备案

减免税申请人按照有关进出口税收优惠政策的规定申请减免税进出口相关货物，海关需要事先对减免税申请人的资格或者投资项目等情况进行确认的，减免税申请人应当在申请办理减免税审批手续前，向主管海关申请办理减免税备案手续。

2. 减免税审批

减免税备案后，减免税申请人应当在货物申报进口前，向主管海关申请办理进口货物减免税审批手续，并同时提交如下材料：进出口货物征免税申请表；企业营业执照或者事业单位法人证书、国家机关设立文件、社团登记证书、民办非企业单位登记证书、基金会登记证书等证明材料；进出口合同、发票及相关货物的产品情况资料；相关政策规定的享受进出口税收优惠政策资格的证明材料；海关认为需要提供的其他材料。

海关受到减免税申请人的减免税申请后，经审核符合相关规定的，确定其所申请货物征税、减税或者免税的决定，并签发进出口货物征免税证明。进出口货物征免税证明，有效期一般为6个月，如遇情况特殊，可申请延长，延长的最长期限为6个月，并实行一份证明只能验放一批货物的原则，即一份征免税证明上的货物只能在一个进口口岸一次性进口。进出口货物征免税证明样本如图3-18所示。

进出口货物征免税证明

编号：

<table>
<tr><td colspan="4">减免税申请人：</td><td colspan="4">征免性质代码：</td><td colspan="3">审批依据：</td></tr>
<tr><td colspan="4">发证日期：　　年　月　日</td><td colspan="7">有效期：　　至　　年　月　日止</td></tr>
<tr><td colspan="4">到货口岸：</td><td colspan="4">合同号：</td><td colspan="3">项目性质：</td></tr>
<tr><td rowspan="2">序号</td><td rowspan="2">货名</td><td rowspan="2">规格</td><td rowspan="2">税号</td><td rowspan="2">数量</td><td rowspan="2">单位</td><td rowspan="2">金额</td><td rowspan="2">币制</td><td colspan="3">主管海关审批征免意见</td></tr>
<tr><td>关税</td><td>增值税</td><td>其他</td></tr>
<tr><td>1</td><td></td><td></td><td></td><td></td><td></td><td></td><td></td><td></td><td></td><td></td></tr>
<tr><td>2</td><td></td><td></td><td></td><td></td><td></td><td></td><td></td><td></td><td></td><td></td></tr>
<tr><td>3</td><td></td><td></td><td></td><td></td><td></td><td></td><td></td><td></td><td></td><td></td></tr>
<tr><td>4</td><td></td><td></td><td></td><td></td><td></td><td></td><td></td><td></td><td></td><td></td></tr>
<tr><td>5</td><td></td><td></td><td></td><td></td><td></td><td></td><td></td><td></td><td></td><td></td></tr>
<tr><td colspan="2">备注</td><td colspan="9"></td></tr>
<tr><td colspan="3">审批海关签章：

负责人：

年　月　日</td><td colspan="3">核放海关批注：

负责人：

年　月　日</td><td colspan="5">注意事项及权利义务提示：
1. 本证明使用一次有效。同一合同项下货物分口岸进口或分批到货的，应向审批海关申明，并按到货口岸、到货日期分别申请此证明。
2. 货物进口时应向海关交验本证明，复印件无效。
3. 本证明有效期应按照具体政策规定填写，但最长不得超过半年；如需延期，应在有效期内向原审批海关提出延期申请。
4. 规定由海关监管使用的减免税货物，在海关监管年限内，减免税申请人应按照特定用途、特定企业、特定地区使用；未经海关许可，不得擅自转让、抵押、质押、移作他用或者进行其他处置，否则，海关将依法处理。
5. 如不服本证明决定，依照《中华人民共和国行政复议法》第九条、第十二条、第十六条，《中华人民共和国海关法》第六十四条之规定，可以在本证明送达之日起六十日内向上一级海关（海关总署）申请行政复议，对复议决定仍不服的，依照《中华人民共和国行政诉讼法》第三十八条第二款之规定，可以自收到复议决定书之日起十五日内，向人民法院提起诉讼</td></tr>
</table>

图 3－18　进出口货物征免税证明样本

（二）进口报关

政策性减免税货物进口报关程序与一般进出口货物的报关程序基本相同，但是有些具体手续与一般进出口货物的报关有所不同。

（1）减免税货物进口报关时，进口货物收货人或其代理人除了向海关提交报关单及随附单证以外，还应当向海关提交“进出口货物征免税证明”。海关在审单时从计算机查阅征免税证明的电子数据，核对纸质进出口货物征免税证明。

(2) 减免税货物进口，填制报关单时，应当在报关单“备案号”栏内填写进出口货物征免税证明的12位编号，12位编号写错将不能通过海关计算机逻辑审核，或者在提交纸质报关单证时无法顺利通过海关审单。

(三) 后续处置和解除监管

1. 变更使用地点

在海关监管年限内，减免税货物应当在主管海关核准的地点使用。需要变更使用地点的，减免税申请人应当向主管海关提出申请，说明理由，经海关批准后方可变更使用地点。

2. 结转

在海关监管年限内，减免税申请人将进口减免税货物转让给进口同一货物享受同等减免税优惠待遇的其他单位的，应当按照下列规定办理减免税货物结转手续。

(1) 转出申请人向转出地主管海关提出申请，转出地主管海关审核通知转入地主管海关。

(2) 转入申请人向转入地主管海关办理审批手续，海关签发“征免税证明”。

(3) 转出、转入申请人分别向各自主管海关办理减免税货物出口、进口报关手续。

(4) 转出地主管海关办理转出减免税货物的解除监管手续。转入地海关在剩余监管年限内继续实施后续监管。

(5) 转入地海关和转出地海关为同一海关的，按照第一款规定办理。

3. 转让

在海关监管年限内，减免税申请人将进口减免税货物转让给不享受进口税收优惠政策或者进口同一货物不享受同等减免税优惠待遇的其他单位的，应当事先向减免税申请人主管海关申请办理减免税货物补缴税款和解除监管手续。减免税货物转让给进口同一货物享受同等减免税优惠待遇的其他单位的，不予恢复减免税货物转出申请人的减免税额度，减免税货物转入申请人的减免税额度按照海关审定的货物结转时的价格、数量或者应缴税款予以扣减。

4. 移作他用

在海关监管年限内，减免税申请人需要将减免税货物移作他用的，应当事先向主管海关提出申请。经海关批准，减免税申请人可以按照海关批准的使用地区、用途、企业将减免税货物移作他用。主要包括以下情形：

(1) 将减免税货物交给减免税申请人以外的其他单位使用；

(2) 未按照原定用途、地区使用减免税货物；

(3) 未按照特定地区、特定企业或者特定用途使用减免税货物的其他情形应当按照移作他用的时间补缴相应税款；如时间不能确定的，应提交税款担保，担保不得低于剩余监管年限应补缴税款总额。

5. 变更、终止

(1) 变更。在海关监管年限内，减免税申请人发生分立、合并、股东变更、改制等变更情形的，权利义务承受人应当自营业执照颁发之日起30日内，向原减免税申请人的主管海关报告主体变更情况及原减免税申请人进口减免税货物的情况。

（2）终止。在海关监管年限内，因破产、改制或者其他情形导致减免税申请人终止，没有承受人的，原减免税申请人或者其他依法应当承担关税及进口环节海关代征税缴纳义务的主体应当自资产清算之日起30日内向主管海关申请办理补缴税款和解除监管手续。

6. 退运、出口

在海关监管年限内，减免税申请人要求将进口减免税货物退运出境或者出口的，应当报主管海关核准。减免税货物退运出境或者出口后，减免税申请人应当持出口货物报关单向主管海关办理原进口减免税货物的解除监管手续。减免税货物退运出境或者出口的，海关不再补征相关税款。

7. 贷款抵押

在海关监管年限内，减免税申请人要求以减免税货物向金融机构办理贷款抵押的，应当向主管地海关提出书面申请。此外申请人不得以减免税货物向金融机构以外的公民、法人或者其他组织办理贷款抵押。

减免税申请人以减免税货物向境内金融机构办理贷款抵押的，应向海关提供下列形式的担保：

（1）与货物应缴税款等值的保证金；

（2）境内金融机构提供的相当于货物应缴税款的保函；

（3）减免税申请人、境内金融机构共同向海关提交“进口减免税货物贷款抵押承诺保证书”。

向境外金融机构办理贷款抵押的，应当提交与货物应缴税款等值的保证金或者境内金融机构提供的相当于货物应缴税款的保函。

8. 解除监管

（1）监管期届满的，减免税申请人可以不用向海关申请领取“减免税进口货物解除监管证明”，需要“减免税进口货物解除监管证明”的，自监管年限届满之日起1年内，持有关单证向海关申领。

（2）在海关监管年限内的进口减免税货物，减免税申请人书面申请提前解除监管的，应当向主管海关申请办理补缴税款和解除监管手续。按照国家有关规定在进口时免予提交许可证件的进口减免税货物，减免税申请人还应当补交有关许可证件。

三、进出口货物征免税申请表的填制

进出口货物征免税申请表样表如图3-19所示。

进出口货物征免税申请表

项目统一编号		产业政策审批条目/代码			
企业代码		名称		征免性质/代码	
审批部门/代码		许可证编号			
对外签约单位/代码		合同号			
项目性质/代码		审批依据			
进（出）口口岸		有效日期			
备注					

No.	税则号	商品名称	规格型号	数量	单位	币制	单价	总价	海关审批意见	
									关税	代征税
1										
2										
3										
4										
5										

申请部门签章：	主管部门签章：	海关审批意见：
		初审签名　　复审　　三审
年　月　日	年　月　日	年　月　日

图 3-19　进出口货物征免税申请表样表

进出口货物征免税申请表的数据填制说明如下。

1. 项目统一编号

（1）需进行减免税项目备案的，应填写项目备案的统一编号，不能为空。

（2）无须进行备案的项目，此栏应为空。

2. 产业政策审批条目/代码

鼓励项目填写《项目确认书》上的产业政策审批条目及代码；其余项目不予填写。

3. 企业代码

在海关报关注册的 10 位数编码。如无则为空。

4. 名称

向海关申请办理减免税手续的货主单位的规范全称，若名称过长则从前往后取。

5. 征免性质/代码

与报关单填制的征免性质及代码一致。

6. 审批部门/代码

鼓励项目填写《项目确认书》上的审批部门及代码；自有资金填写《外商投资企业进口更新设备、技术及配备件证明》或《技术改造项目确认登记证明》的审批部门及代码；其余项目不予填写。

7. 许可证编号

填写与海关联网核销的许可证的编号，一份免税表只能有一项许可证货物。其余应为空。

8. 对外签约单位代码

指对外签订并执行进出口贸易合同的中国境内企业或单位。特殊情况下应根据如下原则确定：

(1) 无偿援助货物的，填报直接接受货物的单位。

(2) 进出口企业之间相互代理进出口，或没有进出口经营权的企业委托有进出口经营权的企业代理进出口的，填报代理方。

(3) 外商投资企业委托外贸企业进口设备的，填报外商投资企业。

9. 合同号

进出口货物合同（协议）的全部字头和号码。如无合同则填报发票号。

10. 项目性质/代码

鼓励项目填写《项目确认书》的项目性质及代码；自有资金填写企业性质；其余项目不予填写。

11. 审批依据

海关凭以办理征免税手续的文件号，具体如下：

(1) 1996 年 3 月 31 日以前的外资项目和 2002 年 10 月 1 日以后批准的产品全部直接出口的允许类外商投资项目填写总署公告〔2002〕25 号；

(2) 1996 年 4 月 1 日至 2002 年 3 月 31 日成立（包括增资）的外资项目填写署税〔1997〕1062 号文；

(3) 2002 年 4 月 1 日至 2004 年 12 月 31 日成立（包括增资）的外资项目填写署税发〔2002〕81 号文；

(4) 2005 年 1 月 1 日以后成立（包括增资）的外资项目填写署税发〔2004〕441 号文；

(5) 自有资金项目和外商投资研发中心项目填写署税〔1999〕791 号文；

(6) 内资结转项目及内资鼓励项目填写署税发〔2002〕2 号文；1996 年 3 月 31 日以前的技术改造项目填写署税〔1996〕236 号文；

(7) 1997 年 12 月 31 日以前的贷款项目填写计规划〔1998〕250 号文，1998 年 1 月 1 日以后的贷款项目填写署税〔1997〕1062 号文；

(8) 科教用品项目中的技术中心填写署税发〔2001〕280 号文，其余填写署税〔1997〕585 号文；

(9) 国批减免项目中饲料填写署税发〔2001〕344号，化肥填写税管函〔2005〕380号，民用飞机填写署税发〔2004〕352号，种用动植物填写每年度海关总署转发各有关部门免税进口计划的文号；

(10) 远洋渔业项目填写署税〔2000〕260号文；

(11) 无偿援助项目填写署税〔1999〕565号文；

(12) 内部暂定项目在总署下发的年度执行内部暂定税率的文件中落实到企业的，填写该文件号；其余填写《双限暂定税率商品办理证》的文号；

(13) 残疾人项目进口填写署税〔1997〕544号文；

(14) 有特定减免税批准单的填写特定减免税批准单文号。

12. 进（出）口口岸

进出口货物在国内办理报关手续的现场海关名称。

13. 有效日期

指《征免税证明》的有效时间，一般情况自审批之日起半年内有效，特殊情况如文件执行年限到期，可由人工输入。

14. 备注

以下特殊情况应在备注中注明，否则为空：

(1) 内资项目若其进口的设备在内资不予免税目录中有技术规格限制，将有关技术参数在备注中注明。

(2) 同一合同项下功能机组或同一设备分批进口的，应在备注中注明“税号＋设备名称＋分×批进口之×”。

(3) 设备按功能机组归类，应在备注中注明“设备组成详见随附清单”。

(4) 同一合同项下生产线或成套设备分别归类的，应在备注栏注明“××分别归类”。

(5) 所申报设备若系企业间结转的设备应在备注中注明“从××企业转入，原进口日期××××”。

(6) 远洋渔业应在备注中注明船名和船号。

(7) 外资企业委托其他企业代理进口设备的，应在备注中注明“由××企业代理进口”。

(8) 单独进口未列明具体名称的零件应注明“零件明细详见随附清单”。

(9) 海陆石油进口商品应注明所属清单类别。

(10) 科教用品进口原免税进口仪器设备（在监管期内）维修用零部件的，应在备注中注明“原免税进口仪器设备免表号＋仪器设备名称＋仪器设备价值＋仪器设备进口日期”。

(11) 海关认为需要注明的其他情况。

15. 税则号

进（出）口货物在现行《进出口税则》上对应的税号。

16. 商品名称

进（出）口货物规范的中文商品名称。具体要求如下：

(1) 应如实申报，与所提供的合同或发票相符。

(2) 申报名称应规范，以能满足海关归类、审价及监管的要求为准。

(3) 经特定减免税批准单批准免税的商品，其名称必须与批准证件上的名称相符。

(4) 进口旧设备，应在商品名称中注明“旧”及新旧程度。如“（旧）缝纫机（七成新）”。

17. 规格型号

进（出）口货物详细的规格型号，以能满足海关归类、审价及监管的要求为准。如进口合同或发票中有货物规格型号的，必须在免税表中列明。

18. 数量、单位

进（出）口货物实际成交的数量及计量单位。以成交单位为准，但不允许为“箱”“捆”“包”等虚数。

19. 币制

进（出）口货物实际成交价格的币种。

20. 单价

填写货物实际成交的单价，应与所提供的合同及发票一致，运保费应摊入每项商品价格中。

21. 总价

填写货物实际成交的总价，应与所提供的合同及发票一致，运保费及其他计入完税价格的费用摊入每项商品价格中。

22. 原产国（地区）

进出口货物的生产、开采或加工制造的国家（地区）。

任务实施

第一步：减免税备案

苏州纺织机械有限公司李宏按照有关进出口税收优惠政策的规定申请对进口设备实施减免税，苏州海关对减免税申请人的资格进行确认后，减免税申请人向主管海关申请办理减免税备案手续。

第二步：减免税审批

减免税备案后，减免税申请人应当在货物进出口 15 天前，持齐全有效单证向海关申请办理进出口货物减免税审批手续。

海关受到减免税申请人的减免税申请后，经审核符合相关规定的，确定其所申请货物征税、减税或者免税的决定，并签发“进出口货物征免税证明”。

第三步：进口报关

李宏向苏州海关提交“进出口货物征免税证明”、进口报关单、及随附单证，海关在审单时从计算机查阅征免税证明的电子数据，核对纸质进出口货物征免税证明。海关在核对单据和货物无误后，对进口设备放行。

第四步：接受监管

苏州纺织机械有限公司在进口该进口设备后，在五年内受海关的监管。在五年内，未经海关的批准，不得进行国内销售、转让、放弃，或者退运境外等活动。

第五步：解除监管

减免税进口货物监管年限届满时，自动解除海关监管。监管年限内，需要解除监管的，必须经过主管海关同意并办理相关海关手续。

减免税政策是国家对符合条件的企业、单位和个人而实施的一项税收优惠政策。企业、单位在享有减免税优惠待遇的同时，要珍惜这一权利，依法申请、使用、保管和处置减免税货物，并承担相应义务。

减免税货物的海关程序包括减免税备案、审批手续、进口报关手续和后续处置和解除监管。

一、减免税备案、审批手续

（1）项目单位在申请办理进出口货物减免税审批手续之前，应当向主管海关申请进行减免税备案。海关对申请享受减免税优惠政策的项目单位进行资格确认，对项目是否符合减免税政策要求进行审核，确定项目的减免税额度等事项。

（2）项目单位应当在货物进出口前，填写《进出口货物征免税申请表》，并持齐全有效单证向主管海关申请办理进出口货物减免税审批手续。未在货物进出口前向海关申请办理减免税审批手续，视作自动放弃其有关货物的减免税资格，海关应当不予办理其有关货物的减免税手续。

（3）海关在受理进出口货物减免税手续前，审核所提交单证是否齐全、有效，各项数据填报是否规范，项目资金来源是否影响减免税货物的所有权。

（4）海关受到减免税申请人的减免税申请后，经审核符合相关规定的，确定其所申请货物征税、减税或者免税的决定，并签发“进出口货物征免税证明”。

二、减免税货物进口报关程序

政策性减免税货物进口报关程序，与一般进出口货物的报关程序基本相同，但是有些具体手续与一般进出口货物的报关有所不同。

减免税货物进口报关时，进口货物收货人或其代理人除了向海关提交报关单及随附单证以外，还应当向海关提交“进出口货物征免税证明”。填制进口报关单时，应当在报关单“备案号”栏内填写进出口货物征免税证明的 12 位编号。

三、减免税货物后续处置和解除监管

海关受理项目单位申请后，审核申请减免税货物是否符合国家税收优惠政策规定，是否为不予免税商品，是否在减免税额度内，经审核无误后予以签发“征免税证明”，除另有规定外，有效期不超过半年。

减免税进口货物监管年限届满时，自动解除海关监管。纳税义务人需要解除监管证明

的，可以自监管年限届满之日起1年内，持有关单证向海关申请领取解除监管证明。海关应当自接到纳税义务人的申请之日起20日内核实情况，并填发解除监管证明。

1. 监管期满申请解除监管

减免税货物监管期满，原减免税申请人可以向主管海关申请解除海关对减免税进口货物的监管。主管海关经审核批准，签发“减免税进口货物解除监管证明”。至此，特定减免税进口货物办结了全部海关手续。

2. 监管期内申请解除监管

减免税货物在海关监管期内要求解除监管的，主要是为了在国内销售、转让、放弃，或者退运境外。监管期内申请解除监管的必须经过主管海关同意，办理相关海关手续，并向主管海关申领解除监管证明。

思考与训练

外商投资企业A公司在我国东部地区进行飞机制造项目的投资，经海关审定该项目的减免税额度为5000万元。该公司进口一套价值200万元的飞机制造设备。两年后，经批准按折旧价格（100万元）转让给同样享受减免税待遇的B公司（该公司的减免税额度为3000万元），在海关办理了有关的结转手续。请计算A公司的减免税额度，B公司的减免税额度，以及海关对该套设备还需监管的时间。

模块四　报关单证管理

在报关活动过程中会涉及若干个单证，但对于报关来说，最重要的两个单证为报关委托书和报关单。报关企业代理货物的收发货人进行报关，而报关委托书则使报关企业获得代理收发货人报关的资格。报关企业根据委托方的委托，依法提供办理进出口货物申报、配合查验、缴纳税费、提取或装运货物等报关手续的有偿服务。

《海关法》规定："进口货物的收货人、出口货物的发货人应当向海关如实申报，交验进出口许可证件和有关单证。"进出口货物报关单及其他进出境报关单（证）在对外经济贸易活动中具有十分重要的法律效力，是货物的收、发货人向海关报告其进出口货物实际情况及适用海关业务制度、申请海关审查并放行货物的必备法律文书。它既是海关对进出口货物进行监管、征税、统计以及开展稽查、调查的重要依据，又是出口退税和外汇管理的重要凭证，也是海关处理进出口货物走私、违规案件及税务、外汇管理部门查处骗税、逃套汇犯罪活动的重要书证。因此，申报人对所填报的进出口货物报关单的真实性和准确性应承担法律责任。

任务一　报关委托书填制

知识目标

1. 了解报关委托书的含义。
2. 熟悉委托方和被委托方的责任。

能力目标

1. 掌握报关委托书的基本内容。
2. 根据基本资料正确填写报关委托书。

任务导入

苏州昌盛进出口有限公司（经营单位编码3214913423）收到国外客户的信用证后，安排人员从浙江海宁皮革有限公司采购30000双男式牛皮鞋，并将该批货物的报关事务于2012年4月23日委托苏州报关有限公司报关，并提供合同、发票、装箱单、核销单、通关单给苏州报关有限公司。与报关委托书相关的资料如下：

男式牛皮鞋HS编码：6403990090　　货物总值：150000美元

出口日期：2012年4月28日　　贸易方式：一般贸易

报关收费：人民币200元　　经办人：张华

联系电话：134××××789　　经办报关员：张红

任务分析

进出口货物报关是一项专业性很强的工作。由于经济、时间、地点等方面的原因，大多数进出口货物收发货人不能或者不愿自行办理报关手续，这样就产生了委托报关的需要，进出口货物收发货人通过提交报关委托书和相关单证的形式委托报关企业办理货物的进出口业务，因此进出口收发货人必须准确填写报关委托书。但要想正确填写报关委托书，必须熟悉报关委托书的主要内容，根据所给的基本资料，按照报关委托书填制规范进行正确填写。

相关知识与拓展

一、委托方和被委托方的责任

(一) 委托方责任

(1) 委托方负责在报关企业办结海关手续后，及时、履约支付代理报关费用，支付垫支费用，以及因委托方责任产生的滞报金、滞纳金和海关等执法单位依法处以的各种罚款。

(2) 负责按照海关要求将货物运抵指定场所。

(3) 负责与被委托方报关员一同协助海关进行查验，回答海关的询问，配合相关调查，并承担产生的相关费用。

(4) 在被委托方无法做到报关前提取货样的情况下，承担单货相符的责任。

(二) 被委托方责任

(1) 负责对委托方提供的货物情况和单证的真实性、完整性进行“合理审查”，审查内容包括：①证明进出口货物实际情况的资料，包括进出口货物的品名、规格、用途、产地、贸易方式等；②有关进出口货物的合同、发票、运输单据、装箱单等商业单据；③进出口所需的许可证件及随附单证；④海关要求的加工贸易（纸质或电子数据的）及其他进出口单证。

(2) 在接到委托方交付齐备的随附单证后，负责依据委托方提供的单证，按照《中华人民共和国海关进出口报关单填制规范》认真填制报关单，承担“单单相符”的责任，在海关规定和本委托报关协议中约定的时间内报关，办理海关手续。

(3) 负责及时通知委托方共同协助海关进行查验，并配合海关开展相关调查。负责支付因报关企业的责任给委托方造成的直接经济损失，所产生的滞报金、滞纳金和海关等执法单位依法处以的各种罚款。

(4) 负责在本委托书约定的时间内将办结海关手续的有关委托内容的单证、文件交还委托方或其指定的人员。

二、代理报关委托书的填制规范

代理报关委托书是一种格式文书，是委托方与报关企业确定委托关系，明确各自责任的法律文书；是代理报关申报时必须提交的随附单证。如图 4－1 和图 4－2 所示。

代理报关委托书的填制规范如下。

(1) 委托书编号：共 11 位数字，事先已印制，无须填制。

(2) 委托事宜：在 A、B、C……H 选一填入，如“我单位现 B 委托贵公司代理 ABD 等通关事宜”，意思是：我单位现长期委托贵公司代理填单申报、辅助查验、办理海关证明联等通关事宜。委托事宜填完后，还要填入委托书有效期、委托日期以及委托方盖章签字。

(3) 委托方：填写出口商名称及其在海关登记备案时的 10 位数海关代码。

(4) 主要货物名称：填写该批进出口货物的名称。

(5) HS 编码：填写该批进出口货物的税则号。

(6) 货物总价：填写该批进出口货物的总价。

(7) 进出口日期：出口时填写出口日期；进口时填写进口日期。

(8) 提单号：此栏出口商往往不填，等配舱办妥后，有了提单，货代公司再添加上去；进口商根据提单进行填制。

(9) 贸易方式：填写一般贸易、进料加工、来料加工等。

(10) 原产地/货源地：出口时填写货源地，进口则填写原产地。

(11) 委托业务签章：由进出口商盖章，并写上进出口公司的具体联系人以及联系电话与填写“委托报关协议”的日期。

(12) 被委托方：填写货代公司的名称。

(13) 报关单编号：此栏进出口商可以不填写，由货代公司在报关时自行添加。

(14) 收到单证日期：由货代公司填写收到进出口商的报关单证的日期。

(15) 收到单证情况：由货代公司在收到的单证名称后的□内打√，如果进出口商提供的单证名称没有在委托报关协议中列出，就在“其他”后面加填。

(16) 报关收费：按货代公司服务价格填写。

(17) 被委托业务签章：货代公司盖章，还要写上货代公司的报关员姓名，一般由具体经办报关员签章，以及填写“委托报关协议”的日期。

代理报关委托书

编号：00119675601

我单位现　（A逐票、B长期）委托贵公司代理　　等通关事宜。（A. 填单申报 B. 辅助查验 C. 垫缴税款 D. 办理海关证明联 E. 审批手册 F. 核销手册 G. 申办减免税手续 H. 其他）详见《委托报送协议》。

我单位保证遵守《海关法》和国家有关法规，保证所提供的情况真实、完整、单货相符。否则，愿承担相关法律责任。

本委托书有效期自签字之日起到　　　年　月　日止。

委托方（盖章）：

法定代表人或其授权签署《代理报关委托书》的人（签字）

年　月　日

委托报关协议

为明确委托报关具体事项和各自责任，双方经平等协商签订协议如下：

<table>
<tr><td>委托方</td><td></td><td>被委托方</td><td colspan="2"></td></tr>
<tr><td>主要货物名称</td><td></td><td>*报关单编号</td><td colspan="2">No.</td></tr>
<tr><td>HS编码</td><td>□□□□□□□□□□</td><td>收到单证日期</td><td colspan="2">年　月　日</td></tr>
<tr><td>货物总价</td><td></td><td rowspan="4">收到单证情况</td><td>合同□</td><td>发票□</td></tr>
<tr><td>进出口日期</td><td>年　月　日</td><td>装箱清单□</td><td>提（运）单□</td></tr>
<tr><td>提单号</td><td></td><td>加工贸易手册□</td><td>许可证件□</td></tr>
<tr><td>贸易方式</td><td></td><td colspan="2">其他</td></tr>
<tr><td>原产地/货源地</td><td></td><td>报关收费</td><td colspan="2">人民币：　　　元</td></tr>
<tr><td colspan="2">其他要求：</td><td colspan="3">承诺说明：</td></tr>
<tr><td colspan="2">背面所列通用条款是本协议不可分割的一部分，对本协议的签署构成了对背面通用条款的同意。</td><td colspan="3">背面所列通用条款是本协议不可分割的一部分，对本协议的签署构成了对背面通用条款的同意。</td></tr>
<tr><td colspan="2">委托方业务签章：
经办人签章：
联系电话：　　　年　月　日</td><td colspan="3">被委托方业务签章：
经办报关员签章：
联系电话：　　　年　月　日</td></tr>
</table>

（白联：海关留存、黄联：被委托方留存、红联：委托方留存）　　中国报关协会监制

图 4－1　代理报关委托书正面

委托报关协议通用条款

委托方责任　委托方应及时提供报关所需的全部单证，并对单证的真实性、准确性和完整性负责。

委托方负责在报关企业办结海关手续后，及时、履约支付代理报关费用，支付垫支费用，以及因委托方责任产生的滞报金、滞纳金和海关等执法单位依法处以的各种罚款。

负责按照海关要求将货物运抵指定场所。

负责与被委托方报关员一同协助海关进行查验，回答海关的询问，配合相关调查，并承担产生的相关费用。

在被委托方无法做到报关前提取货样的情况下，承担单货相符的责任。

被委托方责任

负责解答委托方有关向海关申报的疑问。

负责对委托方提供的货物情况和单证的真实性、完整性进行“合理审查”，审查内容包括：(一) 证明进出口货物实际情况的资料，包括进出口货物的品名、规格、用途、产地、贸易方式等；(二) 有关进出口货物的合同、发票、运输单据、装箱单等商业单据；(三) 进出口所需的许可证件及随附单证；(四) 海关要求的加工贸易（纸质或电子数据的）及其他进出口单证。

因确定货物的品名、归类等原因，经海关批准，可以看货或提取货样。

在接到委托方将会齐备的随附单证后，负责依据委托方提供的单证，按照《中华人民共和国海关进出口报关单填制规范》认真填制报关单，承担“单单相符”的责任，在海关规定和本委托报关协议中约定的时间内报关，办理海关手续。

负责及时通知委托方共同协助海关进行查验，并配合海关开展相关调查。

负责支付因报关企业的责任给委托方造成的直接经济损失，所产生的滞报金、滞纳金和海关等执法单位依法处以的各种罚款。

负责在本委托书约定的时间内将办结海关手续的有关委托内容的单证、文件交还委托方或其指定的人员（详见《委托报关协议》“其他要求”栏）。

赔偿原则　被委托方不承担因不可抗力给委托方造成损失的责任。因其他过失造成的损失，由双方自行约定或按国家有关法律法规的规定办理。由此造成的风险，委托方可以投保方式自行规避。

不承担的责任　签约双方各自不承担因另外一方原因造成的直接经济损失，以及滞报金、滞纳金和相关罚款。

收费原则　一般货物报关收费原则上按当地《报关行业收费指导价格》规定执行。特殊商品可由双方另行商定。

法律强制　本《委托报关协议》的任一条款与《海关法》及有关法律法规不一致时，应以法律法规为准。但不影响《委托报关协议》其他条款的有效。

协商解决事项　变更、中止本协议或双方发生争议时，按照《中华人民共和国合同法》有关规定及程序处理。因签约双方以外的原因产生的问题或报关业务需要修改协议条款，应协商订立补充协议。双方可以在法律、行政法规准许的范围内另行签署补充条款，但补充条款不行与本协议的内容相抵触。

图 4－2　代理报关委托书背面

任务实施

苏州昌盛进出口有限公司张华根据“任务导入”中提供的基本资料，填制如下。

（1）委托方：苏州昌盛进出口有限公司（3214913423）；

（2）主要货物名称：男式牛皮鞋；

（3）HS编码：填写男式牛皮鞋的税则号“6403990090”；

（4）货物总价：150000美元；

（5）进出口日期：填写出口日期“2012年4月28日”；

（6）提单号：此栏出口商可不填；

（7）贸易方式：填写“一般贸易”；

（8）原产地/货源地：填写“浙江海宁”；

（9）委托方业务签章：由苏州昌盛进出口有限公司盖章，并写上进出口公司的具体联系人张华的联系电话与填写“委托报关协议”的日期“2012年4月23日”；

（10）被委托方：填写报关公司的名称“苏州报关有限公司”；

（11）报关单编号：此栏进出口商可以不填写；

（12）收到单证日期：由报关公司填写收到进出口商的报关单证的日期“2012年4月23日”；

（13）收到单证情况：由报关公司在收到的单证名称后的□内打√，如果进出口商提供的单证名称没有在委托报关协议中列出，就在“其他”后面加填；在“合同、发票、装箱单”前面□内打√，将“核销单、出境货物通关单”填入“其他”；

（14）报关收费：填写“200”；

（15）被委托方业务签章：报关公司“苏州报关有限公司”盖章，还要写上报关公司的报关员姓名“张红”，一般由具体经办报关员签章，以及填写“委托报关协议”的日期“2012年4月23日”。

归纳总结

委托方包括专门从事报关服务的企业，即专业报关企业；对外贸易仓储、国际运输工具、国际运输工具服务及代理等业务，兼营报关服务业务的企业，即代理报关企业。

委托方负责在报关企业办结海关手续后，及时、履约支付代理报关费用，支付垫支费用，以及因委托方责任产生的滞报金、滞纳金和海关等执法单位依法处以的各种罚款；负责按照海关要求将货物运抵指定场所；负责与被委托方报关员一同协助海关进行查验，回答海关的询问，配合相关调查，并承担产生的相关费用；在被委托方无法做到报关前提取货样的情况下，承担单货相符的责任。

委托方在接受委托后应承担如下责任：

（1）负责对委托方提供的货物情况和单证的真实性、完整性进行“合理审查”，审查内容包括：①证明进出口货物实际情况的资料，包括进出口货物的品名、规格、用途、产地、贸易方式等；②有关进出口货物的合同、发票、运输单据、装箱单等商业单据；③进出口所需的许可证件及随附单证；④海关要求的进出口单证。因确定货物的品名、归类等原因，经海关批准，可以看货或提取货样。

(2) 在接到委托方交付齐备的随附单证后，负责依据委托方提供的单证，按照《中华人民共和国海关进出口报关单填制规范》认真填制报关单，承担“单单相符”的责任，在海关规定和本委托报关协议中约定的时间内报关，办理海关手续。

(3) 负责及时通知委托方共同协助海关进行查验，并配合海关开展相关调查。

(4) 负责支付因报关企业的责任给委托方造成的直接经济损失，所产生的滞报金、滞纳金和海关等执法单位依法处以的各种罚款。

(5) 负责在本委托书约定的时间内将办结海关手续的有关委托内容的单证、文件交还委托方或其指定的人员。

思考与训练

苏州美丽进出口公司（经营单位编码 3214911567）的陈安先生在安排杭州萧山地毯厂办理报检的同时，于 2012 年 7 月 29 日填好代理报关委托书和出口货物报关单，并寄给上海嘉仕达国际集装箱货运公司，委托“嘉仕达”在上海代理出口报关。

其他相关资料如下：

委托日期：2012 年 7 月 29 日　　主要货物名称：羊毛栽绒地毯

HS 编码：5701100000　　货物总价：70000 美元

出口日期：2012 年 8 月 5 日　　贸易方式：一般贸易

收到单证情况：发票、核销单、装箱单、通关单　　报关收费：人民币 100 元

经办人：陈安　　联系电话：131××××789

报关员：王自健　　联系电话：58×××234

任务二　报关单填制

知识目标

1. 了解报关单的含义。
2. 熟悉进出口货物报关单各联的用途。
3. 熟悉报关单填制的一般要求。
4. 掌握进出口货物报关单各栏目的含义。

能力目标

1. 会根据原始单证、资料填制进出口货物报关单。
2. 能够查找进出口货物报关单填制内容错误。

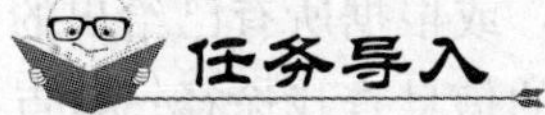

任务导入

根据昆山华成织染有限公司对外出口的有关资料，完成出口报关单填制的任务。

1. 来自于装货单和装箱单的信息

所有的货物装载在两个20英尺的集装箱，箱号分别为：HSTU157504，TSTU156417，提单号：SHANK00710，船名航次：DANUBHUM/S009。毛重：14077.00KGS，净重：12584.00KGS，体积：35CBM，包装件数：3298卷，装船期不迟于2004年4月5日，付款方式为电汇。

2. 该批出口货物为进料加工贸易，加工手册编号为C2357402136，该商品在手册成品备案的序号为02，外汇核销单号为054523224，商品编码为5407.101010，海关第一法定单位为米，海关第二法定单位为千克（1码＝0.914米）。船公司核定的运费率为5%，每个集装箱皮重为2275KG，保险公司共收取保费100美元，并由上海亚东国际货运有限公司于2012年3月25日向上海吴淞海关（2202）申报出口。

3. 昆山公司的发票如图4-3所示。

昆山华成织染有限公司（企业编号：3223940019）

KUNSHAN HUACHENG WEAVING AND DYEING CO.，LTD

8 HUACHEN RD.，LUJIA ZHEN，JIANGSU，CHINA

INVOICE

TO： YOU DA TRADE CO.，LTD.， NO.：KHW－218

101 QUEENS ROAD CENTRAL，HONGKONG DATE：12.03.20

TEL：852-28566666

FROM SHANGHAI TO HONGKONG

MARKS	DESCRIPTION	QUANTITY	UNIT PRICE	AMOUNT
YOU DA HONGKONG R/NO.：1－3298	100% NYLON FABRICS	100000YARDS	USD0.3/YD CIF HONGKONG	USD30000.00

AS PER CONTRACT NO. 99WS061

图4-3 任务导入：昆山公司发票

任务分析

正确填制报关单，必须了解报关单的相关知识以及报关单填制的相关规范。报关单中各栏目的设置或出于监管，或出于征税，或出于统计的需要而设置，因此在学习栏目的填制时能够理解栏目的意义就能够更好地理解其填报要求。

报关单填制的难点是学会从单证中查找需填写栏目的相关信息，或根据所有已给出的资料进行分析判断并确定。掌握各栏目填写规范，以及各栏目内容的信息查找途径；重点掌握各栏目之间的逻辑关系。

同时重要的代码需要记忆，主要包括“口岸名称及代码表”“运输方式名称及代码表”“贸易方式代码表”“征免性质代码表”“成交方式代码表”“结汇方式代码表”“用途代码表”等，以及经营单位编码、备案号标记码。

最后还要熟悉英文单证，英文单证主要包括提单、发票、装箱单，它们是填制报关单的重要依据，看懂报关单证是填制报关单的基本前提。

相关知识与拓展

一、报关单的概述

进出口货物报关单是指进出口货物的收发货人或其代理人，按照海关规定的格式对进出口货物的实际情况做出的书面申明，以此要求海关对其货物按适用的海关制度办理报关手续的法律文书。

（一）进口报关单的分类

按货物的进出口状态、表现形式和海关监管方式的不同，进出口货物报关单可分为以下几种类型。如图 4－4 所示。

按进出口状态分
- 1. 进口货物报关单
- 2. 出口货物报关单

按表现形式分
- 1. 纸质报关单
- 2. 电子数据报关单

按海关监管方式分
- 1. 进料加工进（出）口货物报关单
- 2. 来料加工及补偿贸易进（出）口货物报关单
- 3. 一般贸易及其他贸易进（出）口货物报关单

图 4－4　进出口货物报关单分类

（二）进出口货物报关单各联的用途

进出口货物报关单分联情况如图 4－5 所示。

1. 进出口货物报关单海关作业联

进出口货物报关单海关作业联是报关员配合海关查验、缴纳税费、提取或装运货物的重要单据，也是海关查验货物、征收税费、编制海关统计以及处理其他海关事务的重要凭证。

2. 进口货物报关单进口付汇证明联、出口货物报关单出口收汇证明联

进口货物报关单进口付汇证明联和出口货物报关单出口收汇证明联，是海关对已实际进出境的货物所签发的证明文件，是银行和国家外汇管理部门办理售汇、付汇和收汇及核销手续的重要依据之一。

对需办理进口付汇核销或出口收汇核销的货物，进出口货物的收、发货人或其代理人应当在海关放行货物或结关以后，向海关申领进口货物报关单进口付汇证明联或出口货物报关单出口收汇证明联，凭以向银行或国家外汇管理部门办理付、收汇核销手续。

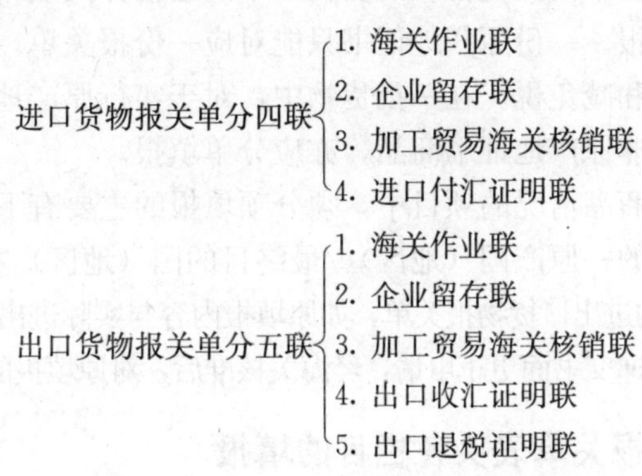

图 4－5　进出口货物报关单分联情况

3. 进出口货物报关单加工贸易海关核销联

进出口货物报关单加工贸易海关核销联是指接受申报的海关对已实际申报进口或出口的货物所签发的证明文件，是海关办理加工贸易合同核销、结案手续的重要凭证。加工贸易的货物进出口后，申报人应向海关领取进出口货物报关单海关核销联，并凭以向主管海关办理加工贸易合同核销手续。

4. 出口货物报关单出口退税证明联

出口货物退税是国家税务部门退还出口货物在国内生产环节和流通环节依法缴纳的增值税税额。出口货物报关单出口退税证明联是海关对已实际申报出口并已装运离境的货物所签发的证明文件，是国家税务部门办理出口货物退税手续的重要凭证之一。对可办理出口退税的货物，出口货物发货人或其代理人应当在载运货物的运输工具实际离境，海关办理结关手续后，向海关申领出口货物报关单出口退税证明联，有关出口货物发货人凭以向国家税务管理部门申请办理出口货物退税手续。对不属于退税范围的货物，海关均不予签发该联。

二、海关对填制报关单的一般要求

进出境货物的收、发货人或其代理人向海关申报时，必须填写并向海关递交进出口货物报关单。申报人在填制报关单时，应当依法如实向海关申报，对申报内容的真实性、准确性、完整性和规范性承担相应的法律责任。

（1）报关人必须按照《海关法》《货物申报管理规定》和《报关单填制规范》的有关规定和要求，向海关如实申报。

（2）报关单的填报必须真实，做到“两个相符”，一是单、证相符，即所填报关单各栏目的内容必须与合同、发票、装箱单、提单以及批文等随附单据相符；二是单、货相符，即所填报关单各栏目的内容必须与实际进出口货物的情况相符，不得伪报、瞒报、虚报。

（3）报关单的填报要准确、齐全、完整、清楚，报关单各栏目内容要逐项详细准确填报，字迹清楚、整洁、端正，不得用铅笔或红色复写纸填写；若有更正，必须在更正项目上加盖校对章。

（4）不同批文或合同的货物、同一批货物中不同贸易方式的货物、不同备案号的货物、不同提运单的货物、不同征免性质的货物、不同运输方式或相同运输方式但不同航次的货物等，均应分单填报。一份原产地证书只能对应一份报关单。同一份报关单上的商品不能同时享受协定税率和减免税。在一批货物中，对于实行原产地证书联网管理的，如涉及多份原产地证书或含非原产地证书商品，亦应分单填报。

（5）在反映进出口商品情况的项目中，须分项填报的主要有下列几种情况：商品编号不同的；商品名称不同的；原产国（地区）/最终目的国（地区）不同的。

（6）已向海关申报的进出口货物报关单，如原填报内容与实际进出口货物不一致而又有正当理由的，申报人应向海关递交书面更正申请，经海关核准后，对原填报的内容进行更改或撤销。

三、进出口货物报关单表头各栏目的填报

进出口货物报关单表头各栏目包括进（出）口口岸；备案号；进口日期/出口日期；申报日期；经营单位；运输方式；运输工具名称；提运单号；收货单位/发货单位；贸易方式（监管方式）；征免性质；征税比例/结汇方式；许可证号；起运国（地区）/运抵国（地区）；装货港/指运港；境内目的地/境内货源地；批准文号；成交方式；运费；保费；杂费；合同协议号；件数；包装种类；毛重；净重；集装箱号；随附单据；用途/生产厂家；标记唛码及备注。

（一）进（出）口口岸

进（出）口口岸也称关境口岸，原指国家对外开放的港口及边界关口，在报关单中特指货物申报进、出口的口岸海关的名称。

填报要求：

1. 正常情况下，“进（出）口口岸”栏填报方式

（1）进口口岸，应填写货物实际进入我国关境的口岸海关的名称及代码；出口口岸应填写货物实际运出我国关境的口岸海关的名称及代码。

口岸海关名称及代码指国家正式对外公布并已编入海关“关区代码表”的海关的中文名称及四位代码。例如，上海海关的关区代码为“2200”；天津海关的关区代码为“0201”；南京海关的关区代码为“2300”。

（2）“关区代码表”中有隶属海关关别及代码时，则应填报隶属海关名称及代码。如货物由浦东海关进境，“进口口岸”栏不能填报为“上海海关”＋“2200”，而应申报为“浦东海关”＋“2210”；出口货物报关单的“出口口岸”栏，应填报货物实际运出我国关境的口岸海关的名称及代码，如货物由苏州工业园区出境，“出口口岸”栏申报为“苏州工业区”＋“2314”。若“关区代码表”中只有直属海关关别及代码的，填报直属海关名称及代码，如西宁海关，应填为“9701”。

2. 特殊情况下，“进（出）口口岸”栏填报方式

（1）加工贸易货物，填报货物限定或指定进出口岸的口岸海关名称及代码。限定或指

定口岸与货物实际进出境口岸不符的，应向合同备案主管海关办理变更手续后填报。

(2) 进口转关运输货物，填报货物进境地海关名称及代码；出口转关运输货物，填报货物出境地海关名称及代码。

(3) 按转关运输方式监管的跨关区深加工结转货物，出口报关单填报转出地海关名称及代码，进口报关单填报转入地海关名称及代码。

(4) 在不同出口加工区之间转让的货物，填报对方出口加工区海关名称及代码。

(5) 其他无实际进出境的货物，填报接受货物申报的海关名称及代码。

(6) 无法确定进出口口岸的货物，填报接受货物申报的海关名称及代码。

3. 填报注意事项

(1) 是否正确填写隶属海关的名称及代码；

(2) 是否已填写代码；

(3) 填错为港口的名称或者接受申报海关的名称及代码而非货物实际进出境的口岸的海关名称及代码等。

(二) 备案号

备案号是指进出口货物收发货人办理报关手续时，应向海关递交的备案审批文件的编号。如加工贸易手册编号、加工贸易电子账册编号、征免税证明编号、实行优惠贸易协定项下原产地证书联网管理的原产地证书编号、适用ITA税率的商品用途认定证明编号等。

备案号长度12位，结构如图4-6所示。

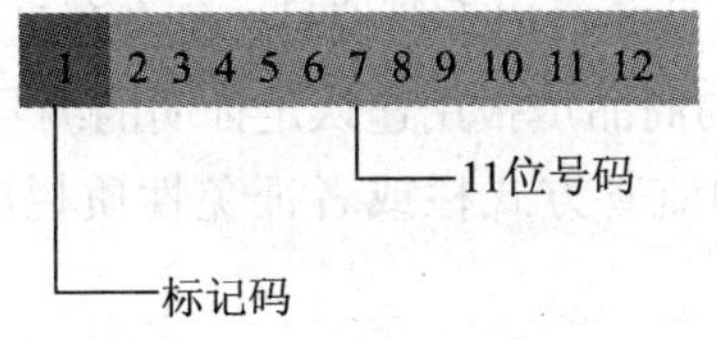

图4-6　备案号结构示意

备案号的第1位为备案或审批文件的标记。如表4-1所示。

表4-1　备案号首位代码

首位代码	备案审批文件	首位代码	备案审批文件
B	加工贸易手册（来料加工）	H	出口加工区电子账册
C	加工贸易手册（进料加工）	J	保税仓库记账式电子账册
D	加工贸易不作价设备	K	保税仓库备案式电子账册
E	加工贸易电子账册	Q	汽车零部件电子账册
F	加工贸易异地报关分册	Y	原产地证书
G	加工贸易深加工结转异地报关分册	Z	征免税证明
RT	减免税进口货物同意退运证明	RB	减免税货物补税通知书

填报要求：

(1) 一份报关单只允许填报一个备案号，无备案审批文件的报关单，本栏目免予填报。

(2) 备案号的标记码必须与“贸易方式”“征免性质”“征免”“用途”及“项号”等栏目相协调。

(3) 加工贸易项下使用加工贸易手册的货物本栏应填写加工贸易手册编号，不得为空。应填加工贸易手册编号，如“C”“B”“E”开头的编号。

(4) 进出口征减免税审批货物填报征免税证明编号，不得为空。加工贸易货物转为享受减免税或需审批备案后办理形式进口货物，进口报关单填报征免税证明等审批证件备案编号，出口报关单填报加工贸易手册编号。并在进口报关单备注栏填报加工贸易手册编号，在出口报关单的备注栏填报征免税证明编号。

(5) 出入特殊区域的保税货物，填电子账册备案号，标记代码为“H”；进出特殊区域的企业自用设备、基建物资、自用合理数量的办公用品，填电子账册备案号，标记代码为“H”，第六位为“D”；出口加工区企业维修、测试、检验、展览及暂准进出境货物运往区外，本栏可不需填报。

(6) 进口实行原产地证书联网管理的中国香港 CEPA、中国澳门 CEPA 项下进口货物，本栏填报“Y”＋“11 位原产地证书编号”，其他未实行原产地证书联网管理的优惠贸易协定项下进口货物均不在本栏填报原产地证书编号。

(7) 减免税设备、加工贸易设备之间的结转，转入和转出企业分别填制进、出口报关单，本栏目分别填报加工贸易设备登记手册编号、征免税证明编号或免予填报。

(8) 进口适用 ITA 税率的商品填报用途认定证明的编号。

(9) 进出口货物报关单的监管方式栏或者征免性质栏应填报与备案号栏相对应的编号，不得为空。

(10) 填报注意事项：

①备案的商品必须填写相应的备案审批文件的编号，不得为空；

②能够区分不同性质的备案号标志代码。

③同一票货物中使用不同的备案文件或者其中部分商品有备案而部分商品没有备案应该分单填报。需要注意的是填报的是哪部分商品，以便确定是否需要填写备案号或者填写哪个备案号。

(三) 进口日期/出口日期

进口日期是指运载所申报货物的运输工具申报进境的日期。“进口日期”栏填报的日期必须与运载所申报货物的运输工具申报进境的实际日期一致。出口日期是指运载所申报货物的运输工具办结出境手续的日期。

填报要求：

(1) 日期均为 8 位数字，顺序为年（4 位）、月（2 位）、日（2 位）。例如：2008 年 8 月 8 日进口一批货物，运输工具申报进境日期为 8 月 8 日，“进口日期”栏填报为“2008.08.08”。

(2) 进口货物收货人或其代理人在进口申报时无法确知相应的运输工具的实际进境日

期时，“进口日期”栏允许为空。

(3) 进口货物收货人或其代理人未申报进口日期，或申报的进口日期与运输工具负责人或其代理人向海关申报的日期不符的，应以运输工具申报进境的日期为准。

(4)“出口日期”栏供海关打印报关单证明联用，免于填报。

(5) 对于无实际进出境的货物，报关单“进（出）口日期”栏应填报向海关办理申报手续的日期，以海关接受申报的日期为准。

(6) 对集中申报的报关单，进口日期以海关接受海关申报的日期为准。

(7) 填报注意事项：

①8位数的填写，并且要按年、月、日的顺序。月日必须是两位数，如2月应填写“02”。

②运载所申报货物的运输工具申报进境的日期，不要错误填写为货物向海关申报的日期。

③出口日期栏是免于填报的，该栏目应为空。

(四) 申报日期

申报日期是指海关接受进出口货物的收、发货人或受其委托的报关企业向海关申报货物进出口的日期。以电子数据报关单方式申报的，申报日期为海关计算机系统接受申报数据时记录的日期。以纸质报关单方式申报的，申报日期为海关接受纸质报关单并对报关单进行登记处理的日期。

本栏目在申报时免于填报。

填报要求：

(1) 本栏目填报格式要求同进口日期/出口日期。

(2) 除特殊情况外，进口货物申报日期不得早于进口日期；出口货物申报日期不得晚于出口日期。

(3) 经海关批准集中报关的进口货物，应以办理集中申报手续的日期为申报日期。

(五) 经营单位

经营单位是指经国家外经贸主管部门及其授权部门核准，并已在海关注册登记，有权在一定的范围内从事对外经济贸易进出口经营活动的法人、其他组织和个人。

进出口货物报关单中的经营单位专指对外签订并执行进出口贸易合同的我国境内企业、单位或者个人。

1. 经营单位编码结构及含义

经营单位编码共有10位数。第1至第4位数为进出口单位属地的行政区划代码，其中第1位、第2位数表示省、自治区、直辖市；第3位、第4位数表示省辖市（地区、省直辖行政单位）；第5位数为市内经济区划代码（如表4-2所示）；第6位数为进出口企业经济类型代码（如表4-3所示）；第7至第10位数为顺序编号。

表 4-2　经济区划代码

第 5 位是经济区划代码
“1”表示经济特区（深圳特区可用“0”）
“2”表示经济技术开发区和上海浦东新区、海南洋浦经济开发区
“3”表示高新技术开发区域
“4”表示保税区
“5”表示出口加工区
“6”表示保税港区
“7”表示保税物流园区
“9”表示其他

表 4-3　经济类型代码

第 6 位是经济类型代码
“1”表示有进出口经营权的国有企业
“2”表示中外合作企业
“3”表示中外合资企业
“4”表示外商独资企业
“5”表示有进出口经营权的集体企业
“6”表示有进出口经营权的私营企业
“7”表示有进出口经营权的个体工商户
“8”表示有报关权而没有进出口经营权的企业
“9”表示其他，包括外国驻华企事业结构、外国驻华使馆和临时进出口货物的企业、单位和个人等

2. 填报要求

(1)“经营单位”栏应填报经营单位的中文名称及编码。

(2) 有代理报关资格的报关企业代理其他进出口企业办理进出口报关手续时，填报委托的进出口企业的名称及海关注册编码。

(3) 进出口企业之间相互代理、没有进出口权的企业委托有进出口经营权的企业代理进出口，填报代理方中文名称及编码。

(4) 外商投资企业委托外贸企业进口投资设备、物品，填报外商投资企业的中文名称及编码并在“标记唛码及备注”栏注明：“委托××公司进口”。外商投资企业委托外贸企业进口生产用原材料，应视同一般委托，其经营单位应填报外贸企业及其海关编码。

(5) 特殊情况如下：

①援助、赠送、捐赠的货物，填直接接受货物的单位的中文名称及编码。

②经营单位编码第六位数为“8”的单位，只有报关权而没有进出口经营权的企业，不得作为经营单位填报。

③境外企业不得作为经营单位填报。例如，浙江茶叶进出口公司委托香港大兴茶叶进出口公司进口茶叶，其经营单位应为浙江茶叶进出口公司。

④合同的签订者和执行者不是同一企业，经营单位应按执行合同的企业填报。例如，中国化工进出口公司对外统一签约，而由辽宁省化工进出口公司负责合同的具体执行，则经营单位应为辽宁省化工进出口公司。

(6) 填报注意事项：

①经营单位名称和编码都要填写。

②委托及代理情形下的经营单位的填制。掌握普通的代理和委托与代理外商投资企业进口投资设备物品在填报上的不同。

(六) 运输方式

运输方式指国际贸易买卖双方就进出口货物交接、交换所磋商决定可采用的运输方式。报关单中专指载运货物进出关境所使用的运输工具的分类，即海关规定的运输方式。

海关规定的运输方式可分为两大类：实际运输方式和特殊运输方式。

海关规定的实际运输方式专指用于载运货物实际进出关境的运输方式，主要有六种方式。

（1）江海运输：指利用船舶在国内外港口之间，通过固定的航区和航线进行货物运输的一种方式。凡是以海洋运输、近海运输、沿海运输或内河运输的货物，均应按此项填报。

（2）铁路运输：指利用铁路承担进出口货物运输的一种方式。

（3）汽车运输：指利用汽车承担进出口货物运输的一种方式。

（4）航空运输：指利用航空器承担进出口货物运输的一种方式。

（5）邮件运输：指通过邮局寄运货物进出口的一种方式。

（6）其他运输：主要指采用人力、兽力、输油管道、输水管道、输送带和输电网络等方式输送进出口货物的运输方式。

进境货物的运输方式，按货物运抵我国关境第一个口岸时的运输方式填报；出境货物的运输方式，按货物运离我国关境最后一个口岸时的运输方式填报。

海关规定的特殊运输方式仅用于标志没有实际进出境的货物。

填报要求：

实际运输方式的名称或代码按海关规定的“运输方式代码表”选择填报相应的运输方式或代码如表 4－4 所示。

表 4－4　　运输方式代码表及说明

代码	名称	运输方式
0	非保税区	非保税区运入保税区和保税区退区
1	监管仓库	境内存入保税仓库和出口监管仓库退仓
2	江海运输	
3	铁路运输	
4	汽车运输	
5	航空运输	
6	邮件运输	
7	保税区	保税区运往非保税区
8	保税仓库	保税仓库转内销
9	其他运输	人扛、驮畜、输水管道、输油管道、输电网等方式
W	物流中心	从中心外运入保税物流中心或从保税物流中心运往中心外
X	物流园区	从境内（指国境内特殊监管区域之外）运入园区内或从保税物流园区运往境内
Y	保税港区	保税港区（不包括直通港区）运送区外和区外运入保税港区的货物
Z	出口加工	出口加工区运往区外和区外运入出口加工区（区外企业填报）
H	边境特殊海关作业区	境内运入深港西部通道港方口岸区

（七）运输工具名称

运输工具指从事国际（地区）间运营业务进出关境和境内载运海关监管货物的工具，报关单上专指载运货物进出境所使用的运输工具的种类名称或运输工具编号，即运输工具名称及航次号。

1. 运输工具的填报要求

（1）一份报关单只允许填报一个运输工具名称。

（2）水路运输填写船舶英文名称或船舶编号/航次号。航空运输填报航班号。

（3）转关运输货物报关单填报要求：

①进口报关单运输工具名称。

A. 江海运输：直转、提前报关填报“@”＋16位转关申报单预录入号（或13位载货清单号）；中转填报进境英文船名。

B. 航空运输：直转、提前报关填报“@”＋16位转关申报单预录入号（或13位载货清单号）；中转填报“@”。

②出口报关单运输工具名称。

A. 江海运输：对于非中转的，填报“@”＋16位转关申报单预录入号（或13位载货清单号）。

B. 航空运输：填报“@”＋16位转关申报单预录入号（或13位载货清单号），如多张报关单需要通过一张转关单转关的，填报“@”。

（4）无实际进出境的货物，报关单本栏为空。

2. 航次号的填报要求

航次号是指载运货物进出境的运输工具的航次编号，纸质报关单中与运输工具名称合并填报。

具体要求如下：

（1）直接在进出境地办理报关手续的报关单。

①江海运输：填报船舶的航次号。

②铁路运输：填报进出境日期。

（2）转关运输货物报关单。

①进口。

A. 江海运输：中转转关方式填报“@”＋进境干线船舶航次。直转、提前报关免予填报。

B. 航空运输：免予填报。

②出口。

A. 江海运输：非中转货物免予填报。中转货物，境内江海运输填报驳船航次号；境内铁路、公路运输填报6位起运日期，顺序为年、月、日各2位。

B. 航空运输：免予填报。

（3）上述规定以外无实际进出境的，免予填报。

本栏填报总体要求：

①水路运输填报船舶英文名称（来往港澳小型船舶为监管簿编号）或者船舶编号＋

“/”＋“航次号”，即“运输工具名称”＋“/”＋“航次号”。例如，“EAST EXPRESS”号轮 801E 航次，在“运输工具名称”栏填报为“EAST EXPRESS/801E”。

②航空运输填报航班号。

③熟悉单证，具有良好的英文阅读能力，根据单证选择正确的运输工具名称的规范填写。

④要能够通过单证中的信息辨别货物在运输过程中发生中转的情况下，确定或者辨别进境的运输工具名称和航次号。

(八) 提运单号

提运单号是指进出口货物提单或运单的编号，该编号必须与运输部门向海关提供的载货清单所列相应内容一致（包括数码、英文大小写、符号、空格等）。进出口货物报关单所列的“提运单号”栏，主要是填报这些运输单证的编号。主要包括：

1. 提单（海运提单）号

提单是指货物承运人或其代理人在收到货物后签发给托运人的一种证件。提单号是指江海运输的承运人编排的号码，便于承运人通知、查阅和处理业务。提单号一般在提单的右上角。

2. 运单号

运单是货物运单的简称，是货物运输的承运人签发的承认收到货物并同意负责运送至目的地的凭证，同时也是规定托运和承运双方权利和义务的一种契约。运单包括火车、汽车和航空器运输的货物运单。

航空运单分为两种：一种是航空公司的运单，称为总运单；另一种是航空货运代理公司签发的运单，称为分运单。

航空运单号是由航空运输承运人或其代理人签发的货运单据上编排的号码。

填报要求：

(1) 一份报关单只允许填写一个提运单号。一批货物对应多个提运单时，应分单填报。

(2) 实际进出境的不同运输方式的填报要求。

①江海运输：填报进出口提单号。如有分提单的，填报进出口提单号＋“*”＋分提单号。

②航空运输：填报总运单号＋“_”（下画线）＋分运单号，无分运单的填报总运单号。

航空运输分运单号用“HAWB：×××× ××××（House Air Waybill)”表示，一般由 8 位数字组成。分运单号一般出现在航空分运单的右上方，只填 8 位数字于总运单号后面。

总运单号用“MAWB：×××－××××××××”或“M：×××－××××××××”表示，由 11 位数字组成。填写时，总运单号只填数字，其中的“－”和空格不填。但在总运单号和分运单号之间要加“_”。

例如：分运单号为“HAWB：3516 1025”，总运单号为：“MAWB：730－8502 3915”，提运单号栏要填“73085023915_35161025”。

(3) 无实际进出境的，本栏目免予填报。

(4) 进出境转关运输货物不同运输方式的填报要求。

①进口报关单“提运单号”栏应填报为：

A. 水路运输：直转、中转填报提单号，提前报关免予填报。

B. 航空运输：直转、中转填报总运单号＋“_”＋分运单号，提前报关免予填报。

②出口报关单“提运单号”栏应填报为：

A. 水路运输：中转填报运单号；非中转免予填报；广东省内转关货物提前报关的填报车牌号。

B. 其他运输方式：广东省内转关货物提前报关的填报车牌号；其他地区免予填报。

(九) 收货单位/发货单位

收货单位是指已知的进口货物在境内的最终消费、使用单位，如自行从境外进口货物的单位、委托进出口企业进口货物的单位等。

发货单位是指出口货物在境内的生产或销售单位，如自行出口货物的单位、委托进出口企业出口货物的单位等。

填报要求：

(1) 备有海关注册编码或加工生产企业编号的收、发货单位，进口货物报关单的“收货单位”栏和出口货物报关单的“发货单位”栏应当填报其中文名称及编码；没有编码或编号的，填报其中文名称。

(2) 加工贸易报关单的收、发货单位应与加工贸易手册的“经营企业”或“加工企业”一致。

(3) 减免税货物报关单的收、发货单位应与征免税证明的申请单位一致。

(4) 进口货物的最终消费和使用单位难以确定的，应以货物进口时预知的最终收获单位为准填报；出口货物的生产或销售单位难以确定的，以最早发运该出口货物的单位为准填报。

(5) 进口构成整车特征的汽车零部件，收货单位栏应填报汽车生产企业名称。

收货单位/发货单位与经营单位在不同进出口情况下可能是统一的，也可能不是统一的，具体如表 4－5 所示。

表 4－5　收货单位/发货单位与经营单位的关系

进出口情况	收货单位/发货单位与经营单位的关系
自行进出口货物	收货单位/发货单位＝经营单位
外商投资企业委托外贸企业进口投资设备、物品	收货单位＝经营单位
其他委托有外贸进出口经营权的企业进出口货物	收货单位/发货单位≠经营单位

(十) 贸易方式 (监管方式)

进出口货物报关单上所列的贸易方式专指以国际贸易中进出口货物的交易方式为基

础，结合海关对进出口货物监督管理综合设定的对进出口货物的管理方式，即海关监管方式。

海关对不同监管方式下进出口货物的监管、征税、统计作业的要求不尽相同，因此海关监管方式代码采用 4 位数字结构，其中前两位是按海关监管要求和计算机管理需要划分的分类代码，后两位为海关统计代码，如表 4－6 所示。

表 4－6　常见贸易方式及代码

常见贸易方式（监管方式）		代码
一般进出口	一般贸易	0110
加工贸易	来料加工	0214
	来料深加工	0255
	进料对口	0615
	进料深加工	0654
特定减免税货物	合资合作设备	2025
	外资设备物品	2225
其他货物	暂时进出货物	2600
	货样广告品 A	3010
	无代价抵偿	3100
	直接退运	4500
	退运货物	4561

填报要求：

（1）一份报关单只允许填报一种贸易（监管）方式。

（2）根据实际情况，按海关规定的“贸易方式代码表”选择填报相应的贸易（监管）方式简称或代码。

（3）海关特殊监管区域企业填制的进（出）境货物备案清单应选择填报相应的贸易（监管）方式简称或代码。

（4）掌握贸易方式代码，根据资料判断贸易方式又需要根据确定的贸易方式选择代码。

（5）对备案号的标识码与贸易方式之间的关系的掌握情况。根据备案号，判断贸易方式。

（6）掌握在特定减免税企业类型不同的情况下对贸易方式的确定。学会结合所给经营单位的编码第六位来确定具体的贸易方式。

（7）根据贸易方式定义结合单证具体判断贸易方式。

（十一）征免性质

征免性质是指海关根据《海关法》《关税条例》及国家有关政策对进出口货物实施的征、减、免税管理的性质类别。征免性质共有 40 种。常见的征免性质及代码有一般征税

(101)、其他法定(299)、保税区(307)、科教用品(401)、加工设备(501)、来料加工(502)、进料加工(503)、中外合资(601)、中外合作(602)、外资企业(603)、鼓励项目(789)、自有资金(799)等(如表4-7所示)。

表4-7 常见的征免性质及代码

征免性质	代码	适用范围
一般征税	101	适用于依照《海关法》《关税条例》及其他法规所规定的税率征收关税、进口环节增值税和其他税费的进出口货物,包括除其他征税性质另有规定者外的一般照章(包括按照公开暂定税率)征税或补税的进出口货物
其他法定	299	适用于依照《海关法》《关税条例》,对除无偿援助进出口物资外的其他实行法定减免税的进出口货物,以及根据有关规定非按全额货值征税的部分进出口货物
保税区	307	适用于对保税区单独实施征减免税政策的进口自用物质,包括保税区用于基础设施建设的物资以及保税区内企业(外商投资企业除外)进口的生产设备和其他自用物质
科教用品	401	适用于为促进科研和教育事业的发展,科研机构和学校以科研和教学为目的按照有关征减免税政策,在合理数量范围以内,进口国内不能生产或性能无法满足需要的,直接用于科研和教学的货物。科技开发用品指为鼓励科研和技术开发,促进科技进步,科学研究、技术开发机构在规定时间,在合理数量范围内进口国内不能生产或者性能不能满足需要的科技开发用品
加工设备	501	适用于加工贸易经营单位按照有关征减免税政策进口的外商免费(即不需经营单位付汇,也不需用加工费和差价偿还)提供的加工生产所需设备
来料加工	502	适用于来料加工装配和补偿贸易进口所需的料件等,以及经加工后出口的成品、半成品
进料加工	503	适用于为生产外销产品而用外汇购买进口料件,以及加工后返销出口的成品、半成品
中外合资	601	适用于中外合资企业自产的出口产品
中外合作	602	适用于中外合作企业自产的出口产品
外资企业	603	适用于外商独资企业自产的出口产品
鼓励项目	789	国家鼓励发展的内外资项目在投资总额内进口设备、备件、配套件
自有资金	799	外商投资额度外利用自有资金进口设备、备件、配件

填报要求:

(1)一份报关单只允许填报一种征免性质。

(2) 按照海关核发的征免税证明中批注的征免性质填报，或根据进出口货物的实际情况，参照《征免性质代码表》选择填报相应的征免性质简称或代码。

(3) 加工贸易货物（包括保税工厂经营的加工贸易）应按海关核发的加工贸易手册中批注的征免性质填报相应的征免性质简称或代码。

(4) 特殊情况填报要求如下：外商投资企业为加工内销产品而进口料件，填报“一般征税”；加工贸易转内销货物，按实际应享受的征免性质填报（如“一般征税”“科教用品”“其他法定”等）；料件退运出口、成品退运进口的货物填报“其他法定”；加工贸易结转货物，本栏目为空。

(5) 在填写进出口报关单时应注意相关栏目的逻辑关系。如表 4－8 与表 4－9 所示。

表 4－8　　进口报关单备案号、主要贸易方式、征免性质的逻辑关系

贸易（监管）方式	代码	备案号	征免性质	代码	备 注
一般贸易	0110	无	一般征税	101	
来料加工	0214	首位代码为 B	来料加工	502	
进料对口	0615	首位代码为 C	进料加工	503	
合资合作设备	2025	首位代码为 Z	鼓励项目	789	结合经营单位编码第六位数字，是否是投资总额内
外资设备物品	2225		鼓励项目	789	自用设备
一般贸易（内资）	0110		鼓励项目	789	国内投资项目、利用外国贷款项目
一般贸易	0110		自有资金	799	投资总额外，自用资金进口自用设备
一般贸易	0110		科教用品	401	
一般贸易	0110		保税区	307	
暂时进出货物	2600	无	其他法定	299	
货样广告品 A	3010	无	其他法定	299	
无代价抵偿	3100	无	其他法定	299	
直接退运	4500	无	其他法定	299	
退运货物	4561	无	其他法定	299	

表 4-9　　出口报关单备案号、主要贸易方式与征免性质的逻辑关系

<table>
<tr><th>贸易方式</th><th>代码</th><th>备案号</th><th>征免性质</th><th>代码</th><th>备注</th></tr>
<tr><td rowspan="4">一般贸易</td><td rowspan="4">0110</td><td rowspan="4"></td><td>一般征税</td><td>101</td><td rowspan="4">外资企业使用国产料件加工的产品出口</td></tr>
<tr><td>中外合资</td><td>601</td></tr>
<tr><td>中文合作</td><td>602</td></tr>
<tr><td>外资企业</td><td>603</td></tr>
<tr><td>来料加工</td><td>0214</td><td>有（B）</td><td>来料加工</td><td>502</td><td>来料加工的成品出口</td></tr>
<tr><td>进料对口</td><td>0615</td><td rowspan="2">有（C）</td><td>进料加工</td><td>503</td><td>进口加工的成品出口</td></tr>
<tr><td>无代价抵偿物</td><td>3100</td><td>其他法定</td><td>299</td><td>无代价抵偿出口货物</td></tr>
</table>

（十二）征税比例/结汇方式

征税比例用于原“进料非对口”（代码 0715）贸易方式下进口料件的进口报关单。现该栏不需填报。结汇方式是指出口货物的发货人或其代理人收结外汇的方式。

填报要求：

（1）出口报关单填报结汇方式，按照海关规定的《结汇方式代码表》（如表 4-10 所示）选择填报相应的结汇方式名称或代码或英文缩写。

（2）出口货物报关单结汇方式栏不得为空。

表 4-10　　结汇方式代码

代码	结汇方式	英文缩写	英文名称
1	信汇	M/T	Mail Transfer
2	电汇	T/T	Telegraphic Transfer
3	票汇	D/D	Remittance by Banker’s Demand Draft
4	付款交单	D/P	Documents against Payment
5	承兑交单	D/A	Documents against Acceptance
6	信用证	L/C	Letter of Credit
7	先出后结		
8	先结后出		
9	其他		

（十三）许可证号

本栏所涉及的填报内容包括进出口许可证、两用物项和技术进出口许可证、纺织品临时出口许可证三类证件的编号。许可证号的组成如图 4-7 所示。

××—××—××××××　例：07—AB—101888
年份　发证机关　顺序号

图 4-7　许可证号的组成

填报要求：

(1) 一份报关单只允许填报一个许可证号。

(2) 非许可证管理商品栏目为空。

(十四) 起运/运抵国（地区）

1. 起运国（地区）

起运国（地区）是指进口货物起始发出直接运抵我国的国家或地区，或者在运输中转国（地区）未发生任何商业性交易的情况下运抵我国的国家或地区。

(1) 直接运输。例如，天津某公司从美国进口一批货物，货物直接从纽约运输到上海，则起运国为美国。

直接运输的标志：From... To...

(2) 运输中转。中转的信息来源：提运单/发票等单据上有“In transshipment to”“Via”等标志，“In transshipment to”＋目的地口岸名称，表示转运到××；“Via”＋中转地口岸名称，表示经由××。

①只有运输中转，未进行中间交易，起运国（地区）为起始发出的国家（地区）。例如，上海某公司从美国进口一批货物，货物直接从纽约启运，经香港中转（未发生任何买卖关系）再运输到上海，则起运国为美国。

②既有运输中转又发生了买卖关系，则以中转地为起运国（地区）。上例中若在香港中转并发生商业性交易，则起运国（地区）是中国香港。

确定进口货物在中转时是否发生商业性交易（买卖关系）的依据：

①发票出票人的地址与进口货物的起运地一致，则说明在中转时没有发生买卖关系。

②发票出票人的地址与进口货物的起运地不一致，而与中转地一致，则说明在中转时发生了买卖关系。

2. 运抵国（地区）

运抵国（地区）指出口货物离开我国关境直接运抵或者在运输中转国（地区）未发生任何商业性交易的情况下最后运抵的国家（地区）。

(1) 直接运抵。

例如，上海某公司出口货物去日本，从上海直接运抵大阪，则运抵国为日本。

(2) 只有运输中转，未进行中间交易，运抵国（地区）不变，仍然是最后运抵的国家（地区）。例如，上海某公司出口货物去日本，在中国香港中转，但未进行中间交易，则运抵国为日本。

(3) 既有运输中转又发生了买卖关系，则以中转地为运抵国（地区）。例如，上海某公司出口货物去日本，在中国香港中转并进行中间交易，则运抵地中国香港。

确定出口货物在中转时是否发生商业性交易（买卖关系）的依据：

①如果收货人的地址与出口货物运输的目的地一致，则说明出口货物在中转时没有发生买卖关系。

②如果收货人的地址与出口货物运输的目的地不一致，而与中转地一致，则说明在中转时发生买卖关系。

填写此栏时会用到的主要国别（地区）代码如表 4-11 所示。

表4-11　　主要国别（地区）代码

代　码	中文名称	代　码	中文名称
110	中国香港	307	意大利
116	日　本	331	瑞　士
121	中国澳门	344	俄罗斯联邦
132	新加坡	501	加拿大
133	韩　国	502	美　国
142	中　国	601	澳大利亚
143	台澎金马关税区	609	新西兰
303	英　国	701	国（地）别不详的
304	德　国	702	联合国及机构和国际组织
305	法　国	999	中性包装原产国别

(十五) 装货港/指运港

装货港也称装运港，指货物起始装运的港口。报关单上指进口货物在运抵我国关境前的最后一个装运港。

指运港亦称目的港，指最终卸货的港口。报关单上指出口货物运往境外的最终目的港。

填报要求：

(1) 应填中文名称或代码，非中文名称应翻译成中文。

(2) 直接运抵货物。货物实际装货的港口是装货港，货物直接运抵的港口是指运港。

(3) 发生中转的货物。最后一个中转港是装货港，指运港不受影响。

(4) 无实际进出境货物时装货港/指运港应填报“中国境内”。

(5) 能通过单证查找和判断中转港、判断装运港、指运港（注意：指运港的填报不受中转的影响，即使发生了中转，指运港仍然填写最终运抵的港口）。

(十六) 境内目的地/境内货源地

境内目的地是指已知的进口货物在我国关境内的消费、使用地区或最终运抵的地点。境内货源地是指出口货物在我国关境内的生产地或原始发货地（包括供货地点）。

填报要求：

(1)“境内目的地”栏和“境内货源地”栏均按“国内地区代码表”选择国内地区名称或代码填报，代码含义与经营单位代码前5位的定义相同。

(2) 境内目的地以进口货物在境内的消费、使用地或最终运抵地为准。一般有以下几种情况：

①直接接受有外贸进出口经营权的企业调拨物资的境内消费、使用单位所在地；

②委托有外贸进出口经营权的企业进口货物的单位所在地；

③自行从境外进口货物的单位所在地；

④如难以确定进口货物的消费、使用单位，应以预知的进口货物最终运抵地区为准。

(3) 境内货源地以出口货物的生产地为准。如出口货物在境内多次周转，不能确定生产地的，应以最早的起运地为准。

(十七) 批准文号

本栏目仅填报出口收汇核销单上的编号，进口货物报关单免予填报。

填报要求：

(1) 无长度要求。

(2) 出口报关单填报出口收汇核销单编号。

(3) 一份报关单允许填报一份出口收汇核销单编号。

(4) 出口不需要使用出口收汇核销单贸易方式的货物码，本栏目无须填报。

(十八) 成交方式

成交方式也称贸易术语，在我国习惯称为价格条件，指在进出口贸易中进出口商品的价格构成和买卖双方各自应承担的责任、费用和风险，以及货物所有权转移的界限。

成交方式包括交货条件和成交价格的构成因素两方面的内容。

报关单填制中的诸如“CIF、CFR、FOB”等成交方式是中国海关规定的《成交方式代码表》中所指定的成交方式，与《2000年通则》中的贸易术语内涵并非完全一致。

《2000年通则》和《2010年通则》中贸易术语与报关单“成交方式”栏一般对应关系见表4-12与表4-13。

表4-12　　贸易术语与报关单“成交方式”关系

组别	E组	F组			C组				D组				
术语	EXW	FCA	FAS	FOB	CFR	CPT	CIF	CIP	DAF	DES	DEQ	DDU	DDP
成交方式	FOB				CFR		CIF						

表4-13　　《2010年通则》贸易术语与报关单“成交方式”关系

组别	E组	F组			C组				D组		
术语	EXW	FCA	FAS	FOB	CFR	CPT	CIF	CIP	DAT	DAP	DDP
成交方式	FOB				CFR		CIF				

填报要求：

(1)“成交方式”栏应根据实际成交价格条款，按海关规定的《成交方式代码表》选择填报相应的成交方式名称或代码。

(2) 无实际进出境的货物，进口成交方式为CIF或其代码，出口成交方式为FOB或其代码。

(3) 对于采用集中申报的归并后的报关单，进口的成交方式必须为CIF或其代码，出口的成交方式必须为FOB或其代码（见表4-14）。

表 4-14　成交方式代码

成交方式代码	成交方式名称	成交方式代码	成交方式名称
1	CIF	4	C&I
2	CFR/C&F/CNF	5	市场价
3	FOB	6	垫仓

（十九）运费

运费指进出口货物从始发地至目的地的国际运输所需要的各种费用。

填报要求：

（1）“运费”栏用于填报该份报关单所含全部货物的国际运输费用，即进口成交方式为 FOB，出口成交方式为 CFR、CIF 的均要填。具体如表 4-15 与表 4-16 所示。

表 4-15　进口中成交方式与运费栏对应

成交方式	运费	说明
CIF	不填	CIF 包含运、保费
CFR（C&F/CNF）	不填	CFR 包含运费
FOB	填	FOB 不包含运费

表 4-16　出口中成交方式与运费栏对应

成交方式	实际成交方式	运费	说明
CIF	CIP、CIF、D 组术语	填	CIF 包含运、保费
CFR（C&F/CNF）	CFR、CPT	填	CFR 包含运费
FOB	EXW、FCA、FAS、FOB	不填	FOB 不包含运费

（2）可以选择运费单价、运费总价或运费率三种方式之一填报，同时注明运费标记、相应币种代码运费标记“1”表示运费率，“2”表示每吨货物的运费单价，“3”表示运费总价。填报纸质报关单时，“运费”栏不同的运费标记填报如下：

①运费率：直接填报运费率的数值，如 5%的运费率填报为“5”。

②运费单价：填报运费币值代码＋“/”＋运费单价的数值＋“/”＋运费单价标记，如：24 美元的运费单价填报为“502/24/2”。

③运费总价：填报运费币值代码＋“/”＋运费总价的数值＋“/”＋运费总价标记，如：7000 美元的运费总价填报为“502/7000/3”。

（3）运保费合并计算的，运保费填报在“运费”栏中。

（二十）保费

保费是指被保险人允予承保某种损失、风险而支付给保险人的对价或报酬。进出口货物报关单所列的保险费专指进出口货物在国际运输过程中，由被保险人付给保险人的保险费用。

填报要求：

(1)“保费”栏用于填报进出口货物的全部国际运输的保险费用，包括成交价格中不包含保险费的进口货物的保险费和成交价格中含有保险费的出口货物的保险费，即进口成交方式为FOB、CFR或出口成交方式为CIF的，应在本栏填报保险费。

(2) 本栏应根据具体情况选择保险费总价或保险费率两种方式之一填报，同时注明保险费标记（保险费率标记免填），并按海关规定的“货币代码表”选择填报相应的币种代码。

填制纸质报关单时，“保费”栏不同的保费标记填报如下：

①保费率：直接填报保费率的数值，如3‰的保险费率填报为“0.3”。

②保费总价：填报保费货币代码＋“/”＋保费总价的数值＋“/”＋保费总价标记，如20000美元保险费总价填报为“502/20000/3”。

(3) 运保费合并计算的，运保费填报在运费栏目中。具进出口中具体填写方式如表4－17和表4－18所示。

表4－17　　进口中成交方式与保险费对应

成交方式	可能对应的实际成交方式	保险费	说明
CIF	CIP、CIF、D组术语	不填	CIF包含运、保费
CFR（C&F/CNF)	CFR、CPT	填	CFR不包含保费
FOB	EXW、FCA、FAS、FOB	填	FOB不包含保费

表4－18　　出口中成交方式与保险费对应

成交方式	可能对应的实际成交方式	保险费	说明
CIF	CIP、CIF、D组术语	填	CIF包含运、保费
CFR（C&F/CNF)	CFR、CPT	不填	CFR不包含保费
FOB	EXW、FCA、FAS、FOB	不填	FOB不包含保费

(二十一) 杂费

杂费是指成交价格以外应计入货物价格或应从货物价格中扣除的费用，如手续费、佣金、折扣等。

填报要求：

(1)“杂费”栏目用于填报成交价格以外的，应计入完税价格或应从完税价格中扣除的费用如手续费、佣金折扣等费用。

(2) 本栏应根据具体情况选择杂费总价或杂费率两种方式之一填报，同时注明杂费标记（杂费率标记免填），并按海关规定的“货币代码表”选择填报相应的币种代码。杂费标记“1”表示杂费率；“3”表示杂费总价。

(3) 应计入完税价格的杂费填报为正值或正率，应从完税价格中扣除的杂费填报为负值或负率。填制纸质报关单时，“杂费”栏不同的杂费标记填报如下。

①杂费率：直接填报杂费率的数值，如，应计入完税价格的 1.5％的杂费率填报为“1.5”；应从完税价格中扣除的 1％的回扣率填报为“－1”。

②杂费总价：填报杂费币值代码＋“/”＋杂费总价的数值＋“/”＋杂费总价标记，如，应计入完税价格的 500 英镑杂费总价填报为“303/500/3”。

（4）无杂费时，本栏免填。

表 4－19 所示为运费、保费、杂费填写示例。

表 4－19　　运费、保费、杂费填写示例

项　目	率（1）	单价（2）	总价（3）
运　费	5％⟶5/1	USD50 吨⟶502/50/2	HKD5000 ⟶110/5000/3
保　费	0.27％⟶0.27	—	EUR5000 ⟶300/5000/3
应计入杂费	1％⟶1	—	GBP5000 ⟶303/5000/3
应扣除杂费	1％⟶－1	—	JPY5000 ⟶116/－5000/3

（二十二）合同协议号

合同协议号是指在进出口贸易中，买卖双方或数方当事人根据国际贸易惯例或国家的法律法规，自愿按照一定的条件买卖某种商品所签署的合同协议的编号。在原始单据（发票）上合同协议号一般表示为“Contract　No.”“Order No.”等。

填报要求：填报进出口货物合同（协议）的全部字头和号码。

（二十三）件数与包装种类

国际贸易中的商品种类繁多，性质、特点各异，对包装的要求也有一定的差别。从是否需要包装来看，商品可以分为散装货、裸装货和包装货三类。

裸装货，主要指一些自然成件、能抵抗外在影响，不必要用包装的货物。在储存和运输过程中，可以保持原有状态，如圆钢、钢板、木材等。

散装货，主要指一些大宗的、廉价的、成粉、粒、块状的货物，已经不必要包装、布置的包装的货物疏散的装在运输工具内，如煤炭、矿砂、粮食、食油等。

件货，指装入各种材料制成的容器或捆扎的货物。如袋装货物、桶装货物、箱装货物和捆扎货物等。

件数是指有外包装的单件进出口货物的实际件数，货物可以单独计数的一个包装称为一件。

商品的包装是指包裹和捆扎货物用的内部或外部包装和捆扎物的总称。一般情况下，应以装箱单或提运单据的货物处于运输状态时的最外层包装或称运输包装作为“包装种类”向海关申报，并相应计算件数。

在原始单据（装箱单或提运单据）上件数和包装种类一般表示为“NO. OF PKGS”，其后数字即表示应填报的件数；或“TOTAL PACKED IN ×××　CARTONS ONLY”；

或“TOTAL ××× WOODEN CASES ONLY”。

1.“件数”填报要求

(1)“件数”栏填报有外包装的进出口货物的实际件数。

(2) 裸装、散装货物,“件数”栏填报为“1”。

(3) 有关单据仅列明托盘件数,或者既列明托盘件数,又列明单件包装件数的,本栏填报托盘件数。如“2PALLETS 100 CTNS”,件数应填报为“2”。

(4) 有关单据既列明集装箱个数,又列明托盘件数、单件包装件数的,按以上要求填报。如仅列明集装箱个数,未列明托盘或者单件包装件数的,填报集装箱个数。

2.“包装种类”填报要求

(1) 应根据进出口货物的实际外包装种类,选择填报相应的包装种类中文名称或代码,如托盘、木箱、纸箱、铁桶、散装、裸装、辆、包、捆、卷及其他等。

(2) 只有集装箱数应填“集装箱的个数”;有托盘的数量应填“托盘数”;上述两者都没有且只有单件包装的件数应填“单件包装数”。

(二十四) 毛重、净重

毛重是指商品重量加上商品的外包装物料的重量。毛重在装箱单或提运单据“Gross Weight (缩写 G. W. /GR. WT)”栏体现。

净重是指货物的毛重扣除外包装材料后的纯商品重量。部分商品的净重还包括直接接触商品的销售包装物料的重量(如罐头装食品等)。商品的净重一般都在合同、发票、装箱单或提运单据的“Net Weight (缩写 N. W.)”栏体现。

重量填报要求:

(1)“毛重”栏填报进出口货物实际毛重,以千克(公斤)计,不足 1 千克的填报为“1”。如 0.9 千克,“毛重”栏的正确内容为“1”。

(2)“净重”栏填报进出口货物实际净重,以千克(公斤)计,不足 1 千克的填报为 1。如 0.01 千克,应填“1”。

(3) 如货物的重量在 1 千克以上且非整数,其小数点后保留 4 位,第 5 位及以后略去。如净重为 9.56789 千克,该栏应填“9.5678”,净重为 123456.789 千克,应填“123456.789”。

(4) 依据合同、发票、装箱单等有关单证确定填报。

(5) 以毛重作为净重计价,可填毛重。

(6) 以公量重计价的货物,填报公量重。

(7) 不能确定净重的货物,可以估重填报。

(二十五) 集装箱号

集装箱又称货柜,是一种用金属板材或木材、塑料、纤维板制成的长方体的大箱,常见规格为 20 英尺和 40 英尺,可装载 5~40 吨的商品。

集装箱号是在每个集装箱箱体两侧标示的全球唯一的编号。其组成规则是:箱主代号(3 位字母)+设备识别号“U”+顺序号(6 位数字)+校验码(1 位数字)。

填报要求:

(1) 在填制纸质报关单时,集装箱号以“集装箱号”+“/”+“规格”+“/”+

“自重”的方式填报，多个集装箱的，第一个集装箱号填报在“集装箱号”栏中，其余的依次填报在“标记唛码及备注”栏中。例如：TEXU3605231/20/2275，表明这是一个20英尺集装箱，箱号为TEXU3605231，自重2275千克。

(2) 非集装箱货物，填报为“0”。

(二十六) 随附单据

随附单据是指随进出口货物报关单一并向海关递交的单证或文件，包括发票、装箱单、提单、运单、装运单等基本单证，监管证件、征免税证明、外汇核销单等特殊单证和合同、信用证等预备单证。

填报要求：

(1) 合同、发票、装箱单等随附单证，以及许可证等不在“随附单据”栏填报。

(2) 填报纸质报关单时，本栏目填报监管证件的代码及编号，格式为：监管证件的代码+“：”+监管证件编号。所申报货物涉及多个监管证件代码和编号填报在“随附单据”栏，其余监管证件代码和编号填报在“标记唛码及备注”栏中。重要监管证件代码如表4-20所示。

表4-20　　重要监管证件代码

代码	监管证件名称	代码	监管证件名称
1	进口许可证	E	濒危物种允许出口证明书
4	出口许可证	F	濒危物种允许进口证明书
5	纺织品临时出口许可证	O	自动进口许可证（新旧机电产品）
7	自动进口许可证	P	固体废物进口许可证
A	入境货物通关单	V	自动进口许可证（加工贸易）
B	出境货物通关单	Y	原产地证明

(3) 原产地证书相关内容的填报。

①实行原产地证书联网管理的，原产地证书编号填报在备案号栏，格式为：“Y”+原产地证书代码。在本栏中填报“Y：〈优惠贸易协定代码〉”。例如，香港CEPA项下进口商品，应填报为：“Y：〈03〉”。

②未实行原产地证书联网管理的，填报“Y：〈优惠贸易协定代码：需证商品序号〉”。例如，《曼谷协定》项下进口报关单第1项到第2项和第5项为优惠贸易协定项下的商品，应填报：“Y：〈01：1～2，5〉”。

③优惠贸易协定项下出口货物本栏目填写原产地证书代码和编号。

(4) 其他填制要求。一份原产地证书只能对应一份报关单，同一份报关单上的商品不能同时享受协定税率和减免税。在一票进口货物当中，对于实行原产地证书联网管理的如涉及多份原产地证书或含非原产地证书商品的应分单填报。报关单上申报商品的计量单位必须与原产地证书上对应商品的计量单位一致。

(5) 随附单据栏只填写一个监管证件的信息，其他的填在标记唛码及备注栏中。注意区分监管证件号码和手册号码；注意原产地证书在本栏的填写规范。

(二十七) 用途/生产厂家

用途是指进口货物在境内应用的范围。生产厂家是指出口货物的境内生产企业的名称。

填报要求：进口货物填报用途，应根据进口货物的实际用途，按海关规定的"用途代码表"选择填报相应的用途名称或代码。

"生产厂家"栏仅供必要时填报。

进口货物的用途主要有几个方面：

外贸自营内销（01)：有外贸进出口经营权的企业，在其经营范围内以正常方式成交的进口货物。

其他内销（03)：进料加工转内销部分、来料加工转内销货物以及外商投资企业进口供加工内销产品的料件。

企业自用（04)：进口供本单位（企业）自用的货物，如外商投资企业以及特殊区域内的企业、事业和机关单位进口自用的机器设备等。

加工返销（05)：来料加工、进料加工、补偿贸易和外商投资企业为履行产品出口合同从国外进口料件，用于在国内加工后返销到境外。

借用（06)：从境外租借进口，在规定的使用期满后退运出境外的进口货物，如租赁贸易进口货物。

收保证金（07)：由担保人向海关缴纳现金的一种担保形式。

免费提供（08)：免费提供的进口货物，如无偿援助、捐赠、礼品等进口货物。

作价提供（09)：我方与外商签订合同协议，规定由外商作价提供进口的货物，事后由我方支付或从我方出口货物款中或出口成品的加工费中扣除，如来料加工贸易进口设备等。

用途代码如表 4-21 所示。

表 4-21 用途代码

代码	名称	代码	名称	代码	名称
01	外贸自营内销	05	加工返销	09	作价提供
02	特区内销	06	借用	10	货样、广告品
03	其他内销	07	收保证金	11	其他
04	企业自用	08	免费提供	13	以产顶进

(二十八) 标记唛码及备注

标记唛码是运输标志的俗称。进出口货物报关单上标记唛码专指货物的运输标志。标记唛码英文表述为：Marks、Marking、MKS、Marks&No.、Shipping Marks 等。

填报要求：

(1) 货物标记唛码中除图形以外的所有文字和数字。

(2) 受外商投资企业委托代理进口投资设备、物品的进出口企业名称，格式为“委托××公司进口”。

(3) 关联备案号。关联备案号是指与本报关单有关联关系的，同时在海关业务管理规范方面又要求填报的备案号，如加工贸易结转货物及凭征免税证明转内销货物，其对应的备案号应填报在此栏，格式为“转至（自）……手册”。

(4) 关联报关单号。关联报关单号是指与本报关单有关关系的，同时在海关业务管理规范方面又要求填报的报关单的海关编号，应填报此栏。

(5) 所申报货物涉及多个监管证件的，除第一个监管证件以外的其余监管证件和代码。格式为：监管证件代码＋“:”＋“监管证件编号”。

(6) 所申报货物实际为多个集装箱的，除第一个集装箱号以外的其余的集装箱号，格式为：“集装箱号”＋“/”＋“规格”＋“/”＋“自重”。

(7) 办理进口货物直接退运手续的，本栏目填报“准予直接退运决定书”或者“责令直接退运通知书”编号。

(8) 加工贸易转内销货物，经营企业凭加工贸易货物内销征税联系单纸质或电子数据办理通关手续。在填制内销报关单时，企业需在“标记唛码及备注”栏注明“活期”字样。

(9) 其他申报时必须说明的事项。

四、进出口货物报关单表体主要栏目的填报

进出口货物报关单表体主要栏目包括项号，商品编号，商品名称，规格型号，数量及单位，单价、总价、币制，征免。

(一) 项号

项号是指申报货物在报关单中的商品排列序号。一张纸质报关单最多可打印 5 项商品（表体共有 5 栏），可另外附带 3 张纸质报关单，合计最多打印 20 项商品。对于商品编号不同的、商品名称不同的、原产国（区）/最终目的国（地区）不同的、征免不同的、都应各自占据表体的一栏。

填报要求：

每项商品的项号分两行填报。第一行填报货物在报关单中的商品排列序号，第二行专用于加工贸易和实行原产地证书联网管理等已备案的货物，填报该项货物在加工贸易手册中的项号或对应的原产地证书上的商品项号。

例：一张出口发票中有四项商品分别是：

男式腰带	500 条	3 美元/条	1500 美元
纯棉男西服上衣	500 件	10 美元/件	5000 美元（位列手册第 5 项）
纯棉女西服上衣	500 件	10 美元/件	5000 美元（位列手册第 4 项）

上述三项商品中，有备案的和无备案的应分两张报关单填报，其中一张报关单使用手册报关，另一张报关单不使用手册报关。

使用手册的报关单应该填报如图 4－8 所示。

项号	商品编码	商品名称、规格型号	数量及单位	最终目的国（地区）
01（商品排列序号）纯棉男西服上衣				
05（表示纯棉男西服上衣列在手册中的第5项）				
02（商品排列序号）纯棉女西服上衣				
04（表示纯棉女西服上衣列在手册中的第4项）				

图4-8　报关单项号及商品名称填报示例

（二）商品编号

商品编码也称商品编号，是按《税则》确定的进出口货物的编号。

填报要求：

（1）“商品编码”应填报《税则》8位税则列号，有附加编号的，还应填附加的第九位、第十位附加编号

（2）在填报商品编码时应该按照进出口商品的实际情况填报。

（3）加工贸易手册中商品编号与实际商品编号不符的，应按实际商品编号填报。

（三）商品名称、规格型号

商品名称即商品品名，是指缔约双方同意买卖的商品的名称。报关单中的商品名称是指进出口货物规范的中文名称。商品的规格型号是指反映商品性能、品质和规格的一系列指标，如品牌、等级、成分、含量、纯度、大小、长短、粗细等。一般商品名称即型号都在发票的“Description of Goods”“Product and Description”“Goods Description”“Quantities and Description”栏有具体的描述。

填报要求：

（1）“商品名称及规格型号”栏分两行填报。

①第一行填进出口货物规范的中文名称。如发票中不是中文名的，应翻译成规范的中文名称填报。

②第二行填报规格型号。

例如：氨纶弹力丝　ELASTANE　（第一行，规范的中文名称+原文）

40 DENIER TYPE 149B MERGE 17124 5KG TUBE　（第二行，规格型号）

（2）商品名称及规格型号应据实填报，并与所提供的商业发票相符。

（3）商品名称应当规范，规格型号应详细，需根据商品属性填报，包括品名、牌号、规格、型号、成分、含量、等级、用途、功能等。

（4）加工贸易等已备案的进出口货物，本栏填报的内容必须与已在海关备案登记中同项号下货物的名称与规格型号一致。

（5）一份报关单最多填报20项商品。

（6）进出口货物收发货人及其代理人在填进出口货物报关单的“商品名称、规格型号”栏目时，应当按照《规范申报目录》中所列商品相应的申报要素的内容填报。

(四) 数量及单位

在货物进出口报关业务中，商品的数量和单位是报关的两项重要内容。进出口货物报关单上的数量是指进出口商品的实际数量。计量单位分为成交计量单位和海关法定计量单位。成交计量单位是指买卖双方在交易过程中所确定的计量单位。海关法定计量单位是指海关按照《中华人民共和国计量法》的规定所采用的计量单位，我国海关采用的是国际单位制的计量单位。

填报要求：

(1) 进出口货物必须按海关法定计量单位和成交计量单位填报。

(2)"数量及单位"栏分三行填报。

①法定第一计量单位及数量应填报在本栏目第一行。

②凡列明海关第二法定计量单位的，必须填报第一及第二法定计量单位及数量，第二法定计量单位填在第二行，无第二法定计量单位本栏为空。

③以成交计量单位申报的，须填报海关法定计量单位转换后的数量，同时还需将成交计量单位及数量填报在本栏第三行。如成交计量单位与海关法定计量单位一致时，本栏为空。

例如，某公司进口一批货物（包括 3 种商品），第一种商品布料（法定计量单位为米/千克，成交单位为码），在加工贸易手册为第 7 项；第二种商品为纽扣（法定计量单位为个，成交单位为千克），在加工贸易手册为第 8 项；第三种商品为花边（法定计量单位为米，成交单位为米），在加工贸易手册为第 12 项，则报关单的数量及单位栏填制如图 4－9 所示。

项号	商品编码	商品名称、规格型号	数量及单位	原产国（地区）单价	总价	币值	征免
01 07	×××× ××××	布料 ××××××××××	××米 ××千克 ××码	×××	××××××	××	×××
02 08	×××× ××××	纽扣 ××××××××××	××个 ××千克	×××	×××××××	×××	×××
03 12	×××× ××××	花边 ××××××××××	××米	×××	××××××	×××	×××
税费征收情况							

图 4－9　报关单的数量及单位栏填报示例

(3) 法定计量单位为“千克”的数量填报，特殊情况下填报要求如下。

①装入可重复使用的包装容器的货物，按货物的净重填报，如罐装同位素、罐装氧气及类似品等，应扣除其包装容器的重量。

②使用不可分割包装材料和包装容器的货物，按货物的净重填报（即包括内层直接包装的净重重量），如采用供零售包装的酒、罐头、化妆品及类似品等。

③按照商业惯例以公量重计价的商品，应按公量重填报，如未脱脂羊毛、羊毛条等。

④采用以毛重作为净重计价的货物，可按毛重填报，如粮食、饲料等价格较低的农副产品。

⑤成套设备、减免税货物如需分批进口，货物实际进口时，应按实际报验状态确定数量。

⑥根据 HS 归类原则，零部件按整机归类的，法定第一数量填“0.1”，有法定第二数量的，按照货物实际净重申报。

⑦具有完整品或制成品基本特征的不完整品、未制成品，按照 HS 归类规则应按完整品归类，申报数量按照构成完整品的实际数量申报。

⑧采用零售包装的酒类、饮料，应按照液体部分的重量填报。

(4) 加工贸易等已备案的货物，成交计量单位必须与备案登记中同项号下货物的计量单位一致，不一致时必须修改备案或转换一致后填报。

(5) 优惠贸易协定下出口商品的成交计量单位必须与原产地证书上对应商品的计量单位一致。

(6) 法定计量单位为立方米的气体货物，应折算成标准状况下的体积进行填报。

(7) 规范的数量和单位，应以海关统计商品目录上规定的数量和单位填写。与海关规范的数量和单位不一致的实际成交的数量和单位也可填在报关单上。

(8) 不能把整机和零件的数量加在一起填报数量。

(五) 原产国（地区）/最终目的国（地区）

原产国（地区）是指进口货物的生产、开采或加工制造的国家或地区。对经过几个国家或地区加工制造的进口货物，以最后一个对货物进行经济上可以视为实质性加工的国家或地区作为该货物的原产国（地区）。

在原始单据（发票或原产地证明书）上原产国（地区）一般表示为“Made in”（在……制造）或“Origin/Country of Origin”（原产于）或“Manufacture”（制造）。

最终目的国（地区）是指已知的出口货物最后交付的国家或地区，也即最终实际消费、使用或做进一步加工制造的国家或地区。

填报要求：

(1) 填中文名称或代码，非中文名称，要翻译成相应的中文。

(2) 同批货物原产地不同，应当分别填报。

(3) 无法确定，则为“国别不详”(701)。

(4) 联合国及其所属机构或其他国际组织赠送的物质，应填报货物的实际生产国（地区）。

(六) 单价、总价、币制

进出口商品的价格是指商品价格的货币表现。主要通过单价、总价及币制表现出来。单价是指商品的一个计量单位以某一种货币表示的价格。商品的单价一般应包括单位商品价值金额、计量单位、计价货币和价格术语四个部分。若有佣金和折扣的，佣金和折扣的大小也应在价格术语中注明。

例如： USD 300 per M/T CIF NEW YORK

计价货币 价格金额 计量单位 贸易术语

总价是指进出口货物实际成交的商品总价。币制是进出口货物实际成交价格的计价货币的名称。

填报要求：

(1)“单价”栏。

①填报同一项号下进出口货物实际成交的商品单位价格的金额。单价如非整数，其小数点后保留4位，第5位及以后略去。

②无实际成交价格的，填报单位货值。

(2)“总价”栏。

①填报同一项号下进出口货物实际成交的商品总价。

②无实际成交价格的，填报货值。

(3)“币制”栏。根据实际成交情况按海关规定的“币制代码表”选择填报相应的币制名称或代码或符号。如“币制代码表”中无实际成交币种，需转换后填报。常用货币代码见表4-22。

表4-22 常用货币代码

币制代码	币制符号	币制名称	币制代码	币制符号	币制名称	币制代码	币制符号	币制名称
110	HKD	港 币	300	EUR	欧 元	344	SUR	俄罗斯卢布
116	JPY	日 元	302	DKK	丹麦克朗	501	CAD	加拿大元
132	SGD	新加坡元	303	GBP	英 镑	502	USD	美 元
133	KRW	韩国元	330	SEK	瑞典克朗	601	AUD	澳大利亚元
142	CNY	人民币	331	CHF	瑞士法郎	609	NZD	新西兰元

(七) 征免

征免是指海关依照《海关法》《进出口关税条例》及其他法律、行政法规，对进出口货物进行征税、减税、免税或特案处理的实际操作方式。同一份报关单上可以有不同的征免税方式。

1. 征减免税方式

报关单填制种的主要征减免税方式如下：

（1）照章征税：指对进出口货物依照法定税率计征各类税、费。

（2）折半征税：指依照主管海关签发的征免税证明或海关总署的通知，对进出口货物依照法定税率折半计征关税的增值税，但照章征收消费税。

（3）全免：指依照主管海关签发的征免税证明或海关总署的通知，对进出口货物免征关税和增值税，但消费税不予免征。

（4）特案减免：指依照主管海关签发的征免税或海关总署通知规定的税率计征各类税、费。

（5）随征免性质：指对某些监管方式下进出口货物按照征免性质的特殊计水公式或税率计征税、费。

（6）保证金：指经海关批准具保放行的货物，由担保人向海关缴纳现金的一种担保形式。

（7）保证函：指担保人根据海关的要求，向海关提交的订有明确权利义务的一种担保形式。

2. 填报要求

（1）根据海关核发的征免税证明或有关政策规定，对报关单所列每项商品选择填报海关规定的“征减免税方式代码”（见表4-23）中相应的征免税方式的名称。

（2）加工贸易报关单应根据登记手册中备案的征免规定填报。加工贸易手册中备案的征免规定为“保金”或“保函”的，不能按备案的征免规定填报，而应填报“全免”。

表4-23　征减免税方式代码

代　码	名　称	代　码	名　称
1	照章征税	6	保证金
2	折半征税	7	保　函
3	全　免	8	折半补税
4	特　案	9	全额退税
5	随征免性质		

五、报关单填制各栏目对应关系（见表 4-24～表 4-26）

表 4-24　　加工贸易报关单填制各栏目对应关系

项目 栏目	料件进口 进境		成品出口 出境	
贸易方式	来料加工	进料对口	来料加工	进料对口
进/出口岸	指定范围内实际进出口岸海关		指定范围内进出口岸海关	
征免性质	来料加工	进料加工	来料加工	进料加工
备案号	加工贸易手册编号		加工贸易手册编号	
运输方式	实际进境运输方式		实际出境运输方式	
运输工具名称	实际进境运输工具名称		实际出境运输工具名称	
起运国（地区）/运抵国（地区）	实际起运国（地区）		实际运抵国（地区）	
随附单证				
用　途	加工返销		—	
备　注			料件费、工缴费	
项　号 （第 2 行）	手册对应进口料件项号		手册对应出口成品项号	
原产国/最终目的国	料件进口原产国/成品出口最终目的国		实际最终目的国	
征　免	全　免		征免：一般为“全免” 应征出口税的“照章征税”	

表 4-25　　　　**减免税进口设备报关单各栏目对应关系**

<table>
<tr><td rowspan="3">项目
栏目</td><td colspan="3">投资总额内进口</td><td rowspan="2">投资总额外进口</td><td colspan="2">减免税设备结转</td></tr>
<tr><td>合资合作企业</td><td>外商独资企业</td><td>国内投资项目</td><td>形式进口</td><td>形式出口</td></tr>
<tr><td>进　境</td><td>进　境</td><td>进　境</td><td>进　境</td><td colspan="2">减免设备结转</td></tr>
<tr><td>贸易方式</td><td>合资合作设备</td><td>外资设备物品</td><td>一般贸易</td><td>一般贸易</td><td>根据货物实际情况选择提报</td><td>免于提报</td></tr>
<tr><td>征免性质</td><td colspan="3">鼓励项目等</td><td>自有资金</td><td>征免税证明编号</td><td>结转联系函编号</td></tr>
<tr><td>备案号</td><td colspan="4">征免税证明（首位标记“Z”）编号</td><td>征免证明编号</td><td>结转联系函编号</td></tr>
<tr><td>经营单位</td><td rowspan="2">该合资合作企业</td><td rowspan="2">该外商独资企业</td><td colspan="2" rowspan="2">设备进口企业</td><td rowspan="2">转入企业</td><td rowspan="2">转出企业</td></tr>
<tr><td>收发货单位</td></tr>
<tr><td>运输方式</td><td colspan="4">进境实际运输方式</td><td colspan="2">其他运输</td></tr>
<tr><td>起运国（地区）/运抵国（地区）</td><td colspan="4">实际起运国（地区）</td><td colspan="2">中　国</td></tr>
<tr><td>备　注</td><td colspan="2">如为委托进口，须注明代理进口的外贸企业名称</td><td colspan="2"></td><td>结转联系函编号</td><td>转入进口报关单号；转入方征免税证明编号</td></tr>
<tr><td>用　途</td><td colspan="4">企业自用</td><td>企业自用</td><td>—</td></tr>
<tr><td>原产国（地区）/最终目的国（地区）</td><td colspan="4">设备实际原产国（地区）</td><td>设备原生产国（地区）</td><td>中　国</td></tr>
<tr><td>征　免</td><td colspan="3">全免：全免关税和增值税
特案：免征关税，增值税照章征收</td><td>特案</td><td colspan="2">全　免</td></tr>
</table>

表 4-26　　　　**加工贸易进口设备报关单各栏目对应关系**

<table>
<tr><td rowspan="3">项目
栏目</td><td colspan="5">加工贸易免税进口不作价设备</td></tr>
<tr><td rowspan="2">进　境</td><td rowspan="2">退运出境</td><td>内　销</td><td colspan="2">结　转</td></tr>
<tr><td>形式进口</td><td>形式进口</td><td>形式进口</td></tr>
<tr><td>贸易方式</td><td>不作价设备</td><td>加工设备退运</td><td>加工设备内销</td><td colspan="2">加工设备结转</td></tr>
<tr><td>征免性质</td><td>加工设备</td><td>其他法定</td><td colspan="3">免于填报</td></tr>
<tr><td>备案号</td><td colspan="5">加工贸易手册（首位标记“D”）编号</td></tr>
<tr><td>经营单位</td><td colspan="3" rowspan="2">加工贸易经营企业</td><td rowspan="2">转入企业</td><td rowspan="2">转出企业</td></tr>
<tr><td>收/发货单位</td></tr>
<tr><td>用　途</td><td>企业自用</td><td>—</td><td>其他内销</td><td>企业自用</td><td>—</td></tr>
<tr><td>征　免</td><td>特　案</td><td>全　免</td><td>照章征税</td><td colspan="2">全　免</td></tr>
</table>

任务实施

根据报关单填写的规则和“任务情境”里的有关资料，报关单填写如图 4－10 所示。

中华人民共和国海关出口货物关单

预录入编号　　　　　　　　　　　　　　　　　　　　海关编号

出口口岸 上海吴淞海关 2202	备案号 C2357402136	出口日期	申报日期

经营单位 昆山华成织染有限公司 (3223940019)	运输方式 水路运输	运输工具名称 DANUBHUM/ S009	提运单号 SHANK00710

发货单位 昆山华成织染有限公司 (3223940019)	贸易方式 进料对口	征免性质 进料加工	结汇方式 T/T

许可证号	运抵国（地区） 香港	指运港 香港	境内货源地 江苏昆山

批准文号 054523224	成交方式 CIF	运费 5/1	保费 502/100/3	杂费

合同协议号 99WS061	件数 3298	包装种类 卷	毛重（公斤） 14077.00	净重（公斤） 12584.00

集装箱号 HSTU157504/20/2275	随附单据	生产厂家

标记唛码及备注
YOU DA
HONGKONG
R/NO.：1—3298
TSTU156417/20/2275

项号	商品编号	商品名称规格型号	数量及单位	最终目的地国/地区	单价	总价	币制	征免
01 (02)	5407101010	100%尼龙布	91400 米 12584 千克 100000 码	香港	0.3282/米	30000.00	美元	全免

税费征收情况

录入员　　录入单位	兹声明以上申报无讹并承担法律责任	海关单批注及放行日期（签章） 审单审价
报关员	申报单位（签章）	征税　　统计
单位地址		查验　　放行
邮编　　电话	填制日期	

图 4－10　海关出口货物报关单填写示意

归纳总结

进出境货物的收、发货人或其代理人向海关申报时，必须填写并向海关递交进出口货物报关单。申报人在填制报关单时，应当依法如实向海关申报，对申报内容的真实性、准确性、完整性和规范性承担相应的法律责任。

(1) 报关人必须按照《海关法》《货物申报管理规定》和《报关单填制规范》的有关规定和要求，向海关如实申报。

(2) 报关单的填报必须真实，做到“两个相符”，一是单、证相符，即所填报关单各栏目的内容必须与合同、发票、装箱单、提单以及批文等随附单据相符；二是单、货相符，即所填报关单各栏目的内容必须与实际进出口货物的情况相符，不得伪报、瞒报、虚报。

(3) 报关单的填报要准确、齐全、完整、清楚，报关单各栏目内容要逐项详细准确填报，字迹清楚、整洁、端正，不得用铅笔或红色复写纸填写；若有更正，必须在更正项目上加盖校对章。

(4) 不同批文或合同的货物、同一批货物中不同贸易方式的货物、不同备案号的货物、不同提运单的货物、不同征免性质的货物、不同运输方式或相同运输方式但不同航次的货物等，均应分单填报。一份原产地证书只能对应一份报关单。同一份报关单上的商品不能同时享受协定税率和减免税。在一批货物中，对于实行原产地证书联网管理的，如涉及多份原产地证书或含非原产地证书商品，亦应分单填报。

(5) 在反映进出口商品情况的项目中，须分项填报的主要有下列几种情况：商品编号不同的；商品名称不同的；原产国（地区）/最终目的国（地区）不同的。

(6) 已向海关申报的进出口货物报关单，如原填报内容与实际进出口货物不一致而又有正当理由的，申报人应向海关递交书面更正申请，经海关核准后，对原填报的内容进行更改或撤销。

思考与训练

上海进出口贸易公司（3109242686）持C230951005973登记手册进口第一项料件梅花扳手（法检商品，法定计量单位为千克），梅花扳手随同其他货物同批进口，单独向海关申报。该公司职工已填写报关单（见图4-11）中20个栏目（A～T），其中有5处填制错误的地方，请找出并说明理由。发票、装箱单等相关资料如图4-12和图4-13所示。

中华人民共和国海关进口货物报关单

预录入编号： 海关编号：

<table>
<tr><td>进口口岸</td><td>(A) 备案号
C230951005973</td><td>进口日期</td><td>申报日期</td></tr>
<tr><td>经营单位</td><td>(B) 运输方式
2</td><td>运输工具名称</td><td>提运单号</td></tr>
<tr><td>(C) 收货单位
3109242686</td><td>(D) 贸易方式
0615</td><td>(E) 征免性质
进料对口</td><td>征税比例</td></tr>
<tr><td>许可证号</td><td>(F) 起运国（地区）
西班牙</td><td>(G) 装货港
苏黎世</td><td>(H) 境内目的地
上海浦东新区</td></tr>
<tr><td>批准文号</td><td>(I) 成交方式
1</td><td>(J) 运费</td><td>(K) 保费</td><td>杂费</td></tr>
<tr><td>合同协议号</td><td>(L) 件数
175</td><td>包装种类</td><td>(M) 毛重（公斤）9880</td><td>净重（公斤）</td></tr>
<tr><td>(N) 集装箱号
COSU1234501/20/2227</td><td>随附单据</td><td>用途</td></tr>
<tr><td colspan="5">标记唛码及备注</td></tr>
<tr><td colspan="5">(O) 项号 商品编码 商品名称、规格型号 (P) 数量及单位 (Q) 原产国（地区）单价 (R) 总价 (S) 币制 (T) 征免
01 3050 千克 304 21892 502 全免
01
38 箱</td></tr>
<tr><td colspan="5">税费征收情况</td></tr>
<tr><td colspan="2">录入员 录入单位</td><td colspan="2">兹声明以上申报无讹并承担法律责任</td><td>海关审单批注放行日期（签章）
审单 审价</td></tr>
<tr><td colspan="4">报关员
单位地址 路 号
邮编 电话 填制日期</td><td>征税 统计</td></tr>
</table>

图 4-11 思考与训练：海关进口货物报关单

COMMERCIAL INVOICE

INV. NO：TY034

DATE：Arp. 20，2005

S/C NO.：RT05342

L/CNO.：31173

TO：

SHANGHAI TOOL IMPORT & EXPORT CO.，LTD.

31，GANXIAN ROAD SHANGHAI，CHINA

FROM BARCELONA TO SHANGHAI　VIA ZURICH

MARKS & NOS	DESCRIPTION OF GOODS	QUANTITY	U/PRICE	AMOUNT
M. E	1）9PC Extra Long Hex key set	1200SET	USD 1.76	USD 2112.00
SHANGHAI	2）8PC Double Offset Ring spanner	1200SET	USD 3.10	USD 3720.00
C/NO. 1—515	3）12PC Double Offset Ring spanner	800SET	USD 7.50	USD 6000.00
	4）12PC Combination Spanner	1200SET	USD 3.55	USD 4260.00
	5）10PC Combination Spanner	1000SET	USD 5.80	USD 5800.00
				USD 21892.00

MANAFACTURE：GERMENY　　　CIP SHANGHAI

MAMUT ENTERPRISESAV

TARRAGONA75－3ER

BARCELONA

图4－12　思考与训练：发票

PACKING LIST

MESSER：HANGHAI TOOL IMPORT & EXPORT CO.，LTD.　　DATE：Arp. 20，005

NO：INV. NO：TY034

MAMUT ENTERPRISESAV
TARRAGONA75－3ER
BARCELONA，SPAIN

SHIPPING FROM：BARCELONA TO SHANGHAI　VIA ZURICH
BILL OF LADING NO：CSC04118

DESCRIPTION OF GOODS	CTNR	CTNS	QTY (PCS)	G. W (KGS)	N. W (KGS)
1）9PC Extra Long Hex key set	COSU1234501	120	1200	20/CTN	18/CTN
2）8PC Double Offset Ring spanner	COSU1234502	75	1200	20/CTN	18/CTN
3）12PC Double Offset Ring spanner		100	800	19/CTN	17/CTN
4）12PC Combination Spanner	COSU1234503	120	1200	19/CTN	17/CTN
5）10PC Combination Spanner		100	1000	18/CTN	16/CTN
TOTAL：	3	515	5400	9880	8850

TOTAL：SAY FIVE HUNDRED AND FIFTEEN CARTONS ONLY.

CONTAINER	NO. SEAL	TARE	TYPE
COSU1234501	054209	2277	20
COSU1234502	054216	2297	20
COSU1234503	054272	2260	20

图 4－13　思考与训练：装箱单

模块五　报关核算

在整个报关作业过程中，进出口税费、相关成本等的核算非常重要，因此《报关员国家职业标准》专门设定了"报关核算"这一职业功能。报关流程中前期、中期和后期的所有核算，包括关税、进口环节税、保证金、滞报金、滞纳金计算，完税价格的核算，加工贸易企业与申报相关的数据平衡核算，出口退税核算，报关成本核算，风险和效益核算等，都被纳入到这个模块。

任务一　完税价格的确定

知识目标

1. 了解完税价格、成交价格的含义。
2. 成交价格估价方法。
3. 相同或类似货物估价方法。
4. 掌握进出口货物完税价格的审定依据、方法及程序。

能力目标

1. 能够运用成交价格法核定应税货物完税价格。
2. 能够运用相同或类似货物成交价格法核定应税货物的完税价格。

任务导入

上海机械进出口公司从法国进口一台模具加工机床，发票分别列明：设备价款 CIF 上海 USD 600000，机器进口后的安装调试费为 USD 20000，卖方佣金 USD 2000，与设备配套使用的操作系统使用费 USD 80000。在此案中，该批货物经海关审定的完税价格应为多少？

任务分析

海关征收进出口货物的税费，首先要确定进出口货物的完税价格。完税价格是海关对进出口货物征收从价税时所使用的价格。在税率一定的条件下，完税价格的高低直接影响着税款的多少。因此，无论是海关还是纳税义务人都关注完税价格的确定问题。

相关知识与拓展

依据《海关法》第五十五条，进出口货物完税价格由海关以该货物的成交价格为基础审查确定。成交价格不能确定时，完税价格由海关依法估定。

进出口货物完税价格是凭以计征进出口货物关税及进口环节税税额的依据。审定进出口货物完税价格是贯彻关税政策的重要环节，也是海关依法行政的重要体现。

我国已加入世贸组织，全面实施世贸组织的估价协定，对进口货物海关审价的法律法规与国际通行规则接轨。我国海关审价的法律依据可分为三个层次，第一个层次是《海关法》，第二个层次是《中华人民共和国进出口关税条例》，第三个层次是《中华人民共和国审定进出口货物完税价格办法》。

一、一般进口货物完税价格的审定

一般进口货物完税价格的确定有六种方式，即成交价格法、相同货物成交价格法、类似货物成交价格法、倒扣价格法、计算价格法及合理方法。最基本的、普遍的方法为成交价格法。

进口货物的完税价格包括货物的货价、货物运抵中华人民共和国境内输入地点起卸前的运输及其相关费用、保险费；所谓“相关费用”指与运输有关的费用，如装卸费、搬运费等。只有成交价格满足一定的条件才能被海关接受。

（一）进口货物成交价格法

进口货物完税价格尽可能采用货物的成交价格。进口货物的成交价格是指买方为进口该货物向卖方实付、应付的，并按照有关规定调整后的价款总额，包括直接和间接支付的价款。

成交价格的调整因素包括计入项目和扣除项目。

1. 计入项目

下列项目若由买方支付，必须计入完税价格。

(1) 除购货佣金以外的佣金和经纪费。佣金包括购货佣金和销售佣金。购货佣金是指买方向其采购代理人支付的佣金，购货佣金不应该计入进口货物的完税价格。销售佣金是指卖方向其销售代理人支付的佣金，如果该佣金由买方直接支付给卖方的代理人，则应计入到完税价格中。

(2) 与进口货物视为一体的容器费用（同一税则号）。例如，酒瓶与酒构成一个不可分割的整体，二者归入同一税则列号，如果酒瓶的费用没有包括在酒的完税价格中，则应计入。

(3) 包装费。包装费包括包装材料费和包装劳务费用。

(4) 协助费用。在国际贸易中，买方以免费或以低于成本的方式向卖方提供的一些货物或服务的价值称为协助价值。

下列四项协助费用应计入完税价格：进口货物所包含的材料、部件、零件和类似货物的价值；在生产进口货物过程中使用的工具、模具和类似货物的价值；在生产进口货物过程中消耗的材料的价值；在境外完成的为生产该货物所需的工程设计、技术研发、工艺及制图等工作的价值。

(5) 特许权使用费。特许权使用费是指进口货物的买方为取得知识产权权利人及相关授权人关于专利权、商标权、专有技术、著作权、分销权或销售权等的许可或者转让

而支付的费用。例如成交价格中未包括该货物实付或应付的特许权使用费，应计入完税价格。

(6) 返给卖方的转售收益。如果买方在货物进口后，把进口货物的转售、处置或使用的收益一部分返还给卖方，这部分收益的价格应计入完税价格中。

2. 扣除项目

(1) 厂房、机械或设备等货物进口后发生的建设、安装、装配、维修或技术援助费用，但是保修费用除外。

(2) 货物运抵境内输入地点起卸后发生的运输及相关费用、保险费。

(3) 进口关税、进口环节税及其他国内税。

(4) 为在境内复制进口货物而支付的费用。

(5) 境内外技术培训及境外考察费用。

(6) 同时符合下列四个条件的利息费用不计入完税价格：利息费用是买方为购买进口货物而融资所产生的；有书面融资协议的；利息费用单独列明的；纳税义务人可以证明有关利率不高于在融资当时当地此类交易通常具有的利率水平，且进口货物的实付、应付价格与没有融资安排时相同或类似进口货物的价格非常接近的。

3. 成交价格适用的条件

进口货物的合同价格经上述调整后，未必为海关意义的成交价格，它必须符合下列条件。否则，它就不能适用成交价格法。

(1) 对买方处置或者使用进口货物不予限制，但是法律、行政法规规定实施的限制、对货物销售地域的限制和对货物价格无实质性影响的限制除外。

下列情况，应视为对买方处置或者使用进口货物进行了限制，不适用成交价格法：进口货物只能销售给第三方；进口货物只能用于展示或免费赠送的；进口货物加工为成品后只能销售给卖方或者指定的第三方的；其他经海关审查，认定买方对进口货物的处置或者使用受到限制的。

(2) 进口货物的价格不得受到使该货物成交价格无法确定的条件或者因素的影响。下列情形，视为进口货物的价格受到了使该货物成交价格无法确定的条件或者因素的影响：进口货物的价格是以买方向卖方购买一定数量的其他货物为条件而确定的；进口货物的价格是以买方向卖方销售其他货物为条件而确定的；其他经海关审查，认定货物的价格受到使该货物成交价格无法确定的条件或因素影响。

(3) 卖方不得直接或者间接获得因买方销售、处置或者使用进口货物而产生的任何收益，或者虽有收益但是能够按规定作出调整。

(4) 买卖双方之间没有特殊关系，或者虽然有特殊关系但未对成交价格产生影响。

(二) 相同或类似货物成交价格法

相同或类似货物成交价格法是指采用与被估货物同时或大约同时向我国境内销售的相同货物或类似货物的成交价格为基础，审查确定进口货物完税价格的方法。

1. 相同货物及类似货物定义

“相同货物”指与进口货物在同一国家或者地区生产的，在物理性质、质量和信誉等所有方面都相同的货物，但是表面的微小差异允许存在。

“类似货物”指与进口货物在同一国家或地区生产，有相似的特征、材料、商业中可以互换、功能相同的货物。

2. 相同或类似货物的时间要素

“同时”或“大约同时”指进口货物接受申报之日的前、后各45天。

3. 适用相同或类似货物成交价格法的基本要求

相同或类似货物成交价格估价法审定进口货物的完税价格，应使用与进口货物处于相同商业水平、大致相同数量的相同或类似货物的成交价格，只有在不满足上述条件时，才能采用以不同商业水平和不同数量销售的相同或类似进口货物价格，但不能将上述价格直接作为进口货物价格，还须对由此产生的价格方面的差异作出调整。

对进口货物与相同或类似货物之间由于运输距离和运输方式不同，而在成本或其他费用方面产生的差异进行调整。上述调整必须建立在客观量化的数据资料基础上。

(三) 倒扣价格法

所谓倒扣价格法是指以进口货物、相同或类似进口货物在境内第一环节的销售价格为基础，扣除境内发生的有关费用来估定完税价格。上述“第一环节”是指有关货物进口后进行的第一次转售，且转售者与境内买方之间不能有特殊关系。

(四) 计算价格法

计算价格法既不是以成交价格，也不是以在境内的转售价格为基础，它是以发生在生产国或地区的生产成本作为基础价格。

(五) 合理方法

合理方法是指当海关不能依据上述几项方法时，根据公平、统一、客观的估价原则，以客观量化的数据资料为基础审查确定进口货物完税价格的估价方法。

二、特殊进口货物完税价格的审定

(一) 加工贸易进口料件及其制成品估价方法

由于各种原因，部分加工贸易进口料件或者其制成品不能按有关合同、协议约定复运出口，经海关批准转为内销，需依法对其实施估价后征收进口关税。对加工贸易进口货物估价的核心问题是按制成品征税还是按料件征税，以及征税的环节是在进口环节还是在内销环节。具体有以下四种情况。

(1) 进口时应当征税的进料加工进口料件，以该料件申报进口时的成交价格为基础审查确定完税价格。进口时应当征税的进料加工进口料件，主要是指不予保税部分进料加工进口料件。一般来讲，进料加工进口料件在进口环节都有成交价格，因此以该料件申报进口时的价格来确定完税价格。

(2) 进料加工料件或其制成品（包括残次品）内销时，海关以料件原进口成交价格为基础审查确定完税价格。料件原进口成交价格不能确定的，海关以接受内销申报的同时或大约同时进口的与料件相同或类似的货物的进口成交价格为基础审查确定完税价格。

(3) 来料加工进口料件或其制成品（包括残次品）内销时，以接受内销申报的同时或大约同时进口的与件料相同或类似的货物的进口成交价格为基础审查确定完税价格。

(4) 加工企业内销加工过程中产生的边角料或副产品，以海关审查确定的内销价格作为完税价格。加工贸易内销货物的完税价格按照前款规定仍然不能确定的，由海关按照合理的方法审查确定。

(二) 减免税货物的估价方法

特定减免税货物在监管年限内不能擅自出售、转让、移作他用，经过海关批准可以出售、转让、移作他用的，需向海关办理补税手续。减税或免税进口的货物需予以征、补税时，海关以审定的该货物原进口时的价格扣除折旧部分价值作为完税价格。

(三) 暂时进境货物的估价方法

对于经海关批准的暂时进境的货物，应当缴纳税款的，由海关按一般进口货物完税价格审定的相关规定确定完税价格。

(四) 出境加工进口货物的完税价格

往境外加工的货物，出境时已向海关报明，并在海关规定期限内复运进境的，海关以境外加工费和料件及该货物复运进境的运输及其相关费用、保险费审查确定完税价格。

(五) 其他特殊进口货物的完税价格

以易货贸易、寄售、捐赠等其他方式进口的货物，海关按照相关规定确定完税价格。

三、出口货物完税价格的审定

出口货物的完税价格由海关以该货物的成交价格为基础审查确定，并应当包括货物运至我国境内输出地点装载前的运输及相关费用、保险费。

出口货物的成交价格是指该货物出口销售时，卖方为出口该货物应当向买方直接收取和间接收取的价款总额。

1. 不计入出口货物完税价格的税收、费用

(1) 出口关税；

(2) 在货物价款中单独列明的货物运至中华人民共和国境内输出地点装载后的运费及其相关费用、保险费；

(3) 货物价款中单独列明由卖方承担的佣金。

2. 出口货物其他估价方法

当出口货物的成交价格不能确定时，海关了解有关情况，并与纳税义务人进行价格磋商后，依次以下列价格审查确定该货物的完税价格：

(1) 同时或者大约同时向同一国家或地区出口的相同货物的成交价格；

(2) 同时或者大约同时向同一国家或地区出口的类似货物的成交价格；

(3) 根据境内生产相同或者类似货物的成本、利润和一般费用（包括直接费用和间接费用）、境内发生的运输及其相关费用、保险费计算所得的价格；

(4) 按照合理方法估定的价格。

出口货物完税价格的计算公式：

$$\text{出口货物完税价格}=\text{FOB}-\text{出口关税}=\frac{\text{FOB}}{1+\text{出口关税税率}}$$

任务实施

本案中，该批货物经海关审定的成交价格＝设备价款 CIF 上海 USD 600000＋卖方佣金 USD 2000＋与设备配套使用的操作系统使用费 USD 80000＝USD 682000。

根据《中华人民共和国海关审定进出口货物完税价格办法》规定，进口货物的成交价格是指进口货物的买方为购买该货物，并按《关税条例》及《海关审定进出口货物完税价格办法》的相关规定调整后的实付或应付价格。按照成交价格的调整因素，厂房、机械、设备等货物进口后进行建设、安装、装配、维修和技术服务的费用和买方（购货）佣金不应包括在内；应计入的因素，包括卖方（销售佣金）、与进口货物作为一个整体的容器费、包装费和协助价值。

归纳总结

关税完税价格的确定是本模块的重点，也是难点。进出口货物完税价格是海关对进出口货物征收从价税时审查估定的应税价格，是凭以计征进出口货物关税及进口环节代征税额的基础。我国海关审价的法律依据有法律层次、行政法规层次和部门规章三个层次，比较完整、准确地体现了 WTO《海关估价协议》的基本原则和主要内容。

进口货物的完税价格，由海关以该货物的成交价格为基础审查确定，应当包括货物运抵中华人民共和国境内输入地点起卸前的运输及其相关费用、保险费。如进口货物的成交价格不能确定，海关经了解有关情况，并与纳税义务人进行价格磋商后，依次以相同货物成交价格方法、类似货物成交价格方法、倒扣价格方法、计算价格方法、合理方法审查确定该货物的完税价格。

出口货物的完税价格由海关以该货物的成交价格为基础审查确定，并应当包括货物运至我国境内输出地点装载前的运输及其相关费用、保险费。出口货物的成交价格是指该货出口销售时，卖方为出口该货物应当向买方直接收取和间接收取的价款总额。

思考与训练

大连一家钢铁公司急需进口一批铁矿石，在可供选择的进货渠道中有两家：一是澳大利亚，二是加拿大。如果进口需求为 10 万吨，从澳大利亚进口优质高品位铁矿石，其价格为 20 美元一吨，运费 10 万美元；若从加拿大进口较低品位的铁矿石，价格为 19 美元/吨，但由于其航程为从澳洲进口的两倍，又经过巴拿马运河，故运费及杂项费用高达 25 万美元，且其他费用比前者只高不低，在此种情况下，请你为该公司选择进货渠道。

任务二 进出口税费的计算

知识目标

1. 了解关税的概念、种类。
2. 了解进口环节增值税、消费税的概念、征收范围。
3. 了解常见的关税计征方法。
4. 了解滞报金、滞纳金的计算。

能力目标

1. 能够正确计算进出口关税。
2. 能够正确计算进口环节海关代征税。
3. 能够区别并且计算从价税和从量税。
4. 能够正确计算滞报金、滞纳金。

任务导入

某公司从中国香港购进日本产的彩色胶卷50400卷（宽度35毫米，长度1.8米），成交价格为CIF境内某口岸10.00港元/卷，已知中国银行的外汇折算价为为1港元＝0.8815元人民币；以规定单位换算表折算，规格“135/36”的彩色胶卷1卷＝0.05775平方米，计算应征进口关税。

任务分析

该公司正确计算出进口关税需要了解关税相关知识，进出口关税的计算方法，以及掌握从价税、从量税的计算公式。

相关知识与拓展

关税是指国家授权海关对出入关境的货物和物品征收的一种税。关税在各国一般属于国家最高行政单位指定税率的高级税种，对于对外贸易发达的国家而言，关税往往是国家税收乃至国家财政的主要收入。关税的征税主体是国家，由海关代表国家向纳税义务人征收。其课税的对象是进出关境的货物和物品。

一、关税的种类

按照进出口商品的流向，关税可分为进口税、出口税和过境税。

(一) 进口关税

进口关税是对进口货物和物品所征收的关税。根据适用税则的不同，我国进口关税又分为两种：一是对进口货物所征收的关税，二是对进境物品所征收的关税。前者称为进口税或进口关税，适用《中华人民共和国进口税则》；后者称为进境物品进口税或行邮税，适用《进境物品进口税税表》。在国际贸易中，进口关税一直被各国公认为是一种重要的经济保护手段。

1. 进口关税分类

进口关税按征税的主次程度来可分为进口正税和进口附加税。进口正税是按海关税则法定进口税率征收的进口税。进口附加税是对进口货物除征收正税之外另外征收的进口税。进口附加税一般具有临时性，包括反倾销税、反补贴税、保障措施关税、报复性关税等。只有符合世界贸易组织反倾销、反补贴条例规定的反倾销税、反补贴税才可以征收。

2. 进口关税的计征标准

（1）从价税，以货物、物品的价格作为计税标准。以应征税额占货物价格的百分比为税率，价格和税额成正比例关系。这是包括中国在内的大多数国家使用的主要计税标准。

（2）从量税，以货物的计量单位作为计税标准（例如说重量、数量、容量等）。我国目前对冻鸡、石油原油、啤酒、胶卷等类进口商品征收从量关税。

（3）复合税，一个税目中的商品同时使用从价、从量两种，按两种税率合并计征。从价、从量两种计税标准各有优缺点，两者混合使用可以取长补短，有利于关税作用的发挥。目前我国对录像机、放像机、摄像机、非家用型摄录一体机、部分数字照相机等进口商品征收复合关税。

（4）滑准税，滑准税是指在海关税则中，预先按产品的价格高低分档制定若干不同的税率，然后根据进口商品价格的变动而增减进口税率的一种关税。当商品价格上涨时采用较低率，当商品价格下跌时则采用较高税率，其目的是使该种商品的国内市场价格保持稳定。例对关税配额外进口一定数量的棉花，实行5%～40%的滑准税。

（二）出口关税

出口关税是对出口货物所征收的关税。征收出口税的主要目的是限制、调控某些商品的出口，特别是防止本国重要的自然资源外流。

我国目前仅对一小部分关系到国计民生的重要出口物资及属于高耗能、高污染和资源性商品征收出口税。

（三）暂准进出境货物进出口关税

第二类暂准进出境货物（即《关税条例》第四十二条第一款所列范围以外的其他暂推进出境货物），海关按定进出口货物完税价格的有关规定和海关接受该货物申报进出境之日适用的计征汇率、税率，审核确定其完税价格、按月征收税款，或者在规定期限内货物复运出境或者复运进境时征收税款。暂准进出境货物在规定期限届满后不再复运出境或者复运进境的，纳税义务人应当在规定期限届满前向海关申报办及纳税手续，缴纳剩余税款。

计征税款的期限为60个月。不足一个月但超过15天的，按一个月计征；不超过15天的，免予计征。计征税款的期限自货物放行之日起计算。

按月征收税款的计算公式为：

每月关税税额＝关税总额×（1÷60）

每月进口环节代征税税额＝进口环节代征税总额经×（1÷60）

二、进口环节税

进口货物、物品在办理海关手续放行后，进入国内流通领域，与国物同等对待，所以应缴纳应征的国内税。进口货物、物品的一些国内税依法由海关在进征。目前，进口环节海关代征税（简称进口环节代征税）主要有增值税、消费税两种。按规定船舶吨税也由海关代征。

（一）增值税

1. 含义

增值税是以商品的生产、流通和劳务服务各个环节所创造的新增价值为课税对象的一种流转税。

2. 征纳及征收范围

进口环节增值税由海关征收，其他环节的增值税由税务机关征收。起征额为人民币50元，低于50元的免征，基本税率为17％。按13％征收增值税的商品有下面几个方面的内容：

（1）粮食、食用植物油；

（2）自来水、暖气、冷气、热水、煤气、石油液化气、天然气、沼气、居民用煤炭制品；

（3）图书、报纸、杂志；

（4）饲料、化肥、农药、农机、农膜；

（5）国务院规定的其他货物。

（二）消费税

1. 含义

消费税是以消费品或消费行为的流转额作为课税对象而征收的一种流转税。

2. 征纳及征收范围

进口环节消费税由海关征收，其他环节的消费税由税务机关征收。起征额为人民币50元，低于50元的免征。目前国家规定应征消费税的商品共有四种类型。

第一类：一些过度消费会对人的身体健康、社会秩序、生态环境等方面造成危害的特殊消费品。例如，烟、酒、酒精、鞭炮、焰火等。

第二类：奢侈品等非生活必需品。例如，贵重首饰及珠宝玉石、化妆品等。

第三类：高能耗的高档消费品。例如，小轿车、摩托车、汽车轮胎等。

第四类：不可再生和替代的资源类消费品。例如，汽油、柴油等。

三、进出口税费计算

（一）进口关税税款的分析与计算

1. 从价税

（1）计算公式：

应征税额＝进口货物完税价格×进口从价税税率

减税征收税额＝进口货物完税价格×减按进口关税税率

（2）计算步骤：

①按照归类原则确定税则归类，将应税货物归入适当的税则列号；

②根据原产地规则和税率适用规定，确定应税货物所适用的税率；

③根据《审价办法》的有关规定，确定应税货物的 CIF 价格；

④根据汇率适用规定，将以外币计价的 CIF 价格折算成人民币（完税价格）；

⑤按照计算公式正确计算应征税款。

例 5－1：江苏某机电公司于 2010 年 8 月从香港购进日本产丰田皇冠轿车 30 辆；且于当月运抵上海口岸，成交价格合计为 FOB 香港 360000 美元；，实支付运费 13000 美元，保险费 2000 美元。已知小轿车的汽缸容量 2000 毫升，适用中国银行的外汇折算价为 1 美元＝人民币 6.3396 元，计算应征进口关税。

计算过程：

①确定税则归类，汽缸容量 2000 毫升的小轿车归入税则列号 8703.2341；

②原产国日本适用最惠国税率 25％；

③审定完税价格为 375000 美元（360000 美元＋13000 美元＋2000 美元）；

④将外币价格折算成人民币为 2377350 元；

⑤计算应征税款。

征进口关税税额＝完税价格×关税税率

＝2377350 元×25％

＝594337.5 元

例 5－2：国内某企业从加拿大购进国内性能不能满足需要的柴油船用发动机 3 台，用于捕鱼业。成交价格合计为 CIF 境内目的地口岸 780000 美元。经批准该发动机进口关税税率减按 1％计征。已知适用中国银行的外汇折算价为 1 美元＝6.3896 元人民币，计算应征进口关税。

计算过程：

①确定税则归类，该发动机归入税则列号 8408.1000；

②原产国美国适用最惠国税率 5％，减按 1％计征；

③审定 CIF 价格为 780000 美元；

④将外币价格折算成人民币为 4983888 元；

⑤计算应征税款。

应征进口关税税额＝完税价格×减按进口关税税率

＝4983888 元×1％

＝49838. 88 元

2. 从量税

（1）计算公式：

应征税额＝进口货物数量×单位税额

（2）计算步骤：

①按照归类原则确定税则归类，将应税货物归入适当的税则列号；

②根据原产地规则和税率适用规定，确定应税货物所适用的税率；

③确定其实际进口量；

④如计征进口环节增值税，根据审定完税价格的有关规定，确定应税货物的 CIF 价格；

⑤根据汇率适用规定，将外币折算成人民币（完税价格）；

⑥按照计算公式正确计算应征税款。

例 5-3：大连鹏达烟酒公司从荷兰进口了 5000 箱“喜力”牌啤酒，规格为 24 支×330 毫升/箱，申报价格为 FOB 鹿特丹 HKD50/箱，目的港为大连口岸，且发票列明运费为 HKD20000，保险费率为 0.3%，经海关审查属实。已知该啤酒的优惠税率为 3.5 元/升，报关时适用中国银行的外汇折算价为 100 港元＝88.15 元人民币。请计算该批啤酒应征的进口关税。

计算过程：

①确定税则归类，啤酒归入税则列号 2203.0000；

②原产国荷兰适用最惠国税率，关税税率为：3.5 元/升；

③确定其实际进口量，330 毫升×24 支×5000 箱＝39600000 毫升＝39600 升；

④计算应征税款。

关税＝3.5 元/升×39600 升＝138600 元

例 5-4：2011 年广州某贸易公司向国外购进日本产的彩色胶卷 30000 卷（1 卷＝0.05775 平方米），规格为 136/16，税则列号为 3702.5410，经海关审定其成交价格 CIF 广州 30000 美元，要求计算进口关税税款（其适用的汇率为 1 美元＝6.35 元人民币）。

计算过程：

①确定税则归类，彩色胶卷归入税则列号 3702.5410；

②原产国日本适用最惠国税率 26.00 元/平方米；

③确定其实际进口量 30000 卷×0.05775 平方米/卷＝1732.50 平方米；

④将外币总价格折算成人民币为 190500 元（计征进口环节增值税时需要）；

⑤计算应征税款。

应征进口关税税额＝货物数量×单位税额

＝1732.50 平方米×26.00 元/平方米

＝207900 元

3. 复合税

（1）计算公式：

应征税额＝进口货物数量×单位税额＋进口货物完税价格×进口从价税税率

（2）计算步骤：

①按照归类原则确定税则归类，将应税货物归入适当的税则列号；

②根据原产地规则和税率适用规定，确定应税货物所适用的税率；

③确定应税货物实际进口量；

④根据审定完税价格的有关规定，确定应税货物的完税价格；

⑤根据汇率适用规定，将外币折算成人民币；

⑥按照计算公式正确计算应征税款。

例 5－5：国内某公司从日本进口广播电视摄像机 40 台，其中有 20 台成交价格为 CIF 境内某口岸 4000 美元/台，其余 20 台成交价格为 CIF 境内某口岸 5200 美元/台，已知适用中国银行的外汇折算价为 1 美元＝6.7 元，计算应征进口关税。（货物产自日本，适用最惠国税率，完税价格不高于 5000 美元/台的，关税税率为单一从价税率 35％；完税价格高于 5000 美元/台的，关税税率为 3％，加 12960 元从量税）

计算过程：

①确定税则归类，广播电视摄像机归入税则列号为 8525.8012；

②产自日本适用最惠国税率，完税价格不高于 5000 美元/台的，关税税率为单一从价税率 35％；完税价格高于 5000 美元/台的，关税税率为 3％，加 12960 元从量税，所以 20 台摄像机适用 35％从价税，另外 20 台摄像机适用关税税率为 3％，加 12960 元从量税；

③确定应税货物的完税价格：

20 台摄像机完税价格为 4000 美元×20 台＝80000 美元

20 台摄像机完税价格为 5200 美元×20 台＝104000 美元

④根据汇率适用规定，将外币折算成人民币分别为 536000 元和 696800 元；

⑤按照公式分别计算进口关税税款。

20 台单一从价进口关税税额＝完税价格×关税税率
＝536000 元×35％
＝187600 元

20 台复合进口关税税额＝进口货物数量×单位税额＋进口货完税价格×进口从价税率
＝20 台×12960 元/台＋696800 元×3％
＝259200 元＋20904 元
＝280104 元

40 台合计进口关税税额＝从价进口关税税额＋复合进口关税税额
＝187600 元＋280104 元
＝467704 元

4. 滑准税

（1）计算公式：

从价应征进口关税税额＝完税价格×暂定关税税率

从量应征进口关税税额＝进口货物数量×暂定关税税率

（2）计算步骤：

①按照归类原则确定税则归类，将应税货物归人适当的税则列号；

②根据原产地规则和税率适用规定，确定应税货物所适用的税率种类；

③根据审定完税价格的有关规定，确定应税货物的完税价格；

④根据关税税率计算公式确定暂定关税税率；

⑤根据汇率适用规定，将外币折算成人民币；

⑥按照计算公式正确计算应征税款。

例 5-6：国内某加工生产企业内销一批配额外未梳棉花 1 吨，原产地为美国，成交价格为 CIF 某口岸 1053.58 美元/吨。企业已向海关提交由国家发展改革委授权机构出具的“关税配额外优惠关税税率进口棉花配额证”，经海关审核确认后，征收滑准关税。已知其适用中国银行的外汇折算价为 1 美元＝6.8396 元人民币，请计算应征进口关税税款。

计算过程：

①确定税则归类，未梳棉花归入税则列号 5201.0000；

②确定关税税率，审定完税价格为 1053.58×6.8396＝7206.07 元人民币，折算后每千克为 7.206 元，将此完税价格与 11.397 元/千克作比较，鉴于 7.206 元/千克低于 11.397 元/千克，该进口货物原产国适用最惠国税，根据“当配额外进口棉花完税价格低于 11.397 元/千克时，暂定关税率按公式计算，当公式计算值高于 40%”时取值 40%的规定，计算该货物的暂定关税税率；

暂定关税税率＝8.686÷完税价格＋2.526%×完税价格－1

＝8.686÷7.206 元＋2.526%×7.206 元－1

＝0.387

③该滑准关税税率计算后为 38.7%，小于 40%，按照实际计算的关税税率计征关税；

④计算应征税款。

应征进口关税税额＝完税价格×暂定关税关税税率

＝7206.07 元×38.7%

＝2788.75 元

(二) 出口关税税款计算及分析

1. 计算公式

$$应征出口关税税额＝出口货物完税价格×出口关税税率$$

$$出口货物完税价格＝\frac{FOB（中国境内口岸）}{1＋出口关税税率}$$

即出口货物是以 FOB 价成交的，应以该价格扣除出口关税后作为完税价格；如果以其他价格成交的，应换算成 FOB 价后再按上述公式计算。

2. 计算步骤

(1) 按照归类原则确定税则归类，将应税货物归入适当的税则列号；

(2) 根据审定完税价格的有关规定，确定应税货物的成交价格；

(3) 根据汇率适用规定。将外币折算成人民币；

(4) 按照计算公式正确计算应征出口关税税款。

例 5-7：国内某企业从上海出口硅铁一批，申报成交价格为 FOB 上海 7715.5 美元，其适用中国银行外汇折算价为 1 美元＝6.3962 元，计算出口关税。

计算过程：

①确定税则归类，该批硅铁归入税则列号 7202.2100，出口税率为 25%；

②审定 FOB 为 7715.50 美元；

③将外币价格折算成人民币为 49349.88 元；

④计算应征税款。

$$出口货物完税价格=\frac{FOB（中国境内口岸）}{1+出口关税税率}$$

$$=\frac{49349.88 元}{1+25\%}$$

$$=39479.9 元$$

$$出口关税税额=出口货物完税价格×出口关税税率$$

$$=39479.9 元×25\%$$

$$=9869.98 元$$

例 5－8：2011 年某进出口公司出口锌砂 300 吨到韩国，经海关审定成交价格为 FOB 上海 600 美元/吨。锌砂的出口关税税率为 30%，要求计算应纳出口关税（其适用的汇率为 1 美元＝6.3962 元人民币）。

计算过程：

①税则归类，归入税则列号：2608.0000；

②该出口货物适用的关税税率为 30%；

③计算完税价格。

a. 出口货物价格折算为人民币：

300 吨×600 美元/吨×6.3962 元/美元＝1151316 元

b. 计算出口货物完税价格：

$$出口货物完税价格=\frac{FOB（中国境内口岸）}{1+出口关税税率}$$

$$=\frac{1151316 元}{1+30\%}$$

$$\approx 885627.69 元$$

④计算应纳出口关税税额。

$$应纳出口关税税额=出口货物完税价格×出口关税税率$$

$$=885627.69 元×30\%$$

$$\approx 265688.31 元$$

（三）进口环节海关代征税税款的分析与计算

1. 消费税

（1）计算公式。

①实行从价定率办法计算纳税、采用价内税的计税方法，即计税价格的组成中包括了消费税税额。计算公式为：

$$应纳税额=消费税组成计税价格×消费税比例税率$$

$$消费税组成计税价格=\frac{进口关税完税价格+进口关税税额}{1-消费税比例税率}$$

②实行从量征收的消费税的计算公式为：

$$应纳税额=应征消费税消费品数量×消费税单位税额$$

③实行从价定率和从量定额复合计税办法计算纳税的组成计税价格，其计算公式为：

$$消费税应纳税额=消费税组成计税价格×消费税比例税率$$

$$消费税组成计税价格=\frac{关税完税价格+关税+进口数量\times消费税定额税率}{1-消费税比例税率}$$

(2) 计算步骤：

①按照归类原则确定税则归类，将应税货物归入适当的税则列号；

②根据有关规定，确定应税货物所适用的消费税税率；

③根据审定完税价格的有关规定，确定应税货物的 CIF 价格；

④根据汇率适用规定，将外币折算成人民币（完税价格）；

⑤按照计算公式正确计算消费税税款。

例 5－9：某进出口公司进口啤酒 4000 升（啤酒：1 吨＝988 升），经海关审核其成交价格为 CIF 上海 1800 美元。已知啤酒消费税税率为：进口完税价格≥370 美元/吨时，消费税率为 250 元/吨；进口完税价格＜370 美元/吨时，消费税率为 220 元/吨。其适用的汇率为 1 美元＝6.3892 元人民币。计算应纳进口环节消费税额。

计算过程：

①税则归类，归入税则列号：2 608.0000；

②消费税税率为从量税，进口完税价格≥370 美元/吨的消费税税率为 250 元/吨，进口完税价格＜370 美元/吨的消费税税率为 220 元/吨；

③进口啤酒数量：4000 升÷988 升/吨≈4.05 吨；

④计算完税价格单价：1800 美元÷4.05 吨≈444.44 美元/吨，适用的消费税率为 250 元/吨；

⑤按照计算公式计算消费税。

消费税应纳税额＝应征消费品数量×消费税比例税率

＝4.05 吨×250 元/吨

＝1012.50 元

2. 增值税

(1) 计算公式：

应纳税额＝增值税组成计税价格×增值税税率

增值税组成计税价格＝进口关税完税价格＋进口关税税额＋消费税税额

(2) 计算步骤：

①按照归类原则确定税则归类，将应税货物归入适当的税则列号；

②根据有关规定，确定应税货物所适用的增值税税率；

③根据审定完税价格的有关规定，确定应税货物的 CIF 价格；

④根据汇率适用规定，将外币折算成人民币（完税价格）；

⑤按照计算公式正确计算关税税款；

⑥按照计算公式正确计算消费税税款、增值税税款。

例 5－10：某公司进口货物一批，经海关审核其成交价格为 1200.00 美元，其报关时适用中国银行的外汇折算价为 1 美元＝人民币 6.68 元，折合人民币为 8016.00 元。已知该批货物的关税税率为 12%，消费税税率为 10%，增值税税率为 17%。现计算应征增值税税额为多少？

计算过程：

①计算关税税额。

应征关税税额＝完税价格×关税税率

＝8016 元×12%

＝961.92 元

②计算消费税税额。

应征消费税税额＝［（完税价格＋关税税额）÷（1－消费税税率）］×消费税税率

＝［（8016 元＋961.92 元）÷（1－10%）］×10%

≈997.55 元

③计算增值税税额。

应纳税额＝增值税组成计税价格×增值税税率

＝（进口关税完税价格＋进口关税税额＋消费税税额）×增值税税率

＝（8016 元＋961.92 元＋997.55 元）×17%

≈1695.83 元

（四）滞报金与滞纳金的计算

1. 滞报金

（1）关于滞报金的规定。由于滞报而产生滞报金的进口货物应当按日计征。计征起始日为运输工具申报进境之日起第 15 日，截止日为海关接受申报之日（即申报日期）。起始日和截止日均计入滞报期间。

进口货物收货人申报并经海关依法审核，必须撤销原电子数据报关单重新申报，产生滞报的，经进口货物收货人申请并经海关审核同意，滞报金的征收，以撤销原电子数据报关单之日起第 15 日为起始日，以海关重新接受申报之日为截止日。

进口货物因收货人在运输工具申报进境之日起超过 3 个月未向海关申报，被海关提取作变卖处理后，收货人申请发还余款的，滞报金的征收，以自运输工具申报进境之日起第 15 日为起始日，以该 3 个月期限的最后一日为截止日。滞报金的日征收金额为进口货物完税价格的 0.5‰，以人民币“元”为计征单位，不足人民币 1 元的部分免征。滞报金的起征点为人民币 50 元。滞报金的计征起始日如遇法定假日则顺延至其后第一个工作日。

（2）滞报金计算公式：

滞报金金额＝进口货物完税价格×0.5‰×滞报期间（滞报天数）

（3）计算步骤：

①确定进口货物完税价格；

②确定滞报天数；

③按照公式计算滞报金。

例 5－11： 天津某公司以 CIF 价格进口货物一批，价格为 12500 美元，报关时适用中国银行的外汇折算价为 1 美元＝6.68 元人民币。运载进口货物的运输工具 5 月 9 日申报进境，收货人 5 月 15 日向海关传送报关单电子数据，海关当天受理申报并发出现场交单通知，收货人于 5 月 27 日提交纸质报关单时，发现海关已于 5 月 26 日撤销电子数据报关单，遂于 5 月 30 日重新向海关申报，海关当天受理申报并发出现场交单通知，收货人 5

月 31 日提交纸质报关单，如以上日期均不涉及法定节假日，试计算海关应征收滞报金为多少？

计算过程：

①确定进口货物完税价格。

12500 美元＝83500 元人民币

②确定滞报天数。

因收货人 5 月 15 日申报的电子数据超期被撤销，以第二次 5 月 30 日申报为准。从进境到申报共计 21 天，减去 14 天报关期限，超期 7 天。

③计算滞报金。

滞报金金额＝进口货物完税价格×0.5‰×滞报期间（滞报天数）
　　　　　＝83500 元×0.5‰×7
　　　　　≈292 元

2. 滞纳金

（1）关于滞纳金的规定。按照规定，海关征收的关税、进口环节增值税和消费税、船舶吨税，进出口货物的纳税义务人，应当自海关填发税款缴款书之日起 15 日内缴纳税款；如纳税义务人逾期缴纳税款的，由海关自缴款期限届满之日起至缴清税款之日止，按日加收滞纳税款 0.5‰的滞纳金。纳税义务人应该自海关填发滞纳金缴款书之日起 15 日内向指定银行缴纳滞纳金。

海关对滞纳天数的计算是自滞纳税款之日起至进出口货物的纳税义务人缴纳税费之日止，其中的法定节假日不予扣除。缴纳期限届满日遇星期六、星期日等休息日或者法定节假日的，应当顺延至休息日或法定节假日之后的第一个工作日。国务院临时调整休息日与工作日的，则按照调整后的情况计算缴款期限。

滞纳金的起征额为人民币 50 元，不足人民币 50 元的免予征收。

（2）计算公式：

关税滞纳金金额＝滞纳关税税额×0.5‰×滞纳天数

进口环节海关代征税滞纳金金额＝滞纳进口环节海关代征税税额×0.5‰×滞纳天数

（3）计算步骤：

①确定进口货物关税税额、进口环节海关代征税税额；

②确定滞纳天数；

③按照公式计算滞纳金。

例 5-12： 某公司进口一批货物，应征关税是 10000 元，消费税 40000 元，海关 5 月 23 日发出缴款通知书。法定节假日 6 月 8 日端午节，顺延至 6 月 9 日，6 月 12 日去缴纳，应收滞纳金为多少元？

计算过程：

①确定进口货物关税税额、进口环节海关代征税税额；关税税额为 10000 元、消费税额为 40000 元。

②确定滞纳天数。

本题中，海关 5 月 23 日发出缴款通知书，最后一天就是 6 月 7 日，6 月 8 日是滞纳金的起始日，到6月12日总共滞纳5天，并没有牵涉到节假日的问题。

③按照公式计算滞纳金。

应缴纳的滞纳金＝（10000元＋40000元）×0.5‰×5

＝125元

任务实施

本案计算方法如下：

①确定税则归类，彩色胶卷归入税则列号3702.5410；

②原产国日本适用最惠国税率26.00元/平方米；

③确定其实际进口量50400卷×0.05775平方米/卷＝2910.6平方米；

④审定完税价格为504000港币，将外币总价格折算成人民币为444276元（计征进口环节增值税时需要）；

⑤计算应征税款。

征进口关税税额＝货物数量×单位税额

＝2910.6平方米×26.00元/平方米

＝75675.60元

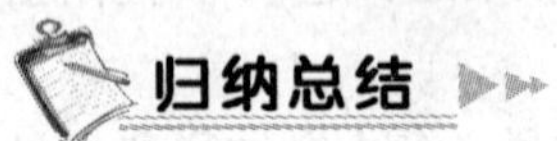

归纳总结

关税是一种流转税，其征收的主体是海关，征税的对象是进出口货物和进出境物品。关税的纳税义务人是进出口货物的收发货人、进出境物品的所有人或其代理人。征收关税是海关的主要任务之一。海关除了征收关税外，还代征进口环节消费税、进口环节增值税、船舶吨税等。因此，进口环节增值税和消费税的征收主体是海关，而其他环节的增值税和费税的征收主体是国内的税务机关。

计算进出口税费时，要注意基本要求和一些细节。如海关征收的关税、进口环节值税、进口环节消费税、船舶吨税、滞纳金、滞报金一律以人民币计征，完税价格、税额采用四舍五入法计算至分，分以下四舍五人。关税、进口环节增值税、进口环节消费税、舶吨税、滞纳金、滞报金等税费的起征点为人民币50元。进出口货物的成交价格及有关费用以外币计价的，计算税款前海关按照该货物适用的计征汇率（通常为中国人民银行的外汇牌价中间价）折合为人民币计算完价格。

滞报金是进口货物收货人未按规定期限向海关申报产生滞报的，由海关按规定征收滞报金。进口货物滞报金应按日计征。

滞纳金是税收管理中的一种行政强制措施。在海关监督管理中，滞纳金是指应纳税单位或个人因逾期向海关缴纳税款而依法应缴纳的款项。按照规定，关税、进口环节增值税、进口环节消费税、船舶吨税等的纳税义务人或其代理人，应当自海关填发税款缴款书之日起15日内向指定银行缴纳税款，逾期缴纳的，海关依法在原应纳税款的基础上，按日加收滞纳税款0.5‰的滞纳金。注意滞纳金和滞报金的征收基础有区别：滞纳金是在原应纳税款的基础上加收，而滞报金是在进口货物的关税完税价格的基础上加收。在计算滞纳金时，要注意滞纳天数的确定。

思考与训练

上海方正进出口公司从德国进口一批汽车，合同主要条款及相关条件如下。

品名：大众小轿车　　规格：排气量 2232 毫升

总值：USD400000.00FOB 汉堡　　运费：USD50000.00

保费：USD5000.00　　汇率：1 美元=6.40 元人民币

海关填发税款缴款书之日：2011 年 3 月 21 日（星期一）　缴纳税款之日：2011 年 4 月 7 日

请你根据上述业务背景，以上海方正汽车贸易有限公司报关员的身份计算应缴纳的相关进口税费。

下篇

报检实务

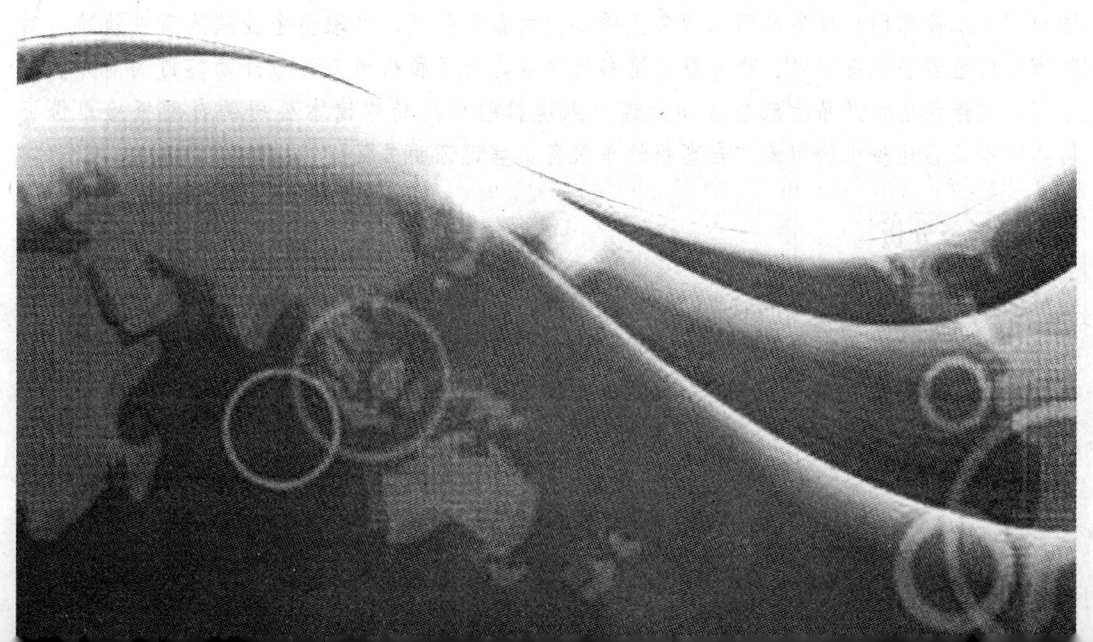

模块六　报检资格的申请

报检是报检主体向检验检疫部门申请办理商品检验、动植物检疫和卫生检疫等行为，报检主体包括报检单位和报检员。报检主体从事报检行为，办理报检业务，必须按照检验检疫机构的要求，取得报检资格，未按规定取得报检资格的，检验检疫机构不予受理报检。

任务一　自理报检单位的备案登记

知识目标

1. 了解报检的含义。
2. 了解自理报检单位的概念。
3. 了解自理报检单位的范围。

能力目标

1. 能办理自理报检单位备案登记手续。
2. 能处理自理报检单位的信息变更。
3. 能正确运用自理报检单位的权力及履行义务。

任务导入

大连荣达水产品生产企业是一家新成立的民营企业，2012 年 1 月 8 日完成了在大连市沙河口区工商部门、税务部门、商务主管部门的备案登记，并取得企业法人营业执照、对外贸易经营者登记备案表、税务登记证书等文件，为了履行该公司与外商签订的对外贸易合同，大连荣达水产品生产企业向大连出入境检验检疫局申请本公司的自理报检单位资格，即向检验检疫机构申请“自理报检单位备案登记证明书”。

任务分析

向检验检疫机构办理备案登记证书的申请，首先要明确报检的概念及其基本内容、自理报检单位的概念、包含的范围，着重掌握办理备案登记的程序及所需提交的相关材料，在向检验检疫机构完成备案后更需要明确自理报检单位相应的法律责任。

相关知识与拓展

一、报检的含义

报检是指有关当事人根据法律、行政法规的规定，对外贸易合同的约定或证明履约的需要，向检验检疫机构申请检验、检疫、鉴定，以获准出入境或取得销售使用的合法凭证及某种公证证明所必须履行的法定程序和手续。

我国自 2000 年 1 月 1 日起，实施“先报检，后报关”的检验检疫货物通关制度，对列入《法检目录》范围内的出入境货物，海关一律凭货物报关地检验检疫机构签发的“入境货物通关单”或“出境货物通关单”验放。

报检是报检主体向检验检疫部门中请办理商品检验、动植物检疫和卫生检疫等的行为，报检主体包括报检单位和报检员。按照报检单位的类型，报检行为可分为自理报检行为和代理报检行为，报检单位的管理水平和报检员素质的高低直接影响检验检疫工作的效率和质量。

二、自理报检单位的概念

自理报检单位，是指根据法律法规规定自行办理检验检疫报检手续的进出境收发货人，一般以生产型和经营型企业为主。

自理报检单位在首次报检时须办理备案登记手续，取得自理报检单位备案登记号。

三、自理报检单位的范围

随着中国与世界各国的政治、经济、文化、人员等方面的交流日益频繁，需要向检验检疫机构办理报检的单位和机构也不断增加，目前主要的自理报检单位包括如下单位。

(1) 有进出口经营权的国内企业；

(2) 进口货物的收货人；

(3) 出口货物的生产企业；

(4) 出口食品包装容器和包装材料、出口货物运输包装及出口危险货物运输包装的生产企业；

(5) 中外合资、中外合作、外商独资企业；

(6) 国外（境外）企业、商社常驻中国代表机构；

(7) 进出境动物隔离饲养和植物繁殖生产单位；

(8) 进出境动植物产品的生产、加工、存储、运输单位；

(9) 对进出境动植物、动植物产品、包装容器、包装物、交通运输工具等进行药剂熏蒸和消毒服务的单位；

(10) 有进出境交换业务的科研单位；

(11) 其他涉及出入境检验检疫业务并需要办理备案的单位。

四、自理报检单位备案登记材料

自理报检单位备案登记的申请人应向其工商注册所在地检验检疫机构提出申请，并同时提交以下材料。

(1) 自理报检单位备案登记申请表；

(2)“企业法人营业执照”复印件（加盖企业公章），同时交验原件；

(3)“组织机构代码证”复印件（加盖企业公章），同时交验原件；

(4) 其他有关证明文件（如进出口经营权的批准证书复印件等）；

(5) 检验检疫机构要求的其他相关材料。

申请人提交的材料必须真实、齐全、有效。检验检疫机构对申请人提交的材料进行审核，审核通过的予以备案登记，并向申请人颁发“自理报检单位备案登记证明书”。“自理报检单位备案登记证明书”有效期为5年，期满后，自理报检单位应当到原备案的检验检疫机构办理延期换证手续。

五、自理报检单位信息变更

1. 信息变更

自理报检单位的企业性质、报检员、营业场所、电话号码、传真号码、电子邮箱、联系人、邮政编码等内容更改的，检验检疫机构凭申请及时办理信息变更手续。

2. 重新换证

对于“自理报检单位备案登记证明书”所载事项，如自理报检单位的名称、注册地址、法定代表人等内容发生变更时，将重新制作并颁发“自理报检单位备案登记证明书”。

六、自理报检单位的权力

(1) 根据检验检疫法律法规规定，依法办理出入境货物、人员、运输工具、动植物及其产品等及与其相关的报检/申报手续。

(2) 在按有关规定办理报检，并提供抽样、检验检疫的各种条件后，有权要求检验检疫机构在国家质检总局统一规定的检验检疫期限内完成检验检疫工作并出具证明文件。如因检验检疫工作人员玩忽职守，造成入境货物超过索赔期而丧失索赔权的或出境货物耽误装船结汇的，有权追究当事人责任。

(3) 对检验检疫机构的检验检疫结果有异议的，有权在规定的期限内向原检验检疫机构或其上级检验检疫机构以至国家质检总局申请复验。

(4) 对所提供的带有保密性的商业、运输等单据，有权要求检验检疫机构及其工作人员予以保密。

(5) 有权对检验检疫机构及其工作人员的违法、违纪行为进行控告、检举。

七、自理报检单位的义务

(1) 遵守国家有关法律法规和检验检疫规章，对报检的真实性负责。

(2) 应当按检验检疫机构要求聘用报检员，由报检员凭检验检疫机构核发的“报检员

证”办理报检手续。应加强对本单位报检员的管理，并对报检员的报检行为承担法律责任。

（3）提供正确、齐全、合法、有效的证单，完整、准确、清楚地填制报检单，并在规定的时间和地点向检验检疫机构办理报检手续。

（4）在办理报检手续后，及时与检验检疫机构联系验货，协助检验检疫工作人员进行现场检验检疫、抽（采）样及检验检疫处理等事宜，并提供必要的工作条件。

（5）对检验检疫合格放行的出口货物应加强批次管理，不得错发、错运、漏发，致使货证不符。对入境的法检货物，未经检验检疫合格或未经检验检疫机构的许可，不得销售、使用或拆卸、运递。

（6）申请检验检疫、鉴定工作时，应按规定缴纳检验检疫费。

八、有关注意事项及法律责任

（1）自理报检单位必须遵守有关法律法规，并接受检验检疫机构的监督管理。

（2）自理报检单位要终止备案登记的，应以书面形式向原备案登记的检验检疫机构办理注销手续，经审核后予以注销。

（3）自理报检单位提供虚假的材料或信息，取得备案登记，检验检疫机构有权撤销其备案登记。

（4）自理报检单位提供的材料失实，或不按规定办理更改手续，造成无法落实检验检疫等严重后果的，按相关法律法规规定处理。

（5）已经在工商注册所在地检验检疫机构备案登记的自理报检单位及其已注册的报检员，前往注册地以外的检验检疫机构报检时，自理报检单位无须在异地办理备案登记和报检员注册手续。

任务实施

预办理自理报检单位备案登记，大连荣达公司应按下述步骤操作。

第一步：登录 http：//www. ciq. net. cn，单击“报检企业注册登记”，“注册登录类型”选择“新单位注册”，输入企业的组织机构代码，点击“注册”。

第二步：点选自理报检单位登记备案申请，详细录入信息，录入完毕后点击“申请”。

第三步：申请成功后点击右上角的“打印”按钮。打印出自理报检单位登记备案申请表，加盖单位公章，法人代表签名。

第四步：携带自理报检单位登记备案申请表及以下材料到大连检验检疫机构审批。

（1）自理报检单位备案登记申请表；

（2）“企业法人营业执照”复印件（加盖企业公章），同时交验原件；

（3）“组织机构代码证”复印件（加盖企业公章），同时交验原件；

（4）加盖单位公章的“外商投资批准证书”（外资）或“对外贸易经营者备案登记表”（内资）复印件（同时交验原件）；

（5）加盖单位公章的“海关注册登记证明书”复印件（同时交验原件）。

申请人提交的材料必须真实、齐全、有效，如果申请企业提交的申请材料中缺少或者材料内容有误，检验检疫机构的工作人员将告知申请企业的办事人员，补齐或更正错误后方可通过审核。

第五步：大连检验检疫机构对申请企业的备案申请确认通过。

第六步：填写经办人、日期并告知企业的备案登记号码。

第七步：颁发“自理报检单位备案登记证明书”，有效期为 5 年，期满后，自理报检单位应当到原备案的检验检疫机构办理延期换证手续。

自理报检单位备案登记流程如图 6－1 所示，“自理报检单位备案登记申请表”如表 6－1所示。

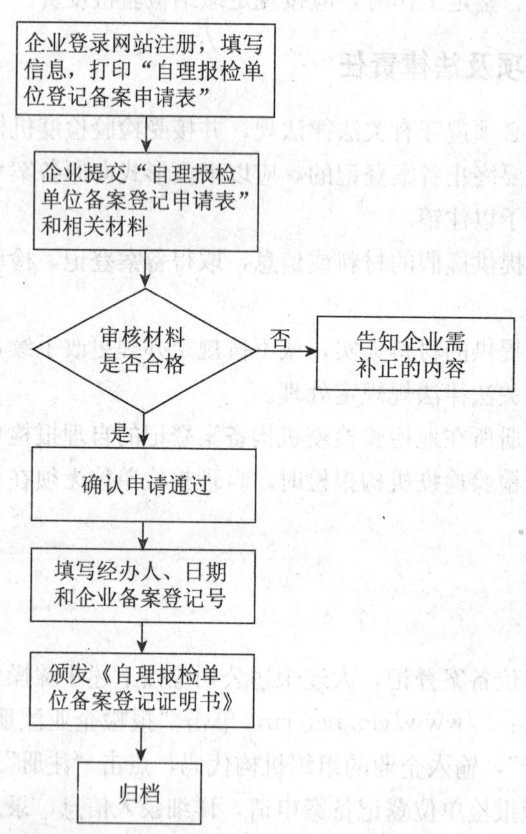

图 6－1　自理报检单位备案登记流程

表 6－1　　自理报检单位登记备案申请表

申请单位名称（中文）					
申请单位名称（英文）					
申请单位地址				邮政编码	
海关注册代码		电话号码		法定代表人	

续 表

E-mail地址		传真号码		联系人	
企业性质		企业类别			
组织机构代码		外资投资国别（三资企业）			
经营范围					
开户银行			银行账号		
随附文件	□ 申请单位营业执照 □ 批准证书/资格证书 □ 组织机构代码证 □ 其他 以上文件均为复印件，并加盖单位公章。				

申请单位公章：　　　　　　　　　　报检专用章：

法定代表人签字：　　　　　　　　　　填报人：

日　期：　　年　　月　　日

＊以下由出入境检验检疫机构填写：

企业备案登记代码：　　　　　　　　　　经办人：

日　期：　　年　　月　　日

归纳总结

属于自理报检单位范围内的企业或组织应当按照规定到工商注册所在地检验检疫机构提出申请，办理备案登记手续。应当提交的文件材料包括“自理报检单位备案登记申请表”；“企业法人营业执照”复印件（加盖企业公章），同时交验原件；“组织机构代码证”复印件（加盖企业公章），同时交验原件；其他有关证明文件（如进出口经营权的批准证书复印件等）；检验检疫机构要求的其他相关材料。

工商注册所在地检验检疫机构依法对申请备案登记材料是否齐全、是否符合法定形式进行核对。申请材料齐全、符合法定形式的申请人由工商注册所在地检验检疫颁发“自理报检单位备案登记证明书”。

自理报检单位凭“自理报检单位备案登记证明书”办理本单位报检业务。

思考与训练

大连荣达水产品生产企业是一家新成立的民营企业，2012年1月8日完成了在大连市沙河口区工商部门、税务部门、商务主管部门的备案登记，并取得企业法人营业执照、对外贸易经营者登记备案表、税务登记证书等文件，为了履行该公司与外商签订的对外贸易合同，2012年2月10日在大连进出境检验检疫局完成了自理报检单位备案登记，取得了“自理报检单位备案登记证明书”，同年5月该公司欲更名为大连荣昌，该如何进行自理报检单位的信息变更。

任务二　代理报检单位的注册登记

知识目标

1. 了解代理报检单位的含义。
2. 掌握代理报检单位的应具备的条件。

能力目标

1. 掌握代理报检单位注册登记步骤。
2. 掌握代理报检单位的变更登记。
3. 掌握代理报检单位的注销登记步骤。

任务导入

厦门佳佳报检公司于2012年1月10日向厦门市工商局注册，拟为金旅贸易公司办理服装出口的报检业务，必须首先向检验检疫机构办理注册登记手续，取得“代理报检单位注册登记证书”后，方可在许可的报检区域内从事指定范围的代理报检业务。

任务分析

厦门佳佳报检有限公司向检验检疫机构办理注册登记证书申请，首先要明确检验检疫的作用、组织机构与工作内容，其次要满足申请代理报检单位注册登记的企业应当具备的条件后，才可以按照代理报检单位注册登记的办理程序，向检验检疫机构办理代理报检单位注册登记。

相关知识与拓展

一、代理报检单位的含义

代理报检单位，又称代理报检企业，是指获得检验检疫机构注册登记后，接受进出

境收、发货人的委托，专业从事为委托人代为办理报检等有关检验检疫业务的境内企业。

二、申请代理报检单位注册登记的企业应具备的条件

(1) 取得工商行政管理部门颁发的“企业法人营业执照”；

(2)“企业法人营业执照”注册资金在人民币100万元以上；

(3) 有固定经营场所及办理代理报检业务所需的设施；

(4) 有健全的企业内部管理制度；

(5) 有不少于5名取得“报检员资格证”的拟任报检员。

三、代理报检单位注册登记的程序

1. 代理报检单位注册登记应提交的材料

(1) 代理报检单位注册登记申请书；

(2)“企业法人营业执照”复印件，同时交验正本，分公司以自己名义申请的，需同时提交“营业执照”复印件、总公司授权书；

(3)“组织机构代码”复印件，同时交验正本；

(4) 拟任报检员的“报检员资格证”复印件，同时交验正本；

(5) 申请单位与其拟任报检员签订的劳动合同复印件，同时交验原件；

(6) 加盖有申请单位公章的公司章程；

(7) 营业场所所有权证明或者租赁证明复印件，同时交验原件；

(8) 申请单位的印章印模。

以上所有材料均需加盖企业公章。

2. 受理

受理机构收到注册登记申请后，根据下列情况分别作出处理。

(1) 申请材料不齐全或者不符合法定形式，应当当场或者在5日内一次告知申请人需要补正的全部内容，逾期不告知的，自收到申请材料之日起即为受理；

(2) 申请材料仅存在可以当场更正的错误的，应允许申请人当场更正；

(3) 申请材料齐全、符合法定形式，或者申请人按照要求提交全部补正申请材料的，应予以受理。受理申请的，受理机构应向申请人出具国家质检总局统一制定的行政许可申请受理决定文书。

3. 审核与决定

(1) 受理机构应根据法定条件和程序对受理的申请进行审查，并指派两名以上工作人员对申请材料的实质内容进行现场核查；

(2) 直属检验检疫局应在受理申请之日起20日内作出准予或不予注册登记的决定；

(3) 准予注册登记的，直属检验检疫局应当自作出书面决定之日起10日内向申请人颁发“代理报检企业注册登记证书”，有效期为4年。

四、代理报检单位监督管理

1. 代理报检单位的信息变更

(1) 应当在变更之日起30日内办理信息更改手续，向所在地检验检疫机构提交“代理报检单位注册登记更改申请表”。

(2) 如果更改的信息涉及注册登记证书内容的，直属检验检疫局要把原注册登记证书收回，然后才颁发新证。

2. 代理报检单位例行审核制度

检验检疫机构每两年对代理报检企业实行一次例行审核制度，代理报检企业应在审核年度的3月1日至3月31日向所在地检验检疫机构申请例行审核。提交上两年度的“例行审核报告书”。

3. 代理报检单位信用等级分类管理

检疫检疫机构对代理报检单位实行信用等级的分类管理。信用等级评定是以代理报检单位在日常代理报检业务中遵守法律法规、履行代理报检职责的情况为依据，实行评分制，根据评分结果及附加条件确定A、B、C、D四个等级。A级、B级的代理报检单位，可给予不同程度的便利通关措施和宽松的管理措施，对C级、D级的代理报检单位采取加严管理。

五、代理报检单位的权利、义务和责任

1. 代理报检单位的权利

(1) 代理报检单位被许可注册登记后，有权在批准的代理报检区域内由其在检验检疫机构注册并持有“报检员证”的报检员向检验检疫机构办理代理报检业务。不得出借名义供他人办理代理报检业务。

(2) 除另有规定外，代理报检单位有权代理委托人委托的出入境检验检疫报检业务。

(3) 进口货物的收货人可以在报关地和收货地委托代理报检单位报检，出口货物发货人可以在产地和报关地委托代理报检单位报检。

(4) 在按有关规定办理报检，并提供抽样、检验检疫的各种条件后，有权要求检验检疫机构在国家质检总局统一规定的检验检疫期限内完成检验检疫工作并出具证明文件。如因检验检疫工作人员玩忽职守，造成入境货物超过索赔期而丧失索赔权的或出境货物耽误装船结汇的，有权追究当事人责任。

(5) 对检验检疫机构的检验检疫结果有异议的，有权在规定的期限内向原检验检疫机构或其上级检验检疫机构以至国家质检总局申请复验。

(6) 对所提供的带有保密性的商业、运输等单据，有权要求检验检疫机构及其工作人员予以保密。

(7) 有权对检验检疫机构的及其工作人员的违法、违纪行为进行控告、检举。

2. 义务

(1) 遵守国家有关法律法规和检验检疫规章，对报检的真实性负责。

(2) 代理报检单位接受委托人的委托，应当在委托人的授权范围内从事代理报检业

务，并对委托人提供情况的真实性进行核实。

(3) 在接受委托办理报检手续时，应当向检验检疫机构提交报检委托书。报检委托书应当列明委托事项，并加盖委托人和代理报检单位的公章。

(4) 应在检验检疫机构规定的期限、地点办理报检手续，办理报检时应按规定填制报检申请单，加盖代理报检单位的合法印章，并提供检验检疫机构要求的必要单证。

(5) 应按时缴纳检验检疫费，并将检验检疫收费情况如实告知委托人，不得借检验检疫机构名义向委托人乱收取费用。

(6) 应配合检验检疫机构实施检验检疫，并提供必要的工作条件，对已完成检验检疫工作的，应及时领取检验检疫单证及通关证明。

(7) 对实施代理报检中所知悉的商业秘密负有保密的义务。

(8) 不得以任何形式出让其名义供他人办理代理报检业务。

(9) 应当规范本单位报检员的报检行为，对其报检行为承担法律责任。报检员不再从事报检工作或被解聘，离开本单位时，代理报检单位应及时办理注销手续，否则因此产生的法律责任由该代理报检单位承担。

(10) 应当按检验检疫机构的要求建立和完善代理报检业务档案，真实完整的记录其承办的代理报检业务，代理报检业务档案保存期限为 4 年。

3. 责任

(1) 代理报检单位不如实提供进出口商品的真实情况，骗取检验检疫有关证单，或者对法定检验的进出口商品不予报检，逃避进出口商品检验的，由检验检疫机构根据《中华人民共和国进出口商品检验法实施条例》的规定没收违法所得，并处商品货价金额 5%以上至 20%以下罚款；情节严重的，撤销其报检单位的注册登记；

(2) 代理报检单位违反规定扰乱报检秩序，有下列行为之一，由检验检疫机构按照《中华人民共和国进出口商品检验法实施条例》的规定责令改正，没收违法所得，并处 10 万元以下罚款，暂停其 6 个月以内代理报检业务，情节严重的，撤销其报检单位的注册登记：

①1 年内报检员 3 人次以上被撤销报检从业注册的；

②未按照规定代委托人缴纳检验检疫费，未如实向委托人告知检验检疫收费情况或者借检验检疫机构的名义向委托人乱收费用的；

③对检验检疫机构的调查和处理不予配合的，或者威胁、贿赂检验检疫工作人员的；

④出让其名义供他人办理代理报检业务的；

⑤例行审核不合格的。

(3) 代理报检企业有下列情形之一的，有非法所得的，由检验检疫机构责令改正，处以违法所得的 3 倍以下罚款，最高不超过 3 万元；没有非法所得的，处以 1 万元以下罚款；

①未按规定建立、完善代理报检业务档案，或者不能真实完整记录其承办的代理报检业务；

②拒绝接受检验检疫机构监督检查；

③未按期申请例行审核的。

任务实施

第一步：厦门佳佳报检公司申请人在中国检验检疫电子业务网（www. eciq. cn）进行代理报检企业注册登记，提出申请。

第二步：完成网上申请后，申请人应当在两周内向厦门出入境检验检疫局提出申请并提交下列材料：

（1）网上申请打印的“代理报检企业注册登记申请书”，并由法定代表人签名，并加盖单位公章；

（2）“企业法人营业执照”复印件；

（3）“组织机构代码证”复印件；

（4）拟任报检员的“报检员资格证书”复印件；

（5）代理报检企业与拟任报检员签订的劳动合同；

（6）企业章程复印件；

（7）营业场所所有权证明或者租赁证明复印件；

（8）申请人的印章印模；

（9）国家质检总局要求的其他材料。

申请人提交的上述材料为一式两份，并加盖本企业公章，提交复印件的应当同时交验正本。

第三步：受理机构根据申请人提交的材料是否齐全、是否符合法定形式，在5个工作日内作出受理或不予受理的决定，并按规定出具书面凭证。

第四步：申请人的书面申请材料不齐全或不符合法定形式或提交的电子数据有误的，在5个工作日内一次性告知申请人需要补正的全部内容。

第五步：受理申请后，受理机构按规定对申请材料内容进行具体审查，对申请人的营业场所和办公条件进行现场核查，对其有关代理报检的管理制度进行评审。

第六步：初步审查合格的，由受理机构将初审意见连同全部申请材料报送厦门检验检疫局；初审不合格的，由受理机构出具不予许可通知书。

第七步：厦门检验检疫局根据规定，对申请材料和初审意见进行审查，并作出准予注册登记或不予注册登记的决定。准予注册登记的，向申请人出具“准予行政许可决定书”，并于作出准予行政许可决定10个工作日内向申请人颁发“代理报检企业注册登记证书”，有效期为4年。

第八步：收费。根据国家发改委、财政部《关于印发〈出入境检验检疫收费办法〉的通知》（发改价格〔2003〕2357号），向每个被受理申请的企业收取注册登记费500元。

归纳总结

代理报检单位注册登记应依法获得代理报检单位注册登记证书。申请代理报检注册登记许可的申请人应当到所在地的检验检疫机构提出申请，检验检疫机构应当根据情况分别

作出受理或者不予受理的决定。受理后，根据法定条件和程序进行全面审查，审查完毕，将审查意见和全部申请材料报送直属检验检疫局。直属检验检疫局自收到报送的审查意见之日起20日内作出是否准予注册登记许可的决定。

思考与训练

大连佳佳报检有限公司向检验检疫机构办理注册登记证书申请，已经两年了，即将办理例行审核。如何进行例行审核？

任务实施

第一步：例行审核单位应于3月31日前通过中国检验检疫电子业务网（www.eciq.cn）代理报检注册登记管理系统，提交例行审核申请，并按照规定要求向所在地检验检疫机构提交“代理报检企业例行审核报告书”，受理部门将组织书面审核和重点现场核查。

第二步：公司应报的申请材料。“代理报检企业例行审核报告书”的主要内容包括代理报检企业基本信息、遵守检验检疫法律法规规定情况、报检员信息及变更情况、代理报检业务情况及分析、报检差错及原因分析、自我评估等。

代理报检企业应打印“代理报检企业例行审核报告书”，并随附下列资料：①工商营业执照复印件；②“组织机构代码”复印件；③所有报检员的“报检员证”复印件；④公司章程复印件；⑤企业营业场所所有权证明或者租赁证明复印件；⑥“注册登记证书”副本原件。企业提交的复印件材料应当加盖本企业公章，并同时交验原件。

第三步：对于受理申请的单位，检验检疫局将对其申报例行审核材料的真实性及实质性内容进行审查。根据需要指派两名以上工作人员进行现场核查。具体审查及核查内容包括：①代理报检企业基本信息的变动情况。包括注册资金、报检员人数、经营场所及办理检验检疫业务所需的条件等；②上两年度内代理报检差错情况；③遵守检验检疫法律法规及代理报检管理规定的情况；④代理报检企业履行代理报检义务的情况；⑤代理报检业务档案管理情况；⑥代理报检企业信用情况。

第四步：根据总局有关规定，经例行审核合格的，将在“注册登记证书”的副本上加盖例行审核合格戳记。经例行审核不合格的，将签发“出入境检验检疫代理报检企业例行审核不合格通知书”。

任务三　报检员的注册登记

知识目标

1. 了解报检员的概念。
2. 了解取得报检员资格要求。
3. 了解报检员的权利与义务。

能力目标

1. 掌握报检员注册登记步骤。
2. 掌握报检员的差错登记制度。

任务导入

2011 年 11 月，李丽通过全国报检员资格考试，获得报检员资格证书，受聘于大连康丰进出口有限公司，主要负责公司日后的进出口商品的报检业务，在办理业务前，必须先向检验检疫机构办理报检员注册登记手续。

任务分析

在报检单位中报检员是报检活动的主体，办理报检员注册的前提条件是获得报检员资格证书，并且与报检单位签订劳动合同，报检员经注册后取得报检员证，报检员证是办理报检业务的凭证。

相关知识与拓展

一、报检员的含义

报检员是指获得国家质检总局规定的资格，在各地检验检疫机构注册，办理出入境检验检疫报检业务的人员。

二、获取报检员资格应具备的条件

参加报检员资格全国统一考试并成绩合格的人员可取得报检员资格，并获得“报检员资格证”。参加报检员资格考试的人员应符合的下列条件：

(1) 年满 18 周岁，具有完全民事行为能力；

(2) 具有良好的品行；

(3) 具有高中或者中等学校以上的学历；

(4) 国家质检总局规定的其他条件。

获得“报检员资格证”后两年内没有从事报检业务的，“报检员资格证”自动失效。

三、报检员注册

报检员注册应当由报检单位向备案或注册登记的检验检疫机构提出申请，并提交下列有关材料：

(1) 报检员注册申请书；

(2) 拟任报检员所属企业在检验检疫机构的登记证书；

(3) 拟任报检员的“报检员资格证”；

(4) 检验检疫机构要求的其他材料。

检验检疫机构对提交的材料进行审核，经审核合格的，予以注册，颁发“报检员证”，“报检员证”是报检员办理报检业务的身份凭证，不得转借、涂改。

四、报检员管理

(1) 一个报检员不得同时兼任两个或两个以上报检单位的报检工作。

(2) 报检员遗失“报检员证”的，应在七日内向发证检验检疫机构递交情况说明，并登报声明作废。

(3) “报检员证”的有效期为两年，有效期届满一个月前，报检员应当向发证检验检疫机构提出延期申请，同时提交延期申请。

检验检疫机构对报检员进行审核。经审核合格的，其“报检员证”有效期延长两年。经审核不合格的，报检员应当参加检验检疫机构组织的报检业务培训，经考试合格后，其“报检员证”有效期延长两年。未申请审核或者经审核不合格且未通过培训考试的，不予延长其“报检员证”有效期。

(4) 有下列情况之一的，报检员所属企业应收回其“报检员证”，交当地检验检疫机构，并以书面形式申请办理“报检员证”注销手续。

①报检员不再从事报检业务的；

②企业因故停止报检业务的；

③企业解聘报检员的；

④报检员调往其他企业的。

(5) 检验检疫机构对报检员在办理报检业务过程中出现的差错或违规行为实行差错记分管理。

①一次记分的分值，依据差错或违规行为的严重程度，分为12分、4分、2分和1分四种（见表6-2）；

表 6-2 报检员记分事项与分值

代码	事项	分值（分）	备注
0101	因报检员的责任造成报检单中所列项目申报错误的	1	按报检批次计，累计不超过2分
0102	因报检员的责任造成提交的报检单与所发送的电子数据内容不一致	1	
0103	报检所附单据之间或所附单据与报检单内容不相符的	1	
0104	未按规定签名或加盖公章	1	
0105	报检随附单据模糊不清或为传真纸的	1	
0106	报检随附单据超过有效期的	1	
0107	未提供代理报检委托书或所提供的不符合要求的	1	
0108	对同一批货物重复报检的	1	
0109	经通知或督促仍不按时领取单证的	1	
0110	已领取的检验检疫单证、证书或证件遗失或损毁的	1	
0111	对已报检的出境货物在一个月内不联系检验检疫也不办理撤销报检手续的	1	按报检批次计
0112	未在要求时间内上交应由检验检疫机构收回的“报检员证”或“报检员资格证”的	1	
0113	错误宣传检验检疫法律法规及有关政策或散布谣言的	1	
0199	其他应记1分的行为或差错	1	
0201	对已报检的入境货物，经检验检疫机构督促仍不及时联系检验检疫事宜，尚未造成严重后果的	2	
0202	对未受理报检的单据不按检验检疫机构的要求进行更改或补充而再次申报的	2	
0203	未按规定时间及时缴纳检验检疫费的	2	
0204	扰乱检验检疫工作秩序的，情节严重的	2	
0299	其他应记2分的行为或差错	2	
0401	代理报检单位报检员假借检验检疫机构名义刁难委托人，被投诉且经查属实的	4	
0402	办理不属于所属企业报检业务的	4	
0403	经通知拒不上交应由检验检疫机构收回的“报检员证”或“报检员资格证”的	4	
0404	提供虚假材料申请办理“报检员证”的注册、变更、补发和注销手续的	4	
0405	未经同意不参加检验检疫机构举办的有关报检业务培训的	4	
0406	入境流向货物申报时未提供收货人的有关信息或所提供的信息有误，尚未造成严重后果的	4	

续　表

代码	事　　项	分值（分）	备注
0407	被检验检疫机构发现漏报、瞒报法定检验检疫的货物或木质包装，尚未造成严重后果的	4	
0408	擅自取走报检单据或证单的	4	
0409	擅自涂改已受理报检的报检单上的内容或撤换有关随附单据的	4	
0499	其他应记 4 分的行为或差错	4	
1201	转借或涂改“报检员证”的	12	
1202	被暂停报检资格期间持他人“报检员证”办理报检及相关业务的	12	
1203	涂改、伪造检验检疫收费收据的	12	
1204	对入境货物不及时联系检验检疫或所提供的信息有误，致使检验检疫工作延误或无法实施检验检疫、造成严重后果的	12	
1205	不如实报检，未造成严重后果，尚未达到吊销“报检员证”条件的	12	
1299	其他应记 12 分的行为或差错	12	

②记分周期为一年度，满分 12 分，从“报检员证”初次发证之日起计算。一个记分周期期满后，记分分值累计未达到 12 分的，该周期内的记分分值予以消除，不转入下一个记分周期；

③在同一批次报检业务中出现两处或以上记分事项的，分别计算、累加分值；

④注销后重新注册或变更个人注册信息换发“报检员证”的，原记分分值继续有效；

⑤报检员对记分有异议的，可当场或在 3 日内提出申诉，经检验检疫机构复核，如报检员提出的事实、理由或者证据成立的，检验检疫机构根据实际情况取消或变更原记分；

⑥记分后，报检员应立即纠正差错或违规行为。

（6）报检员有下列行为之一的，由检验检疫机构暂停其 3 个月或 6 个月报检资格。

①一个记分周期内记分满 12 分，暂停报检资格 3 个月；

②同一记分周期内，暂停报检资格期间或期限届满后，被再次记满 12 分的，暂停报检资格 6 个月；

③1 年内出现 3 次以上报检差错行为，情节严重的；

④转借或者涂改报检员证的。

（7）出现下列情况之一的，取消报检资格，吊销“报检员证”。

①不如实报检，造成严重后果的；

②提供虚假合同、发票、提单等单据的；

③伪造、变造、买卖或者盗窃、涂改检验检疫通关证明、检验检疫证单、印章、标志、封识和质量认证标志的；

④其他违规检验检疫法律法规规定，情节严重的。

五、报检员的权利与义务

1. 权利

(1) 对于入境货物，报检员在检验检疫机构约定的时间和地点内办理报检，有权要求检验检疫机构在规定的期限或对外贸易合同约定的索赔期限内检验检疫完毕，并出具证明。

(2) 对于出境货物，报检员在检验检疫机构约定的时间和地点内办理报检，有权要求检验检疫机构在规定的期限内检验检疫完毕，并出具证明。

(3) 对检验检疫机构的检验检疫结果有异议的，有权在规定的期限内向原检验检疫机构或其上级检验检疫机构以至国家质检总局申请复验。

(4) 报检员如有正当理由需撤销报检时，有权按有关规定办理撤检手续。

(5) 对所提供的带有保密性的商业、运输等单据，有权要求检验检疫机构及其工作人员予以保密。

(6) 有权对检验检疫机构的及其工作人员的违法、违纪行为进行控告、检举。

2. 义务

(1) 办理业务时出示“报检员证”。

(2) 向本企业的领导传达并解释出入境检验检疫有关法律法规、通告及管理办法。

(3) 遵守有关法律法规和检验检疫规定，在规定的时间和地点进行报检并向检验检疫机构发送准确的电子报检数据，清晰、准确、详细地填制报检单，提供准确、齐备、真实、有效的报检随附资料，协助所属企业完整保存报检资料等业务档案。

(4) 向检验检疫机构提供进行抽样、检验检疫和鉴定等必要的工作条件，如必要的工作场所、辅助劳动力等；配合检验检疫机构为实施检验检疫而进行的现场验货、抽样及检验检疫处理等事宜；负责传达和落实检验检疫机构提出的检验检疫监管措施和其他有关要求。

(5) 按照有关规定缴纳检验检疫费。

(6) 报检员必须严格遵守有关法律法规和有关行政法规的规定，不得擅自涂改、伪造或变造检验检疫证（单）。

(7) 对于需要办理检疫审批的进境检疫物，报检员应与报检前提醒或督促有关单位办妥检疫审批手续，或准备提供隔离场。报检后报检员应配合检疫过程，了解检疫结果，适时做好除害处理，对不合格货物按检疫要求配合检验检疫机构做好退运、销毁等处理。

(8) 对出境检疫物的报检，报检员应配合检验检疫机构，根据输入国家的检疫规定等有关情况，督促企业有关部门进行必要的自检，或提供有关产地检验检疫资料，帮助检验检疫机构掌握产地疫情，了解检疫情况和结果。

(9) 对入境不合格的货物，应及时向出入境检验检疫机构通报情况，以便整理材料、证据对外索赔。对于出境检验检疫不合格的货物要搜集对方的反映，对有异议的货物要及时向检验检疫机构通报有关情况。

任务实施

第一步：根据任务的要求，李丽完成报检员注册网上申请。

(1) 李丽登录中国检验检疫电子业务网（www. eciq. cn)，在首页单击“报检员注册申请”。

(2) 在“注册登录类型”中选择“已注册单位”在“报检单位组织机构代码”中根据大连康丰进出口有限公司“组织机构代码证”上的9位代码填写，“报检单位登记号”根据“自理报检单位备案登记证明书”上的备案登记号填写，完成后单击“登录”。

(3) 单击“注册申请”。

(4) 输入单位基本信息，完成后点击屏幕下方的“保存申请”。

(5) 待申请成功，点击右上方的“打印”。

(6) 打印出“报检员注册申请书”（见表6-3)。

第二步：根据任务的要求，李丽办理报检员注册。李丽持公司的“自理报检单位备案登记证明书”正本及加盖公章的复印件、自己的“报检员资格证”的正本及复印件，连同“报检员注册申请书”以及两张2寸彩照到大连出入境检验检疫局检务窗口办理报检员注册，交付“报检员注册申请书”、照片及自理报检单位备案登记证明书、报检员资格证的复印件，同时验证原件。

第三步：根据任务的要求，领取报检员证。经对李丽申请材料内容进行审查，大连出入境检验检疫局作出准予注册登记的决定，李丽领取报检员证。

表6-3　　**报检员注册申请书**

编号：

申请单位		单位代码		相片
地　　址		联系电话		
拟任报检员姓　　名		出生年月		
身份证号		联系电话		
电子邮箱		手机号码		
资格证号		发证日期		

__________出入境检验检疫局：

兹证明________系我单位在职员工，已取得“报检员资格证”，现申请注册。

本单位保证所填写内容及提交的材料真实、有效，并承担相应法律责任。

本单位及拟任报检员保证遵守国家有关法律法规，按照检验检疫机构的规定和要求办理报检手续，配合做好检验检疫工作，并承担相应的法律责任。

拟任报检员（签字）：

申请单位负责人（签字）：　　　　　　　　（公章）

年　月　日

续 表

★检验检疫机构审核意见： 经办人： 年 月 日	
★报检员证号：	初次发证时间：
领证人签名：	领证日期：
备注：	

说明：带★部分内容由检验检疫机构填写。

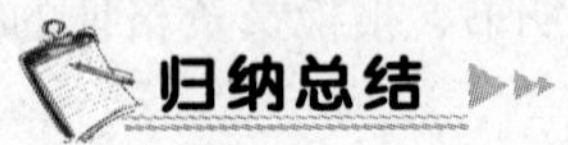

归纳总结

我国报检员资格是通过报检员资格全国统一考试和颁发报检员资格证书的形式进行的。报检员注册由报检单位对通过报检员资格考试、依法取得报检员资格证书的人员向其备案或注册登记的检验检疫机构提出申请，提交材料，办理注册手续，取得报检员证。

思考与训练

江苏金源进出口有限公司公开招聘一名报检员，工作待遇非常优越。李丽原为大连康丰进出口有限公司的报检员，现她通过了招聘，被江苏金源进出口有限公司录用了，现李丽欲到江苏金源进出口有限公司工作，应如何办理相关手续。

模块七　检验检疫监督管理

检验检疫监督管理是出入境检验检疫工作的重要内容，是《中华人民共和国进出口商品检验法》《中华人民共和国进出境动植物检疫法》《中华人民共和国国境卫生检疫法》《中华人民共和国食品安全法》规定的法律程序。检验检疫机构可以根据对外贸易的需要，按照国家规定对列入目录的出口商品进行出厂前的质量监督管理和检验；根据国家统一的认证制度，对有关的进出口商品实施认证管理；对实施许可制度的进出口商品实行验证管理，查验单证，核对货证是否相符；对检验合格的进出口商品，根据需要加施商检标志或者封识。

任务一　强制性产品认证

知识目标

1. 了解强制性产品认证适用的范围。
2. 了解强制性产品认证监督管理主管机构。

能力目标

1. 掌握强制性产品认证的程序。
2. 掌握强制性产品认证的后续管理。

任务导入

大连普华电子公司将于2012年3月进口一批计算机电子设备，该批电子设备属于《强制性产品认证目录》，于是公司作为进口商向指定认证机构提出该批计算机电子设备的认证申请，取得“中国国家强制性产品认证证书”，保证了该批货物顺利通关。

任务分析

是否申请“中国国家强制性产品认证证书”，首先要了解强制性产品认证适用的范围，在适用范围内，按照认证程序，准备充分的材料，申领“中国国家强制性产品认证证书”，并严格按要求使用证书。

相关知识与拓展

一、强制性产品认证适用范围

（一）强制性产品认证涵盖的商品范围

我国对涉及人类健康和安全、动植物生命和健康，以及环境保护和公共安全的产品实行强制性认证制度。

国家对强制性产品认证公布统一的《强制性产品认证目录》，凡列入该目录的产品，必须经国家指定的认证机构认证合格、取得指定认证机构颁发的认证证书、并加施认证标志后，方可出厂、销售、进口和在经营性活动中使用。自 2003 年 5 月 1 日起，未获得强制性产品认证证书和未加施中国强制性认证标志的产品不得出厂、进口、销售。

（二）无须办理和免于办理强制性产品认证的有关规定

1. 符合以下条件的，无须办理强制性产品认证

（1）外国驻华使馆、领事馆和国际组织驻华机构及其外交人员自用的物品；

（2）香港、澳门特区政府驻内地官方机构及其工作人员自用的物品；

（3）入境人员随身从境外带入境内的自用物品；

（4）政府间援助、赠送的物品。

符合以上条件的《强制性产品认证目录》中的产品，无须申请强制性产品认证证书，也不需加施中国强制性产品认证标志。

2. 符合以下条件的，可免于办理强制性产品认证

（1）科研、测试所需的产品；

（2）考核技术引进生产线所需的零部件；

（3）直接为最终用户维修目的所需的产品；

（4）工厂生产线/成套生产线配套所需的设备/部件（不包含办公用品）；

（5）仅用于商业展示，但不销售的产品；

（6）暂时进口，需退运出关的产品（含展览品）；

（7）以整机全数出口为目的而用一般贸易方式进口的零部件；

（8）以整机全数出口为目的而用进料或来料加工方式进口的零部件。

（三）《强制性产品认证目录》中产品的适用范围

在国家认监委公布的《强制性产品认证目录》中，同一个 HS 编码项下的产品并非都属于实施强制性产品认证的范围。因此报检员在办理报检手续时，要了解关于《强制性产品认证目录》内产品的适用范围问题，对于在范围内的，应按要求提供有关认证证书或免办证明；对于不在适用范围内的，在提供相关证明材料后，无须提供认证证书。

二、强制性产品认证的主管机构

国家认证认可监督管理委员会主管全国认证认可工作，负责全国强制性产品认证制度的管理和组织实施工作。各地质检行政部门负责对所辖地区《强制性产品认证目录》中产

品实施监督，对强制性产品认证违法行为进行查处。国家认证认可监督管理委员会指定的认证机构，对获得认证的产品，颁发“中国国家强制性产品认证证书”；对获得认证的产品进行跟踪检查；受理有关的认证投诉、申诉工作；依法暂停、注销和撤销认证证书。

三、强制性产品认证程序

《强制性产品认证目录》中产品认证的程序包括以下全部或者部分环节：

（1）认证申请和受理；

（2）型式试验；

（3）工厂审查；

（4）抽样检测；

（5）认证结果评价和批准；

（6）获得认证后的监督。

四、强制性产品认证的申请

（1）《强制性产品认证目录》中产品的生产者、销售者和进口商可以作为申请人，向指定认证机构提出《强制性产品认证目录》中产品的认证申请。

（2）申请人申请《强制性产品认证目录》中产品认证应当遵守以下规定：

①按照《强制性产品认证目录》中产品认证实施规则的规定，向指定认证机构提交认证申请书、必要的技术文件和样品；

②申请人为销售者、进口商时，应当向指定认证机构同时提交销售者和生产者或者进口商和生产者订立的相关合同副本；

③申请人委托他人申请《强制性产品认证目录》中产品认证的，应当与受委托人订立认证、检测、检查和跟踪检查等事项的合同，受委托人应当同时向指定认证机构提交委托书、委托合同的副本和其他相关合同的副本；按照国家规定缴纳认证费用。

（3）国家认证认可监督管理委员会指定的认证机构负责受理申请人的认证申请，根据认证实施规则的规定，安排型式试验、工厂审查、抽样检测等活动，一般情况下，自受理认证申请90日内，作出认证决定并通知申请人，向获得认证的产品颁发“中国国家强制性产品认证证书”。

五、强制性产品认证证书及标志的使用

（1）强制性产品认证证书是证明《强制性产品认证目录》中产品符合认证要求并准许其使用认证标志的证明文件。

（2）强制性产品认证标志是《强制性产品认证目录》中产品准许其出厂、销售、进口和使用的证明标记。名称为“中国强制认证”（英文缩写为“CCC”，也可简称为“3C”标志）。

（3）认证证书的持有人应当按照《强制性产品认证标志管理办法》规定的要求使用认证标志。

（4）指定认证机构按照具体产品认证实施规则的规定，对其颁发认证证书的产品及其

生产厂（场）实施跟踪检查。针对不同情况，分别可以注销、责令停止使用和撤销认证证书。

六、后续监管

（1）国家认证认可监督管理委员会指定的认证机构按照具体产品认证实施规则的规定，对其颁发认证证书的产品及其生产厂（场）实施跟踪检查。

（2）对下列情形之一的，应当注销认证证书：

①《强制性产品认证目录》中产品认证适用的国家标准、技术规则或者认证实施规则变更，认证证书的持有人不能满足上述变更要求的；

②认证证书超过有效期，认证证书的持有人未申请延期使用的；

③获得认证的产品不再生产的；

④认证证书的持有人申请注销的。

（3）对下列情形之一的，应当责令暂时停止使用认证证书：

①认证证书的持有人未按规定使用认证证书和认证标志的；

②认证证书的持有人违反《强制性产品认证目录》中产品认证实施规则和指定的认证机构要求的；

③监督结果证明产品不符合《强制性产品认证目录》中产品认证实施规则要求，但是不需要立即撤销认证证书的。

（4）对下列情形之一的，应当撤销认证证书：

①在认证证书暂停使用的期限内，认证证书的持有人未采取纠正措施的；

②监督结果证明产品出现严重缺陷的；

③获得认证的产品因出现严重缺陷而导致重大质量事故的。

（5）申请人和认证证书持有人对指定认证机构的认证决定有异议的，可以向作出认证决定的认证机构提出投诉、申诉，对认证机构处理结果仍有异议的，可以向国家认证认可监督管理委员会申诉。

任务实施

第一步：进入中国质量认证中心官方网站（www.cqc.com.cn），确认任务中的电子产品是不是属于强制性认证范围。

第二步：在确认以后，可以在中国质量认证中心官方网站上在线申请。在中国质量认证中心官网找到产品认证，点击注册，注册成功后就可以在线填写产品的相关信息。

第三步：两个工作日内会受理申请，如果填写的信息有问题，申请会被退回。若申请被受理，就会发出型式试验通知，申请企业接到通知后就按要求送样，大约一个月的时间能获得型式试验报告。

第四步：型式试验合格后进行现场审核。

第五步：现场审核通过后颁发“中国国家强制性产品认证证书”。

归纳总结

《强制性产品认证目录》内的产品，由其生产者、销售者或进口商作为申请人向指定的认证机构提出产品认证申请，经过认证机构的受理，根据认证实施规则的规定，安排型式试验、工厂审查、抽样检测等活动，最终获得“中国国家强制性产品认证证书”，取得证书的产品使用认证“CCC”标志后，才可以出厂销售、进口和在其他经营性活动中使用。

思考与训练

大连厦华机电公司取得“中国国家强制性产品认证证书”即将过期需要换证，如何操作?

任务二 进境动植物检疫审批

知识目标

1. 了解进境动植物检疫审批的范围。
2. 了解进境动植物检疫审批的主管部门。
3. 了解进境动植物检疫许可证的使用。

能力目标

1. 掌握进境动植物检疫审批办理程序。
2. 掌握进境动植物检疫审批所需材料。
3. 掌握进境动植物检疫审批的审核内容。

任务导入

天津中音进出口公司准备签订一笔从非洲进口一批生牛皮的进口合同，由于该批货物是动物产品，在签订合同前需办理检疫审批手续，于是公司向检验检疫机构提出申请，办理检疫审批手续，以取得“进境动植物检疫许可证”。

任务分析

天津中音进出口公司若想取得“进境动植物检疫许可证”，首先要明确检验检疫部门的基本权力和组织机构，其次要掌握进境动植物检疫审批办理程序及所需材料，这样才能取得许可证，顺利签署进口合同，完成进口业务。

相关知识与拓展

一、进境动植物检疫审批范围

(一) 检疫审批

《中华人民共和国动植物检疫法》(以下简称《动植物检疫法》)第十条规定:"输入动物、动物产品、植物种子、种苗及其他繁殖材料的,必须事先提出申请,办理检疫审批手续。"

检疫审批是指国家质检总局及其设在各地的检验检疫机构根据货主或其代理人的申请,依据国家有关法律法规的规定,对申请人从国外引进动植物、动植物产品或在中国境内运输过境动物的要求进行检疫审批。

(二) 检疫审批范围及主管部门

1. 检验检疫机关审批范围

(1) 动物检疫审批。需检疫审批的包括活动物(指饲养、野生的活动物,如畜、禽、兽、蛇、水生动物、蝉、蜂等)、胚胎、精液、受精卵、种蛋及其他动物遗传物质;食用性动物产品:肉类及其产品(含脏器)、鲜奶、鲜蛋;非食用性动物产品:皮张类、毛类;水产品:两栖类(如蛙等)、爬行类(如鳄鱼、龟、鳖、蛇等)、水生哺乳类(如鲸等)、养殖三文鱼等。

无须检疫审批的动物产品包括蓝湿皮、蓝干皮、已鞣制皮毛、洗净羽绒、洗净毛、碳化毛、毛条、贝壳类、蜂产品、蛋制品、奶制品、熟制肉类产品(如熟制香肠、火腿、肉类罐头、食用高温炼制油脂)。

(2) 植物检疫审批。需检疫审批的包括果蔬类、烟草类、粮谷类、豆类、薯类、饲料类、植物栽培介质。

无须检疫审批的植物产品包括粮食加工品(大米、面粉、米粉、淀粉等)、薯类加工品(马铃薯细粉、冷冻马铃薯条、马铃薯淀粉、木薯淀粉等)、植物源性饲料添加剂、乳酸菌、酵母菌、陶瓷土粉、植物生长营养液(不含动物成分或未经加工的植物成分和有毒有害物质)。

(3) 特许审批。需特许审批的包括动植物病原体、害虫及其他有害生物;动植物疫情流行国家和地区的有关动植物、动植物产品和其他检疫物;动物尸体;土壤。列入《中华人民共和国进境植物检疫禁止进境物名录》内的货物。

(4) 过境动物检疫审批。

2. 农业或林业行政主管部门审批范围

农业或林业行政主管部门根据职能分工负责非禁止进境的种子、苗木的检疫审批。

二、检疫许可证单的使用

1. 有效期

(1) "进境动植物检疫许可证"的有效期一般为六个月,对于特殊情况(如一次有效)的,有效期以许可证中标明的期限为准。

(2) 农业部门或林业部分签发的“引进种子、苗木检疫审批单”“引进林木种子、苗木和其他繁殖材料检疫审批单”的有效期为三个月。

(3) 有下列情况之一的，“进境动植物检疫许可证”失效、废止或者终止使用：

①超过有效期的自行失效；

②在许可范围内，分批进口、多次报检使用的，许可数量全部核销完毕的自行失效；

③国家依法禁止有关检疫物进境的公告或者禁令后，已签发的有关“进境动植物检疫许可证”自动废止；

④申请单位违反检疫审批的有关规定，国家质检总局或直属检验检疫局可以终止已签发的“进境动植物检疫许可证”的使用。

2. 报检要求

(1) 申请单位取得许可证后，不得买卖或者转让。检验检疫机构在受理报检时，将审核许可证的申请单位与检验检疫证书中的收货人以及贸易合同的签约方是否一致，不一致的不予受理。

(2) 按照规定可以核销的进境动植物产品，在许可数量范围内分批进口、多次报检使用“进境动植物检疫许可证”的，检验检疫机构在“进境动植物检疫许可证”所附核销表中进行核销登记。核销完毕后，“进境动植物检疫许可证”自行失效。

(3) 有下列情况之一的，申请单位应当重新申请办理“进境动植物检疫许可证”：

①变更进境检疫物的品种或者超过许可数量5%以上的；

②变更输出国家或者地区的；

③变更进境口岸、指运地或者运输路线的。

三、进境动植物检疫审批办理程序

1. 检疫审批申请时限

《中华人民共和国动植物检疫法实施条例》第十一条和第十二条规定：“检疫审批手续应当在贸易合同或者协议签订前办妥。携带、邮寄植物种子、种苗及其他繁殖材料进境的，必须事先提出申请，办理检疫审批手续；因特殊情况无法事先办理的，携带人或邮寄人应当在口岸补办检疫审批手续，经审批机关同意并经检疫合格后方准进境。”

除了携带或邮寄的植物种子、种苗及其他繁殖材料外，对其他须办理检疫审批手续的货物，输入单位或个人应在取得相关检疫许可证单后方可与外方签订贸易合同并安排装运进口。对于未依法办理检疫审批手续的，检验检疫机构可以根据具体情况，作退回或者销毁处理。同时，对于未依法办理检疫审批手续或者未按检疫审批的规定执行的，检验检疫机构对责任人可处5000元以下的罚款。

2. 申请及审核

申请及审核程序如下：

(1) 申请单位应当是具有独立法人资格并直接对外签订贸易合同或者协议的单位。

(2) 申请人填写“进境动植物检疫许可证申请表”，先通过网上向直属检验检疫局申报。

(3) 受理机构作出受理与否的决定，并按规定出具书面文书。

（4）受理申请后，进行具体审查，必要时对申请单位进行现场考核。审查合格后，将初审意见报国家质检总局。

（5）国家质检总局根据规定进行复审，做出准予许可或不予许可的意见。

直属检验检疫局对准予许可的，签发“进境动植物检疫许可证”；不予许可的，签发“进境动植物检疫许可证申请未获批准通知单”。

3. 申请需提交的材料

办理检疫审批手续时，申请单位除申请表外还应向初审机构提供下列材料：

（1）申请单位的法人资格证明文件（复印件）；

（2）输入动物血液在临时隔离场检疫的，应当填写“进境动物临时隔离检疫场许可证申请表”；

（3）输入动物肉类、脏器、肠衣、原毛、生的骨、角、蹄、蚕茧等由国家质检总局公布的定点企业生产、加工、存放的，申请单位需提供与定点企业签订的生产、加工、存放的合同；

（4）按照规定可以核销的进境动植物产品，同一申请单位第二次申请时，应当按照有关规定附上一次“检疫许可证”（含核销表）；

（5）办理动物过境的，应当说明过境路线，并提供输出国家或者地区官方检疫部门出具的动物卫生证书（复印件）和输入国家或者地区官方检疫部门出具的准许动物进境的证明文件；

（6）因科学研究等特殊需要，引进《动植物检疫法》第五条第一款所列禁止进境物的，必须提交书面申请，说明其数量、用途、引进方式、进境后的防疫措施、科学研究的立项报告及相关主管部门的批准立项证明文件；

（7）需要提供的其他材料。

4. 检疫审批审核内容

（1）初审机构对以下内容进行审核：

①申请单位提交的材料是否齐全，是否符合有关规定；

②输出和途经国家或者地区有无相关的动植物疫情；

③是否符合中国有关动植物检疫法律法规和部门规章的规定；

④是否符合中国与输出国家或者地区签订的双边检疫协定（包括检疫协议、议定书、备忘录等）；

⑤进境后需要对生产、加工过程实施检疫监督的动植物及其产品，审查其运输、生产、加工、存放及处理等环节是否符合检疫防疫及监管条件，根据生产、加工企业的加工能力核定其进境数量；

⑥可以核销的进境动植物产品，应当按照有关规定审核其上一次审批的“检疫许可证”的使用、核销情况。

（2）对入境动物，同时对动物临时隔离检疫场进行考核。

（3）同一申请单位对同一品种、同一输出国家或者地区、同一加工、使用单位一次只能办理1份“检疫许可证”。

四、特许检疫审批

1. 办理特许检疫审批的条件

（1）引进的禁止进境物确属科学研究等特殊需要，要求引进单位或个人提供上级主管部门的证明，详细说明“特批物”的品名、品种、产地和引进的特殊需要和使用方式；

（2）引进单位应具有符合检疫要求的监督管理措施。

2. 提交的材料

（1）进境动植物检疫许可证申请表；

（2）申请单位法人资格证明（复印件）；

（3）书面申请报告，详细说明进口禁止进境物的用途、进境后的防疫措施等；

（4）省部级科研立项报告或证明文件。

五、进境植物繁殖材料检疫审批

1. 适用范围

适用于通过各种方式进境的贸易性和非贸易性植物繁殖材料（包括贸易、生产、来料加工、代繁、科研、交换、展览、援助、赠送以及享有外交、领事特权与豁免权的外国机构和人员公用或自用的进境植物繁殖材料）。

2. 审批要求

（1）输入植物繁殖材料的，必须事先办理检疫审批手续，并在贸易合同中列明检疫审批提出的检疫要求。

（2）对于进境植物繁殖材料，申请人应向农业或林业行政主管部门申请办理检疫审批。

对于进境植物繁殖材料带有的栽培介质，申请人应向检验检疫机构申请办理检疫审批手续。因特殊原因引进带有土壤的，须办理特许审批。

3. 检疫监督管理

引种单位、个人或其代理人应在植物繁殖材料进境前 10～15 日，将“进境动植物检疫许可证”或“引进种子、苗木检疫审批单”“引进林木种子、苗木和其他繁殖材料检疫审批单”，送入境口岸直属检验检疫局办理备案手续。引种单位、个人或其代理人应在植物繁殖材料进境前 7 日向指定的检验检疫机构报检。引种单位或代理进口单位须向所在地检验检疫机构办理登记手续；隔离检疫圃须经检验检疫机构考核认可。

六、进境栽培介质检疫审批

1. 适用范围

适用于进境的除土壤外的所有由一种或几种混合的具有储存养分、保持水分、透气良好和固定植物等作用的人工或天然固体物质组成的栽培介质。

2. 审批程序

使用进境栽培介质的单位必须事先提出申请，并应当在贸易合同或协议签订前办理检疫审批手续。

办理栽培介质进境检疫审批手续必须符合下列条件：

(1) 栽培介质输出国或者地区无重大植物疫情发生；

(2) 栽培介质必须是新合成或加工的，从工厂出品至运抵我国国境要求不超过四个月，且未经使用；

(3) 进境栽培介质中不得带有土壤。

3. 申请栽培介质审批应提交的资料

(1) “进境动植物检疫许可证申请表”（网上提交），并附具有栽培介质的成分检验、加工工艺流程、防止有害生物及土壤感染的措施、有害生物检疫报告等有关材料。

(2) 申请单位法人资格证明。

(3) 对首次进口的栽培介质，进口单位办理审批时，应同时将经特需审批进口的样品每份 1.5～5 公斤，送国家质检总局指定的实验室检验，并由其出具有关检验结果和风险评估报告。

(4) 再次进口来自同一境外供货商的栽培介质，进口单位办理审批时应提供前批许可证复印件。经审查合格，由审批机构签发“进境动植物检疫许可证”，并签署进境检疫要求，指定其进境口岸和限定其使用范围和时间。

(5) 使用进境栽培介质的单位，须向口岸检验检疫机构申请注册登记。检验检疫机构对其进境的栽培介质使用过程、隔离设施和卫生条件等指标进行考核验收，合格后发给注册登记证。

4. 监督管理

(1) 国家质检总局对向我国输出贸易性栽培介质的国外生产、加工、存放单位实行注册登记制度。

(2) 输入栽培介质的货主或其代理人，应当在进境前持检疫审批单向进境口岸检验检疫机构报检，并提供输出国官方植物检疫证书、贸易合同、信用证和发票等证单。检疫证书上必须注明栽培介质经检疫符合中国的检疫要求。

(3) 带有栽培介质的进境参展植物在参展期间由参展地检验检疫机构进行检疫监管；展览结束后需要在国内销售的应按有关贸易性进境栽培介质检疫规定办理。

任务实施

根据《进境动植物检疫审批管理办法》的规定，检疫审批程序包括申请、审核批准、许可证管理使用规定。

第一步：申请。申请单位通过电子方式或书面方式，向直属检验检疫局提出申请，同时，按照不同产品的要求，并向直属检验检疫局提交相关随附单证。

(1) 申请单位的资格。申请办理检疫审批手续的单位（以下简称申请单位）应当是具有独立法人资格并直接对外签订贸易合同或者协议的单位。

(2) 申请单位应提交的材料。①如实填写的“中华人民共和国进境动植物检疫许可证申请表”；②申请单位企业法人营业执照复印件；③申请单位与定点企业签订的生产、加工、存放的合同。

第二步：受理。直属检验检疫局根据申请单位提交的材料是否齐全、是否符合法定形式作出受理或不予受理的决定。申请材料不齐全或者不符合法定形式的，直属检验检疫局应在收到随附单证当场或 5 日内，一次告知申请单位。履行受理手续后，向国家质检总局动植司递交申请。

第三步：审核、批准。动植司根据国外动植物疫情、法律法规、公告禁令、预警通报、风险评估报告、安全评价报告等，对直属检验检疫局提交的申请进行审核，作出许可或不予许可的决定，并签发“动植物检疫许可证”或“未获准通知书”。审批工作自直属检验检疫局受理之日起 20 个工作日内完成。

归纳总结

根据我国《进出境动植物检疫法》及《进出境动植物检疫法实施条例》的规定，输入动物、动物产品、植物种子、种苗等其他繁殖材料的，必须事先提出申请，办理检疫审批，检疫审批手续应当在贸易合同或者协议签订前办理，办理检疫审批必须按照检验检疫机构规定的办理程序、时限的规定，提交符合要求的材料、经过主管部门的审核，才能取得检疫许可证。

思考与训练

天津某进出口公司从印度尼西亚进口用于花卉栽培介质，一批重量为 12.5 吨的椰糠。企业在签订合同前，未事先了解国家质检总局相关法规，未向质检总局申请办理“进境动植物检疫许可证”，货物达到口岸报检时，怎样处理？原因是什么？有什么启示？

任务三　进出口电池检验监督备案

知识目标

1. 了解电池检验监督备案适用的范围。
2. 了解电池检验监督备案的主管机构。

能力目标

1. 掌握进出口电池产品备案书的申请程序。
2. 掌握进出口电池产品备案书有效期及管理规定。

任务导入

深圳荣成进出口有限公司准备在 2012 年 3 月与英国公司签订出口一批含汞的锌锰电池产品的贸易合同，公司必须先向检验检疫机构备案取得“进出口电池产品备案书”，才能与英国公司签订有关电池产品的贸易合同。

任务分析

根据有关进出口电池产品的管理规定，要取得“进出口电池产品备案书”必须了解主管机构以及申请程序。

相关知识与拓展

一、适用范围

国家对进出口电池产品，实行备案和汞含量专项检测制度。

二、主管机构

国家质检总局主管全国进出口电池产品汞含量的检验监督工作。国家质检总局设在各地的出入境检验检疫机构负责所辖地区进出口电池产品的备案及日常检验监管工作。国家质检总局核准实施进出口电池产品汞含量检测的实验室负责汞含量专项检测制度。

三、申请程序

（1）进出口电池产品申请人（制造商、进口商或进口代理商等）在电池产品进口前应向有关检验检疫机构申请备案；出口电池产品的制造商在电池产品出口前，应向所在地检验检疫机构申请备案。

（2）进出口电池产品备案时应填写“进出口电池产品备案申请表”，并提交有关的材料：

①法定代表人授权经办人员办理备案的委托授权书；

②进出口电池产品的申请人和制造商的“企业法人营业执照”；

③进口电池产品制造商对其产品汞含量符合中国法律法规的声明；

④电池制造商对于电池产品的结构、电化学体系、品牌、规格型号、产地、外观及标记的文字说明；

⑤检验检疫机构要求提供的其他资料。

（3）检验检疫机构受理备案申请后，对进出口电池产品是否属含汞电池产品进行审核。

①对不含汞的电池产品，可直接签发“进出口电池产品备案书”；

②对含汞电池以及必须通过检测才能确定其是否含汞的电池产品，须进行汞含量专项检测。

受理备案申请的检验检疫机构凭“汞含量检测实验室”出具的“电池产品汞含量检测合格确认书”（正本）审核换发“进出口电池产品备案书”。

四、证书有效期及备案管理

“进出口电池产品备案书”有效期为一年。“进出口电池产品备案书”有效期到期前一

个月，到原签发机构核发下一年度的“进出口电池产品备案书”。

任务实施

第一步：企业登记。通过互联网进入深圳出入境检验检疫局网站（http：//www.szciq.gov.cn），从页面“网上办公”中“工业品检验监管系统”进入，在“企业登记”栏目进入“新用户注册”，填写网上登记资料。资料提交成功后，携带企业的营业执照、检验检疫登记证（复印件）等相关资料到深圳局审核。

第二步：输入电池备案申请资料。

1. 已登记的企业

通过互联网进入深圳出入境检验检疫局网站（http：//www.szciq.gov.cn），从页面“网上办公”中“工业品检验监管系统”进入，在系统登录输入“用户”名（检验检疫登记号或者临时登记号）和“密码”进入企业档案，点击“备案管理”进入“备案申请”。

2. 未登记的企业

进入“工业品检验监管系统”页面，从页面的右边“电池备案申请”进入输入资料界面，注意申请人资料的正确性，尤其是企业的登记号。

3. 资料审核

提交资料成功后，在书面申请书上记下计算机提示的电池备案申请编号，按照“电池备案需要的资料和样品”的要求携带相关的资料和样品，到深圳检验检疫局轻纺处审核。

第三步：电池备案需要的资料和样品。电池产品的制造商在电池产品出口前向深圳检验检疫局轻纺处申请备案。备案时填写“进出口电池产品备案申请表”，并提交以下文件及样品：

（1）提交文件。①委托书，申请企业法定代表人授权经办人员办理备案的委托授权书；②营业执照，出口电池产品制造商的“企业法人营业执照”（复印件）；③产品描述，电池制造商对电池产品的结构、电化学体系、品牌、规格型号、产地、外观及标记的文字说明（特殊情况可由代理商提供）；④其他资料，特殊情况要求提供的其他出口资料。

（2）提供样品。电池生产企业的出口锌锰电池由检验检疫局抽样 30 只（同一品牌、同一规格型号、同一产地）。

第四步：出证。进行汞含量专项检测。受理备案申请的检验检疫机构凭汞含量检测实验室出具的“电池产品汞含量检测合格确认书”（正本）审核换发“进出口电池产品备案书”。

归纳总结

电池产品的备案管理是由各地的出入境检验检疫机构负责的，进出口不含汞的电池产品申请人提交符合要求的材料，就可取得“进出口电池产品备案书”，进出口含汞的电池产品申请人除提交符合要求的材料外，还需要由国家质检总局核准的实验室对汞含量作专项测定经检测合格后，方可取得“进出口电池产品备案书”。

思考与训练

深圳宏大进出口有限公司欲与美国电池生产企业签订进口一批不含汞的碱性锌锰电池产品的贸易合同，应首先做哪些准备工作？

任务四　进口涂料检验登记备案

知识目标

1. 了解进口涂料检验登记备案的适用范围。
2. 了解进口涂料检验登记备案的主管部门。
3. 了解进口涂料检验登记备案的有效期限。

能力目标

1. 掌握进口涂料检验登记备案的申请程序。
2. 掌握进口涂料检验登记备案的监督管理规则。

任务导入

大连嘉华贸易公司于2012年1月，与韩国家装涂料生产企业洽谈进口涂料事宜，准备于当年6月进口韩国涂料，为此大连嘉华公司需向检验检疫机构提出备案申请。

任务分析

涂料检疫备案申请需要在进口商品前提前申请，首先要明确程序、管理规定，以及进口专项检验的相关情况。

相关知识与拓展

一、适用范围

国家对进口涂料实行登记备案和专项检测制度。

二、主管部门

国家质检总局主管全国进口涂料的检验监管工作。各地出入境检验检疫机构负责对进口涂料实施检验。国家质检总局指定涂料专项检测实验室和进口涂料备案机构。

三、备案登记有效期

“进口涂料备案书”有效期为2年。当有重大事项发生，可能影响涂料性能时，应当

对进口涂料重新申请备案。

四、登记备案的申请

（1）进口涂料的生产商、进口商或者进口代理商根据需要，可以向进口涂料备案机构申请进口涂料备案。

（2）涂料进口备案申请应当在涂料进口至少 2 个月前向备案机构提出，同时备案申请人应当提交有关的资料。

（3）备案机构接到备案申请后，对备案申请人的资格及提供的材料进行审核，在 5 个工作日内，向备案申请人签发“进口涂料备案申请受理情况通知书”。

（4）由备案申请人将被检样品送指定的专项检测实验室。

（5）专项检测实验室应当在接到样品 15 个工作日内，完成对样品的专项检测及进口涂料专项检测报告，并将报告提交备案机构。

（6）备案机构应当在收到进口涂料专项检测报告 3 个工作日内，根据有关规定及专项检测报告进行审核，经审核合格的签发“进口涂料备案书”；经审核不合格的，书面通知备案申请人。

五、进口检验

检验检疫机构按照以下规定实施检验：

（1）核查“进口涂料备案书”的符合性；

（2）专项检测项目的抽查。

同一品牌的年度抽查比例不少于进口批次的 10%，每个批次抽查不少于进口规格型号种类的 10%，样品送专项检测实验室进行专项检测。若出现抽查不合格，则对该品牌、型号的进口涂料实施逐批抽取样品进行专项检测，至连续 5 批抽查专项检测合格后，再按照原定比例抽查。

六、监督管理

有下列情形之一的由备案机构吊销“进口涂料备案书”，并且在半年内停止其备案申请资格：

（1）涂改、伪造“进口涂料备案书”；

（2）经检验检疫机构检验，累计两次发现报检商品与备案商品严重不符；

（3）经检验检疫机构抽查检验，累计 3 次不合格的。

备案机构定期将备案情况报告国家质检总局。

任务实施

第一步：备案申请。

大连嘉华贸易公司应于 2012 年 4 月前向大连检验检疫机构提出进口涂料备案申请。

第二步：备案材料

同时大连嘉华贸易公司应当提交以下资料：

①“进口涂料备案申请表”；②申请人的“企业法人营业执照”的复印件（加盖印章），需分装的进口涂料的分装厂商“企业法人营业执照”的复印件（加盖印章）；③进口涂料生产商对其产品中有害物质含量符合国家技术规范要求的声明；④进口涂料基本组成成分、品牌、型号、产地、生产厂商、外观、标签及标记、使用时是否需添加剂及添加剂基本组成成分、分装厂商和地点、分装产品标签等说明材料的中文文本。

第三步：检验检疫机构审核、受理。

备案机构接到备案申请后，对备案申请人的资格及提供的材料进行审核，在 5 个工作日内，向备案申请人签发“进口涂料备案申请受理情况通知书”。

第四步：专项检测试验室完成检测报告。

专项检测实验室应当在接到样品 15 个工作日内，完成对样品的专项检测及进口涂料专项检测报告，并将报告提交备案机构。

第五步：签发备案书。

备案机构应当在收到进口涂料专项检测报告 3 个工作日内，根据有关规定及专项检测报告进行审核，经审核合格的签发“进口涂料备案书”；经审核不合格的，书面通知备案申请人。

归纳总结

我国对进口涂料实行“登记备案”和“专项检测”制度。国家质检总局指定涂料专项检测实验室和进口涂料备案机构，若进口涂料检测合格，则核发“进口涂料备案书”，有效期为 2 年，备案后上报质检总局；口岸检验检疫机构负责施检。

思考与训练

2011 年 5 月和 7 月，分别进口两批进口涂料共计 532 箱，由东莞红环五金制品厂申报入境。检验检疫人员在现场查验中发现。这两次进口的批涂料有 10 余型号。而申报备案的仅有 1 种其他的涂料与备案的产品严重不符。检验检疫机构应如何处理？

任务五　出口商品质量许可证的申请

知识目标

1. 了解出口商品质量许可制度的目的及范围。
2. 了解出口危险货物包装容器申请质量许可的范围。

能力目标

1. 掌握出口危险货物包装容器质量许可证的申请程序。
2. 掌握出口危险货物包装容器质量许可证的监督管理。

任务导入

天津永辉压力罐进出口有限公司是一家于2012年3月18日新成立的民营企业，主要生产用来包装危险气体的容器——压力罐，若欲与日本企业签订长期的出口供货合同，首先要进行出口商品注册登记，取得出口危险货物包装容器质量许可证，才能合法出口。

任务分析

进行出口商品注册登记，取得质量许可证，首先要了解质量许可的范围，弄清申请的程序，以及准备好应提交的相关材料。

相关知识与拓展

一、出口商品质量许可的范围

国家对列入法检目录的重要出口商品实施出口商品注册登记管理（出口质量许可）。主要有机械产品、轻工机电产品、陶瓷产品、纺织机械、医疗器械产品、煤炭、焦炭、烟花爆竹、冶金轧等（商品种类以国家质检总局调整公布的为准）。

为避免重复管理，对实施强制性产品认证制度的产品，不再实施出口质量许可证制度。各直属检验检疫局负责质量许可申请的受理、审核、许可以及对企业的监督管理工作。

二、出口危险货物包装容器申请质量许可的范围

检验检疫机构对出口危险货物的运输包装容器的生产单位实行质量许可证制度。危险货物运输包装容器包括常规危险货物包装容器、中型散装容器、便携式罐体、大包装，以及25升以下的小型气体压力容器，如喷雾罐、打火机、点火枪等。

三、出口危险货物包装容器质量许可证的申请程序

1. 提交的相关材料

（1）出口危险货物包装容器质量许可证申请书；

（2）营业执照正本及其复印件；

（3）生产用主要设备、工艺设备、主要外购、外购明细表；

（4）现行的质量手册及质量管理文件；

（5）必要的检验、试验用主要设备、仪器、工具明细表；

（6）提供国家质检总局出口危险品包装检测实验室的合格报告。

2. 申请程序

（1）直属检验检疫局当场或5日内作出受理或不予受理的决定，并按规定出具书面凭证。

（2）受理申请后，直属检验检疫局按规定对申请材料内容进行具体审查，申请产品送交指定检测实验室进行检测，对申请单位进行生产现场考核。

（3）考核完成后，直属检验检疫局作出准予许可或不准予许可的决定。准予许可的，于10个工作日内颁发“出口危险货物包装容器质量许可证”；不准予许可的，书面说明理由。

四、出口危险货物包装容器质量许可证的监督管理

检验检疫机构对获证企业实施年度监督检查。

企业在“出口危险货物包装容器质量许可证”有效期内有下列情况之一者，由发证机关吊销其质量许可证：

（1）一年内因运输包装质量造成进口方索赔两次以上者，或发生出口运输事故的；

（2）半年内检验累计批次合格率低于80%者；或连续二次抽样检验不合格，限期改进后达不到标准要求的；

（3）检验检疫机构对获证企业进行监督检查及对企业年度自查情况进行抽查发现不符合要求，限期改进后达不到标准要求的；

（4）转让“出口危险货物包装容器质量许可证”的。

任务实施

第一步：申请。

1. 申请准备

申请单位在申请前应到天津局或通过天津局网站（www. tjciq. gov. cn）咨询、了解有关出口危险货物包装容器质量许可的基本要求和申请条件。

2. 申请材料

①出口危险货物包装容器质量许可证申请书；②营业执照复印件；③现行的质量手册或质量管理文件；④企业按《出口危险货物包装容器生产企业质量许可证考核实施细则》进行自查的报告；⑤生产工艺流程图；⑥厂区平面图等材料。以上材料一式三份。

第二步：受理。

（1）申请事项属于天津局职权范围，申请材料齐全、符合法定形式，或者申请单位按照天津局的要求提交全部补正申请材料的，应当受理行政许可申请。

（2）不予受理行政许可申请的，应当出具加盖天津局专用印章和注明日期的“质量监督检验检疫行政许可申请不予受理决定书”。“质量监督检验检疫行政许可申请不予受理决定书”一式两份，一份送申请企业，一份存档。

第三步：评审。

1. 性能检测

申请材料经审查符合要求的，及时对企业产品抽样，进行性能检测。性能检测不合格的，允许重新抽样检测一次，经重新检测仍不合格的，视为申请企业不符合申请条件，出具“质量监督检验检疫不予行政许可决定书”并送至申请企业。

2. 现场考核

性能检测合格的，应在规定的时间内，按照考核实施细则要求，实施现场考核。现场考核中，对允许范围内的不符合项，应向申请企业提出整改意见并限期整改；企业整改后，重新进行现场考核。

第四步：发证。

对现场考核符合有关规定条件的或经整改达到许可条件要求的企业，发放“出口危险货物包装容器生产企业质量许可证”。对现场考核不合格企业（包括经整改仍不合格企业），出具“质量监督检验检疫不予行政许可决定书”。

归纳总结

凡涉及人身财产安全、卫生，属于国家实行出口商品注册登记管理制度的出口商品，未获得注册登记及出口质量许可，不得出口，这样既保证了出口产品的质量，同时也维护外贸有关各方的合法权益，能够促进对外经济贸易的发展。

思考与训练

2012 年 5 月，某公司预向日本出口危险货物包装容器，该公司并没有取得“出口危险货物包装容器生产企业质量许可证”，由于时间紧迫，该公司与天津鹏丹包装容器生产企业达成协议，接受了天津鹏丹包装容器生产企业“出口危险货物包装容器生产企业质量许可证”的转让，准备出口包装容器，此种做法是否可行，检验检疫机构应如何处理？

模块八　报检作业实施

中国出入境检验检疫源自进出口商品检验、进出境动植物检疫和国境卫生检疫。

1864 年，由英商劳合氏的保险代理人上海仁记洋行代办水险和船舶检验、鉴定业务，这是中国第一个办理商检的机构。

1929 年，工商部上海商品检验局成立，这是中国第一家由国家设立的官方商品检验局。

1903 年，在中东铁路管理局建立的铁路兽医检疫处，这是中国最早的进出境动植物检疫机构。

1873 年，由于印度、泰国、马来半岛等地霍乱的流行并向海外广泛传播，在上海、厦门海关设立卫生检疫机构，订立相应的检疫章程，这是中国出入境卫生检疫的雏形。

以上就是俗称的"商检""动植物检""卫检"，三检机关各成体系，出入境检验检疫业务与执法相近也有交叉，为了更好地适应国家政治经济发展的要求，1998 年 3 月，这三者的执行部门即国家进出口商品检验局、国家动植物检疫局和国家卫生检疫局合并组建国家出入境检验检疫局。2001 年 4 月原国家出入境检验检疫局和国家质量技术监督局合并，组建国家质量监督检验检疫总局，但原国家出入境检验检疫局设在各地的出入境检验检疫机构、管理体制及业务不变。国家质检总局成立的同时，还成立了两个委员会，一个是国家认证认可监督管理委员会，统一管理国家认证、认可工作；另一个是国家标准化管理委员会，统一管理全国标准化工作。

一、出入境检验检疫机构的主要工作内容

出入境检验检疫作为执法机构，按照国家法律规定，对出入境货物、运输工具、工员等法定检验检疫对象进行检验、检疫、鉴定、认证及监督管理。该机构的主要工作内容包括以下几个方面。

1. 进出口商品检验

凡列入《出入境检验检疫机构实施检验检疫的进出境商品目录》（以下简称为《目录》）的进出口商品和其他法律法规规定必须检验的进出口商品，必须经过出入境检验检疫部门或其指定的检验机构检验。必须实施的进出口商品检验，是指确定列入《目录》的商品是否符合国家技术规范的强制性要求的合格评定活动。规定进口商品应检验未检验或检验不合格的，不准销售、使用；出口商品未经检验合格的，不准出口。

2. 动植物检疫

检验检疫部门依法实施动植物检疫的有进境、出境、过境的动植物、动植物产品和其

他检疫物；装载动植物、动植物产品和其他检疫物的装载容器、包装物、铺垫材料；来自动植物疫区的运输工具；进境拆解的废旧船舶；有关法律法规、国际条约规定或贸易合同约定应当实施进出境动植物检疫的其他货物、物品。

3. 卫生检疫与处理

出入境检验检疫部门统一负责对出入境的人员、交通工具、集装箱、行李、货物、邮包等实施医学检查和卫生检查，检验检疫机构对入境、出境人员实施传染病监测，负责对国境口岸和停留在国境口岸的出入境交通工具的卫生状况实施卫生监督，负责对发现的患有检疫传染病、监测传染病、疑似检疫传染病的入境人员实施隔离、留验和就地诊验等医学措施。对来自疫区、被传染病污染或发现传染病媒介的出入境交通工具、集装箱、行李、货物、邮包等物品进行消毒、除鼠、除虫等卫生处理，检验检疫机构对未染有检疫传染病或已实施卫生处理的交通工具签发入境或出境检疫证。

4. 进口废物原料、旧机电产品装运前检验

对国家允许作为原料进口的废料和旧机电产品，实施装运前检验制度。收货人与发货人签订的废料原料进口贸易合同中，须订明所进口废料原料符合中国环境保护控制标准的要求，并约定由出入境检验检疫机构或国家质检总局认可的检验机构实施装运前检验。实施装运前检验的目的，是防止境外有害废物或不符合我国安全、卫生和环保等技术规范要求的旧机电进入国内，从而有效保障人身和财产安全，有效地保护环境。

5. 进口商品认证管理

国家对涉及人类健康、动植物生命和健康、环境保护和公共安全的产品实行强制性认证制度。凡列入《中华人民共和国实施强制性产品认证的产品目录》内的商品，必须经过认证合格、取得认证证书后方可进口。

6. 出口商品质量许可

国家对重要出口商品实行质量许可制度，未获得出入境检验检疫部门单独或会同有关主管部门共同发放的质量许可证书的商品不准出口。检验检疫部门已对机械、电子、轻工、机电、医疗器械、煤炭类等商品实施出口商品质量证可制度。

7. 出口危险货物运输包装检验

生产危险货物出口包装容器企业，必须向检验检疫机构申请包装容器的性能鉴定。包装容器经检验检疫鉴定合格后，方可用于包装危险货物。生产出口危险货物的企业，必须向检验检疫机构申请危险货物包装容器的使用鉴定。危险货物包装容器经检验检疫机构鉴定合格的，方可包装危险货物出口。

8. 外商投资财产价值鉴定

外商投资财产价值鉴定的内容包括外商投资财产的品种、质量、价值和损失鉴定等。通过价值鉴定，可有效防止低价高报或高价低报的现象，保护外商投资企业各投资方的合法权益。

9. 货物装载和残损鉴定

用船舶和集装箱运粮油食品、冷冻品等易腐食品出口的，应向口岸检验检疫机构申请

检验船舶和集装箱，经检验符合装运技术条件并发给证书后，方准装运。

10. 进出口商品质量认证

检验检疫机构可以根据国家质检总局同外国有关机构签订协议或者接受外国有关机构的委托进行进出口商品质量认证工作，准许有关单位在认证合格的进出口商品上使用质量认证标志。

11. 涉外检验检疫、鉴定、认证机构审核认可和监督

国家质量检验检疫监督总局负责对拟设立的中外合资、合作进出口商品检验、鉴定、认证公司就其资格信誉、技术力量、装备设施及业务范围四方面进行审查，对从事进出口商品检验、鉴定、认证业务公司的经营活动实行统一监督管理，对境内外检验鉴定认证公司设在各地的办事处，实行备案管理。

12. 承担国际业务

承担联合国、亚太经济合作组织、亚欧会议等国际组织在标准与一致化和检验检疫领域的联络点工作，并承担《世界贸易组织贸易技术壁垒协议》《实施动植物卫生检疫措施的协议》的咨询点业务。负责对外签订政府部门间的检验检疫合作协议，认证认可合作协议、检验检疫协议执行议定书等，并组织实施。

二、报检工作及其报检范围

报检是指有关当事人根据法律、行政法规的规定、对外贸易合同的约定或证明履约的需要，向检验检疫机构申请检验、检疫、鉴定以获准出入境或取得销售使用的合法凭证及某种公证证明所必须履行的法定程序和手续。报检工作是检验检疫工作的一个重要环节，也是有关当事人必须掌握的一项重要技能。

根据国家法律、行政法规的规定和目前我国对外贸易的实际情况，出入境检验检疫的报检范围主要包括四个方面。

1. 法律、行政法规规定必须由检验检疫机构实施检验检疫的报检范围

根据《中华人民共和国进出口商品检验法》及其实施条例、《中华人民共和国进出境动植物检疫法》及其实施条例、《中华人民共和国国境卫生检疫法》及其实施细则、《中华人民共和国食品卫生法》等有关法律、行政法规的规定，以下对象在出入境时必须向检验检疫机构报检，由检验检疫机构实施检验验检疫或鉴定工作。

（1）列入《出入境检验检疫机构实施检验检疫的进出境商品目录》内的货物；

（2）入境废物、进口旧机电产品；

（3）出口危险货物包装容器的性能检验和使用鉴定；

（4）进出境集装箱；

（5）进境、出境、过境的动植物、动植物产品及其他检疫物；

（6）装载动植物、动植物产品和其他检疫物的装载容器、包装物、铺垫材料；进境动植物包装物、铺垫材料；

（7）来自动植物疫区的运输工具；装载进境、出境、过境的动植物、动植物产品及其

他检疫物的运输工具；

（8）进境拆解的废旧船舶；

（9）出入境人员、交通工具、运输设备以及可能传播检疫传染病的行李、货物和邮包等物品；

（10）旅客携带物（包括微生物、人体组织、生物制品、血液及其制品、骸骨、骨灰、废旧物品和可能传播传染病的物品以及动植物、动植物产品和其他检疫物）和携带伴侣动物；

（11）国际邮寄物（包括动植物、动植物产品和其他检疫物、微生物、人体组织、生物制品、血液及其制品以及其他需要实施检疫的国际邮寄物）；

（12）其他法律、行政法规规定需经检验检疫机构实施检验检疫的其他应检对象。

2. 输入国家或地区规定必须凭检验检疫机构出具的证书方准入境的报检范围

有的国家发布法令或政府规定要求，对某些来自中国的入境货物须凭检验检疫机构签发的证书方可入境。如一些国家和地区规定，对来自中国的动植物、动植物产品、食品，凭我国检验检疫机构签发的动植物检疫证书以及有关证书方可入境；又如一些国家或地区规定，从中国输入货物的木质包装，装运前要进行热处理、熏蒸或防腐等除害处理，并由我国检验检疫机构出具“熏蒸/消毒证书”，货到时凭“熏蒸/消毒证书”验放货物。因此，凡出口货物输入国家和地区有此类要求的，报检人须报经检验检疫机构实施检验检疫或进行除害处理，取得相关证书。

3. 有关国际条约规定必须经检验检疫的报检范围

随着加入世界贸易组织和其他一些区域性经济组织，我国已成为一些国际条约、公约和协定的成员。此外，我国还与世界几十个国家缔结了有关商品检验或动植物检疫的双边协定、协议，认真履行国际条约、公约、协定或协议中的检验检疫条款是我们的义务。因此，凡国际条约、公约或协定规定须经我国检验检疫机构实施检验检疫的出入境货物，报检人须向检验检疫机构报检，由检验检疫机构实施检验检疫。

4. 对外贸易合同约定须凭检验检疫机构签发的证书进行交接、结算的报检范围

对外贸易合同是买卖双方通过协商，确定双方权利和义务的书面协议，一经签署即发生法律效力，双方都必须履行合同规定的权利和义务。然而在国际贸易中，买卖双方相距遥远，难以做到当面点交货物，也不能亲自到现场查看履约情况。为了保证对外贸易的顺利进行，保障买卖双方的合法权益，通常需要委托第三方对货物进行检验检疫或签订并出具检验检疫鉴定证书，以证明卖方已经履行合同，买卖双方凭证书进行交接、结算。此外，对某些以成分计价的商品，由第三方出具检验证书更是计算货款的直接依据。因此，凡对外贸易合同、协议中规定以我检验检疫机构签发的检验检疫证书为交接、结算依据进出境货物，报检人须向检验检疫机构报检，由检验检疫机构按照合同、协议的要求实施检验检疫或鉴定并签发检验检疫证书。

任务一　出入境货物报检

知识目标

1. 熟悉检验检疫业务流程。
2. 熟悉出入境货物报检的范围及报检分类。
3. 掌握出入境货物报检的一般要求。
4. 了解来自疫区货物及出境危险货物的报检。
5. 了解进出特殊监管区货物的报检。

能力目标

1. 掌握出入境货物报检的程序。
2. 掌握不同类别货物报检的不同要求。

任务导入

苏州昌盛进出口有限公司在同国外进行进出口贸易时，进出口的货物大多属于国家法定检验目录内，而且进口国家经常要求对进口货物在产地进行相关的检验检疫，苏州昌盛进出口有限公司为公司内取得“报检员考试资格证书”的张秀申请了报检员证，负责公司内的进出口货物报检业务。

任务分析

向检验检疫机构申请出口货物的检验检疫，必须先了解检验检疫机构对货物报检的一般要求、报检方式、报检程序等。同时对特殊货物和特殊区域的特殊报检要求有所了解。掌握了相关知识才能向检验检疫机构开始报检业务工作。

相关知识与拓展

一、检验检疫业务流程

检验检疫机构依照国家法律法规的规定，对出入境货物、交通运输工具、集装箱、快件、邮寄物、人员及其携带物等进行检验检疫、鉴定和监督管理。检验检疫工作的具体内容很多，工作程序和流程也较复杂。因此，对报检员来讲，不仅需要掌握检验检疫相关法律法规和有关规定，也要熟悉检验检疫工作程序及工作流程。

出入境检验检疫业务流程是指报检/申报、计/收费、抽样/采样、检验检疫、卫生除害处理（检疫处理）、签证与放行的全过程。

（一）报检/申报

报检/申报是指申请人按照法律法规或规章的规定向检验检疫机构申报检验检疫工作的手续。检验检疫机构工作人员审核报检人提交的报检单内容填写是否完整、规范，随附的单据资料是否齐全、有效、符合规定、索赔或出证是否超过有效期等，审核无误的，方可受理报检。对报检人提交的材料不齐全或不符合有关规定的，检验检疫机构不予受理报检。因此，报检人应及时了解掌握检验检疫有关政策，在报检时按检验检疫机构有关规定和要求提交有关资料。

（二）计/收费

对已受理报检的，检验检疫机构工作人员按照《出入境检验检疫收费办法及标准》的规定计收检验检疫费。

（三）抽样/采样

对需实施检验检疫并出具结果的出入境货物，检验检疫人员需到现场抽取（采取）样本。所抽取（采取）样本有的并不能直接进行检验，因此，需要对样品进行一定的加工，这称为制样。根据样品管理的规定，样品及制备的小样经检验检疫后应重新封识，超过样品保存期后方可销毁。

（四）检验检疫

检验检疫机构对已报检的出入境货物，通过感官、物理、化学、微生物等方法进行检验检疫，以判定所检对象的各项指标是否符合有关强制性标准或合同及买方所在国官方机构的有关规定。目前，检验检疫的方式包括全数检验、抽样检验、型式试验、过程检验、登记备案、符合性验证、符合性评估、合格保证和免予检验等。

根据《出口工业产品企业分类管理办法》，对出口工业产品，检验检疫机构按照不同的企业类别和产品风险等级分别采用特别监管、严密监管、一般监管、验证监管、信用监管五中不同检验监管方式。

（五）卫生除害处理（检疫处理）

按照《中华人民共和国卫生检疫法》（以下简称《卫生检疫法》）及其实施细则、《动植物检疫法》及其实施条例的有关规定，检验检疫机构对来自传染病疫区或动植物疫区的有关出入境货物、动植物、运输工具、交通工具以及废旧物品等实施卫生除害处理。

（六）签证与放行

对于出境货物，经检验检疫合格的，检验检疫机构签发“出境货物通关单”及相关检验检疫证书，并按有关规定实施通关单联网核查，办理货物通关手续；经检验检疫或口岸核查货证不合格的，签发“出境货物不合格通知单”。

对于入境货物，检验检疫机构受理报检并进行必要的卫生除害处理或检验检疫后签发“入境货物通关单”，并按有关规定实施通关单联网核查。入境货物通关后经检验检疫合格，或经检验检疫不合格、但已进行有效处理合格的，签发“入境货物检验检疫证明”，进口食品签发“卫生证书”；不合格需作退货或销毁处理的，签发“检验检疫处理通知书”，不合格需办理对外索赔的，签发检验检疫证书，供有关方面办理对外索赔及相关手续。

二、出入境货物报检的一般要求

（一）入境货物报检

1. 报检分类

入境货物报检可分为入境一般报检、入境流向报检和异地施检报检。

（1）入境一般报检。入境一般报检是指法定检验检疫入境货物的货主或其代理人，持有关单证向报关地检验检疫机构申请对入境货物进行检验检疫以获得入境通关放行凭证，并取得入境货物销售、使用合法凭证的报检。对入境一般报检业务而言，签发“入境货物通关单”（三联）和对货物的检验检疫都由报关地检验检疫机构完成，货主或其代理人在办理完通关手续后，应主动与检验检疫机构联系落实检验检疫工作。

（2）入境流向报检。入境流向报检亦称口岸清关转异地进行检验检疫的报检，指法定入境检验检疫货物的货主或其代理人持有关单证在卸货口岸向口岸检验检疫机构报检，由入境口岸检验检疫机构进行必要的检疫处理后签发“入境货物通关单”（四联），货物通关并调往目的地后，收货人或其代理人再向目的地检验检疫机构申报，由目的地检验检疫机构进行检验检疫监管的报检。申请入境流向报检货物的报关地与目的地属于不同辖区。

（3）异地施检报检。异地施检报检是指已在口岸完成入境流向报检，货物到达目的地后，该批入境货物的货主或其代理人在规定的时间内（海关放行后 20 日内），向目的地检验检疫机构申请对入境货物实施检验的报检。

异地施检报检是入境流向报检货物到达目的地后，入境货物货主或其代理人对同一批货物向目的地检验检疫机构的二次申报，主要目的是申请检验检疫，以获得合法的销售使用凭证。因入境流向报检时，只在口岸对装运货物的运输工具和外包装进行了必要的检疫处理，并未对整批货物进行检验检疫，只有当检验检疫机构对货物实施了具体的检验、检疫，确认其符合有关检验检疫要求及合同的规定，货主才能获得相应的准许入境货物销售、使用的合法凭证，完成入境货物的检验检疫工作。异地施检报检时应提供口岸检验检疫机构签发的“入境货物调离通知单”，即“入境货物通关单”（四联）中的第三联流向联。

2. 报检时限和地点

入境货物的货主或其代理人应在入境前或入境时向报关地检验检疫机构报检。法律、行政法规及部门规章另有特别规定的从其规定。如审批、许可证等有关政府批文中规定了检验检疫地点的，在规定的地点报检；大宗散装商品、易腐烂变质商品、可用做原料的固体废弃物以及在卸货时已发生残损、数/重量短缺的商品，必须在卸货口岸检验检疫机构报检等。

3. 报检时应提供的单据

入境货物报检时，应填制“入境货物报检单”，并提供外贸合同、发票、提（运）单、装箱单及其他检验检疫机构要求提供的特殊单证。如图 8－1 所示。

中华人民共和国出入境检验检疫

入境货物报检单

报检单位（加盖公章）：　　　　　　　　　　　　　＊编号：

报检单位登记号：　　　　　联系人：　　　　电话：　　　　报检日期：　　年　月　日

<table>
<tr><td rowspan="2">收货人</td><td colspan="6">（中文）</td></tr>
<tr><td colspan="6">（外文）</td></tr>
<tr><td rowspan="2">发货人</td><td colspan="6">（中文）</td></tr>
<tr><td colspan="6">（外文）</td></tr>
<tr><td>货物名称（中/外文）</td><td>HS编码</td><td>原产国（地区）</td><td>数/重量</td><td>货物总值</td><td colspan="2">包装种类及件数</td></tr>
<tr><td></td><td></td><td></td><td></td><td></td><td colspan="2"></td></tr>
<tr><td>运输工具名称号码</td><td colspan="3"></td><td>合同号</td><td colspan="2"></td></tr>
<tr><td>贸易方式</td><td></td><td>贸易国家（地区）</td><td></td><td>提单/运单号</td><td colspan="2"></td></tr>
<tr><td>到货日期</td><td></td><td>起运国家（地区）</td><td></td><td>许可证/审批号</td><td colspan="2"></td></tr>
<tr><td>卸毕日期</td><td></td><td>起运口岸</td><td></td><td>入境口岸</td><td colspan="2"></td></tr>
<tr><td>索赔有效期至</td><td></td><td>经停口岸</td><td></td><td>目的地</td><td colspan="2"></td></tr>
<tr><td>集装箱规格、数量及号码</td><td colspan="6"></td></tr>
<tr><td rowspan="2" colspan="2">合同订立的特殊
条款以及其他要求</td><td rowspan="2" colspan="2"></td><td>货物存放地点</td><td colspan="2"></td></tr>
<tr><td>用　途</td><td colspan="2"></td></tr>
<tr><td colspan="2">随附单据（画“√”或补填）</td><td colspan="2">标记及号码</td><td colspan="2">＊外商投资财产（画“√”）</td><td>□是 □否</td></tr>
<tr><td rowspan="4">□合同
□发票
□提/运单
□兽医卫生证书
□植物检疫证书
□动物检疫证书
□卫生证书
□原产地证
□许可/审批文件</td><td rowspan="4">□到货通知
□装箱单
□质保书
□理货清单
□磅码单
□验收报告
□
□
□</td><td rowspan="4" colspan="2"></td><td colspan="3">＊检验检疫费</td></tr>
<tr><td>总金额
（人民币元）</td><td colspan="2"></td></tr>
<tr><td>计费人</td><td colspan="2"></td></tr>
<tr><td>收费人</td><td colspan="2"></td></tr>
<tr><td rowspan="3" colspan="4">报检人郑重声明：
1. 本人被授权报验。
2. 上列填写内容正确属实。

签名：________</td><td colspan="3">领取证单</td></tr>
<tr><td>日期</td><td colspan="2"></td></tr>
<tr><td>签名</td><td colspan="2"></td></tr>
</table>

注：有“＊”号栏由出入境检验检疫机关填写。　　　　　　　　　　◆国家质检总局制

图 8－1　入境货物报检单示意

（二）出境货物报检

1. 报检分类

出境货物报检可分为出境一般报检、出境换证报检、出境货物预检报检。

（1）出境一般报检。出境一般报检是指法定检验检疫出境货物的货主或其代理人，持有关单证向产地检验检疫机构申请检验检疫以取得出境放行证明及其他证单的报检。对于出境一般报检的货物，检验检疫合格后，在当地海关报关的，由产地检验检疫机构签发“出境货物通关单”，货主或其代理人持“出境货物通关单”向当地海关报关；在异地海关报关的，由产地检验检疫机构签发“出境货物换证凭单”或“换证凭条”，货主或其代理人持“出境货物换证凭单”或“换证凭条”向报关地的检验检疫机构申请换发“出境货物通关单”。对经检验检疫合格的符合出口直通放行条件的货物，产地检验检疫机构直接签发“出境货物通关单”，货主或其代理人凭“出境货物通关单”直接向报关地海关办理通关手续，无须再凭产地检验检疫机构签发的“出境货物换证凭单”或“换证凭条”到报关地检验检疫机构换发“出境货物通关单”。

（2）出境换证报检。出境换证报检是指经产地检验检疫机构检验检疫合格的法定检验检疫出境货物的货主或其代理人，持产地检验检疫机构签发的“出境货物换证凭单”或“换证凭条”向报关地检验检疫机构申请换发“出境货物通关单”的报检。对于出境换证报检的货物，报关地检验检疫机构按照国家质检总局规定的抽查比例进行查验。

（3）出境货物预检报检。出境货物预检报检是指货主或者其代理人持有关单证向产地检验检疫机构申请对暂时还不能出口的货物预先实施检验检疫的报检。预检报检的货物经检验检疫合格的，检验检疫机构签发标明“预检”字样的“出境货物换证凭单”；正式出口时，货主或其代理人可在检验检疫有效期内持此单向检验检疫机构申请办理换证放行手续。申请预检报检的货物须是经常出口的、非易腐烂变质、非易燃易爆的商品。

2. 报检时限和地点

出境货物一般情况下或者或其代理人最迟应在出口报关或装运前 7 天报检，对于个别检验检疫周期较长的货物，应留有相应的检验检疫时间。法定检验检疫货物，原则上应向产地检验检疫机构报检并由产地检验检疫机构实施检验检疫。

3. 报检时应提供的单据

出境货物报检时，应填制“出境货物报检单”，并提供外贸合同（销售确认书或函电）、信用证、发票、装箱单及其他检验检疫机构要求提供的特殊单证。如图 8－2 所示。图 8－3 所示出境货物通关单是报检成功后，检验检疫机构签发的官方文件，供报关时使用。

中华人民共和国出入境检验检疫

出境货物报检单

报检单位（加盖公章）： *编号：

报检单位登记号： 联系人： 电话： 报检日期： 年 月 日

收货人	（中文）	
	（外文）	
发货人	（中文）	
	（外文）	

货物名称（中/外文）	HS编码	产地	数/重量	货物总值	包装种类及数量

运输工具名称号码		贸易方式		货物存放地点	
合同号		信用证号		用途	
发货日期		输入国家（地区）		许可证/审批号	
起运地		到达口岸		生产单位注册号	
集装箱规格、数量及号码					

合同、信用证订立的检验检疫条款或特殊要求	标记及号码	随附单据（画“√”或补填）	
		□合同 □信用证 □发票 □换证凭单 □装箱单 □厂检单	□包装性能结果单 □许可/审批文件 □ □ □ □

需要证单名称（画“√”或补填）				*检验检疫费	
□品质证书 □重量证书 □数量证书 □兽医卫生证书	__正__副 __正__副 __正__副 __正__副	□植物检疫证书 □熏蒸/消毒证书 □出境货物换证凭单 □	__正__副 __正__副 __正__副	总金额（人民币元）	
				计费人	
				收费人	

报检人郑重声明：	领取证单	
1. 本人被授权报检。 2. 上列填写内容正确属实，货物无伪造或冒用他人的厂名、标志、认证标志，并承担货物质量责任。	日期	
	签名	

注：有“*”号栏由出入境检验检疫机关填写 ◆国家出入境检验检疫局制

图 8－2 出境货物报检单示意

中华人民共和国出入境检验检疫

出境货物通关单

编号：

<table>
<tr><td colspan="3">1. 发货人</td><td rowspan="3">5. 标记及号码</td></tr>
<tr><td colspan="3">2. 收货人</td></tr>
<tr><td>3. 合同/信用证号</td><td colspan="2">4. 输往国家或地区</td></tr>
<tr><td>6. 运输工具名称及号码</td><td colspan="2">7. 发货日期</td><td>8. 集装箱规格及数量</td></tr>
<tr><td>9. 货物名称及规格</td><td>10. HS 编码</td><td>11. 申报总值</td><td>12. 数/重量、包装数量及种类</td></tr>
<tr><td colspan="4">上述货物业经检验检疫，请海关予以放行。
本通关单有效期至　年　月　日

签字：　　　　　　　　　　　　　　日期：　　年　月　日</td></tr>
<tr><td colspan="4">13. 备注</td></tr>
</table>

图 8-3　出境货物通关单示意

三、入境货物报检的特殊要求

为保护人类健康和安全、保护动植物的生命和健康、保护环境、防止欺诈行为、维护国家安全，检验检疫机构对一些涉及安全、卫生、环保的入境货物制定了一些特殊规定。这些特殊规定主要体现在针对不同类别的入境货物，检验检疫机构在报检时限、地点、应提供的随附单据及检验检疫监督管理等方面存在着不同的要求。（本部分仅以动物及动物产品、植物及植物产品、来自疫区的货物等来举例说明）

（一）动物及动物产品

动物检疫的目的和任务：一是保护农、林、牧、渔业生产，采取一切有效的措施免受国内外重大疫情的灾害，这是每个国家动物检疫部门的重要任务；二是促进经济贸易的发展。优质的动物和产品是国际间动物及动物产品贸易成交的关键，动物检疫工作不可或缺；三是保护人民身体健康。动物及动物产品与人的生活密切相关，许多疫病是人畜共

患，据不完全统计，目前动物疫病中，人畜共患传染病已达196种。动物检疫对保护人民身体健康具有非常重要的现实意义。

1. 报检范围

入境的动物、动物产品及其他的检疫物。动物是指饲养、野生的活动物，如畜、禽、兽、蛇、龟、鱼、虾、蟹、贝、蚕、蜂等；动物产品是指来源于动物未经加工或者虽经加工但仍有可能传播疫病的产品，如生皮张、毛类、肉类、脏器、油脂、动物水产品、奶制品、蛋类、血液、精液、胚胎、骨、蹄、角等；其他检疫物是指动物疫苗、血清、诊断液、动植物性废弃物等。

2. 动物及动物遗传物质报检要求

动物遗传物质是指哺乳动物精液、胚胎和卵细胞。

（1）检疫审批。《动植物检疫法》第十条规定："输入动物、动物产品、植物种子、种苗及其他繁殖材料的，必须事先提出申请，办理检疫审批手续"。由于输出动物及其产品的国家与地区的动物疫情比较复杂，在引进动物及其产品的同时，不可避免地伴随着传入动物疫情的风险，所以检验检疫机构需事先进行风险分析，根据不同的情况决定是否准许进口经输出国检疫合格的产品，以保护我国人民生命和畜牧业的安全。为此进口商应在对外签署合同或协议前到检验检疫机构办理检疫审批手续，取得准许入境的"中华人民共和国进境动植物检疫许可证"（以下简称"进境动植物检疫许可证"）后再进口。并且应当在合同或者协议中订明中国法定的检疫要求，指明必须附有输出国家或者地区政府动植物检疫机构出具的检疫证书。

（2）报检要求。

①报检时限和地点。输入种畜、禽及其精液、胚胎的，货主或其代理人应在入境30日前报检，输入其他动物的，则应在入境15日前报检。输入动物及动物遗传物质，应当按照指定的口岸进境。输入动物及动物遗传物质，货主或其代理人应向入境口岸检验检疫机构报检，由口岸检验检疫机构实施检疫。

②报检时应提供的单证。货主或其代理人在办理入境报检手续时，除按报检的一般要求填制"入境货物报检单"并提供贸易合同、发票、装箱单、提运单外，还应提供原产地证书、输出国家或地区官方出具的检验证书正本、"进境动植物检疫许可证"正本（分批进口的，还需提供许可证复印件进行核销）、"隔离场使用证"（进口种用/观赏用水生动物、畜、禽等活动物的应提供）、"备案证明书"（输入动物遗传物质的，应提供经所在地直属检验检疫局批准并出具的使用单位备案证明书）。

无输出国家或者地区官方机构出具的有效检疫证书，或者未依法办理检疫审批手续的，检验检疫机构根据具体情况，作退回或销毁处理。

（3）其他检验检疫规定和要求。

①境外产地预检。输入活动物及动物遗传物质的，国家质检总局根据输入数量、输出国家的情况和这些国家与我国签订的动物卫生检疫议定书的要求确定是否需要进行境外产地预检。需要进行境外检疫的，要在进口合同中加以明确。国家质检总局派出的兽医与输出国的兽医共同制订检疫计划，挑选动物，进行农场检疫、隔离检疫和安排动物运输环节的防疫等。

②隔离检疫。进口种用/观赏用水生动物、畜、禽以及国家质检总局批准入境的其他动物，需在临时隔离场实施隔离检疫的，申请单位应在办理检疫审批初审前，向检验检疫机构申请“隔离场地使用证”。

入境种用大中动物应当在国家隔离场隔离检疫，当国家隔离场不能满足需求，需要在指定隔离场隔离检疫时，应当报经国家质检总局批准。入境种用大中动物之外的其他动物应当在国家隔离场或者指定隔离场隔离检疫。

入境种用大中动物隔离检疫期为 45 天，其他动物隔离检疫期为 30 天。需要延长或者缩短隔离检疫期的，应当报国家质检总局批准。

③注册登记。输入我国的水生动物，必须来自输出国家或者地区官方注册的养殖场。输入动物遗传物质的，输出国家或地区的国外生产单位须经检验检疫机构检疫注册登记。输入动物遗传物质的使用单位应当进口前到所在地直属检验检疫局备案。

④检疫放行和处理。经现场查验合格的，允许卸离运输工具，对运输工具、外表包装、被污染场地等进行防疫消毒处理并签发“入境货物通关单”，将货物运往指定存放场所后进一步实施隔离检疫和实验室检验。经检验检疫合格的，签发“入境货物检验检疫证明”，准予转移、销售、使用；经检验检疫不合格的，签发“动物检疫证书”；须做检疫处理的，签发“检验检疫处理通知书”，在检验检疫机构的监督下，作退回、销毁或者无害化处理。

对检出患传染病、寄生虫病的动物，须实施检疫处理。检出农业部颁布的《中华人民共和国进境动物一二类传染病、寄生虫病名录》中一类病的，全群动物或动物遗传物质禁止入境，作退回或捕杀销毁处理；检出《中华人民共和国进境动物一二类传染病、寄生虫病名录》中二类病的阳性动物或动物遗传物质禁止入境，作退回或销毁处理，同群的其他动物放行，并隔离观察。

⑤其他要求。水生动物输往我国之前，必须在输出国家或者地区官方机构认可的场地进行不少于 14 天的隔离养殖。输往我国的水生动物在隔离检疫期间，不得与其他野生或者养殖的水生动物接触。

输往我国的水生动物在包装运输前，不得有任何动物传染病和寄生虫病的临床症状。种用和观赏用水生动物必须使用输出国家或者地区官方批准的有效药物进行药浴、消毒并驱除水生动物体外寄生虫。输往中国的水生动物的包装必须是全新的或者经过消毒，符合中国卫生防疫要求，并能够防止渗漏。外包装应当标明养殖场注册编号、水生动物品种和数（重）量；内包装透明，便于检查。

检验检疫机构对进境动物遗传物质的加工、存放、使用实施检疫监督管理；对动物遗传物质的第一代后裔实施备案。

3. 肉类产品及水产品报检要求

肉类产品是指动物屠体的任何可供人类食用部分，包括胴体、脏器、副产品以及以上述产品为原料的制品，不包括罐头产品。水产品是指供人类食用的水生动物产品及其制品，包括水母类、软体类、甲壳类、棘皮类、头索类、鱼类、两栖类、爬行类、水生哺乳类动物等其他水生动物产品以及藻类等海洋植物产品及其制品，不包括活水生动物及水生动植物繁殖材料。

（1）检疫审批。国家质检总局对入境肉类产品及安全卫生风险较高的进口两栖类、爬行类、水生哺乳类动物以及其他养殖水产品等实行检疫审批制度。货主或者其代理人应当在贸易合同签订前办理检疫审批手续，取得“进境动植物检疫许可证”，未取得“进境动植物检疫许可证”的不得进口。

（2）报检要求。

①报检时限和地点。货主或其代理人应在货物进口前或进口时向口岸检验检疫机构报检，约定检疫时间。入境后需调离入境口岸办理转关手续的，货主或其代理人应向口岸检验检疫机构报检，到达指运地时，应当向指运地检验检疫机构申报并实施检疫。进口肉类产品只能从国家质检总局指定的口岸进境。

②报检时应提供的证单。肉类产品及水产品进口前或者进口时，货主或者其代理人应当持“中华人民共和国进境动植物检疫许可证”正本、输出国家或者地区政府官方签发的检验检疫证书正本、原产地证书、贸易合同或协议、提单、发票、装箱单等单证向入境口岸检验检疫机构报检。

经港澳地区中转的进口肉类产品，必须向国家质检总局指定的检验检疫机构申请中转预检，合格后另外加施新的封识并出具证书。入境口岸检验检疫机构受理报检时加验指定检验机构签发的检验证书正本。

（3）其他检验检疫规定和要求。

①境外产地预检：国家质检总局根据需要，按照有关规定，可以派员到输出国家或者地区进行产地预检。

②中转进口预检。目的地为内地的进口肉类产品，在香港或者澳门卸离原运输船只并经港澳陆路运输到内地的、在香港或者澳门码头卸载后在其他港区装船运往内地的，发货人应当向国家质检总局制定的检验机构申请中转预检、未经预检或者预检不合格的，不得转运内地。

③注册登记及备案。检验检疫机构对境外生产企业实施注册登记管理制度；对向中国境内出口肉类产品及水产品的出口商或者代理商实施备案管理，并定期公布已经备案的出口商、代理商名单；对进口肉类产品及水产品收货人实施备案管理，已经实施备案管理的收货人，方可办理进口手续。

④检疫放行和处理。经检验检疫合格的，检验检疫机构签发“入境货物检验检疫证明”，准予生产、加工、销售和使用。“入境货物检验检疫证明”应当注明产品的集装箱号、生产批次号、生产厂家及唛头等追溯信息。

经检验检疫不合格的，签发检验检疫处理通知书。涉及人身安全、健康和环境保护意外项目不合格的，可以在检验检疫机构的监督下进行技术处理，经重新检验检疫合格的，方可销售或者使用。有下列情形之一的，作退回或者销毁处理：

A. 需办理进口检疫审批的产品，无有效进口动植物检疫许可证的；

B. 需办理注册的产品生产企业未获得中方注册的；

C. 无输出国家或者地区官方机构出具的有效检验检疫证书的；

D. 涉及人身安全、健康和环境保护项目不合格的。

⑤其他要求。检验检疫机构依法对进出口肉类产品及水产品进行检验检疫、监督抽

查，对进出口产品生产加工企业根据监管需要和国家质监总局相关规定实施信用管理及分类管理制度。进口商无食品安全国家标准的肉类产品或水产品，收货人应当向检验检疫机构提交国务院卫生行政部门出具的许可证明文件。进口肉类产品或水产品收货人应当建立产品进口和销售记录制度。记录应当真实，保存期限不得少于两年。进口肉类产品或水产品应当存储在检验检疫机构指定的存储冷库或者其他场所。装运进口肉类产品或水产品的运输工具和集装箱，应当在进口口岸检验检疫机构的监管下实施防疫消毒处理。未经检验检疫机构许可，不得擅自将进口肉类或水品产卸离运输工具和集装箱。进口预包装肉类产品或水产品的中文标签应当符合中国食品标签的相关法律、行政法规、规章的规定以及国家技术规范的强制性要求。检验检疫机构依照规定对其标签进行检验。

4. 其他动物产品及其他检疫物报检要求

特指上述未列明的来源于动物未经加工或者虽经加工但仍有可能传播疫病的产品，如皮张类、毛类、蜂产品、蛋制品、奶制品、肠衣等。其他检疫物是指动物疫苗、血清、诊断液、动植物性废弃物等。

(1) 检疫审批。对于需要办理检疫审批手续的，应当按照相关规定办理并获得“进境动植物检疫许可证”后才能报检进口。国家质检总局经过风险评估，取消了一部分风险较小的动物产品进境检疫审批规定。以下动物产品无须申请办理检疫审批手续：蓝湿（干）皮、已鞣制皮毛、洗净羽绒、洗净毛、碳化毛、毛条、贝壳类、蜂产品、蛋制品（不含鲜蛋）、奶制品（鲜奶除外）、熟制肉类产品（如香肠、火腿、肉类罐头、食用高温炼制动物油脂）。

(2) 报检要求。货主或其代理人应在货物入境前或入境时向口岸检验检疫机构报检，约定检疫时间。报检时应当提供原产地证书、输出国家或者地区检验检疫证书、贸易合同、信用证、提单、发票等，并根据产品的不同要求提供“进境动植物检疫许可证”。

(3) 检疫放行和处理。经检验检疫合格的，签发“入境货物检验检疫证明”准予放行；经检验检疫不合格须做检疫处理的，签发“检验检疫处理通知书”，在检验检疫机构的监督下，作退回、销毁或者无害化处理。

(二) 植物及植物产品

1. 报检范围

报检范围包括入境植物、植物产品及其他检疫物。植物是指栽培植物、野生植物及其种子、种苗及其他繁殖材料等；植物产品是指来源于植物未经加工或者虽经加工但仍有可能传播病虫害的产品，如粮食、豆、棉花、油、麻、烟草、子仁、干果、鲜果、蔬菜、生药材、木材、饲料等；其他检疫物包括植物废弃物：垫舱木、芦苇、草帘、竹篓、麻袋、纸等废旧植物性包装物、有机肥料等。

2. 植物繁殖材料报检要求

种子、苗木等植物繁殖材料是植物种子、种苗及其他繁殖材料的统称，指栽培、野生的可供繁殖的植物全株或者部分，如植株、苗木（含试管苗）、果实、种子、砧木、接穗、插条、叶片、芽体、块根、块茎、鳞茎、球茎、花粉、细胞培养材料（含转基因植物）等。

(1) 检疫审批。输入植物繁殖材料的，必须事先办理检疫审批手续，并在贸易合同中

列明检疫审批提出的检疫要求。因科学研究、教学等特殊原因，需从国外引进《中华人民共和国进境植物检疫禁止进境物名录》植物繁殖材料的，引种单位、个人或其代理人须按照有关规定向国家质检总局申请办理特许检疫审批手续。

引进禁止进境以外的种子、种苗和其他植物繁殖材料，货主或其代理人应按照我国引进种子的审批规定，事先向农业部，国家林业局，各省植物保护站、林业局等有关部门申请办理“引进种子、苗木检疫审批单”或“引进林木种子、苗木和其他繁殖材料检疫审批单”。带有土壤或生长介质的还须向国家质检总局办理土壤和生长介质的特许审批。转基因产品需到农业部申领许可证。

(2) 报检要求。

报检时限和地点：输入植物、种子、种苗及其他繁殖材料的，货主或其代理人应在入境前 7 天持有关资料向检验检疫机构报检，预约检疫时间。

报检应提供的单据：货主或其代理人报检时应填制“入境货物报检单”并随附合同、发票、装箱单、提单、“进境动植物检疫许可证”（适用于需国家质检总局特许审批的禁止进境的种子、苗木）或“引进种子、苗木检疫审批单”或“引进林木种子、苗木和其他繁殖材料检疫审批单”及输出国官方植物检疫证书、原产地证等有关文件。

(3) 其他检验检疫规定和要求。在植物种子、种苗入境前，经检验检疫机构实施现场检疫或处理合格的，签发“入境货物通关单”。入境后需要进行隔离检疫的，还要向检验检疫机构申请隔离场或临时隔离场。从事进境种苗花卉生产经营企业要向所在地检验检疫机构备案。引种单位、个人或其代理人应在植物繁殖材料进境前 10～15 日，将“进境动植物检疫许可证”或“引进种子、苗木检疫审批单”或“引进林木种子、苗木和其他繁殖材料检疫审批单”，送入境口岸直属检验检疫局办理备案手续。

3. 水果、烟叶和茄科蔬菜报检要求

(1) 检疫审批。进口水果、烟叶和茄科蔬菜（主要有番茄、辣椒、茄子等）须在签订进境水果贸易合同或协议前提出申请，办理检疫审批手续，取得“进境动植物检疫许可证”。转基因产品需到农业部申领许可证。我国对进口水果的原产国或地区有明确的规定。因科研、赠送、展览等特殊用途需要进口国家禁止进境水果的，货主或其代理人须事先向国家质检总局或国家质检总局授权的检验检疫机构申请办理特许检疫审批手续。

(2) 报检要求。

报检时限和地点：货主或其代理人应在入境前持有关资料向检验检疫机构报检，预约检疫时间。

报检应提供的单据：货主或其代理人报检时应填制“入境货物报检单”并随附合同、发票、装箱单、提单、“中华人民共和国进境动植物检疫许可证”及输出国官方植物检疫证书、原产地证等有关文件。

(3) 其他检验检疫规定和要求。检验检疫机构依照相关工作程序和标准实施现场检验检疫和实验室检验检疫。根据检验检疫记过，检验检疫机构分别作以下处理：经检验检疫合格的，签发入境货物检验检疫证明，准予放行；发现检疫性有害生物或其他有检疫意义的有害生物，须实施除害处理，签发检验检疫处理通知书，经除害处理合格的，准予放行；货证不符或经检验检疫不合格又无有效除害处理办法的，签发检验检疫处理通知书，在检验检疫机构的监督下作退运或销毁处理。需对外索赔的，签发相关检验检疫证书。

经港澳地区中转进境的水果，货主或其代理人须向经国家质检总局授权的港澳中检公司申请中转预检。港澳中检公司要严格按照总局的要求，预检后施加新的封识并出具确认证明文件，入境口岸检验检疫机构凭港澳中检公司出具的确认证明文件（正本）接受报检。

4. 粮食及其加工品

粮食是指禾谷类（如小麦、玉米、稻谷、大麦、黑麦、燕麦、高粱等）、豆类（如大豆、绿豆、豌豆、赤豆、蚕豆、鹰嘴豆等）、薯类（如马铃薯、木薯、甘薯等）等粮食作物的子实（非繁殖用）及其加工产品（如大米、麦芽、面粉等）。

（1）检疫审批。国家质检总局对入境粮食实行检疫审批制度。货主或其代理人应在签订合同前办理检疫审批手续。但有些产品携带有害生物风险较低，无须办理入境检疫审批。无须进行检疫审批的植物产品有：粮食加工品（大米、面粉、米粉、淀粉等）、薯类加工品（马铃薯细粉、冷冻马铃薯条、马铃薯淀粉、木薯淀粉等）等。货主或其代理人应将“进境动植物检疫许可证”规定的入境粮食检疫要求在贸易合同中列明。转基因产品需到农业部申领许可证。

（2）报检要求。货主或其代理人应当在入境前向入境口岸检验检疫机构报检。报检时应填制“入境货物报检单”并随附合同、发票、装箱单、提单、约定的检验方法标准或成交样品、原产地证及按规定应当提供的其他有关单证，并根据产品的不同要求提供“进境动植物检疫许可证”、输出国家或者地区检验检疫证书。

（3）其他检验检疫规定和要求。经检验检疫合格的，签发“入境货物检验检疫证明”，准予其入境销售或使用。

经检验有下列情况之一的，按规定作退回、销毁处理：

①经检验发现不符合检验检疫要求，且无法进行技术处理，或经技术处理后重新检验仍不合格的；

②经检疫发现土壤或检疫性有害生物，且无有效除害处理办法的。

5. 其他植物产品报检要求

进口原木须附有输出国家或地区官方检疫部门出具的植物检疫证书，证明不带有中国关注的检疫性有害生物或双边植物检疫协定中规定的有害生物土壤。进口原木带有树皮的应当在输出国家或地区进行有效的除害处理，并在植物检疫证书中注明除害处理方法，使用药剂、剂量，处理时间和温度；进口原木不带树皮的，应在“植物检疫证书”中作出声明。

进口干果、干菜、原糖、天然树脂、土产类、植物性油类产品等，货主或其代理人应当根据这些货物的不同种类进行不同的报检准备。需要办理检疫审批的，如干辣椒等，在货物入境前事先提出申请，办理检疫审批手续，取得许可证。在进口上述货物前应当持合同、输出国官方出具的植物检疫证书向检验检疫机构报检，约定检疫时间。经检验检疫机构实施现场检疫、实验室检疫合格或经检疫处理合格的，签发“入境货物检验检疫证明”，准予入境销售或者使用。

根据产品携带有害生物风险分析，植物源性饲料添加剂、乳酸菌、酵母菌等产品无须

办理入境检疫审批。

6. 转基因产品报检要求

转基因产品是指国家《农业转基因生物安全管理条例》规定的农业转基因生物及其他法律法规规定的生物与产品，包括通过各种方式（包括贸易、来料加工、邮寄、携带、生产、代繁、科研、交换、展览、援助、赠送以及其他方式）进出境的转基因产品。

（1）进境转基因产品。国家质检总局对进境转基因动植物及其产品、微生物及其产品和食品实行申报制度。货主或其代理人在办理进境报检手续时，应当在“入境货物报检单”的货物名称栏中注明是否为转基因产品。申报为转基因产品的，除按规定提供有关单证外，还应当提供法律法规规定的主管部门签发的“农业转基因生物安全证书”和农业转基因生物标识审查认可批准文件。国家对农业转基因生物实行标识制度。对于实施标识管理的进境转基因产品，检验检疫机构核查标识，符合农业转基因生物标识审查认可批准文件的，准予进境；不按规定标识的，重新标识后方可进境；未标识的，不得进境。

对列入《第一批实施标识管理的农业转基因生物目录》的进境转基因产品，如申报是转基因的，检验检疫机构实施转基因项目的符合性检测；如申报是非转基因的，检验检疫机构进行转基因项目抽查检测；对《实施标识管理的农业转基因生物目录》以外的进境动植物及其产品、微生物及其产品和食品，检验检疫机构可根据情况实施转基因项目抽查检测。

检验检疫机构按照国家认可的检测方法和标准进行转基因项目检测。经转基因检测合格的，准予进境。如有下列情况之一的，检验检疫机构通知货主或其代理人作退货或者销毁处理：

①申报为转基因产品，但经检测其转基因成分与批准文件不符的；

②申报为非转基因产品，但经检测其含有转基因成分的。

进境供展览用的转基因产品，须获得法律法规规定的主管部门签发的有关批准文件后方可入境，展览期间应当接受检验检疫机构的监管。展览结束后，所有转基因产品必须作退回或者销毁处理。如因特殊原因，需改变用途的，须按有关规定补办进境检验检疫手续。

（2）过境转基因产品的报检。过境转基因产品的货主或其代理人在办理进境报检手续时，要事先向国家质检总局提出过境许可申请，并提交资料，国家质检总局自收到申请之日起20日内做出答复，对符合要求的，签发“转基因过境转移许可证”并通知进境口岸检验检疫机构；对不符合要求的，签发不予过境转移许可证，并说明理由。

过境转基因产品进境时，货主或其代理人须持规定的单证和过境转移许可证向进境口岸检验检疫机构申报，并由出境口岸检验检疫机构监督其出境。

对改换原包装及变更过境线路的过境转基因产品，应当按照规定重新办理过境手续。

(三) 来自疫区的货物

1. 疫区的概念

在我国，疫区就是世界卫生组织（WHO）或世界动物卫生组织（OIE）或国际植物保护公约（IPPC）公布并经国家质检总局认可的符合传染病流行特征或动植物疫病流行特征的发生传染病或其他疫情的国家或地区。疫区分为动物传染病疫区、植物疫区、人类传染病疫区。

2. 来自疫区货物的检疫

一般而言，来自动植物疫区的动植物及其产品不能入境。来自疫区的其他货物在报检要求上与非疫区相同。但是，为防止疫情传入，对来自疫区的货物要进行严格的检疫处理。

来自疫区货物的检疫要根据疫区及货物的具体情况来确定。与疫情有关的对应产品不能进口的。例如，美国发生了禽流感，我国禁止直接和间接从美国进口禽鸟及其产品。对于与具体疫情无关的货物，检疫要求没有特别的变化。

3. 来自疫区货物检疫处理

（1）动物检疫处理。动物检疫处理是指检验检疫机构对经检疫不合格的动物、动物产品及其他检疫物所采取的强制性处理措施。检疫处理的方式有除害、捕杀、销毁、退回或封存、不准出境、不准过境等。

根据检疫结果，对需要进行检疫处理的动物、动物产品和其他检疫物由口岸检验检疫机构签发相关单证，通知货主或其代理人进行检疫处理，由口岸检验检疫机构监测处理结果，或由口岸检验检疫机构指定的或认可的单位按要求进行处理。

（2）植物检疫处理。植物检疫处理的要求与动物检疫处理要求基本一致，但也有所不同。一旦在上述入境物品中发现有疫情，作熏蒸、热处理、消毒等植物检疫除害处理；不能作除害处理的，不准入境或过境，已经入境的作退回或销毁处理。

对经检疫不合格的检疫物，由口岸检验检疫机构签发“检疫处理通知单”。对能够通过除害处理达到要求的货物，作除害处理；不能进行除害处理或除害处理后仍不符合要求的，做退回或者销毁处理。经检疫合格或经除害处理合格的，由口岸检验检疫机构签发“入境货物通关单”，准予入境。

（3）卫生处理。卫生处理指隔离、留验和就地诊验等医学措施，以及消毒、除鼠、除虫等卫生措施。检验检疫机构对出入境的交通工具、人员、集装箱、尸体、骸骨以及可能传播检疫传染病的行李、货物、邮包实施检疫查验、传染病监测、卫生监督和卫生处理。

（4）禁止入境的疫区货物。为了确保把疫情拒于国门之外，保护我国人民生命财产安全和农、林、牧、渔业的安全，国家颁布了《中华人民共和国进境植物禁止进境物名录》和《国家禁止进口的血液及其制品的品种》，明确了禁止进境物。当某一国家发生新的疫情时，国家质检总局根据需要发出公告，禁止可能染疫的物品及其相关产品入境，直到疫情解除。各检验检疫机构针对禁止进境物进行严格的把关。因科学研究等特殊原因需要引进禁止进境物品的，必须事先提出申请，经国家质检总局批准，凭批准证明文件报检。

四、出境货物报检的特殊要求

在出境货物检验检疫工作中，由于货物的属性不同，检验检疫标准和监督管理要求不尽相同。结合检验检疫工作的需要，针对不同的出境货物，检验检疫机构在报检环节提出了不同的要求，这些要求主要体现在出境货物的报检范围、报检时间、地点、报检时应提供的单证，以及检验检疫机构出具的证单和其他相关要求等。（本部分仅以动物及动物产

品、植物及植物产品、出境危险货物货物等来举例说明）

（一）出境动物及动物产品

我国是一个农业大国，畜牧、水产等养殖业在我国农业产总值中占有举足轻重的地位，动物及动物产品的对外贸易情况直接影响着我国养殖业的发展。出口农产品质量安全不仅关系企业信誉，关系消费者身体健康，而且关系政府和国家形象。因此，做好出境动物及动物产品检验检疫工作，是维护我国出口动物及动物产品质量的需要，更是推动我国农业发展的需要。

1. 出境动物的报检

（1）报检范围。根据《中华人民共和国进出境动植物检疫法》的规定，出境的动物依据规定实施检疫。此处，动物是指饲养、野生的活动物，如畜、禽、兽、蛇、龟、鱼、虾、蟹、贝、蚕、蜂等。

（2）报检时间和地点。

①需隔离检疫的出境动物，货主或其代理人应在出境前 60 天向起运地检验检疫机构预报，隔离前 7 天向起运地检验检疫机构正式报检；

②出境观赏动物（观赏鱼除外，下同），应在出境前 30 天到出境口岸检验检疫机构报检；

③出境野生捕捞水生动物的货主或其代理人应当在水生动物出境 3 天前向出境口岸检验检疫机构报检；

④出境养殖水生动物（包括观赏鱼，下同）的货主或其代理人应当在水生动物出境 7 天前向注册登记养殖场、中转场所在地检验检疫机构报检。

（3）报检应提供的单据。除按规定填写"出境货物报检单"，并提供合同或销售确认书或信用证（以信用证方式结汇时提供）、发票、装箱单等相关外贸单据外，报检以下出境动物还应提供相应单证。

①出境观赏动物，应提供贸易合同或展出合约、产地检疫证书；

②输出国家规定的保护动物，应有国家濒危物种进出口管理办公室出具的许可证；

③输出非供屠宰用的畜禽，应有农牧部门出具的品种审批单；

④输出实验动物，输出实验动物，应有中国生物工程开发中心的审批单；

⑤实行检疫监督的输出动物，须出示生产企业的输出动物检疫许可证。

⑥出境野生捕捞水生动物的，应提供下列单证：

A. 所在地县级以上渔业主管部门出具的捕捞船舶登记证和捕捞许可证；

B. 捕捞渔船与出口企业的供货协议（应有捕捞船只负责人签字）；

C. 检验检疫机构规定的其他单证。

进口国家或者地区对捕捞海域有特定要求的，报检时应当申明捕捞海域。

⑦出境养殖水生动物的，应当提供"注册登记证"（复印件），并交验原件。

（4）其他规定和要求。

①国家对出口动物实行生产企业注册制度。自 2008 年 4 月 1 日起，所有出口的动物都必须来自经检验检疫机构注册的生产加工企业。

②出境水生动物的特殊规定。

A. 除捕捞后直接出口的野生捕捞水生动物外，出境水生动物必须来自注册登记养殖场或者中转场。注册登记养殖场、中转场应当保证其出境水生动物符合进口国或者地区的标准或者合同要求，并向出口商出具“出境水生动物供货证明”。

B. 中转场需凭注册登记养殖场出具的“出境水生动物供货证明”接受水生动物。

C. 出境水生动物必须凭产地检验检疫机构出具的卫生证书或“出境货物换证凭单”及检验检疫封识进入口岸中转场。在中转场内不得将不同来源的水生动物混合拼装。凡是在口岸中转场内改变包装的、出口前变更输入国家或地区的或超过规定有效期的，必须重新向口岸检验检疫机构报检。

2. 出境动物产品及其他检疫物的报检

(1) 报检范围。根据《中华人民共和国进出境动植物检疫法》的规定，出境的动物产品和其他检疫物，依照规定实施检疫。在这里，动物产品是指来源于动物未经加工或者虽经加工但仍可能传播疫病的动物产品，如生皮张、毛类、肉类、脏器、油脂、动物水产品、奶制品、蛋类、血液、精液、胚胎、骨、蹄、角等。其中，肉类产品是指动物屠体的任何可供人类食用部分，包括胴体、脏器、副产品以及以上述产品为原料的制品，但不包括罐头产品。其他检疫物是指动物疫苗、血清、诊断液、动植物性废弃物等。

(2) 报检时间和地点。报检人在办理海关手续前应向检验检疫机构报检。

①出境动物产品，应在出境前 7 天报检；须作熏蒸消毒处理的，应在出境前 15 天报检。

②出口肉类产品在起运前，向出口肉类产品生产企业所在地检验检疫机构报检。出口冷冻肉类产品应当在生产加工后 6 个月内出口，冰鲜肉类产品应当在生产加工后 72 小时内出口、输入国家或者地区另有要求的，按照其要求办理。出口肉类产品运抵中转冷库时应当向其所在地检验检疫机构申报。中转冷库所在地检验检疫机构凭生产企业所在地检验检疫机构签发的检验检疫证单监督出口肉类产品入库。

③ 批量较小的边境贸易出境水产品，报检人可向边境口岸检验检疫机构报检，具体报检（申报）项目和方式由边境贸易所在地直属出入境检验检疫局规定。

(3) 报检应提供的单证。除按规定填写“出境货物报检单”，并提供外贸合同或销售确认书、发票、装箱单等有关外贸单证外，还应提供如下相应单证：

①出境动物产品生产企业（包括加工厂、屠宰厂、冷库、仓库）的卫生注册登记。

②如果出境动物产品来源于国内某种属于国家级保护或濒危物种的动物、濒危野生动植物种国际贸易公约中的中国物种的动物，报检时必须递交国家濒危物种进出口管理办公室出具的“允许出口证明书”。

③ 批量较小的边境贸易出境水产品，报检时应提供出境水产品有关的单证资料，如出口企业备案证书或食品生产许可证、企业产品检测报告等。

(4) 其他规定和要求。

①国家对生产出境动物产品的企业（包括加工厂、屠宰厂、冷库、仓库）实施生产企业备案制度。货主或其代理人向检验检疫机构报检的出境动物产品，必须产自经备案的生产企业并存放于经注册登记的冷库或仓库。

②对出口肉类产品的特殊规定。

A. 检验检疫机构按照出口食品生产企业备案管理规定，对出口肉类产品的生产企业

实施备案管理。输入国家或者地区对中国出口肉类产品生产企业有注册要求，需要对外推荐注册企业的，按照国家质检总局相关规定执行。

B. 出口肉类产品加工用动物应当来自经检验检疫机构备案的饲养场。

检验检疫机构在风险分析的基础上对备案饲养场进行动物疫病、农兽药残留、环境污染物及其他有害物质的监测。未经所在地农业行政部门出具检疫合格证明的或者疫病、农兽药残留及其他有害物质监测不合格的动物不得用于屠宰、加工出口肉类产品。

C. 出口肉类产品加工用动物备案饲养场或者屠宰场应当为其生产的每一批出口肉类产品原料出具供货证明。

D. 存放出口肉类产品的中转冷库应当经所在地检验检疫机构备案并接受监督管理。

3. 出境水产品的报检

(1) 报检范围。出境水产品包括供人类使用的水生动物产品及其制品，包括水母类、软体类、甲壳类、棘皮类、头索类、鱼类、两栖类、爬行类、水生哺乳类动物等其他水生动物产品以及藻类等海洋植物产品及其制品，不包括活水生动物及水生动植物繁殖材料。

(2) 保健时间和地点。出口水产品生产企业或者其代理人应当在出口前向产地检验检疫机构报检。

(3) 报检应提供的单证。除按规定填写“出境货物报检单”，并提供外卖合同提供或销售确认书、发票、装箱单等有关外贸单证外，还应提供如下相应单证：

①生产企业检验报告（出厂合格证明）；

②出货清单；

③所用原料中药物残留、重金属、微生物等有毒有害物质含量符合输入国家或者地区以及我国要求的书面证明。

(4) 其他规定和要求。

①检验检疫机构对出口水产品养殖场实施备案管理。出口水产品生产企业所用的原料应当来自于备案的养殖场、经渔业行政主管部门批准的捕捞水域或者捕捞渔船，并符合拟输入国家或者地区的检验检疫要求。

②出口水产品备案养殖场应当为其生产的每一批出口水产品原料出具供货证明。

③检验检疫机构按照出口食品生产企业备案管理规定对出口水产品生产企业实施备案管理。输入国家或者地区对中国出口水产品生产企业有注册要求，需要对外推荐注册企业的，按照国家质检总局相关规定执行。

④出口水产品包装上应当按照输入国家或者地区的要求进行标注，在运输包装上注明目的地国家或者地区。

⑤出口水产品超过检验检疫有效期的，应当重新报检。输入国家或者地区另有要求的，按照其要求办理。出口水产品检验检疫有效期为：冷却（保鲜）水产品：7 天；干冻、单冻水产品：4 个月；其他水产品：6 个月。

(二) 出境植物及植物产品

植物检疫市农林病虫害综合防治体系中的主要环节，是植物保护和森林保护学科的重要分支。它与动物检疫一起作为口岸检验检疫工作的重要环节，其目的就是为了防止植物危险性病虫害在国内蔓延和在国家间传播所采取的一项技术行政措施。

1. 报检范围

根据《中华人民共和国进出境动植物检疫法》的规定，出境植物及植物产品的报检范围包括：

(1) 贸易性出境植物、植物产品及其他检疫物；

(2) 作为展出、援助、交换、赠送等的非贸易性出境植物、植物产品及其他检疫物；

(3) 进口国家（或地区）有植物检疫要求的出境植物产品；

(4) 以上出境植物、植物产品及其他检疫物的装载容器、包装物及铺垫材料。

在这里，植物是指栽培植物、野生植物及其种子、种苗及其他繁殖材料等。植物产品是指来源于植物未经加工或者虽然经加工但仍有可能传播病虫害的产品，如粮食、豆、棉花、油、麻、烟草、子仁、干果、鲜果、蔬菜、生药材、木材、饲料等。其他检疫物包括植物废弃物：垫舱木、芦苇、草帘、竹篓、麻袋、纸等废旧植物性包装物、有机肥料等。

2. 报检地点

出口水果应在包装厂所在地检验检疫机构报检，其他产品可向产品所在地检验检疫机构报检。

3. 报检应提供的单证

除按规定填写“出境货物报检单”，并提供外贸合同或销售确认书或信用证（以信用证方式结汇时提供）、发票、装箱单等有关外贸单据外，还应提供如下相应单证：

(1) 出境濒危和野生动植物资源的，须出示国家濒危物种进出口管理办公室或其授权的办事机构签发的允许出境证明文件；

(2) 输往欧盟、美国、加拿大等国家或地区的出境盆景，应提供“出境盆景场/苗木种植场检疫注册证”；

(3) 出境水果来自注册登记果园、包装厂的，应当提供“注册登记证书”（复印件）；来自本辖区以外其他注册果园的，由注册果园所在地检验检疫机构出具水果“产地供货证明”；

(4) 供港澳蔬菜，报检时应当提交供港澳蔬菜加工原料证明文件、出货清单以及出厂合格证明。

4. 其他规定和要求

(1) 国家质检总局对出境种苗实施花卉基地注册登记制度，推行“公司＋基地＋标准化”管理模式。从事出境种苗花卉生产经营企业，应向所在地检验检疫机构申请注册登记。

自2007年12月1日起，未获得注册登记的企业，不得从事出境种苗花卉生产经营业务。来自未实施注册登记生产经营企业的种苗花卉，检验检疫机构不得受理报检，不准出口。

(2) 对来自非注册果园、包装厂的水果，以及出境水果来源不清楚的，不准出口。

(3) 对输往智利的水果，所有水果包装箱应统一用英文标注水果种类、出口国家、产地（区或省）、果园名称或其注册号、包装厂及出口商名称等信息。承载水果包装箱的托盘货物外表应加贴“输往智利共和国”英文标签。

(4) 对输往秘鲁的柑橘，包装箱上应用英文标注产地（省份），果园名称或其注册号，

包装厂名称或注册号、“中国输往秘鲁共和国”的字样。

(5) 国家对供港澳蔬菜种植基地和供港澳蔬菜生产加工企业实施备案管理、种植基地和生产加工企业应当向检验检疫机构备案。

(三) 出境危险货物

危险货物是指具有燃烧、爆炸、腐蚀、毒害以及放射性、辐射性等危害生命、财产、环境的物质和物品。危险货物涉及安全卫生、健康、环保，它的应用给现代社会带来了好处和方便，但同时有些危险货物也对人类健康和环境安全造成了严重损害，导致各种事故和疾病的发生，因而引起了人类越来越多的关注。国际社会相继制定一些规定，对危险货物实施严格的管理。

目前，国家对出口危险货物包括烟花爆竹、出口打火机和点火枪类商品等实施法定检验。

1. 出口烟花爆竹

烟花爆竹是我国传统的出口商品，同时烟花爆竹又属易燃易爆的危险品，在生产、储存、装卸、运输各环节极易发生安全事故。为保证其安全运输出口，我国对出口烟花爆竹的生产企业实施登记管理制度，出口烟花爆竹的检验和监管采取产地检验和口岸查验相结合的办法。

(1) 报检范围。HS 编码为 360410000 的烟花爆竹产品。

(2) 报检应提供的单证。除按规定填写“出境货物报检单”，并提供外贸合同或销售确认书或信用证（以信用证方式结汇时提供）、发票、装箱单等有关外贸单据外，还应提供如下相应单证：

①出境货物运输包装性能检验结果单；

②出境危险货物运输包装使用鉴定结果单；

③生产企业对出口烟花爆竹的质量和安全作出承诺的声明；

④出口规格为 6 英寸及以上的礼花弹产品时，在口岸查验时，须提供检验检疫机构出具的分类分级实验报告和 12 米跌落试验合格报告。

(3) 其他规定和要求。

①各地检验检疫机构对出口烟花爆竹的生产企业实施登记管理制度。生产烟花爆竹的企业应当按照《联合国危险货物建议书规章范本》和有关法律法规的规定生产、储存出口烟花爆竹。

②对出口烟花爆竹的检验，应当严格执行国家法律法规规定的标准。对进口国以及贸易合同高于我国法律法规规定标准的，按其标准检验。检验检疫机构对首次出口或者原材料、配方发生变化的烟花爆竹，应当实施烟火药剂安全稳定性能检测。对长期出口的烟花爆竹产品，每年应当进行不少于一次的烟火药剂安全稳定性能的检测。

③检验检疫机构对异地出口烟花爆竹的检验和监管采用产地检验与口岸查验相结合的办法，凡非本地直接出口的且以集装箱运往口岸出口的烟花爆竹，出口商应凭产地检验检疫机构签发的“出境货物换证凭单”，到口岸检验检疫机构换领“出境货物通关单”。

④对在产地直接报关出口的烟花爆竹，出口商凭产地检验检疫机构签发的“出境货物通关单”报关。

⑤盛装出口烟花爆竹的运输包装，应当标有联合国规定的危险货物包装标记和出口烟花爆竹生产企业的登记代码标记。凡经检验合格的出口烟花爆竹，检验检疫机构应在其运输包装明显部位加贴验讫标志。

2. 出境打火机、点火枪类货物

(1) 报检范围。出口打火机、点火枪类商品包括 HS 编码为 96131000 的一次性袖珍气体打火机、HS 编码为 96132000 的可充气袖珍气体打火机、HS 编码为 96133000 的台式打火机、HS 编码为 96138000 的其他类型打火机（包括点火枪）等。

(2) 报检应提供的单证。除按规定填写“出境货物报检单”，并提供外贸合同或销售确认书或信用证（以信用证方式结汇时提供）、发票、装箱单等有关外贸单据外，还应提供如下相应单证：

①出口打火机、点火枪类商品生产企业自我声明；

②出口打火机、点火枪类商品生产企业登记证；

③出口打火机、点火枪类商品的型式试验报告；

④出境货物运输包装性能检验结果单；

⑤出境危险货物运输包装使用鉴定结果单。

(3) 其他规定和要求。

①检验检疫机构对出口打火机、点火枪类商品的生产企业实施登记管理制度。

出口打火机、点火枪类商品的生产企业应向所在地的检验检疫机构提交登记申请。经审查合格的企业，由检验检疫机构颁发“出口打火机、点火枪类商品生产企业登记证”和专用的登记代码和批次号。

②企业应当按照《联合国危险货物建议书规章范本》和有关法律法规的规定生产、包装、储存出口打火机、点火枪类商品。

③出口打火机、点火枪类商品检验，应当严格执行国家法律法规规定的标准。对进口国高于我国法律法规规定标准的，按进口国标准进行检验。对于我国与进口国政府间有危险品检验备忘录或协议的，应符合备忘录或协议的要求。

④出口打火机、点火枪类商品上应铸有检验检疫机构颁发的登记代码，其外包装须印有登记代码和批次，在外包装的明显部位要贴有检验检疫机构的验讫标志，否则不予放行。

⑤检验检疫机构对打火机、点火枪类商品的检验监督坚持型式试验和常规检验相结合的原则。在打火机、点火枪类商品首次出口或其原材料、生产工艺发生变化时，检验检疫机构将进行打火机全项型式试验，全项型式试验必须由国家质检总局指定的检测实验室进行。产品出口时，检验检疫机构根据型式试验合格报告进行常规检验。

⑥检验检疫机构对打火机、点火枪类商品的检验实施批批检验，同时对其包装实施性能检验和使用鉴定。

五、进出特殊监管区货物的报检

特殊监管区主要包括保税区、出口加工区等，其区域有一定的特殊性，进出特殊监管区货物的报检和检验检疫管理具有与其他区域不同的特点。

(一) 保税区

保税区又称保税仓库区，是经国务院批准设置的特定综合性对外开放经济区域。

1. 报检范围

法律法规规定应当实施检验检疫的货物及其包装物、铺垫材料、运输工具、集装箱(以下简称应检物)：

(1) 列入《法检目录》的应检物；

(2) 虽未列入《法检目录》，但国家有关法律法规明确由检验检疫机构负责检验检疫的进出境货物；

(3) 运输工具和集装箱；

(4) 应实施检验检疫的包装物及铺垫材料。

2. 报检要求

保税区内出入境货物及其运输工具、集装箱的报检要求与一般的报检要求基本相同。

(1) 进出保税区的应检物，货主或其代理人须向检验检疫机构申报或报检，海关凭检验检疫机构出具的“入境货物通关单”或“出境货物通关单”验放。

(2) 保税区内应检物出境报检时，报检人应填制“出境货物报检单”，并提供外贸合同、信用证、发票、厂检单等单据。按照法律法规规定须提供相关批准文件的，应在报检前办妥相关手续。

(3) 保税区内应检物入境报检时，报检人应填制“入境货物报检单”，并提供外贸合同、发票、提(运)单等有关单证。按照法律法规规定须提供相关批准文件的，应在报检前办妥相关手续。

(4) 保税区内企业从境外进入保税区的仓储物流货物以及自用的办公用品、出口加工所需原材料、零部件，免予实施强制性产品认证。

(5) 保税区内从事进出口加工、国际贸易、国际物流以及进出口商品展示的企业办理报检手续前，应在检验检疫机构办理备案或注册登记手续；保税区内从事加工、储存出境食品的企业还应办理出口食品生产企业卫生注册登记手续。

3. 检验检疫程序

(1) 保税区与境外之间进出的应检物。

①从境外输入保税区的法定检验检疫应检物，应当向进境口岸检验检疫机构报检。属于卫生检疫和动植物检疫范围的，由检验检疫机构实施卫生和动植物检疫；应当实施卫生和动植物检疫除害处理的，由检验检疫机构进行卫生除害处理。

②从境外进入保税区的可以用做原料的固体废物、旧机电产品、成套设备实施检验和监管，对外商投资财产按照有关规定进行价值鉴定，未办理通关手续的货物不实施检验。

③从保税区输往境外的应检物，检验检疫机构依法实施检验检疫。

④从非保税区进入保税区后不经加工直接出境的，保税区检验检疫机构凭产地检验检疫机构签发的检验检疫合格证明换证放行，不再实施检验检疫。超过检验检疫有效期、变更输入国家或地区并又有不同检验检疫要求、改换包装或重新拼装、已撤销报检的，应当按规定重新报检。

（2）保税区与非保税区之间进出的应检物。

①从中华人民共和国境内非保税区（不含港澳台地区）进入保税区时，不需要办理海关通关手续的，检验检疫机构不实施检验检疫；需要办理海关通关手续的，检验检疫机构按规定实施检验检疫。

②从保税区输往非保税区的应检物，除法律法规另有规定的，不实施检疫。

③入境时已经实施检验的报税区内的货物输往非保税区的，以及从非保税区进入保税区的货物又输往非保税区的，不实施检验。

④从保税区输往非保税区的应检物，属于实施食品卫生监督检查和商品检验范围的，检验检疫机构实施检验。对于集中入境分批出区的货物，可以分批报检、分批检验；符合条件的，也可在入境时集中报检，集中检验，经检验合格的出区时分批核销。

⑤从保税区输往非保税区的应检物，列入强制性产品认证目录的，应当提供相应的认证证书，其产品上应当加贴强制性产品认证标志。

（3）保税区内相互流通的应检物。保税区内企业之间进行销售、转移的应检物，免予实施检验检疫，无须报检。

（4）经保税区转口的应检物。

①经保税区转口的动植物、动植物产品和其他检疫物，入境报检时应当提供输出国家或地区政府部门出具的官方检疫证书；转口动物应同时提供国家质检总局签发的“动物过境许可证”或输入国家或地区政府部门签发的允许进境的证明；转口转基因产品应同时提供国家质检总局签发的“转基因产品过境转移许可证”。

②经保税区转口的应检物，在保税区短暂仓储，原包装转口出境并且包装密封状况良好，无破损、撒漏的，入境时仅实施外包装检疫，必要时进行防疫消毒处理；如果由于包装不良以及在保税区内经分级、挑选、刷贴标签、改换包装形式等简单加工的原因，转口出境的，检验检疫机构实施卫生检疫、动植物检疫以及食品卫生检验。

③经保税区转口的应检物出境时，除法律法规另有规定和输入国家或地区要求入境时出具我国检验检疫机构签发的检疫证书或检疫处理证书的以外，一般不再实施检验和检疫处理。

（二）出口加工区

出口加工区是一个国家或地区在其港口、国际机场等地方，划出一定的范围，新建和扩建码头、车站、道路、仓库和厂房等基础设施以及提供免税等优惠待遇，鼓励外国企业在区内投资设厂，生产以出口为主的制成品的加工区域。

1. 报检范围

法律法规规定应当实施检验检疫的货物及其包装物、铺垫材料、运输工具、集装箱（以下简称应检物）：

（1）列入《法检目录》的应检物；

（2）虽未列入《法检目录》，但国家有关法律法规明确由检验检疫机构负责检验检疫的进出境货物；

（3）运输工具和集装箱；

（4）应实施检验检疫的包装物及铺垫材料。

2. 报检要求

加工区内出入境货物及其运输工具、集装箱的报检要求与一般的报检要求基本相同。

(1) 进出加工区的应检物，货主或其代理人须向检验检疫机构申报或报检，海关凭检验检疫机构出具的“入境货物通关单”或“出境货物通关单”验放。

(2) 加工区内应检物出境报检时，报检人应填制“出境货物报检单”，并提供外贸合同、信用证、发票、厂检单等单据。按照法律法规规定须提供相关批准文件的，应在报检前办妥相关手续。

(3) 加工区内应检物入境报检时，报检人应填制“入境货物报检单”，并提供外贸合同、发票、提（运）单等有关单证。按照法律法规规定须提供相关批准文件的，应在报检前办妥相关手续。

(4) 加工区内的企业（以下简称“区内企业”）应向检验检疫机构办理备案登记手续，或按有关规定办理注册登记手续。需要实施卫生注册登记和出口质量许可制度管理的企业，应按规定申请办理有关手续。从事食品、动植物产品的加工、存放场所应当符合食品卫生和动植物检疫的有关规定。

3. 检验检疫程序

(1) 加工区与境外之间进出的应检物。

①区内企业为加工出口产品入境所需的货物及其在加工区内自用的办公和生活消费用品，免予实施品质检验。但以废物作为原料的，按有关规定实施环保项目检验。

②入境法定检验检疫的货物、集装箱以及运输工具，应当接受卫生检疫；来自检疫传染病疫区的、被检疫传染病污染的以及可能传播检疫传染病或者发现与人类健康有关的啮齿类动物和病媒昆虫的集装箱、货物、废旧物等物品以及运输工具应实施卫生处理。

③入境动植物及其产品和其他检疫物，装载动植物、动植物产品和其他检疫物的装载容器、集装箱、包装物、铺垫材料，以及来自动植物疫区的运输工具，应实施动植物检疫及检疫监督管理。

④从加工区出境的属商品检验和食品卫生检验范围的货物，有下列情况之一的，应实施品质检验或食品卫生检验：标明中国制造的；使用中国注册商标的；申领中国原产地证明书的；需检验检疫机构出具品质证书的。

⑤对从加工区出境的，属卫生检疫和动植物检疫范围内的应检货物，按输入国家（或地区）要求和我国的有关规定实施检验检疫。

⑥装运出境易腐烂变质食品、冷冻品的集装箱应实施适载检验。

(2) 加工区与区外之间进出的应检物。

①区外运入加工区的任何货物，检验检疫机构不予检验检疫。区外系指加工区以外的中华人民共和国境内其他地区。

②加工区运往区外的法定检验检疫的货物，视为进口，按如下要求办理报检手续：

A. 属商品检验范围的，须实施品质检验；

B. 属食品卫生检验范围的，需实施食品卫生检验；

C. 属《中华人民共和国实施强制性产品认证的产品目录》内的，须按照规定办理强制性产品认证证书或相关的免办证明；

D. 属动植物检疫范围的，不再实施动植物检疫；

E. 属卫生检疫范围的，不再实施卫生检疫；

F. 从加工区运往区外的废料和旧机电产品，检验检疫机构按有关规定实施环保项目检验。

任务实施

第一步：在法定检验检疫货物入境前或入境时，货主或其代理人应首先向卸货口岸或到达口岸的检验检疫机构报检。报检时应按检验检疫相关规定和要求提供有关单证资料。

第二步：检验检疫机构按有关规定审核报检人提供的资料，符合要求的，受理报检并计收费；对来自疫区的、可能传播检疫传染病、动植物疫情及可能夹带有害物质的入境货物的交通工具或运输包装实施必要的检疫、消毒、卫生处理，然后签发“入境货物通关单”供货主或其代理人办理海关报关手续。

第三步：货主或其代理人凭口岸检验检疫机构签发的“入境货物通关单”报关。

第四步：货物通关后，货主或其代理人及时与检验检疫机构联系检验检疫事宜，未经检验检疫的，不准销售、使用；检验检疫合格的，检验检疫机构签发“入境货物检验检疫证明”（进口食品签发“卫生证书”），准予销售、使用；经检验检疫不合格的，检验检疫机构签发“检验检疫处理通知书”，货主或其代理人应在检验检疫机构的监督下进行处理。无法进行处理或处理后仍不合格的，做退运或销毁处理。需要对外索赔的，检验检疫机构签发检验检疫证书。

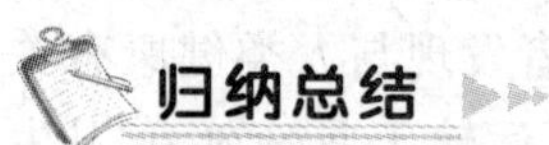

归纳总结

出入境检验检疫是指检验检疫机构依照相关法律、行政法规和国际惯例等的要求，对出入境货物、交通工具、人员等进行检验检疫、认证及签发官方检验检疫证明等监督管理工作。出入境检验检疫的目的，是保护国家经济的顺利发展，保护人民的生命的生活环境的安全与健康。检验检疫工作的具体内容很多，工作程序和工作流程也较复杂。因此，为了做好货物报检工作，不仅要了解掌握检验检疫的相关法律法规和有关规定，对进出境货物具体的检验检疫程序及要求要熟练掌握。

法定检验检疫的入境货物，在报关时必须提供报关地检验检疫机构签发的“入境货物通关单”，海关凭报关地检验检疫机构签发的“入境货物通关单”验放，其一般工作程序是：报检后先放行通关，再进行检验检疫。

法定检验检疫的出境货物，在报关时必须提供检验检疫机构签发的“入境货物通关单”，海关凭检验检疫机构签发的“入境货物通关单”验放，其一般工作程序是：报检后先检验检疫，再放行通关。

对于特殊的进出境货物要根据国家有关法律法规的规定提供相关单证办理货物报检。

对于进出特殊监管区货物注意其与一般进出境货物报检的不同之处。

思考与训练

苏州昌盛进出口有限公司现要出口一批法定检验检疫货物，要求报检员张秀进行报检工作以便货物及时报关出口装运。

任务二　出入境集装箱检验检疫报检

知识目标

1. 了解出入境集装箱的分类。
2. 了解出入境集装箱进行检验检疫的法律依据。
3. 掌握出入境集装箱报检的程序。
4. 了解新造集装箱的出境程序。

能力目标

1. 掌握出入境集装箱检验检疫报检范围。
2. 掌握出入境集装箱报检要求。
3. 掌握出入境集装箱检验检疫程序。

任务导入

苏州永诚报关有限公司报检分部的工作任务之一是按照报关部的要求为出入境集装箱装货物向出入境地检验检疫机构申请对出入境集装箱实施检验检疫，报检分部须对出入境集装箱的报检工作程序熟练掌握，才能完成报检任务。

任务分析

苏州永诚报关有限公司报检分部向进出境地检验检疫机构申请对出入境集装箱实施检验检疫，必须熟悉掌握检验检疫机构对出入境集装箱报检的要求及报检的相关程序，按照相关规定进行报检。

相关知识与拓展

进出境集装箱是指国际标准化组织所规定的集装箱，包括进境、出境和过境集装箱，根据是否装载货物又分为实箱和空箱。根据《商检法》《卫生检疫法》及有关法律法规的规定，国家质检总局出台了《进出境集装箱检验检疫管理办法》（第 17 号令），依法对进出境集装箱实施检验检疫。

一、报检范围

1. 进境集装箱检验检疫报检范围

(1) 所有进境集装箱应实施卫生检疫。

(2) 来自动植物疫区的,装载动植物、动植物产品和其他检验检疫物的,以及箱内带有植物性包装物或铺垫材料的集装箱,应实施动植物检疫。

(3) 法律、行政法规、国际条约规定或者贸易合同约定的其他应当实施检验检疫的集装箱,按照有关规定、约定实施检验检疫。

2. 出境集装箱检验检疫报检范围

(1) 所有出境集装箱应实施卫生检疫。

(2) 装载动植物、动植物产品和其他检验检疫物的集装箱,应实施动植物检疫。

(3) 装运出口易腐烂变质食品、冷冻品的集装箱,应实施清洁、卫生、冷藏、密固等适载检验。

(4) 输入国要求实施检验检疫的集装箱,按要求实施检验检疫。

(5) 法律、行政法规、国际条约规定或贸易合同约定的其他应当检验检疫的集装箱,按有关规定、约定实施检验检疫。

3. 过境集装箱检验检疫范围

过境应检集装箱,由进境口岸检验检疫机构实施查验,离境口岸检验检疫机构不再检验检疫。

二、报检要求

1. 进境集装箱的报检要求

(1) 进境重箱集装箱报检要求。进境集装箱承运人、货主或其代理人(以下简称"报检人")在办理海关手续前必须填写"入境集装箱报检单"或"出/入境货物报检单"(装载法定检验检疫货物集装箱)向进境口岸检验检疫机构报检,未经检验检疫机构许可,不得提运或拆箱。

报检时,应提供集装箱数量、规格、号码,到达或离开口岸的时间,装箱地点和目的地,货物的种类,数量和包装材料等单证或情况。

(2) 进境空箱报检要求。报检人在办理海关手续前必须向进境口岸检验检疫机构申报,申报内容包括集装箱数量、规格、号码,到达或离开口岸的时间,装箱地点和目的地等单证或情况。

2. 出境集装箱的报检要求

出境集装箱报检人应该在装货前填写"出境货物报检单"或"出/入境集装箱报检单"以及随附的集装箱配载清单等相关资料和单据向所在地检验检疫机构报检。出境空集装箱,报检人应填写"出/入境集装箱报检单"向出境口岸检验检疫机构报检。未经检验检疫机构许可,不准装运或出境。

装运出口易腐烂变质食品、冷冻品的集装箱,承运人或者集装箱单位必须在装货前申请检验,未经检验合格的,不准装运。

三、检验检疫

1. 进境集装箱检验检疫程序

(1) 装载法定检验检疫商品的进境集装箱。检验检疫机构受理报检后，集装箱结合货物一并实施检验检疫，检验检疫合格的准予放行，并统一出具“入境货物通关单”。经检验检疫不合格的，按规定处理。需要实施卫生除害处理的，签发“检验检疫处理通知书”；完成处理后报检人有要求的，出具“熏蒸/消毒证书”(见图 8-4)。

中华人民共和国出入境检验检疫
ENTRY-EXIT INSPECTION AND QUARANTINE
OF THE PEOPLE'S REPUBLIC OF CHINA

正本
ORIGINAL

熏蒸/消毒证书
FUMIGATION/DISINFECTION CERTIFICATE

编号 No.: 310100211083013

发货人名称及地址
Name and Address of Consignor

收货人名称及地址
Name and Address of Consignee

品名
Description of Goods **3WOODEN CASES FOR DC ELECTRIC MOTORS

产地
Place of Origin CHINA

报检数量
Quantity Declared **2850KGS G.W. **2480KGS N.W.

标记及号码
Mark & No.
N/M

启运地
Place of Despatch SHANGHAI, CHINA

到达口岸
Port of Destination TINCAN ISLAND SEAPORT, NIGERIA

运输工具
Means of Conveyance BY SEA

熏蒸/消毒处理
FUMIGATION/DISINFECTION TREATMENT

日期
Date 30-31 MAR., 2011

处理时间及温度
Duration & Temperature 24 HOURS 11℃

处理方法
Treatment FUMIGATION

药剂及浓度
Chemical & Concentration METHYL BROMIDE 64G/M³

附加声明
ADDITIONAL DECLARATION
****

印章
Official Stamp

签证地点 Place of Issue SHANGHAI 签证日期 Date of Issue 06 APR., 2011

授权签字人 Authorized Officer 签名 Signature

中华人民共和国出入境检验检疫机关及其官员或代表不承担签发本证书的任何财经责任。No financial liability with respect to this certificate shall attach to the entry-exit inspection and quarantine authorities of the P. R. of China or to any of its officers or representatives.

[c 7-1(2000.1.1)]

AA0206554

图 8-4 熏蒸/消毒证书示意

（2）装载非法定检验检疫商品的进境集装箱和进境空箱。检验检疫机构受理报检后，根据集装箱箱体可能携带的有害生物和病媒生物种类以及其他有毒有害物质情况实施检验检疫，实施检验检疫后，对不需要实施卫生除害处理的，应报检人的要求出具“集装箱检验检疫结果单”；对需要实施卫生除害处理的，签发“检验检疫通知书”，完成处理后报检人有要求的，出具“熏蒸/消毒证书”。

（3）应在进境口岸实施检验检疫及监管的进境、过境集装箱。

①在进境口岸结关的、装运经国家批准进口废物原料的以及国家有关法律法规规定必须在进境口岸查验的集装箱，口岸检验检疫机构可根据工作需要指定监管地点对其集装箱实施检验检疫或做卫生除害处理。

②对过境集装箱，实施监管。经口岸检查集装箱外表发现有可能中途撒漏造成污染的，报检人应按检验检疫机构的要求，采取密封措施；无法采取密封措施的，不准过境。发现被污染或危险性病虫害的，应做卫生除害处理或不准过境。

③对已在口岸启封查验的进境集装箱，查验后要施加 CIQ 封识，出具“集装箱检验检疫结果单”（见图 8－5），并列明所查验的进境集装箱原、新封识号。

CIQ

中华人民共和国出入境检验检疫
集装箱检验检疫结果单

正 本

编号________________

申请人:

集装箱数量: 箱型:

拟装/装载货物: 运输工具:

检验地点: 检验日期:

检验检疫结果:

□箱体、箱门完好，箱号清晰，安全铭牌齐全。

□箱体无有毒有害危险品标志；箱内清洁、卫生，无有毒有害残留物，且风雨密状况良好；箱内温度达到冷藏要求，符合《中华人民共和国进出口商品检验法》及其实施条例的规定。

□未发现病媒生物，符合《中华人民共和国国境卫生检疫法》及其实施细则的规定。

□未发现活害虫及其他有害生物，符合《中华人民共和国进出境动植物检疫法》及其实施条例的规定。

规格	集装箱号码	规格	集装箱号码	规格	集装箱号码

样 本
SPECIMEN

本单有效期：截止于　　　年　　月　　日

签字:　　　　　日期:　　　　年　　月　　日

注：在适当的“□”内划“√”以横线划去不适当的内容。

A0028431　　　　[3-4(2000.1.1)]

图 8－5　集装箱检验检疫结果单

（4）进境转关分流的集装箱。

进境转关分流的集装箱指运地结关（转关）的进境集装箱，由指运地检验检疫机构实施检验检疫。口岸检验检疫机构实施口岸登记后，根据集装箱外表可能传带的有害生物种类实施检验检疫，主要检查有无非洲大蜗牛和土壤等，一般在进境口岸结合对运输工具的检验检疫、箱体卸运或运入堆场后检验检疫进行。

口岸检验检疫机构应将在指运地检验检疫的进境集装箱流向等有关资料信息及时通报有关检验检疫机构，以便加强对进境集装箱的检验检疫和监管工作。有关检验检疫机构应将逃漏检的情况及时反馈口岸检验检疫机构。

2. 出境集装箱检验检疫程序

（1）对装运出口易腐烂变质食品、冷冻品的集装箱，在装运前实施清洁、卫生、冷藏、密固等适载检验。对装载出口植物、动植物产品和其他检疫物的集装箱以及输入国家或地区要求和国家法律法规或国际条约规定其他必须实施检验检疫的集装箱，经检验检疫取得证书的方可装运。其他出境集装箱，受理报检后即可放行。

（2）不需要实施卫生除害处理的出境集装箱，检验检疫机构实施检验检疫后，应报检人的要求出具“集装箱检验检疫结果单”。需要实施卫生除害处理的出境集装箱，检验检疫机构受理报检后签发“检验检疫处理通知书”，完成报检后应报检人要求出具“熏蒸/消毒证书”。

（3）出境口岸检验检疫机构凭启运口岸检验检疫机构出具的“集装箱检验检疫结果单”或“熏蒸/消毒证书”验证放行。

（4）集装箱检验检疫有效期限为 21 天，超过有效期限的出境集装箱需要重新检验检疫。

（5）出境新造集装箱的检验检疫程序（新造集装箱，指由专门的集装箱生产企业生产的未使用过的集装箱）：

①对不使用木地板的新造集装箱，仅作为商品空箱出口时不实施检验检疫。

②对使用木地板的新造集装箱，仅作为商品空箱出口时，按如下规定办理：

A. 所使用的木地板为进口木地板，且木地板进口时附有用输出国检验检疫机构认可的标准作永久性免疫处理的证书，并经我检验检疫机构检验合格的，出口时可凭我检验检疫合格证书放行，不实施检验检疫；

B. 所使用的木地板为国产木地板，且附有已用输出国检验检疫机构认可的标准作永久性免疫处理的证明的，出口时可凭该处理证明放行，不实施检验检疫；

C. 所使用的进口木地板没有进口检验检疫合格证书或使用国产木地板没有用输出国检验检疫机构认可的标准作永久性免疫处理，出口时应实施出境动植物检疫。

任务实施

苏州永诚报关有限公司报检分部接受苏州昌盛进出口有限公司委托为其进口的集装箱装货物办理报检。

第一步：报检员张秀在办理海关手续前，准备相关报检资料：“入境货物报检单”（装载法定检验检疫货物）或“出/入境集装箱报检单”（装载非法定检验检疫货物），并提供相关单据信息：集装箱数量、规格、号码，到达或离开口岸的时间，装箱地点和目的地，货物的种类，数量和包装材料等单证或情况。准备齐全以后向进境地检验检疫机关报检。

第二步：进境地检验检疫机构按有关规定审核报检人提供的资料，符合要求的受理报检。

第三步：检验检疫机构受理报检后，对装载法定检验检疫货物的集装箱结合货物一并实施检验检疫，检验检疫合格的准予放行，并统一出具“入境货物通关单”。经检验检疫不合格的，按规定处理。需要实施卫生除害处理的，签发“检验检疫处理通知书”；完成处理后报检人有要求的，出具“熏蒸/消毒证书”。

对装载非法定检验检疫货物的集装箱，根据集装箱箱体可能携带的有害生物和病媒生物种类以及其他有毒有害物质情况实施检验检疫，实施检验检疫后，对不需要实施卫生除害处理的，应报检人的要求出具“集装箱检验检疫结果单”；对需要实施卫生除害处理的，签发“检验检疫通知书”，完成处理后报检人有要求的，出具“熏蒸/消毒证书”。

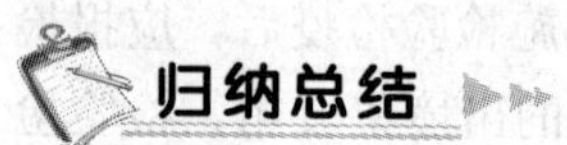

归纳总结

进境集装箱的报检人应在办理报关手续前，向进境口岸检验检疫机构报检。未经检验检疫机构许可，不得提运或拆箱。检验检疫机构对集装箱实施检验检疫，经检验检疫合格的，准予放行；经检验检疫不合格的，按有关规定处理。对于装载法定检验检疫货物的进境集装箱，实行与货物一次报检、一次签证放行的工作方式，即检验检疫机构在受理报检后，对集装箱和货物一并实施检验检疫。对于有其他要求的，实施相关除害处理、实施销毁货物或将集装箱连同货物作退运处理。

出境集装箱的报检人应在装货前向所在地检验检疫机构报检，未经检验检疫机构许可，不准装运。装载出境货物的集装箱，出境口岸检验检疫机构凭起运地检验检疫机构出具的检验检疫证单验证放行。在出境口岸装载拼装货物的集装箱，由出境口岸检验检疫机构实施检验检疫。

对于应进行卫生除害处理的出入境集装箱，检验检疫机构可根据工作需要指定监管地点对集装箱进行卫生除害处理。

思考与训练

苏州永诚报关有限公司报检分部接受苏州昌盛进出口有限公司委托为其出口的集装箱装货物办理报检。

任务三　出入境交通运输工具检验检疫报检

知识目标

1. 了解出入境交通运输工具的范围。
2. 了解出入境交通运输工具进行检验检疫的法律依据。
3. 掌握出入境交通运输工具检疫结果的处理。
4. 了解出入境列车与其他车辆报检要求及检验检疫程序。

能力目标

1. 掌握出入境船舶报检要求及检验检疫程序。
2. 掌握出入境航空器报检要求及检验检疫程序。

任务导入

苏州永诚报关有限公司报检分部的工作任务之一是按照报关部的要求为出入境交通运输工具向出入境地检验检疫机构申请实施检验检疫，报检分部须对出入境交通运输工具的报检工作程序熟练掌握，才能完成报检任务。

任务分析

苏州永诚报关有限公司报检分部向进出境地检验检疫机构申请对出入境交通运输工具实施检验检疫，必须熟悉掌握检验检疫机构对出入境交通运输工具报检的要求及报检的相关程序，按照相关规定进行报检。

相关知识与拓展

出入境交通运输工具是指出入境船舶、飞机、车辆（包括火车、汽车及其他车辆）等交通运输工具。根据《卫生检疫法》及其实施细则和《动植物检疫法》及其实施条例的规定，出入境检验检疫机构依法对出入境交通运输工具实施检验检疫。

一、报检范围

根据《卫生检疫法》及其实施细则、《动植物检疫法》及其实施条例的规定，出入境交通运输工具的报检范围为：

(1) 所有出入境交通运输工具，包括船舶、飞机、火车和车辆等，都应当向出入境检验检疫机构申报，并实施卫生检疫；

(2) 来自动植物疫区的入境交通运输工具，装载入境或过境动物的运输工具，包括船舶（含供拆船用的废旧船舶）、飞机、火车、车辆等，都需实施动植物检疫。来自动植物疫区的入境交通运输工具，是指本航次或本车次的是发货途径地是动植物疫区的交通运输工具。

二、报检要求

1. 出入境船舶的报检要求

出入境检验检疫机构根据《国际航行船舶出入境检验检疫管理办法》（国家质检总局2002年第38号令），对出入境船舶实施检验检疫。

（1）入境船舶的报检要求。入境船舶报检时，船方或其代理人应当在船舶预计抵达口岸24小时前（航程不足24小时的，在驶离上一口岸时）向入境口岸检验检疫机构报检，填报有关入境检疫申请表，并将船舶在航行中发现检疫传染病、疑似检疫传染病，或者有人非因意外伤害而死亡且死因不明的情况，立即向入境口岸检验检疫机构报告。

在办理入境检验检疫手续时，船方或其代理人应向检验检疫机构提供以下资料："航海健康申报书""总申报单""货物申报单""船员名单""旅客名单""船用物品申报单""压舱水报告单"及载货清单，并应检验检疫人员的要求提交"船舶免予卫生控制措施/船舶卫生控制措施证书""交通工具卫生证书""预防接种证书""健康证书"以及"航海日志"等有关资料。

报检后船舶动态或报检内容有变化的，船方或其代理人应当及时向检验检疫机构更正。

根据《卫生检疫法》及其《实施细则》的规定，受入境检疫的船舶，必须按照规定悬挂检疫信号等候查验，在检验检疫机构发给入境检疫证前，不得降下检疫信号。白天入境时，在船舶的明显处悬挂国际通语的检疫信号旗："Q"字旗，表示本船没有染疫，请发给入境检疫证；"QQ"字旗，表示本船有染疫或有染疫嫌疑，请即刻实施检疫。夜间入境时，在船舶的明显处垂直悬挂下列灯号：红灯三盏，表示本船没有染疫，请发给入境检疫证；红、红、白、红四盏灯，表示本船有染疫或染疫嫌疑，请即刻实施检疫。见表8-1。

表8-1　　检疫信号

时　间	检疫信号旗/信号灯	信号代表意义
白　天	"Q"字旗	本船没有染疫，请发给入境检疫证
	"QQ"字旗	本船有染疫或有染疫嫌疑，请即刻实施检疫
晚　上	红灯三盏	本船没有染疫，请发给入境检疫证
	红、红、白、红四盏灯	本船有染疫或染疫嫌疑，请即刻实施检疫

入境船舶抵港前或在港期间，船上发现疑似传染病人、啮齿动物反常死亡或其他有碍公共卫生的情况，船方或其代理人应当以最快的方式向当地口岸的检验检疫机构报告。

（2）出境船舶的报检要求。出境的船舶必须在最后离开的出境港口接受检疫。船方或代理人应当在船舶离境前4小时内向出境口岸检验检疫机构申报、办理出境检疫手续，并同时提供下列资料："航海健康申报书""总申报单""货物申报单""船员名单""旅客名

单”及载货清单等有关资料（入境时已提交且无变动的可免于提供）。

2. 出入境飞机的报检要求

（1）入境飞机的报检要求。

①来自非检疫传染病疫区并且在飞行中未发现检疫传染病、疑似检疫传染病，或者有人非因意外伤害而死亡并死因不明的飞机，经出入境检验检疫机构同意，可通过地面航空站向检验检疫机构采用电讯方式进行报检，其申报内容为：飞机的国籍、航班号、机型、识别标志、预定到达时间、出发站、经停站、机组及旅客人数，以及飞机上是否载有病人或在飞行途中是否发现病人或死亡人员，若有应提供病名或者主要症状、患病人数、死亡人数等。飞机到达后，向检验检疫机构提交总申报单、旅客名单及货物舱单。

②来自检疫传染病疫区的飞机，在飞行中发现检疫传染病、疑似检疫传染病，或者有人非因意外伤害而死亡并死因不明时，机长应当立即通知到达机场的航空站向检验检疫机构申报，并在最先到达的国境口岸的指定地点接受检疫。向检验检疫机构申报的内容包括：飞机的国籍、航班号、机型、识别标志、预定到达时间、出发站、经停站、机组及旅客人数，以及飞机上是否载有病人或在飞行途中是否发现病人或死亡人员，若有应提供病名或者主要症状、患病人数、死亡人数等。

（2）出境飞机的报检要求。实施卫生检疫机场的航空站，应当在出境检疫的飞机起飞前向检验检疫机构提交飞机总申报单、货物仓单和其他有关检疫证件，并向检验检疫机构通知飞机的国籍、航班号、机型、识别标志、预定起飞时间、出发站、经停站、机组及旅客人数。

3. 出入境列车及其他车辆的报检要求

（1）出入境列车的报检要求。出入境列车在到达或者出站前，车站有关人员应向检验检疫机构提前预报列车预定到达的时间或预定发车时间、始发站或终点站、车次、列车编组情况、行车路线、停靠站台、旅客人数、司乘人员人数、车上有无疾病发生等事项。

（2）出入境汽车的报检要求。固定时间客运汽车在出入境前由有关部门提前通报预计到达时间、旅客人数等；装载的货物应按规定提前向检验检疫机构申报货物种类、数量及重量、到达地等。

三、检验检疫

1. 出入境船舶的检验检疫

（1）入境船舶检验检疫程序。船舶的入境检验检疫，必须在最先到达的国境口岸的检疫锚地或者经检验检疫机构同意的指定地点实施。检验检疫机构对申报内容进行审核，确定入境船舶的检疫方式。目前采取的方式可分为锚地检疫、随船检疫、靠泊检疫和电讯检疫。

①锚地检疫。对有下列情况之一的船舶，应实施锚地检疫：来自检疫传染病疫区的；有检疫传染病人、疑似传染病病人或者有人非因意外伤害而死亡且死因不明的；发现啮齿动物异常死亡的；未持有有效“船舶免于卫生控制措施证书/卫生控制措施证书”的；没有申请随船检疫、靠泊检疫或电讯检疫的；装载活动物的；废旧船舶；船方申请锚地检疫的；检验检疫机构工作需要的。

②随船检疫。对旅游船、军事船、要人访问所乘船舶等特殊船舶以及遇有特殊情况的船舶，如船上有病人需要救治、特殊物资急需装卸、船舶急需抢修等，经船方或者代理人申请，可以实施随船检疫。

③靠泊检疫。对未持有我国检验检疫机构签发的有效“交通工具卫生证书”，并且没有应实施锚地检疫所列情况或者由于天气、潮水等原因无法实施锚地检疫的船舶，经船方或者代理人申请，可以实施靠泊检疫。

④电讯检疫。对持有我国检验检疫机构签发的有效“交通工具卫生证书”，并且没有应实施锚地检疫所列情况的船舶，经船方或者代理人申请，可以实施电讯检疫。电讯检疫必须是持有效的“交通工具卫生证书”的国际航行船舶在抵港前 24 小时，通过船舶公司或船舶代理向港口或锚地所在地检验检疫机构以电报形式报告。

检验检疫机构对经检疫判定没有染疫的入境船舶，出具“交通工具卫生证书”；对经检疫判定染疫、染疫嫌疑或者来自传染病疫区应当实施卫生处理的或者有其他限制事项的入境船舶，在实施相应的卫生处理或者注明应当接受的卫生处理事项后，签发“船舶入境检疫证”。

对于来自动植物疫区的入境船舶，在入境口岸均应实施动植物检疫，重点对船舶的生活区、出访、冷藏室及动植物性废弃物存放场所和容器等区域进行检疫和防疫处理。发现装有我国规定禁止或限制进境的物品，施加标识予以封存，船舶在中国期间，未经口岸检验检疫机构许可，不得启封动用。发现有危险性病虫害的，作不准带离运输工具、出海、封存或销毁处理；对卸离运输工具的非动植物性物品或货物作外包装消毒处理；对可能被动植物病虫害污染的部位和场地做消毒除害处理。经检验检疫合格或经除害处理合格的，由口岸检验检疫机构根据不同情况，分别签发“运输工具检疫证书”“运输工具检疫处理证书”方能准予入境。

装载入境动物的船舶，抵达口岸时，未经口岸检验检疫机构防疫消毒和许可，任何人不得接触和移动动物。口岸检验检疫机构采取现场预防措施，对上下船舶的人员、接近动物的人员、装载动物的飞机以及被污染的场地，由口岸检验检疫机构作防疫消毒处理。对饲喂入境动物的饲料、饲养用的铺垫材料以及排泄物等作消毒、除害处理。

入境供拆船用的废旧船舶的检疫，包括进口供拆船用的废旧钢船、入境修理的船舶以及我国淘汰的远洋废旧钢船，不论是否来自动植物疫区，一律由口岸检验检疫机构实施检疫。对检疫发现的我国禁止入境物，来自动植物疫区或来历不明的动植物及其产品，以及动植物性废弃物作销毁处理。对发现危险性病虫害的舱室进行消毒、熏蒸处理。

（2）出境船舶检验检疫程序。检验检疫机构审核船方提交的出境有关资料或者经登轮检疫，符合有关规定的，签发“交通工具出境卫生检疫证书”。装载出境动植物、动植物产品和其他检疫物的船舶，经口岸检验检疫机构查验合格后方可装运。如发现有危险性病虫害或一般生活害虫超过规定标准的须经除害处理后，由口岸检验检疫机构签发“运输工具检疫处理证书”，准予装运。“运输工具检疫处理证书”只限本次出境有效。

2. 出入境航空器的检验检疫

（1）入境飞机检验检疫程序。来自黄热病疫区的飞机，机长或其授权代理人须主动出示有效的灭蚊证书。检疫人员根据来自不同地区的飞机及机上旅客的健康情况采取不同的

处理措施。

对来自动植物疫区的入境飞机，在入境口岸均应实施动植物检疫，重点对飞机的食品配餐间、旅客遗弃的动植物及其产品、动植物性废弃物等区域进行检疫和防疫处理。发现装有我国规定禁止或限制进境的物品，施加标识予以封存，飞机在中国期间，未经口岸检验检疫机构许可，不得启封动用。发现有危险性病虫害的，作不准带离运输工具、除害、封存或销毁处理，对卸离运输工具的非动植物性物品或货物作外包装消毒处理，对可能被动植物病虫害污染的部位和场地作消毒除害处理。经检验检疫合格或经除害处理合格的，由口岸检验检疫机构根据不同情况，分别签发“运输工具检疫证书”“运输工具检疫处理证书”方能准予入境。

装载入境动物的飞机，抵达口岸时，未经口岸检验检疫机构防疫消毒和许可，任何人不得解除和移动动物。口岸检验检疫机构采取现场预防措施，对上下飞机的人员、接近动物的人员、装载动物的飞机以及被污染的场地，由口岸检验检疫机构做防疫消毒处理。对饲喂入境动物的饲料、饲养用的铺垫材料以及排泄物等作消毒、除害处理。

（2）出境飞机检验检疫程序。由检验检疫机构确认机上卫生状况符合《卫生检疫法》的要求，确认机上无确诊或疑似检疫传染病病人，确认机上的中国籍员工均持有检验检疫机构签发的有效健康证书并区别前往国的要求进行必要的卫生处理。检验检疫机构对符合上述要求的飞机签发“交通运输工具卫生检疫证书”并予以放行。

3. 出入境列车及其他车辆的检验检疫

（1）出入境列车检验检疫程序。客运列车到达车站后，检疫人员首先登车，列车长或者其他车辆负责人应当口头申报车上人员的健康情况及列车上鼠、蚊、蝇等卫生情况。有检验检疫人员分别对软包、硬包、软座、硬座、餐车、行李车及邮车进行检查。检查结束前任何人不准上下列车，不准装卸行李、货物、邮包等物品。货运列车重点检查货运车厢及其货物卫生状况、可能传播传染病的病媒昆虫和啮齿动物的携带情况。

入境、出境检疫的列车，在查验中发现检疫传染病或疑似检疫传染病，或者因卫生问题需要卫生处理时，应将延缓开车时间、须调离便于卫生处理的行车路线、停车地点等有关情况通知车站负责人。

对于来自动植物疫区的入境列车，在入境口岸均应实施动植物检疫，重点对列车的食品配餐间、旅客遗弃的动植物及其产品、动植物性废弃物等区域进行检疫和防疫处理。发现装有我国规定禁止或限制进境的物品，施加标识予以封存，列车在中国期间，未经口岸检验检疫机构许可，不得启封动用。发现有危险性病虫害的，作不准带离运输工具、除害、封存或销毁处理，对卸离运输工具的非动植物性物品或货物作外包装消毒处理，对可能被动植物病虫害污染的部位和场地作消毒除害处理。经检验检疫合格或经除害处理合格的，由口岸检验检疫机构根据不同情况，分别签发“运输工具检疫证书”“运输工具检疫处理证书”方能准予入境。

装载入境动物的列车，抵达口岸时，未经口岸检验检疫机构防疫消毒和许可，任何人不得解除和移动动物。口岸检验检疫机构采取现场预防措施，对上下列车的人员、接近动物的人员、装载动物的列车以及被污染的场地，由口岸检验检疫机构做防疫消毒处理。对饲喂入境动物的饲料、饲养用的铺垫材料以及排泄物等作消毒、除害处理。

装载过境动物的列车到达口岸时，口岸检验检疫机构对列车和装载容器外表进行消毒。对动物进行检疫，检疫合格的准予过境，检疫不合格的不准过境。过境动物的饲料受病虫害污染的，作除害、不准过境或销毁处理。过境动物的尸体、排泄物、铺垫材料以及其他废弃物，不得擅自抛弃。装载过境植物、动植物产品和其他检疫物的列车和包装容器必须完好，不得有货物撒漏。过境时，口岸检验检疫机构检查列车和包装容器外表，符合国家检疫要求的准予过境。发现列车和包装不严密，有可能使过境货物在途中撒漏的，承运人或押运人应按检疫要求采取密封措施。无法采取密封措施的，不准过境。检疫发现有危险性病虫的，必须进行除害处理，除害处理合格的准予过境。动植物、动植物产品和其他检疫物过境期间，未经检验检疫机构批准不得开拆包装或者卸离列车。出境口岸对过境货物及运输工具不再检疫。

装载出境动植物、动植物产品和其他检疫物的列车的检验检疫程序，同装载出境动植物、动植物产品和其他检疫物的船舶的检验检疫程序。

(2) 出入境汽车及其他车辆检验检疫程序。检验检疫机构对大型客车应派出检疫人员登车检查，旅客及其携带的行李物品应在候车室或检查厅接受检查。

对入境货运汽车，根据申报实施卫生检疫查验或必要的卫生处理，来自动植物疫区的，由入境口岸检验检疫机构作防疫消毒处理，检疫完毕后签发“运输工具检疫证书”。

装载入境动物的汽车及其他车辆，抵达口岸时，未经口岸检验检疫机构防疫消毒和许可，任何人不得接触和移动动物。口岸检验检疫机构采取现场预防措施，对上下车辆的人员、接近动物的人员、装载动物的车辆以及被污染的场地，由口岸检验检疫机构做防疫消毒处理。对饲喂入境动物的饲料、饲养用的铺垫材料以及排泄物等作消毒、除害处理。

装载过境动物的汽车及其他车辆的检验检疫程序，同装载过境动物的列车的检验检疫程序。

装载出境动物的汽车及其他车辆，须在口岸检验检疫机构监督下进行消毒处理合格后，由口岸检验检疫机构签发“运输工具检疫处理证书”，准予装运。

装载出境动植物、动植物产品和其他检疫物的汽车及其他车辆的检验检疫程序，同装载出境动植物、动植物产品和其他检疫物的船舶的检验检疫程序。

任务实施

第一步：苏州永诚报关有限公司报检分部接受某船公司为其下周即将抵达的某进境船舶代理报检，报检员经审核后决定申请靠泊检验。

第二步：报检员在船舶预计抵达口岸 24 小时前向入境口岸检验检疫机构报检，并提供以下资料：“航海健康申报书”“总申报单”“货物申报单”“船员名单”“旅客名单”“船用物品申报单”“压舱水报告单”及载货清单。

在一定情况下，按规定向检验检疫人员的要求提交“船舶免予卫生控制措施/船舶卫生控制措施证书”“交通工具卫生证书”“预防接种证书”“健康证书”以及“航海日志”等有关资料。

第三步：检验检疫机构根据报检员的申请及提供的相关资料，同意进行靠泊检验。并

根据不同情况对检验结果做不同处理。检验检疫机构对经检疫判定没有染疫的入境船舶，出具“交通工具卫生证书”；对经检疫判定染疫、染疫嫌疑或者来自传染病疫区应当实施卫生处理的或者有其他限制事项的入境船舶，在实施相应的卫生处理或者注明应当接受的卫生处理事项后，签发“船舶入境检疫证”。

第四步：入境船舶凭检验检疫机构签发的相关证书入境。

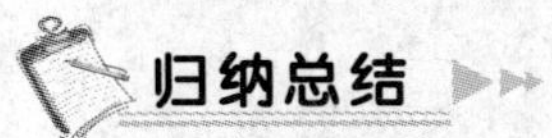

归纳总结

根据《卫生检疫法》及其实施细则、《动植物检疫法》及其实施条例的规定，所有出入境交通运输工具，包括船舶、飞机、火车和车辆等，都应当向出入境检验检疫机构申报，并实施卫生检疫；来自动植物疫区的入境交通运输工具，装载入境或过境动物的运输工具，包括船舶（含供拆船用的废旧船舶）、飞机、火车、车辆等，都须实施动植物检疫。

入境船舶报检时，船方或其代理人应当在船舶预计抵达口岸 24 小时前（航程不足 24 小时的，在驶离上一口岸时）向入境口岸检验检疫机构报检，填报有关入境检疫申请表，并提供相关单据。检验检疫机构对经检疫判定没有染疫的入境船舶，出具“交通工具卫生证书”；对经检疫判定染疫、染疫嫌疑或者来自传染病疫区应当实施卫生处理的或者有其他限制事项的入境船舶，在实施相应的卫生处理或者注明应当接受的卫生处理事项后，签发“船舶入境检疫证”。

出境的船舶必须在最后离开的出境港口接受检疫。船方或代理人应当在船舶离境前 4 小时内向出境口岸检验检疫机构申报、办理出境检疫手续，并同时提供相关单证。检验检疫机构审核船方提交的出境有关资料或者经登轮检疫，符合有关规定的，签发“交通工具出境卫生检疫证书”。

对于来自动植物疫区的入境飞机，在入境口岸均应实施动植物检疫，经检验检疫合格或经除害处理合格的，由口岸检验检疫机构根据不同情况，分别签发“运输工具检疫证书”“运输工具检疫处理证书”方能准予入境。

出境飞机由检验检疫机构确认机上卫生状况是否符合《卫生检疫法》的要求，对符合上述要求的飞机签发“交通运输工具卫生检疫证书”并予以放行。

出入境列车在到达或者出站前，车站有关人员应向检验检疫机构提前预报。对于来自动植物疫区的入境列车，在入境口岸均应实施动植物检疫，经检验检疫合格或经除害处理合格的，由口岸检验检疫机构根据不同情况，分别签发“运输工具检疫证书”“运输工具检疫处理证书”方能准予入境。

固定时间客运汽车在出入境前由有关部门提前通报预计到达时间、旅客人数等；装载的货物应按规定提前向检验检疫机构申报货物种类、数量及重量、到达地等。

思考与训练

苏州昌盛进出口有限公司跟美国某公司达成一份货物空运出口的合同，在货物装机后，飞机起飞前，向起运地机场上海浦东机场航空站申请出境飞机的检验检疫。

任务四 出入境货物包装报检

知识目标

1. 了解出境货物运输包装容器的分类及报检要求。
2. 了解出境小型气体容器的报检规定及要求。
3. 掌握货物包装检验的目的。

能力目标

1. 掌握入境货物木质包装的报检范围及要求。
2. 掌握出境货物木质包装的报检范围及要求。

任务导入

苏州永诚报关有限公司报检分部新来了一名报检员张诚，接到一单关于货物进口报检的报检任务，此单进口货物由木箱包装，按照国家质检总局的有关要求，对货物进出口木质包装的应按有关规定进行木质包装的报检。

任务分析

苏州永诚报关有限公司报检分部的张诚向检验检疫机构申请货物木质包装的报检，首先要明确检验检疫机构对货物木质包装进出口的规定，报检要求及程序，才能正确地进行货物木质包装的报检。

相关知识与拓展

一、入境货物木质包装

1. 报检范围

输往中国货物的木质包装及木质铺垫材料。这里的货物木质包装是指用于承载、包装、铺垫、支撑、加固货物的木质材料，如木板箱、木条箱、木托盘、木框、木桶、木轴、木楔、垫木、衬木等。经人工合成或经加热、加压等深度加工的包装用木质材料（如胶合板、刨花板、纤维板等）以及薄板旋切芯、锯屑、木丝刨花等以及厚度等于或者小于6毫米的木质材料除外。

自2006年1月1日起，进境货物适用的木质包装应由输出国家或地区政府植物检疫机构认可的企业按中国确认的检疫除害处理办法处理，并加贴国际植物保护公约组织（以下简称IPPC）专用标识（见图8－6）。

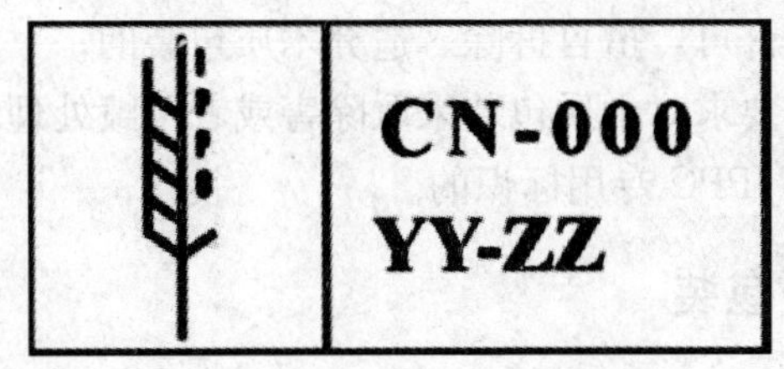

标识式样如图，包括 4 个方面的信息：

IPPC——国际植物保护公约组织的英文缩写；

CN——国际标准化组织（ISO）规定的中国国家编码；

000——出境货物木质包装标识加施企业的三位数登记号；

YY——除害处理方法，如 MB 表示溴甲烷熏蒸处理，HT 表示热处理；

ZZ——各直属检验检疫局 2 位数代码（如上海局为 31）

图 8-6　IPPC 标识

2. 报检要求

入境前或入境时与进境货物一起向入境口岸检验检疫机构报检或申报。

（1）进境货物使用木质包装的，货主或者其代理人应当向检验检疫机构报检。

（2）进境货物使用木质包装的，应当在输出国家或地区政府检疫主管部门监督下按照 IPPC 的要求进行除害处理，并加施 IPPC 专用标识。除害处理方法和专用标识应当符合国家质检总局公布的建议除害处理方法和标准要求。标识必须加施于木质包装显著位置，至少应在相对的两面，标识应清晰易辨、永久且不能移动。

（3）经港澳地区中转进境货物使用木质包装，未按要求进行除害处理并加施 IPPC 专用标识的，货主或其代理人可以申请国家质检总局认定的港澳地区检疫机构实施除害处理并加施 IPPC 标识或者出具证明文件，入境时，检验检疫机构按照相关规定进行抽查或者检疫。

（4）旅客携带物、邮寄物使用的木质包装未加施 IPPC 标识的，经检疫未发现活的有害生物的，准予入境；发现活的有害生物的，对木质包装进行除害处理。

（5）进境船舶、飞机使用的垫舱木料卸离运输工具的，应当在输出国家或者地区政府检疫主管部门监督下按照 IPPC 的要求进行除害处理，并加施 IPPC 专用标识，如未加施标识，或经检疫发现有害生物活体的或害虫为害迹象的，将在进境口岸实施除害或销毁处理。不卸离运输工具的，应当接受检验检疫机构的监督管理，在监管过程中发现检疫性有害生物的，应当实施除害或者销毁处理。

（6）有下列情况之一的，检验检疫机构依照《动植物检疫法》及其实施条例的相关规定予以行政处罚：

①未按照规定向检验检疫机构报检的；

②报检与实际情况不符的；

③未经检验检疫机构许可擅自将木质包装货物卸离运输工具或者运输的；

④其他违反《动植物检疫法》及其实施条例的。

（7）有下列情况之一的，由检验检疫机构处以 3 万元以下罚款：

①未经检验检疫机构许可，擅自拆除、遗弃木质包装的；

②未按检验检疫机构要求对木质包装采取除害或者销毁处理的；

③伪造、变造、盗用 IPPC 专用标识的。

二、出境货物木质包装

为防止林木有害生物随货物使用的木质包装传出，规范出境货物木质包装检疫管理，参照木质包装国际标准，国家质检总局会同海关总署、商务部、国家林业局联合发布了 2005 年第 4 号联合公告，并制定了《出境货物木质包装检疫处理管理办法》，并于 2005 年 3 月 1 日起实施。

出境货物木质包装应当按照国家质检总局规定的检疫除害处理方法实施检疫处理，并按照要求加施 IPPC 标识。检验检疫机构对出境货物使用的木质包装实施抽查检疫的检验检疫监督管理模式。

1. 报检范围

出境货物木质包装的范围是用于承载、包装、铺垫、支撑、加固货物的木质材料，如木板箱、木条箱、木托盘、木框、木桶、木轴、木楔、垫木、枕木、衬木等。经人工合成或者经加热、加压等深度加工的包装埇木质材料（如胶合板、纤维板等）和薄板旋切芯、锯屑、木丝刨花等以及厚度等于或者小于 6 毫米的木质材料除外。

2. 除害处理申报

出境货物木质包装在实施除害处理前应向检验检疫机构申报，经处理合格且加施标识的木质包装在出境时无须报检。

标识加施企业应当在木质包装除害处理前向所在地检验检疫机构申报，由检验检疫机构对除害处理过程和加施标识情况进行监督。

3. 报检提供的单证

使用加施标识木质包装的出口企业，在货物出口报检时，除按规定填写“出境货物报检单”，并提供外贸合同或销售确认书或信用证（以信用证方式结汇时提供）、发票、装箱单等有关外贸单证外，还应向检验检疫机构出示“出境货物木质包装除害处理合格凭证”，供现场检验检疫人员查验放行和核销。

4. 其他规定和要求

（1）检验检疫机构对木质包装标识加施企业的热处理、熏蒸处理设施、人员及相关质量管理体系等进行考核，符合要求的，办法除害处理标识加施资格证书，并公布标识加施企业名单，同时报国家质检总局备案，标识加施资格有效期为三年；不符合要求的，不予颁发资格证书。未取得资格证书的，不得擅自加施除害处理标识。

（2）对木质包装实施除害处理并加施标识的企业，应当向所在地检验检疫机构提出除害处理标识加施资格申请并提供以下材料：

①出境货物木质包装除害处理标识加施申请考核表；

②工商营业执照及相关部门批准证书复印件；

③厂区平面图，包括原料库（场）、生产车间、除害处理场所、成品库平面图；

④热处理或者熏蒸处理等除害设施及相关技术、管理人员的资料；

⑤木质包装生产防疫、质量控制体系文件；

⑥检验检疫机构要求的其他材料。

(3) 输入国或地区对木质包装有特殊要求的，还须符合国家质检总局规范出境货物木质包装检验检疫的相关规定。

三、进口食品包装容器、包装材料报检要求

进口食品包装容器、包装材料（以下简称食品包装）是指已经与食品接触或预期会与食品接触的进口食品内包装、销售包装、运输包装及包装材料。国家质检总局对食品包装进口商实施备案管理，对进口食品包装产品实施检验检疫。

作为商品直接进口的与食品接触材料和制品及已盛装进口食品的食品包装，应向到货地口岸检验检疫机构报检。报检时应填写“入境货物报检单”，同时随单提供提单、合同、发票、装箱单等，还应提交“出入境食品包装备案书”（复印件）。经检验合格出具“入境货物检验检疫证明”。

盛装进口食品的食品包装，在进口食品报检时列明包装情况。检验检疫机构在对进口食品检验的同时对食品包装进行抽查检验。对未能提供“出入境食品包装备案书”的，在检验检疫机构予以受理报检时，进口商可按备案管理规定及时办理相关手续。进出口食品包装备案不是行政许可，对未经备案企业进口或生产的食品包装应实施批批检验检测。

对已列入《法检目录》的进口食品包装，如用于盛装出口食品，可凭“入境货物检验检疫证明”换发“出入境货物包装性能检验结果单”，必要时应对安全、卫生项目进行检测。对未列入《法检目录》的进口食品包装，按照非法定检验检疫商品监督抽查管理规定实施抽查检验，如用于盛装出口食品，应按照出口食品包装有关规定办理“出入境货物包装性能检验结果单”。

四、出境货物运输包装容器

出境货物运输包装根据所装货物的类别不同，在运输过程中的检验要求也不一样。一般来讲，根据检验的性质和要求，出境货物运输包装容器主要分为一般货物运输包装容器、危险货物运输包装容器、食品包装三大类。

1. 出境一般货物运输包装容器

出境一般货物的运输包装，必须进行性能检验。

(1) 报检范围。出境一般货物运输包装容器的检验，是指列入《法检目录》及其他法律、行政法规规定须经检验检疫机构检验检疫，并且检验检疫监管条件为“N”或“S”的出口货物的运输包装容器。

目前检验检疫机构实施性能鉴定的出境货物运输包装容器包括钢桶、铝桶、镀锌桶、钢塑复合桶、纸板桶、塑料桶（罐）、纸箱、集装袋、塑料编织袋、麻袋、纸塑复合袋、钙塑瓦楞箱、木箱、胶合板箱（桶）、纤维板箱（桶）等。

(2) 一般货物运输包装容器出境报检时应提供以下单证：

①出境货物运输包装检验申请单（见图 8－7）；

②生产单位出具的该批包装容器检验结果单；

③包装容器规格清单；

④客户订单及对包装容器的有关要求；

⑤该批包装容器的设计工艺、材料检验标准等技术资料。

中华人民共和国出入境检验检疫
出境货物运输包装检验申请单

日期： 年 月 日　　　　编号：

申请人（加盖公章）	（单位）		联系人		
	（地址）		电话		
包装使用人			包装容器标记及批号		
包装容器名称及规格					
包装容器生产厂					
原材料名称及产地			包装质量许可证号		
申请项目（画“√”）	□危包性能　□危包使用　□一般包装性能　□				
数量			包装容器编号		
生产日期			存放地点		
危包性能检验结果单号					
运输方式（画“√”）	□海运　□空运　□铁路　□公路　□				
拟装货物名称及形态			密度		
拟装货物单件毛重		单件净重		联合国编号	
装运口岸		提供单据（画“√”）	□合同　□信用证　□厂检单		
装运日期		集装箱上箱次装货名称			
输往国家		合同、信用证等外包装的特殊要求		＊检验费	
分证单位及数量				总金额（人民币元）	
				计费人	
				收费人	
申请人郑重声明： 上列填写内容正确属实，并承担法律责任。 签名：______				领取证单	
				时间	
				签名	

注：有“＊”号栏由出入境检验检疫机关填写　　　　国家出入境检验检疫局制

图 8-7　出境货物运输包装检验申请单

(3)“出入境货物运输包装性能检验结果单”（如图 8-8 所示）的使用。

对经鉴定合格的出口货物运输包装容器，检验检疫机构将出具“出入境货物运输包装性能检验结果单”（以下简称“性能检验结果单”）。

CIQ　中华人民共和国出入境检验检疫

出入境货物运输包装性能检验结果单

编号________________

<table>
<tr><td>申请人</td><td colspan="7"></td></tr>
<tr><td>包装容器
名称及规格</td><td colspan="3"></td><td colspan="2">包装容器
标记及批号</td><td colspan="2"></td></tr>
<tr><td>包装容器数量</td><td></td><td>生产日期</td><td colspan="5"></td></tr>
<tr><td>拟装货物名称</td><td colspan="2"></td><td>状态</td><td>固态</td><td>比重</td><td colspan="2"></td></tr>
<tr><td rowspan="3">检验依据</td><td rowspan="3" colspan="2"></td><td colspan="2">拟装货物类别</td><td colspan="3">□危险货物
□一般货物</td></tr>
<tr><td colspan="2">联合国编号</td><td colspan="3"></td></tr>
<tr><td colspan="2">运输方式</td><td colspan="3"></td></tr>
<tr><td>检验结果</td><td colspan="7">依据出口商品运输包装 SN/T0264－93 检验规程进行抽样。经外观检验，性能检验各项指标达到检验规程要求，适合出口商品运输包装。

签字：　　　　日期：　　年　月　日</td></tr>
<tr><td>包装使用人</td><td colspan="7"></td></tr>
<tr><td>本单有效期</td><td colspan="7">截止于</td></tr>
<tr><td rowspan="4">分批使用核销栏</td><td>日期</td><td>使用数量</td><td>结余数量</td><td>核销人</td><td colspan="3"></td></tr>
<tr><td></td><td></td><td></td><td></td><td colspan="3"></td></tr>
<tr><td></td><td></td><td></td><td></td><td colspan="3"></td></tr>
<tr><td></td><td></td><td></td><td></td><td colspan="3"></td></tr>
</table>

说明：1. 当合同或信用证要求包装检验证书时，可凭本结果单向出境所在地检验检疫机关申请检验证书。

2. 包装容器使用人向检验检疫机关申请包装使用鉴定时，须将本结果单交检验检疫机关核实。

图 8-8　出入境货物运输包装性能检验结果单示意

“性能检验结果单”具有以下用途：

①出境货物生产企业或经营单位向生产单位购买包装容器时，生产包装容器的单位应

提供“性能检验结果单”（正本）。

②出境货物生产企业或经营单位向检验检疫机构申请出境货物检验检疫时，应提供“性能检验结果单”正本，以便检验检疫机构核销。

③对于同一批号不同单位使用的或同一批好多次装运出境货物的运输包装容器，在“性能检验结果单”有效期内，生产包装容器的单位可凭此单向检验检疫机构申请分单。

一般出境货物运输包装性能检验流程如图 8-9 所示。

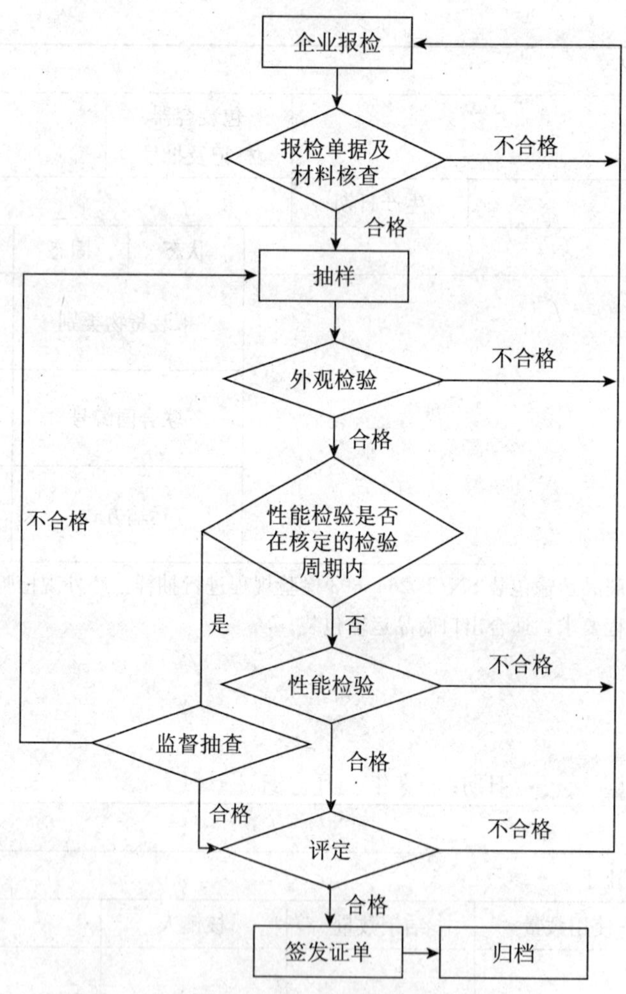

图 8-9　一般出境货物运输包装性能检验流程

2. 出境危险货物运输包装容器

对于出口危险货物，如果包装不良、不适载或不适于正常的运输、装卸和储存，造成危险货物泄漏，甚至引起爆炸等，会危及人员、运输工具、港口码头、仓库的安全。国际上对运输危险货物有一套比较完整的规则，如《国际海运危规》《国际铁路危规》《国际航运危规》等。各国出口危险货物，必须符合国际运输规则的要求，检验检疫机构对出口危险货物运输包装容器实施检验，是按照上述有关国际危规进行的。

盛装危险货物的包装容器，称为危险货物包装容器，均被列入法定检验范围。对出口危险货物运输包装容器的检验可分为性能检验和使用鉴定。

（1）出境危险货物运输包装容器的性能检验。

①报检范围。按照《中华人民共和国进出口商品检验法》的规定，为出口危险货物生产运输包装容器的企业，必须向检验检疫机构申请运输包装容器性能检验。危险货物指具有燃烧、爆炸、腐蚀、毒害以及放射性、辐射性等危害生命、财产、环境的物质和物品。盛装这些物质或物品的容器，称为危险货物包装容器，均列入法定检验范围。

②报检应提供的单据：

A. 按规定填写并提供“出境货物运输包装检验申请单”；

B. 运输包装容器生产厂的“出口危险货物运输包装容器质量许可证”；

C. 该批运输包装容器的生产标准；

D. 该批运输包装容器的设计工艺、材料检验标准等技术资料。

③其他规定和要求。

A. 国家对出口危险货物运输包装容器生产企业实行质量许可证制度。出口危险货物运输包装容器生产企业须取得出口质量许可证方可生产出口危险货物运输包装容器。

B. 空运、海运出口危险货物的运输包装容器由检验检疫机构按照《国际海运危规》和《国际空运危规》规定实行强制性检验。经检验合格，方可用于包装危险货物。

④“出境货物运输包装性能检验结果单”的使用。

“性能检验结果单”表明所列运输包装容器经检验检疫机构检验，并符合《国际海运危机》或《国际空运危规》的规定。

在运输出口危险货物时，“性能检验结果单”具有以下用途：

A. 出口危险货物的经营单位向检验检疫机构申请出口危险货物品质检验时，必须提供“性能检验结果单”，检验检疫机构凭证单（正本），受理其品质检验的报检。

B. 出口危险货物的经营单位向检验检疫机构申请出口危险货物运输包装容器的使用鉴定时，必须提供“性能检验结果单”（正本）。检验检疫机构凭该单实施出口危险货物运输包装容器的使用鉴定，并出具“出境危险货物运输包装使用鉴定结果单”。

C. 同一批号，不同使用单位的出口危险货物运输包装容器，在“性能检验结果单”的有效期内，可以凭该单向检验检疫机构申请办理分证。

D. 经检验检疫机构检验合格的本地区运输包装容器销往异地装货使用时，必须附有当地检验检疫机构签发的“性能检验结果单”随该批运输包装容器流通。

E. 使用地检验检疫机构在接受出口危险货物报检时，凭“性能检验结果单”（正本）或分单（正本）受理品质检验或使用鉴定的报检。

（2）出境危险货物运输包装容器的使用鉴定。性能检验良好的运输包装容器，如果使用不当，仍达不到保障运输安全及保护商品的目的。因此，为履行《化学品全球分类与标记协调制度》（GHS），保证危险货物运输安全，有效应对欧盟、美国、日本等国家和地区针对GHS新制定的化学品安全管理技术措施，危险货物运输包装容器经性能检验合格后，还必须进行使用鉴定。危险货物运输包装容器经检验检疫机构鉴定合格并取得“出境危险货物运输包装使用鉴定结果单”后，方可包装危险货物出境。

另外，根据联合国《关于危险货物运输的建议书—规章范本》的分类，气体发生器类产品包括汽车安全气囊、气囊充气器、安全带卷收器、安全带预紧器等分为三类：第1类危险品（联合国编号为UN0503），第2类危险品（联合国编号为UN3353），第9类危险品（联合国编号为UN3268）。只有按照联合国《关于危险货物运输的建议书—试验与标准手册》的要求，通过6（c）篝火试验，才能决定气体发生器类产品的危险类别。因此，出口气体发生器类产品的企业，必须申请危险品包装容器的使用鉴定。

①报检范围。按照《中华人民共和国进出口商品检验法》规定，生产出口危险货物的企业，必须向检验检疫机构申请包装容器的使用鉴定。

②报检应提供的单据。

A. 按规定填写并提供“出境货物运输包装检验申请单”；

B. 出境货物运输包装性能检验结果单；

C. 危险货物说明。包括提供危险货物的危险特性分类鉴别报告、安全数据表和危险信息公示标签样本，对于首次使用的包装容器，还应提供六个月以上内装物与包装相容性试验报告或相容性自我声明。

D. 出口气体发生器类产品的包装申报时，须提供经中国合格评定国家认可委员会认可的检测机构出具的6（c）篝火试验检测报告。

E. 其他有关资料。

③“出境危险货物包装容器使用鉴定结果单”的使用。经使用鉴定合格的危险货物运输包装容器，检验检疫机构出具“出境危险货物包装容器使用鉴定结果单”（以下简称“使用鉴定结果单”）。“使用鉴定结果单”表明所列运输包装容器经检验检疫机构鉴定，可按“国际海运危机”或“空运危规”的规定盛装货物。

“使用鉴定结果单”具有以下用途：

A. 外贸经营部门凭检验检疫机构出具的“使用鉴定结果单”验收危险货物。

B. “使用鉴定结果单”是向港务部门办理出口装运手续的有效证件，港务部门凭“使用鉴定结果单”安排出口危险货物的装运，并严格检查包装是否与检验结果单相符，有无破损渗漏、污染和严重锈蚀等情况，对未经鉴定合格并取得“使用鉴定结果单”的货物，港务部门拒绝办理出口装运手续。

C. 对同一批号、分批出口的危险货物运输包装容器在“使用鉴定结果单”有效期内，可凭该结果单在出口所在地检验检疫机构办理分证手续。

出境危险货物包装使用鉴定流程如图8－10所示。

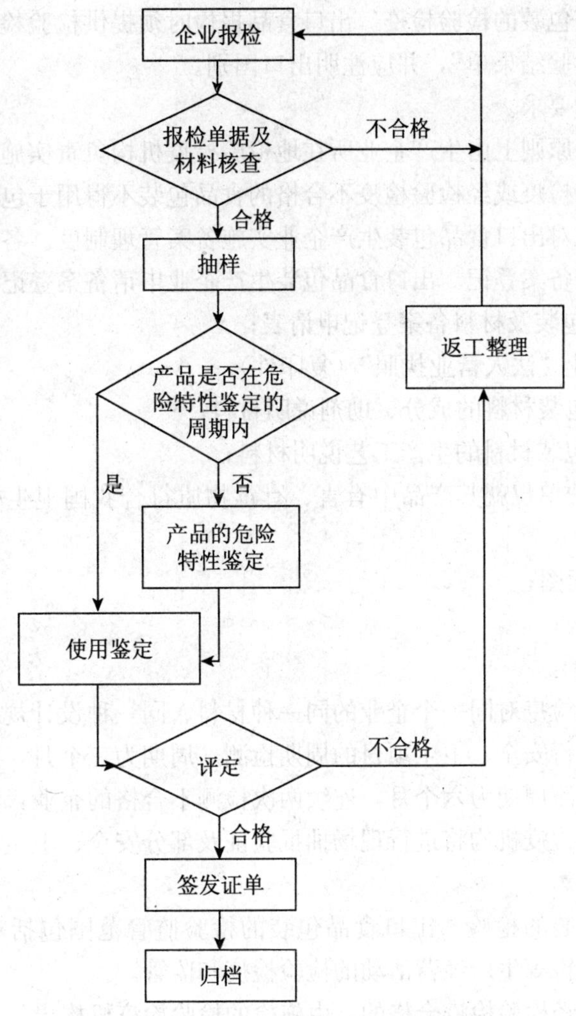

图 8－10　出境危险货物包装使用鉴定流程

3. 出境食品包装

为加强出口食品包装容器、包装材料的安全卫生检验检疫和监督管理，保证出口食品安全，保护消费者身体健康，国家质检总局对出口食品包装生产企业实施备案管理，对出口食品包装产品实施检验。

（1）报检范围。包括出口食品的包装容器和包装材料。出口食品包装容器、包装材料（以下简称食品包装）是指已经与食品接触或预期会与食品接触的出口食品内包装、销售包装、运输包装及包装材料。

（2）报检应提供的单证。除需提供生产企业厂检合格单、销售合同外，还需提供以下单证：

①出入境货物运输包装检验申请单；

②该食品包装的周期检测报告及原辅料检测报告。

食品包装生产企业在提供出口食品包装给出口食品生产企业前应到所在地检验检疫机

构申请对该出口食品包装的检验检疫。出口食品报检时须提供检验检疫机构出具的“出境货物运输包装性能检验结果单”，并应注明出口国别。

（3）其他规定和要求。

①出口食品包装原则上由生产企业所在地检验检疫机构负责实施检验和监督管理。未经检验检疫机构检验检疫或经检验检疫不合格的食品包装不得用于包装、盛放出口食品。

②国家质检总局对出口食品包装生产企业实施备案管理制度。各直属检验检疫局负责对辖区相关企业实施备案登记。出口食品包装生产企业申请备案登记时应提交以下资料：

A. 出入境食品包装及材料备案登记申请表；

B. 出口生产企业“法人营业执照”（复印件）；

C. 食品容器、包装材料的成分、助剂说明材料；

D. 食品容器、包装材料的生产工艺说明材料；

E. 备案登记申请单位就其产品中有害、有毒物质符合我国卫生标准和卫生要求的自律声明；

F. 生产企业平面图；

G. 生产企业概况；

H. 其他相关资料。

备案登记后检验检疫对同一个企业的同一种材料、同一种设计规格、同一种加工工艺的出口食品包装，实行安全、卫生项目的周期检测。周期为三个月，连续三次周期检测合格的企业，可延长检测周期为六个月，连续两次检测不合格的企业，检测周期缩短为一个月。检测周期内检验检疫机构将进行现场抽批验证及部分安全、卫生项目抽查；经抽查检测不合格的不准出口。

③对出口食品包装的检验。出口食品包装的检验监管范围包括对出口食品包装的生产、加工、储存、销售等生产经营活动的检验检疫和监管。

④出口食品包装经检验检疫合格的，由施检的检验检疫机构出具“出入境食品包装及材料检验检疫结果单”。证单有效期为一年。

4. 出口食品接触产品

检验检疫机构按照《出口工业产品企业分类管理办法》（国家质检总局第 113 号令）、《出口工业产品企业分类指南（试行）》以及相关工作规范，对出口食品接触产品实施检验监督管理，包括企业分类、风险分级、产品检验、监督管理。

（1）报检范围。《出入境检验检疫机构实施检验检疫的进出境商品目录》内、检验监管条件为“N、S”的出口食品接触产品，主要包括：与食品或食品添加剂接触的纸、竹木、金属、搪瓷、陶瓷、塑料、橡胶、天然纤维、化学纤维、玻璃等材质及其复合材质的容器、用具和餐具。

（2）报检应提供的单证。除按规定填写“出境货物报检单”，并提供外贸合同或销售确认书或信用证（以信用证方式结汇时提供）、发票、装箱单等有关外贸单证外，还应提供如下相应单证：

①“出口食品接触产品符合性声明”；

②产品检测报告等符合性证明文件。

企业提供的产品检测报告中材质、器型、生产工艺等信息应与报检产品相符，且应按照产品输往国家和地区技术法规标准实施监测。

(3) 其他规定和要求。检验检疫机构根据产品特性、敏感因子、质量数据等因素，对出口食品接触产品进行风险评估，实行风险分级。其中，产品特性包括材质和生产工艺、使用特性、使用对象等；敏感因子包括进口国或地区的技术法规和标准、产品的社会关注度、贸易方式、产品使用方式等；质量数据包括产品不合格情况、国内外质量安全风险预警、国内外退货、索赔和投诉情况等。

五、出境小型气体容器

根据《中华人民共和国商检法》和《中华人民共和国国际海运危险货物规则》的有关规定，检验检疫机构对海运出口危险货物小型气体容器实施检验和管理。

1. 报检范围

实施检验的海运出口危险货物小型气体容器，是指充灌有易燃气体的气体充灌容器，容量不超过1000cm^3，工作压力大于0.1 MPa（100 kPa）的气体喷雾器及其他充灌有气体的容器。

2. 报检应提供的单据

(1) 报检时提供“出境货物运输包装检验申请单”，并提供相关外贸单据，如合同或销售确认书或信用证（以信用证方式结汇时提供）、发票、装箱单等。

(2) 须提供小型气体容器产品标准、性能试验报告和包装件厂检合格单。

3. 报检其他规定和要求

(1) 生产出口危险货物小型气体容器的生产企业应向当地检验检疫机构办理注册登记，经检验检疫机构考核合格并获得出口商品质量许可证，或取得出口商品质量体系（ISO 9000）合格证书的生产厂方可从事出口危险货物小型气体容器的生产。

(2) 已获准生产出口危险货物小型气体容器的生产企业在对本企业产品检验合格后，向检验检疫机构申请海运出口危险货物小型气体容器的包装检验。

(3) 对海运出口危险货物小型气体容器，检验检疫机构将按照《海运出口危险货物小型气体容器包装检验规程》及《国际海运危险货物规则》的有关要求进行性能检验，经检验合格的签发“出境货物运输包装性能检验结果单”。

任务实施

第一步：苏州永诚报关有限公司报检分部报检员接到苏州昌盛进出口有限公司的进境木质包装的报检要求后，首先确定所填报检单据。进境货物使用木质包装且货物属于《法检目录》内的，填写“入境货物报检单”，并在报检单上注明木质包装有关信息；进境货物使用木质包装，但货物不属于《法检目录》内的，针对木质包装填写入境货物报检单。同时按照规定随附进口贸易合同、国外发票、装箱单、提（运）单等货物有关单证，向检验检疫机构报检。

第二步：检验检疫机构审核相关单据接受报检后，按照货物木质包装是否加施 IPPC

专用标识进行不同处理。对于已加施 IPPC 专用标识的，检验检疫机构按照相关规定进行抽查检疫，经检疫未发现活的有害生物的，立即予以放行；发现活的有害生物的，监督货主或其代理人对木质包装进行除害处理后放行。对于未加施 IPPC 专用标识的木质包装，在检验检疫机构监督下对木质包装进行除害处理或者销毁处理。

对于违反检验检疫机构相关法规条例规定的，可由检验检疫机构依照相关法规条例，分别处以行政处罚、3 万元以下罚款或其他法律法规规定的处罚方式。

第三步：经检验检疫机构检疫合格的木质包装随所装货物一起入境。

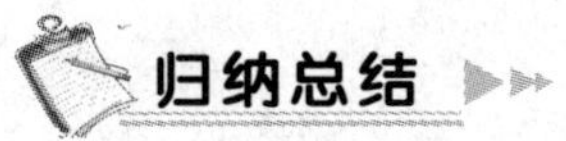

归纳总结

出入境货物使用木质包装的，货主或其代理人应根据所装货物及木质包装是否加施 IPPC 专用标识的不同向检验检疫机构报检。检验检疫机构接受报检后根据具体木质包装情况对木质包装货物做不同处理：放行、做除害处理后放行、销毁或处罚。

进口的食品包装物须经检验检疫机构检验检疫合格并获得“出入境货物包装性能检验结果单”，方可用于包装、盛放食品。进口食品的包装经检验检疫机构抽查检验不合格的，该进口食品不准销售食用。

出口食品的包装物及材料应向检验检疫机构报检，经检验检疫合格并获得“出入境货物包装性能检验结果单”，方可用于包装、盛放出口食品。

危险货物的包装容器应向检验检疫机构报检，经检验检疫机构性能鉴定合格并取得“出入境货物包装性能检验结果单”方可用于包装出口危险货物。

思考与训练

苏州昌盛进出口有限公司有很多出口货物需要木质包装，对这些木质包装须进行除害处理并加施 IPPC 标志。

模块九　报检单的填制及原产地证书的申请

出入境货物报检时，报检单位应按照检验检疫报检数据规范的要求，填写出入境货物报检单，根据需要提交相关单证，来向出入境检验检疫机构申报报检数据，并遵循如实申报的原则，保证报检数据的齐全性、正确性与有效性。

而原产地证明书是出口商应进口商要求而提供的、由公证机构或政府部门出具的证明商品货物的生产或制造地的一种证明文件，是商品进入国际贸易领域的"经济国籍"，是进口国对货物进行确定税率待遇、贸易统计、实行数量限制（如配额、许可证等）和控制从特定国家进口（如反倾销税、反补贴税）的主要依据之一。相关企业申请原产地证时，应预先在签证机构办理注册（备案）登记手续。

任务一　报检单的填制

知识目标

1. 了解报检单填制的基本要求。
2. 了解不同情况下须提供的随附单据和文件。

能力目标

1. 掌握入境货物报检单的缮制。
2. 掌握出境货物报检单的缮制。
3. 掌握出入境集装箱报检单的缮制。

任务导入

苏州昌盛进出口有限公司（自理报检单位备案登记号为3105226441）向印度恒河进出口公司出口一批苏州产手工工具扳手（检验检疫类别为M/N，HS编码为8204119010），货物生产完毕后存放于该公司仓库内，预计于2012年6月27日从上海外港装货上船。该公司报检员李力计划根据如下发票（如图9-1所示）、装箱单（如图9-2所示）等内容填制好"出境货物报检单"于2012年6月12日持相关单据到苏州园区检验检疫机构办理报检手续，申请签发出境货物换证凭单及品质证书。

SUZHOU CHANGSHENG IMPORT & EXPORT CO., LTD.

INDUSTRY PARK, CITY OF SUZHOU, JIANGSU PROVINCE, CHINA

TEL: 0086-0512-62583426　　INV. NO: TY068

FAX: 0086-0512-62581234　　CONTRACT NO: 20051166

COMMERCIAL INVOICE

TO:

HENGHE IMPORT & EXPORT CORP. BOMBAY INDIA

FROM SHANGHAI, CHINA TO BOMBAY, INDIA VIA HONGKONG

B/L: B050588661

PAY BY: L/C　　L/C NO.: ZJ9587

SHIPPING MARK	DESCRIPTION OF GOODS	QTY (PCS)	UNIT PRICE (USD)	AMOUNT (USD)
N/M	TOOLS Double Open End Spanner 10×12MM (MTM)	60, 000	CPT BOMBAY 0.5	30, 000.00
	TOTAL: 60, 000		30, 000.00	

TOTAL AMOUNT: SAY U.S. DOLLARS THIRTY THOUSAND ONLY.

WE HERE BY CERTIFY THAT THE ABOVE MENTIONED GOODS ARE OF CHINESE ORIGIN

SHANGHAI TIANYE TOOLS MANUFACTURE. CO., LTD.

图 9-1　任务导入：发票

PACKING LIST

TO:　　SHIPING MARK:

HENGHE IMPORT & EXPORT CORP. BOMBAY INDIA　　N/M

FROM SHANGHAI, CHINA TO BOMBAY, INDIA VIA HONGKONG　　CONTRACT NO: 20051166

DESCRIPTION OF GOODS	QTY (PCS)	CTNS	G. W (KGS)	N. W (KGS)	MEAS (CBM)
TOOLS Double Open End Spanner 10×12MM (MTM)	60, 000	600	1, 200	1, 080	128
TOTAL:		600	1200	1080	128

SAY TOTAL PACKING IN SIX HUNDRED CARTONS

SHANGHAI TIANYE TOOLS MANUFACTURE. CO., LTD.

图 9-2　任务导入：装箱单

任务分析

苏州昌盛进出口有限公司若要顺利完成出境报检工作，必须按照出入境报检单的填制规范如实填制报检单，并准备好必要的随附单据，向相关的检验检疫机构申报。

相关知识与拓展

一、报检单填制的基本要求

1. 常用报检单

常用报检单包括“出境货物报检单”“入境货物报检单”“出境货物运输包装检验申请单”。

2. 报检单填制的一般要求

（1）如实申报货物信息。

（2）做到“三个相符”：

单证相符；单货相符；纸质报检单内容与电子数据信息相符。

（3）企业应按所申报货物的信息准确填制报检单。

（4）加盖报检单位公章或已经向检验检疫机构备案的“报检专用章”，报检人应在签名栏手签，不得打印或代签。

（5）填制完毕的报检单在发送数据和办理报检手续前必须认真审核，检查是否有错填、漏填的栏目，所填写的各项内容必须完整、准确、清晰、不得涂改。

3. 报检单填制过程中易出现的问题

（1）纸质单据与电子数据不一致；

（2）空项；

（3）填制不规范。

二、入境货物报检单的填制要求

（一）入境货物报检单的填制说明

报检人要认真填写“入境货物报检单”，内容应按合同、国外发票、提单、运单上的内容填写，报检单应填写完整、无漏项，字迹清楚，不得涂改，且中英文内容一致，并加盖申请单位公章。

（1）编号：由检验检疫机构报检受理人员填写，前6位为检验检疫局机关代码，第7位为报检类别代码，第8位、9位为年代码，第10位至第15位为流水号。

（2）报检单位登记号：报检单位在检验检疫机构登记的号码。

（3）联系人：报检人员姓名。电话：报检人员的联系电话。

（4）报检日期：检验检疫机构实际受理报检的日期。

（5）收货人：外贸合同中的收货人。应中英文对照填写。

（6）发货人：外贸合同中的发货人。

（7）货物名称（中/外文）：进口货物的品名，应与进口合同、发票名称一致，如为废旧物应注明。

（8）HS编码：进口货物的商品编码。以当年海关公布的商品税则编码分类为准。

（9）产国（地区）：该进口货物的原产国家或地区。

（10）数/重量：以商品编码分类中标准重量为准。应注明数重量单位。

（11）货物总值：入境货物的总值及币种，应与合同、发票或报关单上所列的货物总值一致。

（12）包装种类及数量：货物实际运输包装的种类及数量，如是木质包装还应注明材质及尺寸。

（13）运输工具名称号码：运输工具的名称和号码。

（14）合同号：对外贸易合同、订单或形式发票的号码。

（15）贸易方式：该批货物进口的贸易方式。

（16）贸易国别（地区）：进口货物的贸易国别。

（17）提单/运单号：货物海运提单号或空运单号，有二程提单的应同时填写。

（18）到货日期：进口货物到达口岸的日期。

（19）启运口岸：货物的启运口岸。

（20）入境口岸：货物的入境口岸。

（21）卸毕日期：货物在口岸的卸毕日期。

（22）索赔有效期：对外贸易合同中约定的索赔期限。

（23）经停口岸：货物在运输中曾经停靠的外国口岸。

（24）目的地：货物的境内目的地。

（25）集装箱规格、数量及号码：货物若以集装箱运输应填写集装箱的规格、数量及号码。

（26）合同订立的特殊条款以及其他要求：在合同中订立的有关检验检疫的特殊条款及其他要求应填入此栏。

（27）货物存放地点：货物存放的地点。

（28）用途：本批货物的用途。自以下9个选项中选择：

①种用或繁殖；②食用；③奶用；④观赏或演艺；⑤伴侣动物；⑥试验；⑦药用；⑧饲用；⑨其他。

（29）随附单据：在随附单据的种类前画“√”或补填。

（30）号码：货物的标记号码，应与合同、发票等有关外贸单据保持一致。若没有标记号码则填“N/M”。

（31）外商投资财产：由检验检疫机构报检受理人员填写。

（32）签名：由持有报检员证的报检人员手签。

(33) 检验检疫费：由检验检疫机构计费人员核定费用后填写。

(34) 邻取证单：报检人在领取检验检疫机构出具的有关检验检疫证单时填写领证日期和领证人姓名。

(二) 入境货物报检时应提交的单证

(1) 入境报检时，报检人员应填制“入境货物报检单”（如图 9－3 所示），并提供外贸合同、发票、提（运）单、装箱单等有关单证。

(2) 按照检验检疫的要求，以下情况还需提供其他相关特殊单证。

①凡实施安全质量许可、卫生注册或其他需审批审核的货物，应提供有关证明。

②申请品质检验的，还应提供国外品质证书或质量保证证书、产品使用说明书及有关标准和技术资料；凭样成交的，须加附成交样品；以品级或公量计价结算的，应同时申请重量鉴定。

③入境废物，还应提供国家环保部门签发的“进口废物批准证书”和经认可的检验检疫机构签发的装运前检验合格证书等。

④申请残损鉴定的，还应提供理货残损单、铁路商务记录、空运事故记录或海事报告等证明货损情况的有关单证。

⑤申请数/重量鉴定的，还应提供数/重量明细单、磅码单、理货清单等。

⑥货物经收、用货部门验收或其他单位检测的，应随附验收报告或检测结果以及数/重量明细单等。

⑦入境动植物及其产品，还必须提供产地证、输出国家或地区官方的检疫证书；需办理入境检疫审批的，还应提供入境动植物检疫许可证。

⑧过境动植物及其产品，应提供货运单和输出国家或地区官方出具的检疫证书；运输动物过境的，还应提交国家质检总局签发的动植物过境许可证。

⑨入境旅客、交通员工携带伴侣动物的，应提供入境动物检疫证书及预防接种证明。

⑩因科研等特殊需要，输入禁止入境物的，须提供国家质检总局签发的特许审批证明。

⑪入境特殊物品的，应提供有关的批件或规定的文件。

⑫开展检验检疫工作要求提供的其他特殊证单。

2007435

中华人民共和国出入境检验检疫

入境货物报检单

报检单位（加盖公章）：天津港商业保税仓库有限公司　　*编　号 ,28818

报检单位登记号：1200910015　联系人：张静　电话：25763466　报检日期：2007年 04月 16日

收货人	（中文）天津华铁隆泽泰储运有限公司	企业性质(划“√”)	□合资 □合作□ 外资
	（外文）***		
发货人	（中文）***		
	（外文）E. I. DUPONT DE NEMOURS AND COMPANY		

货物名称(中/外文)	H.S.编码	原产国(地区)	数/重量	货物总值	包装种类及数量
聚酰胺-6,6切片	3908101100	加拿大	3000千克	1 美元	320其他
聚酰胺-6,6切片	3908101100	美国	5000千克	1 美元	其他
天然木制作的木托及板	00010121 P/Q	美国	8件		其他
海运20尺普通集装箱	00020121	美国	1个		其他

运输工具名称号码	船舶，CAPE MAY18W13			合同号	***
贸易方式	保税区仓储转口	贸易国别(地区)	美国	提单/运单号	HLCUDRP070323912
到货日期	2007-04-16	启运国家(地区)	美国	许可证/审批号	***
卸毕日期	2007-04-16	启运口岸	长滩（美国）	入境口岸	天津口岸
索赔有效期至	***	经停口岸	***	目的地	天津港保税区
集装箱规格、数量及号码	20尺普通X1，TTNU2153814				
合同订立的特殊条款以及其他要求	***			货物存放地点	***
				用　途	***

随附单据（划“√”或补填）		标记及号码	*外商投资财产(划“√”)	□是□否
□合同 □发票 ☑提/运单 □兽医卫生证书 □植物检疫证书 □动物检疫证书 □卫生证书 □原产地证 □许可/审批文件	□到货通知 □装箱单 □质保书 □理货清单 □磅码单 □验收报告 □ □ □	ITEM 1- STC-389TJ ITEM 2- STC-404TJ	*检验检疫费	
			总金额（人民币元）	
			计费人	
			收费人	

报检人郑重声明： 1.本人被授权报检。 2.上列填写内容正确属实。 签名：沈静	领取证单	
	日期	
	签名	

注：有“*”号栏由出入境检验检疫机关填写　　◆国家出入境检验检疫局制

[1-1（2000.1.1）]

图9－3　入境货物报检单填写示例

三、出境货物报检单的填制要求

（一）出境货物报检单的填制说明

报检单位应按合同、发票、信用证及有关函电内容如实填写填制《出境货物报检单》，加盖公章并准确填写本单位在检验检疫机构登记的代码。所列各项必须完整、准确、清晰、不得涂改。

（1）编号：由检验检疫机构报检受理人员填写。

（2）报检单位：填写报检单位的全称。

（3）报检单位登记号：报检单位在检验检疫机构备案或注册登记的代码。

（4）联系人：报检人员姓名。电话：报检人员的联系电话。

（5）报检日期：检验检疫机构实际受理报检的日期，由检验检疫机构报检受理人员填写。

（6）收货人：外贸合同中的收货人。

（7）发货人：外贸合同中的发货人。

（8）货物名称（中/外文）：进口货物的品名，应与进口合同、发票名称一致。如为废旧货物应注明。

（9）HS 编码：进口货物的商品编码。

（10）原产国（地区）：填写本批货物生产/加工的国家或地区。

（11）数/重量：以商品编码分类中标准数/重量为准，并应注明数/重量单位。

（12）货物总值：入境货物的总值及币种，应与合同、发票或报关单上所列的货物总值一致。

（13）包装种类及数量：货物实际运输包装的种类及数量，如是木质包装还应注明材质及尺寸。

（14）运输工具名称号码：运输工具的名称和号码。

（15）合同号：对外贸易合同、订单或形式发票的号码。

（16）贸易方式：该批货物进口的贸易方式。贸易方式有“一般贸易”“来料加工”“进料加工”“合资合作设备”等。

（17）贸易国别（地区）：进口货物的贸易国别。

（18）提单/运单号：货物海运提单号或空运单号，有二程提单的应同时填写。

（19）到货日期：进口货物到达口岸的日期。

（20）起运国家（地区）：货物的起运国家或地区

（21）许可证/审批号：需办理进境许可证或审批的货物应填写有关许可证号或审批号。

（22）卸毕日期：货物在口岸的卸毕日期。

（23）起运口岸：货物的起运口岸。

（24）入境口岸：货物的入境口岸。

（25）索赔有效期至：对外贸易合同中约定的索赔期限。

（26）经停口岸：货物在运输中曾经停靠的外国口岸。

（27）目的地：货物的境内目的地。

（28）集装箱规格、数量及号码：货物若以集装箱运输应填写集装箱的规格，数量及号码。

（29）合同订立的特殊条款以及其他要求：在合同中订立的有关检验检疫的特殊条款及其他要求应填入此栏。

（30）货物存放地点：货物存放的地点。

（31）用途：本批货物的用途。

①种用或繁殖；②食用；③奶用；④观赏或演艺；⑤伴侣动物；⑥试验；⑦药用；

⑧饲用；⑨其他。

（32）随附单据：按实际向检验检疫机构提供的单据，在随附单据的种类前划“√”或补填。

（33）标记及号码：货物的标记号码，应与合同、发票等有关外贸单据保持一致。若没有标记号码则填“N/M”。

（34）外商投资财产：由检验检疫机构报检受理人员填写。

（35）签名：由持有“报检员证”的报检人员手签。

（36）检验检疫费：由检验检疫机构计费人员核定费用后填写。

（37）领取证单：报检人在领取检验检疫机构出具的有关检验检疫证单时填写领证日期及领证人姓名。

（二）出境货物报检时应提交的单证

（1）出境货物报检时，应填写“出境货物报检单”（如图 9-4 所示），并提供对外贸易合同（售货确认书或函电）、信用证、发票、装箱单、“出境货物运输包装性能检验结果单”（如有外包装的）、厂检单等必要的单证；

（2）出口生产企业代外贸出口单位报检的，须有外贸出口单位委托出口生产企业向检验检疫局报检的委托书。

（3）下列情况报检时除按上述条款规定办理外，还应按要求提供有关文件。

①凡实施质量许可、卫生注册或需经审批的货物，应提供有关证明。

②出境货物须经生产者或经营者检验合格并加附检验合格证或检测报告；申请重量鉴定的，应加附重量明细单或磅码单。

③凭样成交的货物，应提供经买卖双方确认的样品。

④报检出境危险货物时，必须提供危险货物包装容器性能鉴定结果单和使用鉴定结果单。

⑤出境特殊物品的，根据法律法规规定应提供有关的审批文件。

⑥申请鉴定业务和委托检验的，根据不同的申请项目，参照以上条款执行。

中华人民共和国出入境检验检疫
出境货物报检单

报检单位(加盖公章)：宁波[illegible]有限公司　　*编　号 [illegible]002120[illegible]

报检单位登记号：[illegible]001[illegible]　联系人：[illegible]　电话：[illegible]1　报检日期：2012 年 08 月 28 日

发货人	(中文) 宁波[illegible]有限公司				
	(外文) ***				
收货人	(中文) ***				
	(外文) [illegible]RONICS INC.				
货物名称(中/外文)	H.S.编码	产地	数/重量	货物总值	包装种类及数量
液晶监视器	8528511000 L.M/N	宁波	760台 6308千克	220400 美元	760纸箱 22再生木托

运输工具名称号码	船舶	贸易方式	进料加工	货物存放地点	生产仓库
合同号	[illegible]2011	信用证号	T/T	用途	其他
发货日期	2012-08-30	输往国家(地区)	美国	许可证/审批号	***
启运地	宁波口岸	到达口岸	***	生产单位注册号	[illegible]001[illegible] 宁波[illegible]有限公司
集装箱规格、数量及号码	***				

合同、信用证订立的检验检疫条款或特殊要求	标 记 及 号 码	随附单据(划"✓"或补填)	
	N/M	☑合同 ☐信用证 ☑发票 ☐换证凭单 ☑装箱单 ☑厂检单	☑包装性能结果单 ☐许可/审批文件 ☑型式试验报告书 ☐ ☐ ☐

需要证单名称				*检验检疫费	
☐品质证书	_正_副	☐植物检疫证书	_正_副	总金额(人民币元)	
☐重量证书	_正_副	☐熏蒸/消毒证书	_正_副		
☐数量证书	_正_副	☐出境货物换证凭单	_正_副		
☐兽医卫生证书	_正_副	☑通关单	1正2副	计费人	
☐健康证书	_正_副	☐			
☐卫生证书	_正_副	☐		收费人	
☐动物卫生证书	_正_副	☐			

报验人郑重声明：	领取证单	
1. 本人被授权报检。 2. 上列填写内容正确属实，货物无伪造或冒用他人的厂名、标志、认证标志，并承担货物质量责任。 签名：孙广隶	日期	
	签名	

注：有"*"号栏由出入境检验检疫机关填写　　◆国家出入境检验检疫局制

图 9-4　出境货物报检单填写示例

四、出境货物运输包装检验申请单填制要求

凡是列入《出入境检验检疫机构实施检验检疫的进出境商品目录》及其他法律、行政法规规定须经检验检疫机构检验检疫，并且检疫条件是“N”或“S”的出口货物的运输包装容器必须申请进行出境货物运输包装容器的检验。

出口普通货物运输包装性能检验报检时，报检人应按规定填写“出境货物运输包装检验申请单”（如图 8－7 所示），并提供相关资料，申请人在填写“出境货物运输包装检验申请单”时应按要求翔实填写，所列项目应填写完整、准确、清晰，不得涂改。个别项目确实无信息可填，经允许可填“×××”。

本单仅供申请办理出境货物运输包装性能检验/分证及出境危险货物运输包装使用鉴定时填写。

（1）申请人：申请实施出境货物运输包装检验的单位全称及备案登记号（10 位数字）。并加盖公章。

（2）包装使用人：填写出境货物运输包装容器的使用单位。

（3）包装容器名称用规格：指包装容器的具体名称及其规格。如纸箱的名称要写明是单（双、三）瓦楞纸箱，规格用长×宽×高（单位用 mm）表示。

（4）包装容器标记及批号：按《国际危规》规定填写包装容器上的唛头及生产厂代号及生产批号等。标记填写不下时可用附页；没有标记则填写“N/M”。

（5）包装容器生产厂：生产包装容器的厂家名称。

（6）原材料名称及产地：指用于制造包装容器的原材料名称及其产地。纸箱要分别填写面、底、坑、芯纸的定量及产地，国产材料产地至少填地区名称。

（7）包装质量许可证：包装容器生产厂质量许可证书号码。申请性能检验时应填写该证书号码。

（8）申请项目：在对应的“□”上打“√”。

（9）数量：指实际检验的出口数量，应与合同相符。

（10）包装容器编号：据实填写。

（11）生产日期：指该批包装容器的生产时间，填至月份。

（12）存放地点：指该批容器存放的地点。

（13）危包性能检验结果单号：申请危险品包装容器使用鉴定时填写。指该批危险品包装容器的性能检验结果单的编号。

（14）运输方式：在对应的“□”上打“√”。

（15）拟装货物名称及形态：指该批包装容器盛装货物的名称及其形态。形态指固体，液体或气体等。

（16）密度：填写该批包装容器所盛装液体货物的密度。

（17）拟装货物单件毛重：指容器内装货物的净重加上包装物的重量，据实填写。

（18）单件净重：指包装容器内装货物的净重。

(19) 联合国编号：申请检验危险品包装容器时填写。指拟装的危险货物在《国际危规》中规定的编号，并要加填危险类别。

(20) 装运口岸：指该批包装容器所装货物出口的装运口岸。

(21) 提供单据：在对应的"□"上打"√"。原则上申请性能检验的必须提供厂检单。

(22) 装运日期：指该批包装容器所装货物出口的装运日期。

(23) 集装箱上箱次装货名称：本集装箱前次所装货物的名称。

(24) 输往国家：指贸易合同中买方（进口方）所在国家或地区。

(25) 申请人郑重声明：必须有报检员的亲笔签名。

(26) 编号：由检验检疫机构人员填写。

任务实施

第一步：李力整理好此票货相应的合同、发票、装箱单、厂检单、包装性能检验结果单等作为报检随附单据。

第二步：以上述单据为依据，缮制出境货物报检单，并在报检单上签好姓名和加盖公章，具体如图 9-5 所示。

中华人民共和国出入境检验检疫

出境货物报检单

报检单位（加盖公章）： 苏州昌盛进出口有限公司 *编号：

报检单位登记号：3105226441 联系人：李力 电话： 62583426 报检日 2012 年 6 月 12 日

发货人	（中文）苏州昌盛进出口有限公司
	（外文）SUZHOU CHANGSHENG IMPORT & EXPORT CO.，LTD.
收货人	（中文）印度恒河进出口公司
	（外文）HENGHE IMPORT & EXPORT CORP. BOMBAY INDIA

货物名称（中/外文）	HS编码	产地	数/重量	货物总值	包装种类及数量
手工工具扳手 Double Open End Spanner	8204119010	苏州	60000 件/1080 千克	30，000 美元	600 纸箱

运输工具名称号码	船舶	贸易方式	一般贸易	货物存放地点	本公司仓库
合同号	20051166	信用证	ZJ9587	用途	
发货日期	2012.06.27	输往国家（地区）	印度	许可证/审批号	***
起运地	上海	到达口岸	孟买	生产单位注册号	***
集装箱规格、数量及号码					

合同、信用证订立的检验检疫条款或特殊要求	标记及号码	随附单据（画“√”或补填）	
***	N/M	√合同 □信用证 √发票 □换证凭单 √装箱单 √厂检单	√包装性能结果单 □许可/审批文件 □ □

需要证单名称（画“√”或补填）		*检验检疫费	
√品质证书 __正__副	□植物检疫证书 __正__副	总金额	
□重量证书 __正__副	□熏蒸/消毒证书 __正__副	计费人	
□数量证书 __正__副	√出境货物换证凭单 __正__副		
□兽医卫生证书 __正__副	□	收费人	

报检人郑重声明：	领取证单	
1. 本人被授权报检。		
2. 上列填写内容正确属实，货物无伪造或冒用他人的厂名、标志、认证标志，并承担货物质量责任。	日期	
	签名	

注：有“*”号栏由出入境检验检疫机关填写 ◆国家出入境检验检疫局制

[1-2（2000.1.1）]

图 9-5 任务实施出境货物报检单填写示意

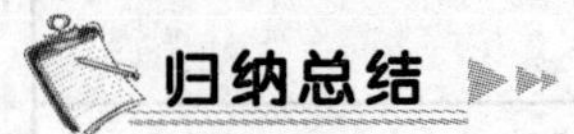

归纳总结

出入境货物报检时报检人应严格按照填写规范认真填写报检单，《入境货物报检单》内容应按合同、国外发票、提单、运单上的内容填写，《出境货物报检单》内容应按合同、发票、装箱单、信用证及有关函电如实填写。报检单上所列项目应填写完整、准确、清晰，不得涂改，并加盖报检单位公章。

思考与训练

苏州昌盛进出口有限公司（自理报检单位备案登记号为3105226441）从美国进口的一批袋装食用黄豆（HS编码为1201009100）已于2012年6月25日到达上海洋山港，存放于港区，报检员李力根据外商提供的如下发票（如图9-6所示）、提单（如图9-7所示）等单据，填制《入境货物报检单》，于2012年6月27到上海检验检疫机构办理入境货物报检手续。

<table>
<tr><td colspan="6">INVOICE</td></tr>
<tr><td colspan="3">CONSIGNOR:
VICTOR CO., LTD.
LONG BEACH, USA</td><td colspan="2">No.:
ZW780321</td><td>DATE:
JUN. 1st. 2012</td></tr>
<tr><td colspan="3">CONSIGNEE:
SUZHOU CHANGSHENG IMPORT & EXPORT CO., LTD.
INDUSTRY PARK, CITY OF SUZHOU, JIANGSU PROVINCE, CHINA</td><td colspan="2" rowspan="2">L/C No.:
LC7584076584
BANK OF CHINA
SHANGHAI BRANCH</td><td rowspan="2">DATE:
MAY. 20th. 2012</td></tr>
<tr><td colspan="2">PORT OF LOADING:
SAN FRANCISCO, USA</td><td>VOYAGE No.:
SUN SEA/407E</td></tr>
<tr><td colspan="3">PORT OF DISCHARGE:
SHANGHAI, CHINA</td><td colspan="3">CONTRACT No.:
GHRU2908</td></tr>
<tr><td>MARK&NO.</td><td colspan="2">DESCRIPTION OF GOODS</td><td>QUANTITY/UNIT</td><td>UNIT PRICE (USD)</td><td>AMOUNT (USD)</td></tr>
<tr><td>GHRU2980
SHANGHAI CHINA</td><td colspan="5">SOY BEANS
PACKING: IN BAG 300BAGS /50KGS EACH PACKAGE
ORIGIN: AMERICA
CONTRACT No.: GHRU2908</td></tr>
<tr><td></td><td colspan="2"></td><td></td><td>400.00/TON</td><td>6000.00</td></tr>
<tr><td colspan="6">VICTOR CO., LTD.
SIGNED BY ________</td></tr>
<tr><td colspan="6"></td></tr>
</table>

图9-6　思考与训练：发票

<table>
<tr><td colspan="8">BILL OF LADING</td></tr>
<tr><td colspan="3">CONSIGNOR:
VICTORY CO., LTD.
LONG BEACH, USA</td><td colspan="2">OUR BOOK No.:
BY771126</td><td colspan="3">B/L No.:
QJ760125</td></tr>
<tr><td colspan="3">CONSIGNEE:
SUZHOU CHANGSHENG IMPORT & EXPORT CO., LTD.
INDUSTRY PARK, CITY OF SUZHOU, JIANGSU PROVINCE, CHINA</td><td colspan="5" rowspan="2">REMARKS:</td></tr>
<tr><td colspan="3">NOTIFY PARTY:
SAME AS CONSIGNEE</td></tr>
<tr><td colspan="2">PORT OF LOADING:
SAN FRANCISCO</td><td>VESSEL: SUN SEA</td><td colspan="2">VOYAGE No.:
407E</td><td colspan="3">FLAG:
CANADA</td></tr>
<tr><td colspan="3">PORT OF DISCHARGE:
SHANGHAI CHINA</td><td colspan="5">PLACEOF DELIVERY: SUZHOU CHINA</td></tr>
<tr><td>MARK</td><td>No. OF PKGS</td><td>DSCRIPTION OF GOODS</td><td colspan="3">GROSS WEIGHT</td><td colspan="2">MEASUREMENT</td></tr>
<tr><td colspan="8">GHRU2980
SHANGHAI CHINA 300 BAGS 15000 KGS 10.600 CBM
GREEN BEANS (PETURNCARGO)
PACKING: IN 20 WOODEN PALLETS
CONTRACT NO.: GHRU2908
1×C20' CONTAINER
PCIU4873009/981263</td></tr>
<tr><td colspan="3">DATE: Jun. 2nd, 2012
BY ____________</td><td colspan="5">MASTER CO. LTD.
BY ____________</td></tr>
</table>

图 9-7 思考与训练：提单

任务二　原产地证书的申请

知识目标

1. 了解原产地证注册（备案）的登记内容。
2. 了解原产地证注册（备案）的登记程序。
3. 了解原产地证注册（备案）的登记的年度审核。

能力目标

1. 掌握原产地证的申请和签证要求。
2. 掌握一般原产地证的填制规范。

任务导入

苏州昌盛进出口有限公司预计于2012年7月20日从上海港装运一批架子鼓（HS编码为9206000090）出口到菲律宾马尼拉南港，在与外商的出口合同中约定苏州昌盛进出口有限公司在交付货物的同时还必须向外商提供相关产品的一般原产地证明，以利于对方进口清关。为了更好地满足外商需求，开展出口业务，苏州昌盛进出口有限公司指派业务员高扬负责向签证机构申请办理原产地证。高扬已取得了如下发票（如图9－8所示）和装箱单（如图9－9所示）。

<table>
<tr><td colspan="2">Issuer：
SUZHOU CHANGSHENG IMPORT & EXPORT CO.，LTD.
INDUSTRY PARK，CITY OF SUZHOU，JIANGSU PROVINCE，CHINA</td><td colspan="3" rowspan="2">SUZHOU CHANGSHENG IMPORT &
EXPORT CO.，LTD.
COMMERCIAL　INVOICE</td></tr>
<tr><td colspan="2">To：
PEOPLES SPORTING GOODS & MDSG. COR</td></tr>
<tr><td colspan="2" rowspan="2">Transport details：
FROM SHANGHAI CHINA TO MANILA SOUTH，PHILIPINES</td><td>No.：
BY10D1064</td><td colspan="2">Date：
JUN，15，2012</td></tr>
<tr><td>CONTRACT No.：
BY10D1064</td><td colspan="2">L/C No.：
T/T</td></tr>
<tr><td>Marks & numbers</td><td>Description</td><td>Quantity
(EA)</td><td>Unit price
(USD)</td><td>Amount
(USD)</td></tr>
<tr><td>N/M</td><td>DRUM SET</td><td>447</td><td>$27.92
FOB SHANGHAI CHINA</td><td>USD
12，482.0</td></tr>
<tr><td colspan="2">TOTAL：</td><td>447</td><td colspan="2">USD12，482.0</td></tr>
</table>

图9－8　任务导入：发票

SUZHOU CHANGSHENG IMPORT & EXPORT CO., LTD.
SIGNED BY YANG GAO

Issuer: SUZHOU CHANGSHENG IMPORT & EXPORT CO., LTD. INDUSTRY PARK, CITY OF SUZHOU, JIANGSU PROVINCE, CHINA	SUZHOU CHANGSHENG IMPORT & EXPORT CO., LTD. **PACKING LIST**	
To: PEOPLES SPORTING GOODS & MDSG. CORP		
Transport details: FROM SHANGHAI CHINA TO MANILA SOUTH PHILIPINES	No.: BY10D1064	Date: JUN, 15, 2012
	CONTRACT No.: BY10D1064	L/C No.: T/T

Marks & numbers	Description	QTY (EA)	Ctns (CTNS)	G. w. (KGS)	N. w. (KGS)	M Ment (CBM)
N/M	DRUM SET	447	447	2809	2496	29.6
TOTAL:		447	447	2809	2496	29.6

SUZHOU CHANGSHENG IMPORT & EXPORT CO., LTD.
SIGNED BY YANG GAO

图 9-9 任务导入：装箱单

任务分析

国家质检总局对全国出口货物原产地证签证工作实施监督管理。各签证机构在签证过程中严格执行有关法律法规、国际规定，在注册登记、备案、原产地调查、证书签发、年度审核以及对企业即其申报员管理等方面进行严格把关。

相关知识与拓展

一、原产地证书定义

原产地证书是各国根据相关的原产地规则签发的证明商品原产地，即货物的生产或制造地的一种具有法律效力的证明文件，是商品进入国际贸易领域的“护照”，证明商品的经济国籍。它是进口国对进口货物确定税率待遇，进口贸易统计，实行数量限制和控制从特定国家进口的主要依据。在国际贸易中，原产地证书是进口国政府实行进口管理和对不同国家产品征收差别关税时需要审查的一种极为重要的证明文件。

二、原产地证书的分类

（一）根据原产地规则不同分类

1. 优惠原产地证书

主要用于享受关税优惠待遇。

2. 非优惠原产地证书

主要用于征收关税、贸易统计、保障措施、歧视性数量限制、反倾销和反补贴、政府采购等方面。

（二）根据用途不同分类

1. 一般原产地证书

各国根据各自的原产地规则签发的、证明货物原产于某一特定国家或地区、享受进口国正常关税（最惠国）待遇的证明文件。在我国，一般原产地证书系指《中华人民共和国出口货物原产地证书》，签证依据为《中华人民共和国进出口货物原产地条例》及《中华人民共和国非优惠原产地证书签证管理办法》。对不符合中国原产地资格但又实施了加工制作的出口产品可签发“加工装配证明书”。

2. 普惠制原产地证书（FORM A）

根据普惠制给惠国原产地规则和有关要求签发的原产地证书，它是受惠国货物出口到给惠国时享受普惠制关税优惠待遇的官方凭证。

目前我国可申请签发的国家：欧盟 27 个成员国（英国、法国、德国、意大利、爱尔兰、比利时、荷兰、卢森堡、希腊、丹麦、西班牙、葡萄牙、瑞典、芬兰、奥地利、塞浦路斯、马耳他、捷克、爱沙尼亚、匈牙利、拉脱维亚、立陶宛、波兰、斯洛伐克、斯洛文尼亚、保加利亚和罗马尼亚）、瑞士、列支敦士登、挪威、俄罗斯、白俄罗斯、乌克兰、哈萨克斯坦、日本、澳大利亚、新西兰、加拿大、土耳其，共 39 个国家。

3. 区域性优惠原产地证书

订有区域性优惠贸易协定国家官方机构签发的享受成员国关税减免待遇的凭证。自由贸易区优惠原产地是区域性优惠原产地证书的主要形式。

目前我国可签发的区域性优惠原产地证书：

（1）《亚太贸易协定》优惠原产地证书（韩国、印度、斯里兰卡、孟加拉、老挝）；

（2）中国—东盟自由贸易区原产地证书（FORM E）（文莱、印尼、马来西亚、菲律宾、新加坡、泰国、柬埔寨、老挝、缅甸、越南）；

（3）中国—巴基斯坦自由贸易区原产地证书；

（4）中国—智利自由贸易区原产地证书（FORM F）；

（5）中国—新西兰自由贸易区原产地证书；

（6）中国—新加坡自由贸易区原产地证书；

（7）中国—秘鲁自由贸易区原产地证书。

三、我国原产地证书签证及管理机构

（一）普惠制原产地证书

根据我国政府颁布的法规规定，检验检疫机构是我国政府授权签发普惠制原产地证书的唯一合法机构，国家质检总局对全国普惠制原产地证书签证工作实施统一监督管理。

（二）一般原产地证书

出入境检验检疫机构为官方签证机构，中国国际贸易促进委员会及其地方分会为民间签证机构。进口方要求由官方签发原产地证书的应当向出入境检验检疫机构申请办理；进口方要求由民间机构签发原产地证书的，应当向中国国际贸易促进委员会及其地方分会申请办理；未明确要求的，可向出入境检验检疫机构或中国国际贸易促进委员会及其地方分会申请办理。

（三）区域性优惠原产地证书

我国区域性优惠原产地证书由各地的出入境检验检疫机构签发，国家质检总局对区域性优惠原产地证书签证工作实施统一管理。

（四）其他专用原产地证书

“输欧盟农产品原产地证书”“托考伊葡萄酒原产地名称证书”“皇帝牌葡萄真实性证书”“奶酪制品证书”“烟草真实性证书”“金伯利进程国际证书”由各地出入境检验检疫机构签发。国家质检总局对上述原产地书签证工作实施统一管理。

根据商务部建议，国家质检总局授权各地经贸委（厅）的有关部门签发“输欧盟纺织品原产地证书”。“手工制品证书”由各地经贸委（厅）的有关部门签发。

四、原产地证注册（备案）登记制度

在中华人民共和国境内依法设立，有进出口经营权的企业、从事“来料加工”“来样加工”“来件装配”和“补偿贸易”业务的企业、外商投资企业（以下统称申请人）均可向签证机构申领原产地证书。申请领取各类原产地证书时，应预先在当地的签证机构办理注册（备案）登记手续。

注册（备案）登记是签证机构对出口货物发货人及其申报产品、原产地证申领员是否符合原产地规则、原产地条例和原产地证签证管理规定要求的合格评定活动。

（一）注册（备案）登记内容

注册（备案）登记包括企业注册（备案）登记、产品注册（备案）登记及原产地证申领员注册登记三项基本内容：

1. 企业注册（备案）登记

根据规定，签证机构对申请优惠原产地证书的企业实行注册登记制度，对申请非优惠原产地证书的企业实行备案登记制度。

2. 产品注册（备案）登记

符合以下原产地标准的产品才能进行注册（备案）登记：

（1）完全原产品或含有非原产成分，但经过国内实质性加工改造，符合相应的原产地标准的产品；

（2）产品及其包装、说明书等物品没有出现中国以外的国家或地区原产地标记，也没

有出现中国香港、中国澳门和中国台湾地区的原产地标记。

3. 原产地证申报员注册登记

原产地证申报员是指经申请人授权，代表申请人签署、申领原产地证的人员，申请人申请原产地证应指定原产地证申报员办理。

(二) 注册 (备案) 登记需提供的材料

申请人向签证机构申请注册登记时，应提供下列材料：

(1) 原产地证书注册登记申请表。

(2) 营业执照。

(3)“对外贸易经营者登记表”或“中华人民共和国进出口企业资格证书”；外商投资企业应同时提供“中华人民共和国外商投资企业批准证书”。

(4) 组织机构代码证。

(5) 原产地证书申报员授权书。

(6) 出口产品的相关资料：一般贸易产品的出口合同、国内购销合同、信用证；加工贸易产品的生产加工合同；材料、零部件的购买合同、发票。

(7)“产品成本明细单”“异地货物原产地调查结果单”。

(8) 签证机构要求的其他相关资料。

(三) 注册 (备案) 登记程序

1. 企业及其产品注册（备案）登记

注册（备案）调查是注册（备案）登记中最重要的环节，它是签证管理的基础，通过实地调查确定拟注册（备案）产品是否符合相关的原产地标准。签证机构在受理注册登记申请后，对申请人所提供的材料进行审核，并派人员对申请企业及其注册（备案）登记产品进行实地调查，调查内容包括：

(1) 申请单位的生产规模、生产设备、生产能力、经营管理情况；

(2) 产品的构成及加工工序；

(3) 产品所用原料、零部件的原产地来源；

(4) 产品及其包装、说明书的原产地标记或字样；

(5) 产品的进料、用料、生产、出货记录；

(6) 非原产成分的价值占产品出厂价的百分比及证明文件。

调查人员应填写“原产地调查记录”，并根据调查情况做出拟注册（备案）登记产品是否符合原产地标准的结论。签证机构在收到全部必要资料之日 10 个工作日内，作出是否准予注册登记的决定。审核合格的，签证机构予以注册登记；不合格的，不予注册登记。签证机构不予注册登记的，申请人可在 15 日内向上一级机构提出复审。签证机构为中国贸促会的，申请人可向国家质检总局提出复审申请。经注册登记的申请人，应建立原料来源、生产加工、成品出货等相关记录，并应至少保存 3 年。

2. 原产地证申报员注册（备案）登记

已注册（备案）登记的企业必须指定专人申报原产地证。原产地证申报员必须经企业法人授权，经检验检疫机构进行培训、考试合格后，方能办理申报员注册（备案）登记手续。申报人员在办理注册（备案）登记手续时应提供经法人签字盖章的《原产地证申报员授权书》。申报员注册（备案）登记内容包括：姓名、年龄、性别、身份证号、申报员证号、文化程度、培训考试情况、手签笔迹、所属企业注册（备案）登记号等。

（四）产地证注册（备案）的登记的年度审核

1. 企业年审

原产地注册（备案）登记有效期为一年。有效期满后，签证机构需对其进行年度审核，审核合格的予以办理年审合格手续，审核不合格的取消注册（备案）登记资格。年审包括资料审核和实地调查。

（1）资料审核：年审提供的资料与申请办理注册登记需提供的资料相同，签证机构重点审核资料的内容有无改变。

（2）实地调查。实地调查内容包括：

①注册产品的加工工序、生产材料有无改变；

②注册产品的原材料、零部件的原产地来源情况；

③注册产品的进料、用料生产、出货记录；

④注册产品及其包装、说明书的原产地标记；

⑤判断注册（备案）登记产品是否仍符合有关原产地标准；

⑥有无增加新产品；

⑦申报人员情况。

调查人员根据调查结果填写“原产地证年审记录表”。对经年审的企业及其产品，签证机构在其注册资料及电子档案中加注“年审合格”或“年审不合格”标记。年审合格的，注册有效期顺延。年审不合格的，取消注册（备案）登记资格。

2. 申领人员年审

检验检疫机构结合申报员日常差错记录和工作情况对其进行年审。经审核合格的，其“原产地证申报员证”有效期延长一年。经审核不合格的，申报员应当参加检验检疫机构组织的产地证业务培训，经考试合格并通过重新审核的，其“原产地证申报员证”有效期延长一年。未申请审核或者经审核不合格的，其“原产地证申报员证”不予延长。

五、原产地规则

原产地规则是判断产品原产国家（地区）的准则，是签发各种原产地证的依据，因此各国（特别是发达国家）都有自己的原产地的判定规则（标准）。目前由于各国的经济发展水平和对外贸易政策均不同，各国的原产地规则也不相同。同时，由于不同的原产地证具有不同的作用，其签证宽严不等，因而有关的原产地规则也因签发的原产地证类别不同而不同。例如：在签发普惠制原产地证书时，应按货物输往国（普惠制的给惠国）制定的“普惠制原产地规则”办理；在签发中国出口货物一般原产地证书时，应按我国政府制定的《中华人民共和国进出口货物原产地条例》办理；在签发输往奥地利的手工制品原产地证书时，应按奥地利政府对手工制品制定的原产地规则办理；此外对输往欧盟的纺织品签发纺织品原产地证书时，应根据欧盟的纺织品原产地规则签发。

尽管目前世界包括一些国家集团在内的各国的原产地规则各不相同，但就总体而言，世贸组织将原产地规则分为非优惠原产地规则和优惠原产地规则。而就原产地规则本身的

结构而言，它包括程序规则和实体规则。程序规则主要就其制定原则、适用范围、实施程序、管理机构、罚则及争端的解决等作出规定，规范原产地规则的管理体系，体现了原产地的透明度。实体规则则是原产地规则的核心，它具体规定了确定商品（也称产品）原产地的标准。实体规则将产品分为两大类：一类是完全原产货物，另一类是含有非原产成分的货物。

（一）完全原产产品标准

完全原产产品标准包括两种，一种是完全获得产品，如某一货物完全从一个国家或地区获得，又如在某一国家或地区出生或饲养的活畜、生产和加工的动物产品、种植的农作物、矿产品等，则其原产地为该国家或地区。完全原产产品大部分为初级产品。另一种是完全用本国的原材料和零部件生产的产品，并在其国内完成生产、制造的产品。

（二）含有非原产成分原产地标准

当产品生产涉及一国以上时，其产地应视为最终发生“实质性改变”的国家。判断是否发生实质性改变的标准主要有税目改变标准、增值标准和加工工序标准，以及产品特定原产地标准。

(1) 税则归类改变标准，要求经过在一方或双方境内的加工，货物生产过程中使用的非原产材料发生税则归类改变。

(2) 加工工序标准，又称制造工序标准，是以产品在加工、生产过程中是否经历了特定的加工、生产工序确定其原产国标准。实施加工标准的国家在其原产地规则中都列有详细的特定的加工工序清单，具体规定哪些产品必须经过哪些特定的加工工序才能获得原产地资格。对于这些产品，这些特定的加工工序的完成国即是该产品的原产国。

(3) 从价百分比标准（增值标准），是根据产品中所含的本国成分或进口成分占产品价值的百分比来确定该产品原产地的判定标准。例如，新加坡出口货物原产地规则规定，一般而言，如产品用进口原料制得，则该产品出厂价中必须有至少25%的当地含量（本国成分）。当地含量是指产品生产过程中所使用的当地原材料、直接劳务及管理费用。又如，新西兰普惠制原产地规则规定，产品的最后一道加工工序必须在该国完成；由一个或多个发展中国家以及新西兰生产的原料或劳务的价值不得低于该产品工厂成本价的50%。

(4) 产品特定原产地标准，目前尚没有统一的法律概念。一般是指除适用“增值标准”（百分比标准）外，对于某些含有非贸易协定成员国的原材料生产的产品，它们不能按照或不能完全按照一般的“增值标准”来判定其原产地，而采用特别的原产地标准，主要有税目改变标准和加工工序标准；对某些特定产品采用选择性标准，即可选择适用增值标准、税目改变标准、加工工序标准之一，也可以两种标准同时使用。

此外，还涉及“简单工序”规则、“微小含量”规则以及累计规则等。

世界各国历来都十分重视原产地管理工作，根据原产地标准对货物的原产地进行检验认定并出具原产地证书已经成为国际贸易中一个重要环节。

六、原产地证的申请要求

1. 正常情况下的申请

申请人应于货物出运前向签证机构申请办理原产地证书，并提交以下资料：

(1) 原产地证书的申请书;

(2) 已缮制好的原产地证书;

(3) 出口货物商业发票副本;

(4) 对含有非原产成分或签证机构需核实原产地真实性的货物,申请人还应提交"产品成本明细单";

(5) 异地货物,申请人应提交货源地签证机构出具的"异地货物原产地调查结果单";

(6) 合同、信用证、报关单、海关手册等其他签证机构认为必要的文件。

申请人应对提交资料的真实性负责。用于确定货物原产地的资料和信息,除按有关规定可以提供或者经提供该资料和信息的人允许,签证机构应当对该资料和信息予以保密。

2. 特殊情况下的申请

(1) 补发证书的申请。特殊情况下,申请人可在货物出运后申请办理补发原产地证书。申请补发原产地证的,除提交上述所列资料外,还应提交下列资料:

①申请补发证书原因的书面说明;

②申请补发证书原因的书面说明;

③货物的提单等货运单据;

④签证机构要求提供的其他证明文件。

对于补发证书,签证机构在普惠制和一般原产地证书的签证机构使用栏注明"补发",英文为ISSUED RETROSPECTIVELY;中国—东盟证书、中国—新加坡和中国—巴基斯坦证书则分别在第12栏和第13栏注明"补发",英文为ISSUED RETROACTIVELY;中国—智利和亚太原产地证书分别可在货物出运后一个月和三天内补发,但无须在证书相关栏注明"补发",逾期不予签证;中国—秘鲁证书可补发;中国—新西兰证书没有规定。补发证书的申请日期和签证日期与实际申请、签发日期一致。

(2) 重发证书的申请。已签发的证书正本遗失或毁损,申请人可在证书有效期内提交"原产地证书更改/重发申请书",申请办理重发证书。签证机构在签证机构使用栏加注:"此证系××××年××月××日所签发的××××××号证书的复本,原证书作废"(THIS CERTIFICATE IS IN REPLACEMENT OF CERTIFCATE OF ORIGIN NO... DATED... WHICH IS CANCELLED)及"复本"(DUPLICATED)字样或加注"原产地证书正本(编号 日期)经核准的真实副本"(CERTIFIED TRUE COPY OF THE ORIGINAL CERTIFICATE OF ORIGIN NUMBER... DATED...)。重发证书的申报日期和签证日期分别填实际申请日期和签发日期。中国—东盟证书和中国—巴基斯坦证书的申报日期和签发日期与原证日期一致。

申请人在办理重发证书前必须在《国门时报》或国家级经济类报纸上声明原发证书作废。

(3) 更改证书的申请。申请人要求更改已签发的证书内容时,应在证书有效期内提交"原产地证书更改/重发申请书",申请办理更改证书,并退回原证书正本。签证机构经核实后,方可签发新证书。更改证书的申请日期和签发日期与原证书一致。原证书遗失或毁损的,应按上述有关遗失证书处理。如货物已经出口,还应按后发证书的有关要求处理。

新的原产地业务电子管理系统规定:更改/重发证书的编号规则与新证书一致,即按

证书申请顺序改变流水号。

(4) 参展货物的申请。参加国外展览的货物，申请人可凭参展批件申请原产地证。申请时，应提交出国展览批件、展品清单、原产地证书申请书和原产地证书。证书上应注明展览会的名称和地址。

七、原产地证的签证要求

(一) 审核要求

签证机构接受原产地证书申请后，根据申请证书的类别和内容，按照相应的原产地规则和有关签证规定，审核申请人提交的材料。主要审核以下内容：

(1) 申请单位、申请签证产品及申报员是否已在检验检疫机构进行注册登记；

(2) 申请书的填制是否完整、正确；

(3) 证书各栏内容是否真实、准确，并符合填制要求；

(4) 产品是否符合相应的原产地标准，必要时需到产品生产厂家进行实地调查。在判定原产地标准时，应把握以下几种情况：

①中国台湾、中国香港和中国澳门地区的原材料、零部件暂视为非原产原料。

②原料、零部件出境后重新入境，申请人能提供充分证据证明未经过加工的，仍视为原产成分。

③申请原产地证书的货物及其内、外包装或说明上，不得出现其他国家或地区制造、生产的字样或标记。

证书审核合格后，签证机构对申请人签发原产地证。签证机构在受理申请人的申请后，在两个工作日内完成签证。需要进行原产地调查的产品不受两个工作日限制。

(5) 原产地标记的审核：出入境检验检疫机构对出口货物原产地标记真实性实施查验，以保护原产地标记知识产权，防止滥用商品名称、假冒产品真实原产地，确保原产地的真实性。出口货物的原产地标记与真实原产地不一致的，应责令改正。

各类原产地证书的具体审核要求：

①普惠制原产地证书：出口到给惠国，列入给惠产品清单，符合该给惠国的原产地规则，符合《中华人民共和国普遍优惠制原产地证明书签证管理办法》及其实施细则。

②一般原产地证书：符合《中华人民共和国进出口货物原产地条例》和《中华人民共和国非优惠原产地证书签证管理办法》。

③区域性优惠原产地证书：列入关税减让产品清单，符合有关贸易协定项下的原产地规则及国家质检总局有关签发区域性优惠原产地证的规定。

④专用原产地证书：符合针对某一特殊行业的特定产品制定的原产地规则及有关规定。

货物在中国加工但未完成实质性改变的，可申请“加工、装配证书”。

经中国转口的非原产货物，不能取得原产地证，但可申请“转口证书”。

(二) 证书有效期

(1) 中国出口货物原产地证书：自签发日起一年内有效。

(2) 普惠制原产地证书（FORM A）：欧盟和瑞士规定证书的有效期为自签证机构

签发之日起的十个月内。日本、俄罗斯、乌克兰、白俄罗斯规定证书有效期为自签证机构签发之日起的一年内。加拿大规定为进口之日起两年之内。其他给惠国未作具体规定。

(3) 区域性优惠原产地证书的有效期：除中国—巴基斯坦自贸区优惠原产地证书未做明确规定外，其他目前可签发的优惠证书的有效期为自签发之日起一年内有效。

八、电子签证申请和签证要求

电子签证是签证机构对申请单位通过电子网络以电子方式申报的原产地证书进行电子审签的行为。为方便申办原产地证书，申请人可采用电子申报方式申办原产地证书。

1. 对申请电子签证的要求

(1) 申请人应使用签证机构指定的电子签证用户端软件。不得对其进行非法复制和修改。为保证电子签证系统安全高效运行，申请人应按照签证机构软件升级要求更新用户端系统。

(2) 申请人应保证传输的电子数据真实、准确。承担因提供不真实数据而导致原产地证书差错的一切责任和后果。

2. 电子签证的审核与签发

签证机构办理电子签证时必须统一采用“原产地业务电子签证管理系统”，利用国家质检总局“中国检验检疫电子业务服务平台”进行通信。电子签证的签办流程如下：

(1) 申请人通过专用申报软件进行原产地证的发送，并保证其申报的数据真实、准确。

(2) 数据经总局电子业务平台集中后进入相关的审签点，签证人员依据不同证书的签证要求在机上进行审核。如发现错误，则向申请人发送修改退单回执，并将错误项明细反馈给申请人；如证书正确无误，则向申请人发送正确回执；对更改、重发或其他需特殊处理的证书，发送缓审回执，待收到相关文件后再进行审核。

(3) 申请人收到正确回执后，持申请书、出口货物商业发票副本及其他相关的资料，到签证机构领取证书。在领取原产地证时，申报员应在证书上签名并加盖中英文印章。签名、印章必须与备案档案相符。

九、原产地调查

为核实出口货物的真实原产地，确保所签原产地证书的真实有效，签证机构对申请原产地证书的货物进行原产地调查。

1. 原产地调查种类

按调查目的及在签证管理过程中所处的阶段，原产地调查可分为注册调查、签证调查与抽查、国外退证查询调查。

(1) 注册调查是签证机构在收到申请人进行注册登记申请时进行的原产地调查，旨在确定能否准予注册登记。

(2) 签证调查是签证机构在审签原产地证书过程中为核实该证书的真实性、正确性或证书项下产品是否符合原产地规则而进行的实地调查。签证抽查是签证机构对所签发的原

产地证书项下的产品按照有关规定进行的不定期的抽查。

（3）国外退证查询调查是签证机构因货物进口国主管当局的要求对其所签发的原产地证书的真实有效性或证书项下的产品是否符合原产地标准的调查。

2. 签证调查与抽查内容

（1）产品是否已注册；

（2）证书项下的产品的名称、型号、数量、HS品目号是否与实际货物相符；

（3）产品的加工工序；

（4）产品所用材料、零部件的原产地来源；

（5）产品所含非原产成分的价值占产品出厂价的百分比；

（6）产品以及包装、说明书有无中国香港、中国澳门、中国台湾或中国以外国家或地区的原产地标记。

3. 签证商品调查的分类管理及抽查比例

1993年，国家商检局根据给惠国对签证商品原产地标准规定的宽严程度，国外查询的多少，商品的敏感程度，其原料、零部件在国内的生产能力等情况，制定了《关于加强普惠制产地证签证调查管理几点意见》，对普惠制签证商品的调查实施分类管理，即把商品分为三类，签证机构的签证抽查率为注册单位数量的5%～10%，重点抽查一、二类产品。

一类产品：

（1）凡列入加工工序清单的给惠产品，其给惠国要求和加工标准非常严格的；

（2）产品科技水准要求高，其重要零部件国内基本不能生产或国产质量一般达不到要求的；

（3）按普惠制规定要求必须采用的国产原料及零部件，其质量不过关或供应不足或价格过高，生产企业容易采用进口原材料及零部件代替的；

（4）给惠国海关重点查询的产品；

（5）被给惠国列入反倾销调查对象的产品。

二类产品：

（1）凡列入加工工序清单的给惠产品，其给惠国要求和加工标准比较严格；

（2）按普惠制规定要求必须采用的国产原料及零部件，出口生产企业可以自己生产，或在国内可采购到的；

（3）给惠国海关查询的一般产品。

三类产品：

（1）列入加工工序清单的给惠产品，其给惠国要求和加工标准不太严的；

（2）属劳动密集型或非技术密集型产品的；

（3）加工工序简单，设备要求不高，出口生产企业可以生产或国内采购原料、零部件加工的。

十、一般原产地证书填制说明

一般原产地证书如图 9－10 所示。

ORIGINAL

1. Exporter			Certificate No.: CERTIFICATE OF ORIGIN OF THE PEOPLE'S REPUBLIC OF CHINA	
2. Consignee				
3. Means of transport and route		5. For certifying authority use only		
4. Country/region of destination				
6. Marks and numbers	7. Number and kind of packages; description of goods	8. H. S. Code	9. Quantity	10. Number and date of invoices
11. Declaration by exporter The undersigned hereby declares that above details and statements are correct, that all the goods were produced in China and that they comply with the Rules of Origin of the People's Republic of China.		12. Certification It is hereby certified that the declaration by the exporter is correct.		
Place and date. signature and stamp of authorized signatory		Place and date, signature and stamp of certifying authority		

图 9－10　一般原产地证书格式

一般原产地证书填制说明如下。

第 1 栏：出口方

此栏不得留空，填写出口方名称、详细地址及国家（地区）。出口方名称是指在中国工商行政管理局注册批准的名称，应与第 11 栏签章相符。若经其他国家或地区需填写转口商名称时，可在出口商后面加填英文"Via"，然后再填写转口商名称、地址和国家。不得用"c/o""on behalf"等其他写法代替"Via"。

第 2 栏：收货方

应填写最终收货方的名称、详细地址及国家（地区），通常是外贸合同中的买方或信用证上规定的提单通知人。但往往由于贸易的需要，信用证规定所有单证收货人一栏留空，在这种情况下，此栏应加注"to whom it may concern"或"to order"或"blank"或"××××"，但不得留空。

第 3 栏：运输方式和路线

此栏填写两项内容：运输方式，如海运、空运、陆运；运输路线。海运、陆运应填写

装货港、到货港。如经转运，还应注明转运地。注意装运港必须在中国境内。多式联运要分阶段说明。

第4栏：目的地国家（地区）

此栏填写货物最终运抵目的地国家或地区，即货物最终进口国（地区），一般应与最终收货人所在国家（地区）一致，或最终目的港国别一致，不能填写中间商国家名称。

第5栏：签证机构用栏

为签证机构在签发后发证书，补发证书或加注其他声明时使用。证书申领单位应将此栏留空。

第6栏：运输标志

应按照出口发票上所列唛头填写完整图案、文字标记及包装号码，不可简单地填写"as per invoice No."或"as per B/L No."。如无唛头，应填写"NO MARK (N/M)"。如唛头多，此栏填写不下，可填写在证书第7栏、第8栏、第9栏空白处或另纸附页。附页应与证书尺寸大小一致，由申请人和签发机构签字盖章，并在第6栏注明"Attached list"，此栏不得留空。

第7栏：商品名称、包装数量及种类

商品名称要求填写具体名称。包装数量及种类要求填明多少箱、包、袋、件等，注意在阿拉伯数字后加括号加注英文数字。如货物系散装，填写商品名称后加注"in bulk"。有时信用证要求在所有单位证上加注合同及信用证号码、生产厂商名称、地址等，可加在此栏。此栏填打完毕后，在末行加上表示结束的符号（＊＊＊），以防再添加内容。

第8栏：商品编码

要求填写4～10位数的HS编码，与报关单一致。若同一证书包含几种商品，则应将相应的税目号全部填写。此栏不得留空。

第9栏：量值

填写出口货物的量值即数量或重量，应以商品的计量单位填写，以重量计算的要填注毛重或净重。

第10栏：发票号码及日期

必须按照所申请出口货物的商业发票填写。此栏不得留空。

第11栏：出口方声明

由申请单位已在签证机构注册的原产地证手签人员签字，并加盖申请单位在签证机构备案的中英文印章，手签人的签字与印章不得重合。必须在该栏填写申领地点和日期，申领日期一律用英文表述。该栏日期不得早于发票日期，最早为同日。

第12栏：签证机构证明

由签证机构授权的签证人员签字，并加盖签证机构印章，注明签署地点和日期。签字和印章不能重合。此栏日期不得早于发票日期和申领日期。

十一、普惠制原产地证书（FORM A）填制说明

普惠制原产地证书（FORM A）如图9-11所示。

<table>
<tr><td colspan="3">1. Goods consigned from (Export's business name, address, country)</td><td colspan="3" rowspan="2">Reference No.

GENERALIZED SYSTEM OF PREFERENCES
CERTIFICATE OF ORIGIN
(Combined declaration and certificate)
FORM A
Issued in THE PEOPLE'S REPUBLIC OF CHINA
(country)
See Notes overleaf</td></tr>
<tr><td colspan="3">2. Goods consigned to (Consignee's name, address, country)</td></tr>
<tr><td colspan="3">3. Means of transport and route (as far as known)</td><td colspan="3">4. For official use</td></tr>
<tr><td>5. Item number</td><td>6. Marks and numbers of packages</td><td>7. Number and kind of packages; description of goods</td><td>8. Origin criterion (see Notes overleaf)</td><td>9. Gross weight or other quantity</td><td>10. Number and date of invoices</td></tr>
<tr><td colspan="3">11. Certification
It is hereby certified. on the basis of control carried out. that the declaration by the exported is correct

....
Place and date. signature and stamp of certifying authority</td><td colspan="3">12. Declaration by the exporter
The undersigned hereby declares that the above details and statements are correct; that all the goods were produced in

....
(country)
and that they comply with the origin requirements specified for those goods in the Generalized System of Preferences for goods exported to

....
(importing country)

....
Place and date, signature of authorized signatory</td></tr>
</table>

图 9-11 普惠制原产地证书（FORM A）格式

普惠制原产地证书（FORM A）填制说明如下。

第 1 栏：出口商名称、地址、国家

此栏带有强制性，应填明详细地址，包括街道名、门牌号码等。

第 2 栏：收货人的名称、地址、国家

应填给惠国最终收货人名称（即信用证上规定的提单通知人或特别声明的受货人），如最终收货人不明确，可填发票抬头人，但不可填中间转口商的名称。

欧盟、挪威对此栏是非强制性要求，如果货物直接运往上述给惠国，而且进口商要求将此栏留空时，则可以不填详细地址，但须填“To Order”。

第 3 栏：运输方式及路线（就所知而言）

一般应填装货、到货地点（始运港、目的港）及运输方式（如海运、陆运、空运）。

转运商品应加上转运港，如 VIA HONGKONG。该栏还要填明预定自中国出口的日期，日期必须真实，不得捏造。对输往内陆给惠国的商品，如瑞士、奥地利，由于这些国家没有海岸，因此如系海运，都须经第三国，再转运至该国，填证时应注明。

第 4 栏：供官方使用

此栏由签证机构填写，申请签证的单位应将此栏留空。正常情况下此栏空白。特殊情况下签证机构在此栏加注。

第 5 栏：商品顺序号

如同批出口货物有不同品种，则按不同品种、发票号等分列“1”“2”“3”……以此类推。单项商品，此栏填“1”。

第 6 栏：唛头及包装号

填具的唛头应与货物外包装上的唛头及发票上的唛头一致；唛头不得出现中国以外的地区或国家制造的字样，也不能出现中国香港、中国澳门、中国台湾原产地字样（如 MADE IN TAIWAN，HONG KONG PRODUCTS 等）；如货物无唛头应填“无唛头”，即“N/M”或“NO MARK”。如唛头过多，此栏不够填，可填写在第 7 栏、第 8 栏、第 9 栏、第 10 栏截止线以下的空白处。如还不够，此栏填上“SEE THE ATTACHMENT”，用附页填写所有唛头（附页的纸张要与原证书一般大小），在右上角打上证书号，并由申请单位和签证机构授权签字人分别在附页末页的右下角和左下角手签、盖印。附页手签的笔迹、地点、日期均与证书第 11 栏、第 12 栏相一致。

第 7 栏：包件数量及种类，商品的名称

包件数量必须用英文和阿拉伯数字同时表示，商品名称必须具体填明，不能笼统填“MACHINE”（机器）、“GARMENT”（服装）等。对一些商品，如玩具电扇应注明为“TOYS：ELECTRIC FANS”，不能只列“ELECTRIC FANS”（电扇）。商品的商标、牌名（BRAND）及货号（ARTICLE NUMBER）一般可以不填。商品名称等项列完后，应在下一行加上表示结束的符号，以防止加填伪造内容。

国外信用证有时要求填具合同、信用证号码等，可加填在此栏空白处。

第 8 栏：原产地标准

完全原产品，不含任何非原产成分，出口到所有给惠国，填“P”；含有非原产成分的产品，出口到欧盟、挪威、瑞士和日本，填“W”，其后加上出口产品的 HS 品目号，如“W”42.02。条件：①产品列入了上述给惠国的“加工清单”符合其加工条件；②产品未列入“加工清单”，但产品生产过程中使用的非原产原材料和零部件要经过充分的加工，产品的 HS 品目号不同于所用的原材料或零部件的 HS 品目号。

含有非原产成分的产品，出口到加拿大，填“F”。条件：非原产成分的价值未超过产品出厂价的 40%。

含有非原产成分的产品，出口到波兰，填“W”，其后加上出口产品的 HS 品目号，如“W”42.02。条件：非原产成分的价值未超过产品离岸价的 50%。

含有非原产成分的产品，出口到俄罗斯、乌克兰、白俄罗斯，填“Y”，其后加上非原产成分价值占该产品离岸价格的百分比，如“Y”38%。条件：非原产成分的价值未超过产品离岸价的 50%。

输往澳大利亚、新西兰的货物，此栏可以留空。

第 9 栏：毛重或其他数量

此栏应以商品的正常计量单位填，如“只”“件”“双”“台”“打”等。例，3200 DOZ 或 6270 KG。以重量计算的则填毛重，只有净重的，填净重亦可，但要标上“N. W. (NET WEIGHT)”。

第 10 栏：发票号码及日期

此栏不得留空。月份一律用英文（可用缩写）表示。此栏的日期必须按照正式商业发票填具，发票日期不得迟于出货日期。

第 11 栏：签证机构的证明

此栏填打签证机构的签证地点、日期。检验检疫局签证人经审核后在此栏（正本）签名，盖签证印章。此处应注意，此栏日期不得早于发票日期（第 10 栏）和申报日期（第 12 栏），而且应早于货物的出运日期（第 3 栏）。

第 12 栏：出口商的申明

在生产国横线上填英文“CHINA”。进口国横线上填最终进口国，进口国必须与第 3 栏目的港的国别一致。凡货物运往欧盟十五国范围内，进口国不明确时，进口国可填“EU”。

另外，申请单位应授权专人在此栏手签，标上申报地点、日期，并加盖申请单位中英文印章。手签人手迹必须在检验检疫局注册登记，并保持相对稳定。

此栏日期不得早于发票日期（第 10 栏）（最早是同日）。盖章时应避免覆盖进口国名称和手签人姓名。本证书一律不得涂改，证书不得加盖校对章。

任务实施

第一步：若企业此前未在签证机构办理过产地证注册登记手续，高扬应先着手办理原产地证的注册登记，在苏州出入境检验检疫局（或中国贸促会苏州市委员会）网站下载《原产地证书申报企业注册登记申请表》《产品成本明细单》《原产地证申报员授权书》等表格，填写完整由法人签字并加盖公章。

第二步：将打印完整的申请表及随附资料一并提交给苏州出入境检验检疫局园区办事处。在签证机构受理申请后，等待签证机构审核资料期间，配合签证机构调查人员对本企业相关产品进行实地调查。

第三步：园区办事处审核调查后，认为该企业符合产地证注册相关规定，即对企业和产品的相关信息、原产地证申报员高扬的手签姓名及企业公章予以注册备案，并给予企业登记号。

在备好货物正式出运之前，高扬向园区办事处申请一般原产地证，并提交以下资料：①原产地证书的申请书；②已缮制的由申报员高扬签字确认并加盖公章的一般原产地证书（填制如下表，空白原产地证书可到签证机构按需购买）；③出口货物商业发票副本；④合同、信用证、报关单、海关手册等其他签证机构认为必要的文件。高扬将上述资料递交至园区办事处产地证窗口，现场缴费、由产地证签证人员审签。如图 9－12 所示。

<table>
<tr><td colspan="2">1. Exporter
SUZHOU CHANGSHENG IMPORT & EXPORT CO., LTD.
INDUSTRY PARK, CITY OF SUZHOU, JIANGSU PROVINCE, CHINA</td><td colspan="3" rowspan="2">Certificate No.
CERTIFICATE OF ORIGIN
OF
THE PEOPLE'S REPUBLIC OF CHINA</td></tr>
<tr><td colspan="2">2. Consignee
PEOPLES SPORTING GOODS & MDSG. COR</td></tr>
<tr><td colspan="2">3. Means of transport and route
FROM SHANGHAI CHINA TO MANILA SOUTH PHILIPINES BY SEA</td><td colspan="3" rowspan="2">5. For certifying authority use only</td></tr>
<tr><td colspan="2">4. Country/region of destination
PHILIPINES</td></tr>
<tr><td>6. Marks and numbers
N/M</td><td>7. Number and kind of packages; description of goods

FOUR HUNDRED AND FORTY—SEVEN CTNS OF DRUM SET</td><td>8. H. S. Code
9206000090</td><td>9. Quantity
447SETS</td><td>10. Number and date of invoices
BY10D1064
JUN, 15, 2012</td></tr>
<tr><td colspan="2">11. Declaration by exporter
The undersigned hereby declares that above details and statements are correct, that all the goods were produced in China and that they comply with the Rules of Origin of the People's Republic of China.

高扬（手签姓名）及企业公章</td><td colspan="3">12. Certification
It is hereby certified that the declaration by the exporter is correct.</td></tr>
<tr><td colspan="2">Place and date. signature and stamp of authorized signatory</td><td colspan="3">Place and date, signature and stamp of certifying authority</td></tr>
</table>

图 9-12 任务实施原产地证书填写示意

第四步：签证机构审核签证申请时，必要时会要求到产品生产厂家进行实地调查，尤其对于企业的首次签证申请。证书审核合格后，园区办事处审签人员在一般原产地证上第12栏签字盖章后对企业签发一般原产地证，高扬凭《原产地证申报员证》到签证机构领取。

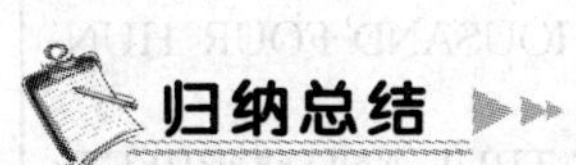

归纳总结

相关企业申请领取原产地证书时，应预先在签证机构办理注册（备案）登记手续。注册（备案）登记包括企业注册（备案）登记、产品注册（备案）登记及原产地证申领员注册登记三项基本内容。原产地注册（备案）登记有效期为一年。有效期满后，签证机构需对其进行年度审核，审核合格的予以办理年审合格手续，审核不合格的取消注册（备案）

登记资格。

签证机构接受原产地证书申请后，根据申请证书的类别和内容，按照相应的原产地规则和有关签证规定，审核申请人提交的材料。证书审核合格后，签证机构对申请人签发原产地证。签证机构在受理申请人的申请后，在两个工作日内完成签证。需要进行原产地调查的产品不受两个工作日限制。

思考与训练

苏州昌盛进出口有限公司出口一批拉杆箱到美国，预计于上海洋山港装船，装船日为2012年7月25日，美国进口商要求出口方提供普惠制原产地证书（FORM A）并随船寄来。苏州昌盛进出口有限公司指派业务员高扬办理相关业务，高扬已取得了如下发票（如图9－13所示）和装箱单（如图9－14所示），并以此为依据向签证机构申领普惠制原产地证书（FORM A）。

<table>
<tr><td colspan="2">Issuer：
SUZHOU CHANGSHENG IMPORT & EXPORT CO.，LTD.
INDUSTRY PARK，CITY OF SUZHOU，
JIANGSU PROVINCE，CHINA</td><td colspan="3">COMMERCIAL INVOICE</td></tr>
<tr><td colspan="2">To：
ORTAI CO.，LTD.
30 EAST 40TH STREET，NEW YORK，
NY 10016</td><td>Invoice No.：
TSI0801005</td><td colspan="2">Date：
JUL. 1，2012</td></tr>
<tr><td colspan="2">Transport Details：
FROM SHANGHAI CHINA TO NEW YORK U. S. A
BY SEA</td><td>S/C NO.：
TSSC0801005</td><td colspan="2">L/C NO.：
N5632405TH11808</td></tr>
<tr><td>Marks and Numbers</td><td>Description of Goods</td><td>Quantity</td><td>Unit Price</td><td>Amount</td></tr>
<tr><td>ORTAI
TSI0601005
NEW YORK
C/NO. 1－1231</td><td>Trolley Cases
TS503214
TS503215
TS503216</td><td>1104PCS
1149PCS
1440PCS</td><td>CIF NEWYORK
USD6. 50/PC
USD6. 00/PC
USD5. 80/PC</td><td>USD7176. 00
USD6894. 00
USD8352. 00</td></tr>
<tr><td></td><td>TOTAL：</td><td>3693PCS</td><td></td><td>USD22422. 00</td></tr>
<tr><td colspan="5">TOTAL VALUE IN WORDS：SAY U. S. DOLLARS TWENTY TWO THOUSAND FOUR HUNDRED AND TWENTY TWO ONLY
WE HEREBY CERTIFY THAT THE CONTENTS IN THIS INVOICE ARE TRUE AND CORRECT.
SUZHOU CHANGSHENG IMPORT & EXPORT CO.，LTD.</td></tr>
</table>

图9－13 思考与训练：发票

<table>
<tr><td colspan="3">Issuer:
SUZHOU CHANGSHENG IMPORT & EXPORT CO., LTD.
INDUSTRY PARK, CITY OF SUZHOU, JIANGSU PROVINCE, CHINA</td><td colspan="4">PACKING LIST</td></tr>
<tr><td colspan="3" rowspan="2">To:
ORTAI CO., LTD.
30 EAST 40TH STREET, NEW YORK, NY 10016</td><td colspan="2">Invoice No.:
TSI0801005</td><td colspan="2">Date:
JUL. 1, 2012</td></tr>
<tr><td colspan="2">S/C NO.:
TSSC0801005</td><td colspan="2">L/C NO.:
N5632405TH11808</td></tr>
<tr><td>Marks and Numbers</td><td>C/NOS</td><td>Number and Kind of Packages; Description of goods</td><td>Quantity</td><td>G. W. (KGS)</td><td>N. W. (KGS)</td><td>MEAS. (CBM)</td></tr>
<tr><td>ORTAI
TSI0601005
NEW YORK
C/NO. 1-1231</td><td>1-368
369-751
752-1231</td><td>Trolley Cases
TS503214—368CTNS
TS503215—383 CTNS
TS503216—480 CTNS</td><td>1104PCS
1149PCS
1440PCS</td><td>5078.4
4596
5040</td><td>4416
4021.5
4320</td><td>57.8864
57.833
58.8</td></tr>
<tr><td colspan="2">TOTAL:</td><td></td><td>3693PCS</td><td>14714.4</td><td>12757.5</td><td>174.519</td></tr>
<tr><td colspan="7">TOTAL PACKAGES IN WORDS: SAY ONE THOUSAND TWO HUNDRED AND THIRTY ONE CARTONS ONLY.
SUZHOU CHANGSHENG IMPORT & EXPORT CO., LTD.</td></tr>
</table>

图 9-14 思考与训练：装箱单

模块十　进出口商品归类

进出口货物的商品归类是要按照法律规定，确定所有进出口货物的商品编码。在确定进出口货物商品编码的基础上，海关对进出口货物征收关税、实施贸易管制措施、确定货物原产地以及编制海关统计。因此，商品归类是海关管理业务中的一项重要的基础性工作。对进出口货物要做到准确归类即要了解待归类商品的构成、材料属性、成分组成、特性、用途和功能等商品性能，还需要掌握如何运用税则确定待归类商品在税则中最为恰当的税号。因此商品归类是专业性和技术性很强的一项海关业务，需要有一整套严格的制度加以规范。

对于报关从业人员来说，是否能够准确向海关申报品名，这既会影响他所代理的进出口收发货人的经济利益又会对海关的统计、征税监管产生巨大的影响。进出口商品归类即要求学生掌握《商品名称及编码协调制度》（以下简称《协调制度》）的体系、注释、总规则，又要求学生能够熟练运用总规则、注释等归类依据对所申报的商品进行准确和迅速归类。

任务一　《商品名称及编码协调制度》的认知

知识目标

1. 了解《商品名称及编码协调制度》的含义。
2. 了解商品名称的分类和编排规则。

能力目标

1. 掌握品目条文、子目条文的基本概念。
2. 掌握《商品名称及编码协调制度》的基本结构。

任务导入

小王通过考试取得报关员资格证后在苏州报关有限公司就职并注册为该公司报关员。苏州福宝饲养场委托苏州报关有限公司申报一批每只重量为150克的非改良种用的活鸡，小王的师傅将该批活鸡归类为0105.1190。小王根据师傅的归类对该编码进行分析以熟悉我国海关进出口商品分类目录的基本结构。

任务分析

要想准确迅速地对以上任务中的商品进行归类，必须准确掌握我国海关进出口商品分类目录的编排规律及归类依据。

相关知识与拓展

一、《商品名称及编码协调制度》的产生

海关进出口商品归类是建立在商品分类目录基础上的。早期的国际贸易商品分类目录只是因为对进出本国的商品征收关税而产生的，其结构较为简单。后来随着社会化大生产的发展，进出口商品品种与数量的增加，除了税收的需要，人们还要了解进出口贸易情况，即还要进行贸易统计，因此，海关合作理事会（1995 年更名为世界海关组织）与联合国分别编制了两个独立的商品分类目录，即《海关合作理事会商品分类目录》（简称 CCCN）和《国际贸易标准分类目录》（简称 SITC）。

由于商品分类目录的不同，一种商品有时在一次国际贸易过程中要使用不同的编码，给国际贸易带来极大的不便。因此，海关合作理事会于 1983 年 6 月通过了《商品名称及编码协调制度公约》及其附件《商品名称及编码协调制度》（简称《协调制度》或 HS)。《协调制度》既满足了海关税则和贸易统计需要，又包容了运输及制造业等要求，因此，该目录自 1988 年 1 月 1 日起正式生效后，即被广泛应用于海关税则、国际贸易统计、原产地规则、国际贸易谈判、贸易管制等多种领域，所以又被称为“国际贸易的语言”。截至 2007 年，已有 200 多个国家、地区和国际组织采用《协调制度》分类目录。

随着新产品的不断出现和国际贸易结构的变化，《协调制度》一般每隔若干年就要修订一次。自 1988 年生效以来，《协调制度》共进行了五次修订，形成了 1988 年、1992 年、1996 年、2002 年、2007 、2012 年共六个版本。

二、《协调制度》的基本结构

《协调制度》将国际贸易涉及的各种商品按照生产类别、自然属性和不同功能用途等分为 21 类 97 章，每一章由若干品目构成，品目项下又细分出若干一级子目和二级子目。为了避免各品目和子目所列商品发生交叉归类，在类、章下加有类注、章注和子目注释。为了使每一项商品的归类具有充分的依据，设立了归类总规则，作为整个《协调制度》商品归类的总原则。

《协调制度》是一部系统的国际贸易商品分类目录，所列商品名称的分类和编排是有一定规律的。从类来看，它基本上是按社会生产的分工（或称生产部类）分类的，它将属于同一生产部类的产品归在同一类里，如农业在第一类、第二类；化学工业在第六类；纺织工业在第十一类；冶金工业在第十五类；机电制造业在第十六类等。从章来看，基本上按商品的属性或用途来分类。第 1 章～第 83 章（第 64 章～第 66 章除外）基本上是按商品的自然属性来分章，而每章的前后顺序则是按照动、植、矿物质来先后排列。如第 1 章～第 5 章是活动物和动物产品；第 6 章～第 14 章是活植物和植物产品；第 50 章和第 51 章是蚕丝、羊毛及其他动物毛；第 52 章和第 53 章是棉花、其他植物纺织纤维和纸纱线；第 54 章和第 55 章为化学纤维。商品之所以按自然属性分类是因为其种类、成分或原料比较容易区分，同时也因为商品价值的高低往往取决于构成商品本身的原材料。第 64 章～

第 66 章和第 84 章～第 97 章是按货物的用途或功能来分章的，如第 64 章是鞋、第 65 章是帽、第 84 章是机械设备、第 85 章是电气设备、第 87 章是汽车、第 89 章是船舶等。这样分类的原因：一是因为这些物品由各种材料或多种材料构成，难以将这些物品作为哪一种材料制成的物品来分类。如鞋、帽，有可能是皮的，也可能是布的或塑料的，有些还可能由几种材料构成的。例如运动鞋，其外底是橡胶的，鞋内底是泡沫塑料的，鞋面底是泡沫塑料的，鞋面是帆布的等。二是因为商品的价值主要体现在生产该物品的社会必要劳动时间上。如一台机器，其价值一般主要看生产这台机器所耗费的社会必要劳动时间，而不是看机器用了多少吨金属等。从目的排列看，一般也是按动、植、矿物质顺序排列，而且更为明显的是原材料先于产品，加工程度低的产品先于加工程度高的产品，列明具体的品种先于列明一般的品种。如在第 44 章内，品目 4403 是原木；4404～4408 是经简单加工的木材；4409～4413是木的半成品；4414～4421 是木的制成品。

《协调制度》采用结构性号列，品目的号列不是简单的顺序号，而是以线性结构排列的，并有一定的含义。在世界海关组织制定的协调制度中商品编码的数字有 6 位，而我国商品名称与编码表中的商品编码数字是 8 位，其中后两位是根据我国国情而增设的。商品编码的品目号列用四位数编码来表示，前两位数表示项目所在的章，后两位数表示项目在有关章的排列次序。如号列 0104 是绵羊、山羊，前两位数表示该品目在第一章，后两位数表示所列商品为第一章的第四个品目。四位数号列再细分下去，用五位数码来表示的为一级子目，如 0103 改良种用的猪：一级子目中又被进一步细分为六位数码来表示的为二级子目……各级子目所包括的商品总和等于其上一级子目的商品范围。

另外，协调制度的各章均列有一个起“兜底”作用，名为“其他”的子目，使任何进出口商品都能在这个分类体系中找到自己适当的位置。

我国海关自 1992 年 1 月 1 日起开始采用《协调制度》，进出口商品归类工作成为我国海关最早实现与国际接轨的执法项目之一。根据海关征税和海关统计工作的需要，我国在《协调制度》的基础上增设本国子目（三级和四级子目），形成了我国海关进出口商品分类目录。《协调制度》中的编码只有 6 位数，而我国海关进出口商品分类目录的编码为 8 位数，其中第 7、第 8 位是我国根据实际情况加入的“本国子目”。

例如，表 10－1 所示海水的商品分类编码。

表 10－1　　海水编码意义说明

商品名：海水　　品目：2501　　税号：25010030

<table>
<tr><td>2 5</td><td>0 1</td><td>0</td><td>0</td><td>3</td><td>0</td><td>海水</td></tr>
<tr><td>章</td><td>顺序号</td><td>一级子目</td><td>二级子目</td><td>三级子目</td><td>四级子目</td><td rowspan="3">子目条文</td></tr>
<tr><td colspan="2">品目号</td><td>5 位数级子目</td><td>6 位数级子目</td><td>7 位数级子目</td><td>8 位数级子目</td></tr>
<tr><td colspan="4">与《协调制度》完全一致</td><td colspan="2">我国子目</td></tr>
</table>

在《商品名称与编码表》中的货品名称前面都有一个或几个横杠：

“—”表示1级子目，

“—　—”表示2级子目，

“—　—　—”表示3级子目，

“—　—　—　—”表示4级子目。

任务实施

根据我国海关进出口商品分类目录的编排规律分析小王师傅的归类依据。鸡的商品编码表品目见表10－2。

表10－2　商品编码表中品目0105

0105	家禽，即鸡、鸭、鹅、火鸡及珍珠鸡：	品目
	—　重量不超过185克：	一级子目
	—　—　鸡	二级子目
0105.1110	—　—　—　改良种用	三级子目
0105.1190	—　—　其他	三级子目
	—　—　火鸡：	二级子目
0105.1210	—　—　—　改良种用	三级子目
0105.1290	—　—　—　其他	三级子目
	—　—　其他：	二级子目
0105.1910	—　—　—　改良种用	三级子目
0105.1990	—　—　—　其他	三级子目
	—　其他	一级子目
	……	

由表10－2可见，其中四位数码称之为品目，八位数码称之为子目；每个编码后面“—”的数量表示了它的子目级别；品目和子目后面的文字描述称之为品目条文及子目条文。子目级别代表了子目在其所属品目中的排列次序。图10－1可以解释表10－2中的意义。

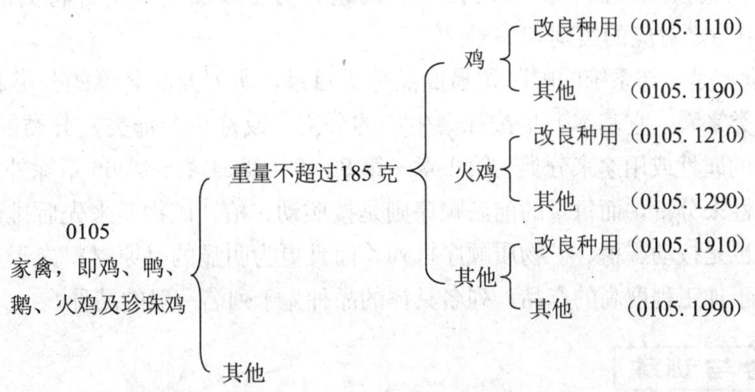

图10－1　0105商品编码意义

查阅编码表可见，品目0105“家禽，即鸡、鸭、鹅、火鸡及珍珠鸡”下有两个一级子目，分别为“重量不超过185克”和“其他”。这说明了0105下的一级子目是按照商品重量区分，将家禽分为两类。前者明确表示了列入此一级子目下的家禽均应符合“重量不超过185克”的条件，而后者的“其他”则必须满足除“重量不超过185克”（即“重量大于185克”）的条件。

我们再看“重量不超过185克的家禽”下又分成三个二级子目，分别为“鸡”“火鸡”“其他”。这说明二级子目下的三级子目是按照商品品种区分，将重量不超过185克的家禽（鸡、鸭、鹅、火鸡及珍珠鸡）分为三类，前两类明确为“鸡”和“火鸡”，后者的“其他”自然就可以解释为“除鸡和火鸡外的、重量不超过185克的其他家禽”（即重量不超过185克的鸭、鹅及珍珠鸡）。

二级子目下又各自将“重量不超过185克的家禽”按商品使用用途分为“改良种用”和“其他”。那么我们尝试地将0105.1190完整地解释为“重量不超过185克的、用途不是改良种用的鸡”。

而题目中给出的是“每只重量为150克的非改良种用的活鸡”，因此归入0105.1190是正确的。

从以上分析可以看出，第5位编码代表一级子目，第6位编码代表二级子目，第7位、第8位编码依次类推。需要指出的是，若第5～8位上出现数字“9”，则通常情况下代表未具体列名的商品，即在“9”的前面一般留有空序号以便用于修订时增添新商品。如编码0105.1190中第7位的“9”代表非改良种用的鸡。在“1”～“9”的空序号可以用于将来增添新的其他需要具体列名的鸡。如未设子目的税则号列，该位数码则为“0”。

归纳总结

《商品名称及编码协调制度》简称《协调制度》，又称“HS”。是指在原海关合作理事会商品分类目录和国际贸易标准分类目录的基础上，协调国际上多种商品分类目录而制定的一部多用途的国际贸易商品分类目录。在现实工作中，为了适用于海关监管、海关征税及海关统计，需要按照进出口商品的性质、用途、功能或加工程度等将商品准确地归入《协调制度》中与之对应的类别和编号。

《协调制度》是一部系统的国际贸易商品分类目录，所列商品名称的分类和编排是有一定规律的。从类来看，它基本上是按社会生产的分工（或称生产部类）分类的；从章来看，基本上按商品的属性或用途来分类。第1章～第83章（第64章～第66章除外）基本上是按商品的自然属性来分章，而每章的前后顺序则是按照动、植、矿物质来先后排列。从品目的排列看，一般也是按动、植、矿物质顺序排列，而且更为明显的是原材料先于产品，加工程度低的产品先于加工程度高的产品，列名具体的品种先于列名一般的品种。

思考与训练

苏州德尔福纺织品有限公司出口一批全棉无纺织物制的床单（层压：360克/平方米），该床单在报关时被归类为5603.9410，试分析该编码的基本结构。

任务二　归类总规则的运用

知识目标

1. 了解《商品编码及协调制度》的含义。
2. 了解结构性编码的含义。
3. 掌握品目条文、子目条文的基本概念。

能力目标

1. 掌握归类总规则的含义。
2. 掌握运用归类总规则进行商品归类的方法。

任务导入

请根据归类总规则对以下商品进行归类：

(1) 牛尾毛；

(2) 装有计量装置的农业用离心水泵；

(3) 缺少鼠标的笔记本电脑；

(4) 做手套用已剪成型的针织棉；

(5) 由一个靠背、一个支架、一个坐板组成的铝制椅子散件，组装即可使用；

(6) 汽车用风挡刮雨器；

(7) 由一块面饼、一个脱水蔬菜包、一个调味包组成的袋装方便面；

(8) 浅蓝色的平纹机织物，由50%棉、50%聚酰胺短纤织成每平方米重量超过170克；

(9) 特殊形状的塑料盒，盒内装有一块指针式石英铜表；

(10) 装有玻璃高脚杯的纸板箱；

(11) 中华绒螯蟹种苗。

任务分析

对以上商品要进行准确归类，不仅应该熟悉《商品名称及编码协调制度》的结构，更应该熟练掌握归类总规则的含义及其具体应用。

相关知识与拓展

归类总规则是为保证第一个商品，甚至是层出不穷的新商品都能始终归入同一个品目或子目，避免商品归类的争议而制定的商品归类应遵循的原则。归类总规则位于《协调制度》的部首，共有六条构成，它们是指导并保证商品归类统一的法律依据。这里值得注意的是：归类总规则的使用顺序为规则一优先于规则二，规则二优先于规则三，我们必须顺序使用。下面，我们逐一介绍这六条归类总规则。

一、《协调制度》归类规则一的含义

原文为“类、章及分章的标题，仅为查找方便而设。具有法律效力的归类，应按品目条文和有关类注或章注确定，如品目、类注或章注无其他规定，按以下规则确定。”

规则解释：

第一段“类、章及分章的标题，仅为查找方便而设”。

要将数以万计的商品归入编码表中的几千个子目之内并非易事，为便于查找编码，《协调制度》将一类或一章商品加以概括并冠以标题。由于现实中的商品种类繁多，通常情况下一类或一章标题很难准确地对本类、章商品加以概括，所以类、章及分章的标题仅为查找方便而设，不具有法律效力。换句话说，类章中的商品并不是全部都符合标题中的描述。例如，第 15 类的标题为“贱金属及其制品”，但许多贱金属制品并不归入该类，如铜纽扣归入第 96 章“杂项制品”；贱金属制的机械设备归入第 84 章“核反应堆、锅炉、机器、机械器具及其零件”；如第 22 章的标题为“饮料、酒及醋”，但是通常被我们认为是饮料的瓶装蒸馏饮用水却不归入该章，而应归入第 28 章“无机化学品”，类似的例子还很多。

第二段“具有法律效力的归类，应按品目条文和有关类注或章注确定”。

这里有两层含义。第一层，具有法律效力的商品归类，是按品目名称和有关类注或章注确定商品编码；第二层，许多商品可直接按目录规定进行归类。

这里介绍一下类注、章注（简称“注释”）的作用。注释的作用在于限定品目、类、章商品的准确范围，常用的方法有：

(1) 以定义形式来界定类、章或品目的商品范围及对某些商品的定义作出解释。如第 72 章章注一（五）将不锈钢定义为：按重量计含碳量在 1.2%及以下，含铬量在 10.5%及以上的合金钢，不论是否含有其他元素。而中国大百科全书“机械工程”手册中规定：不锈钢含铬量不小于 12%。显然两者规定不相同，但作为《协调制度》归类的法律依据是前者。

(2) 列举典型例子的方法。例如第 12 章章注一列举了归入品目 1207 的主要包括油料作物的果实；再如 25 章章注四列举了归入品目 2530 的主要商品。

(3) 用详列具体商品名称来定义品目的商品范围。如第 30 章章注四定义了编码 3006 的商品范围由 11 个方面的商品组成。

(4) 用排他条款列举若干不能归入某一类、章或编码的商品。如第 1 章注释：“本章包括所有活动物，但下列各项除外……”这样的例子在类注、章注中还有很多。

某些注释综合运用上述几种注释方法。例如，有的注释既作了定义，又列举了一系列商品包括在内，或列出除外的商品。这样能使含义更加明确。例如，第 40 章章注四关于“合成橡胶”的定义。

第三段“如品目、类注或章注无其他规定”，旨在明确品目条文及与其相关的类、章注释是最重要的。换言之，它们是在确定归类时应首先考虑的规定。例如，第 31 章的注释规定该章某些编码仅包括某些货品，因此，这些编码就不能够根据规则二（二）扩大为

包括该章注释规定不包括的商品。这里需注意的是，不能因为品目条文不明确，不论类注、章注有无规定，就按规则二归类，而必须是在品目条文、类注、章注都无其他规定的条件下才能按规则二归类。

二、《协调制度》归类规则二的含义

原文为“（一）品目所列货品，应包括该项货品的不完整品或未制成品，只要在进口或出口时该项不完整品或未制成品具有完整品或制成品的基本特征；还应包括该项货品的完整品或制成品（或按本款可作为完整品或制成品归类的货品）在进口或出口时的未组装件或拆散件。

（二）品目中所列材料或物质，应视为包括该种材料或物质与其他材料或物质混合或组合的物品。品目所列某种材料或物质构成的货品，应视为包括全部或部分由该种材料或物质构成的货品。由一种以上材料或物质构成的货品，应按规则三归类。”

规则解释：

规则二分两大部分，第一部分实际上是扩大编码的商品范围，这里有两层意思：第一层意思是品目所列商品包括其不完整品或未制成品，只要其具有完整品或制成品的基本特征，就应包括在内。例如缺一个轮子的汽车，因其缺少的部件并不能影响产品本身的特征，故应按完整品归类。第二层意思是还应视为包括该项货品的完整品或制成品在进口或出口时的未组装件或拆散件。例如完整的一辆汽车和缺少的某些零部件的汽车，在归类时都按整汽车归。之所以这样规定，是因为编码品目有限，不可能将各种情况的商品一一列出。下面解释一下不完整品、未制成品的概念。

(1) 不完整品：是指某个商品还不完整，缺少某些零部件，但却具有完整品的基本特征。例如缺少一个轮胎或倒车镜等零部件的汽车，仍应按完整的汽车归类，并不因为缺少了一个轮胎而不叫做汽车；缺少键盘的便携式电脑仍应按完整的便携式电脑归类等。如没有这项规则，则需将每缺一个零部件的商品单列一个子目，一是难以列全，二是很烦琐且浪费目录资源。

(2) 未制成品：指已具备了成品的形状特征，但还不能直接使用，需经进一步加工才能使用的商品。例如已具有钥匙形状的铜制钥匙坯片。

(3) 因运输、包装、加工贸易等原因，进口时未组装件或拆散的货品。例如机电产品的成套散件，此类成套散件只需简单组装即可成为完整成品。

规则二第一部分的意思归纳起来有两点：第一点，扩大编码上列名商品的范围，即不仅包括该商品的完整品或制成品，而且还包括它的非完整品、非制成品及整机的拆散件；第二点，该规则的使用，是有条件的，即未完整品或未制成品一定要具有完整品（整机）的基本特征，拆散件必须是完整品的成套散件。此外，需要注意的是，规则二的第一部分不适用于第一至第六类的商品（第三十八章及以前的各章）。

规则二第二部分，有两层意思。第一品目中所列某种材料包括了该种材料的混合物或组合物，也是对品目商品范围的扩大；第二其适用条件是加进去的东西或组合起来的东西不能失去原商品的特征。即混合或组合后的商品不存在看起来可归入两个及以上品目的问题。例如加糖的牛奶，还应按牛奶归类，添加了糖的牛奶并未改变牛奶的特性。所以决不会产生是按糖归类还是按牛奶归类的疑问。而添加了花椒粉的盐则改变了盐的特性，使之属性从盐改变为调味品。

三、《协调制度》归类规则三的含义

原文为“当货品按规则二（二）或由于其他原因看起来可归入两个或两个以上品目时，应按以下规则归类：

（一）列名比较具体的品目，优先于列名一般的品目。但是，如果两个或两个以上品目都仅述及混合或组合货品所含的某部分材料或物质，或零售的成套货品中的某些货品，即使其中某个品目对该货品描述得更为全面、详细，这些货品在有关品目的列名应视为同样具体。

（二）混合物、不同材料构成或不同部件组成的组合物以及零售的成套货品，如果不能按规则三（一）归类时，在本款可适用的条件下，应按构成货品基本特征的材料或部件归类。

（三）货品不能按规则三（一）或（二）归类时，应按号列顺序归入其可归入的最末一个品目。”

规则解释：

规则三第一部分，“不论是按规则二（二）或其他任何原因归类，货品看起来可归入两个或两个以上品目时，应按以下规则归类”，这是规则三运用的前提。规则三有三条，可概括为：

（1）具体列名；

（2）基本特征；

（3）从后归类。

这三条规定应按照其在本规则的先后次序加以运用。据此，只有在不能按照规则三（一）归类时，才能运用规则三（二）；不能按照规则三（一）和三（二）归类时，才能运用规则三（三）。

规则三（一）讲的是当一个商品涉及两个或两个以上品目时，哪个品目相对于商品表述更为具体，就归入哪个品目。但是，如果两个或两个以上品目都仅述及混合或组合货品所含的某部分材料或物质，或零售的成套货品中的某些货品，即使其中每个税目对该货品描述得更为全面、详细，这些货品在有关品目的列名应视为同样具体。要想制定几条规定来确定哪个列名更具体是困难的，但作为一般原则可作如下理解：

（1）商品的具体名称与商品的类别名称相比，商品的具体名称较为具体。比如，紧身胸衣是一种女内衣，有两个编码可归的，一个是 6208 女内衣、一个是 6212 妇女紧身胸衣，前一个是类名称，后一个是具体商品名称，故应归入 62123000。如两个税号属同一类商品，可根据它的功能（用途）进行深度比较，哪个功能（用途）更为接近，就应视为更具体。

（2）如果一个品目所列名称更为明确地包括某一货品，则该品目要比所列名称不完全包括该货品的其他品目更为具体。

但是，如果两个或两个以上品目都仅述及混合或组合货品所含的某部分材料或物质，

或零售成套货品中的某些货品，即使其中某个品目比其他品目对该货品描述得更为全面、详细，这些货品在有关品目的列名应视为同样具体。在这种情况下，货品应按规则三（二）或（三）的规定进行归类。

下面对规则三（二）解释如下。

（1）本款归类原则适用条件如下：

①混合物；

②不同材料的组合货品；

③不同部件的组合货品；

④零售的成套货品。

此外，还必须注意只有在不能按照规则三（一）归类时，才能运用本款。也只有在可适用本款规定的条件下，货品才可按构成货品基本特征的材料或部件归类。

（2）不同货品确定其基本特征的因素有所不同，一般来说确定商品的主要特征，可根据商品的外观形态、使用方式、主要用途、购买目的、价值比例、贸易习惯、商业习惯、生活习惯等诸多因素进行综合考虑分析来确定。

（3）本款所称“零售的成套货品”，是指同时符合以下三个条件的货品：

①至少由两种看起来可归入不同编码的不同物品构成的；

②为了适应某一项活动的特别需要而将几件产品或物品包装在一起的；

③其包装形式适于直接销售给用户而货物无须重新包装的。

规则三（三）只能用于不能按规则三（一）或三（二）归类的货品。它规定商品应归入同样值得考虑的品目中的顺序排列为最后的品目内。但相互比较的编码或品目只能同级比较。也就是说如果看起来一个商品可以归入两个或两个以上品目时，比较起来每个品目都同样具体，那么就按在商品编码表中位置靠后的那个品目进行归类。

四、《协调制度》归类规则四的含义

原文为“根据上述规则无法归类的货品，应归入与其最相类似的品目。”

规则解释：

这条规则所述的“最相类似”，是指名称、功能、用途或结构上的相似。实际操作中往往难以统一认识。一般来说，这条规则不常使用，尤其在HS编码中，每个品目都下设有“其他”子目，不少章节单独列出“未列名货品的品目”（例如编码8479、8543、9031等）来收容未考虑到的商品。因此，规则四实际使用频率很低。

本条规则的使用方法如图10－2所示。

图10－2　规则四使用方法示意

五、《协调制度》归类规则五的含义

原文为“除上述规则外，本规则适用于下列货品的归类：

（一）制成特殊形状仅适用于盛装某个或某套物品并适合长期使用的，如照相机套、乐器盒、枪套、绘图仪器盒、项链盒及类似容器，如果与所装物品同时进口或出口，并通常与所装物品一同出售的，应与所装物品一并归类。但本款不适用于本身构成整个货品基本特征的容器。

（二）除规则五（一）规定的以外，与所装货品同时进口或出口的包装材料或包装容器，如果通常是用来包装这类货品的，应与所装货品一并归类。但明显可重复使用的包装材料和包装容器可不受本款限制。”

规则解释：

规则五是一条关于包装物品归类的专门条款。规则五（一）仅适用于同时符合以下各条规定的容器：

(1) 制成特定形状或形式，专门盛装某一物品或某套物品的，专门设计的，有些容器还制成所装物品的特殊形状。

(2) 适合长期使用的，容器的使用期限与所盛装某一物品使用期限是相称的：“在物品不使用期间，这些容器还起保护作用”。

(3) 与所装物品一同进口或出口，不论其是否为了运输方便而与所装物品分开包装；单独进口或出口的容器应归入其应归入相应的品目。

(4) 通常与所装物品一同出售的。

(5) 包装物本身并不构成整个货品的基本特征，即包装物本身无独立使用价值。

规则五（一）不适用于本身构成整个商品基本特征的容器。例如，装有茶叶的银质茶叶罐，银罐本身价值昂贵，远远超出茶叶的价格，并已构成整个货品的基本特征，因此应按银制品归入税目 71141100；又如装有糖果的成套装饰性瓷碗应按瓷碗归类而不是按糖果归类。

规则五（二）实际上是对规则五（一）规定的补充。当包装材料或包装容器不符合规则五（一）条件时，如果通常是用来包装某类货品的，则应与所装货品一同归类。但本款不适用于明显可以重复使用的包装材料或包装容器，例如，装有压缩液化气体的钢瓶应按钢铁制品和液化气分别归类。

由于 HS 编码列有五位数级、六位数级子目。因此，有必要对五、六位数级子目的归类规则作出规定，规则六就是这样产生的。

六、《协调制度》归类规则六的含义

原文为“货品在某一品目项下各子目的法定归类，应按子目条文或有关的子目注释以及以上各条规则来确定，但子目的比较只能在同一数级上进行。除《协调制度》条文另有规定的以外，有关的类注、章注也适用于本规则。”

规则解释：

(1) 以上规则一至五在必要的地方加以修改后，可适用于同一品目下的各级子目。

(2) 规则六中所称“同一数级”子目，是指同为五位数级或同为六位数级的子目。据此，当按照规则三(一)规定考虑某一物品在同一品目项下的两个及两个以上五位数级子目的归类时，只能依据有关的五位数级子目条文来确定哪个五位数级子目所列名称更为具体或更为类似。只有在确定了列名更为具体的五位数级子目后，而且该子目项下又再细分了六位数级子目时，才能根据有关六位数级子目条文考虑物品应归入这些六位数级子目中的哪个子目。

(3) “除条文另有规定的以外”是指类、章注释与子目条文或子目注释不相一致的情况。例如，第 71 章注释四(二)所规定的“铂”的范围，与第 71 章子目注释二所规定的“铂”的范围不相同。因此，在解释子目号 711011 及 711019 的范围时，应采用子目注释二，而不应考虑该章注释四(二)。即类、章注释与子目注释的应用次序为：子目注释—章注释—类注释。

(4) 某个五位数级子目下所有六位数级子目的商品总和不得超出其所属的五位数级子目的商品范围；同样，某个四位数级税目下所有五位数级子目的商品总和也不得超出其所属的四位数级品目的商品范围。

总之，规则六表明，只有在货品归入适当的四位数级品目后，方可考虑将它归入合适的五位数级或六位数级子目，并且在任何情况下，应优先考虑五位数级子目后再考虑六位数级子目的范围或子目注释。此外，规则六注明只有属同一级别的子目才可作比较并进行归类选择，以决定哪个子目较为合适；比较方法为同级比较，层层比较。

七、查找商品编码的方法

查找商品编码的方法是先确定品目，然后再确定子目。

(一) 确定品目(前四位数)

第一步：确定所给出的商品名称的中心词，并根据题目中给出的资料分析商品特性(如组成、结构、加工、用途等)；

第二步：初步判断该商品可能涉及的章和品目(可能有几个)；

第三步：查找涉及的几个有关品目的品目条文；

第四步：查看所涉及的品目所在章和类的注释，检查一下相关章注和类注是否有特别的规定；

第五步：仍然有几个品目可归而不能确定时，则运用归类总规则来确定品目。

(二) 确定子目(后四位数)

品目确定之后就是子目的确定。注意同一数级的子目才能进行比较。要先判断它的一级子目，再到二级子目，依次类推。

例：重量为 1000 克的活火鸡，供食用，其归类步骤如下。

第一步：根据例题的中心词，要查找的是活火鸡，归于第一类第 1 章。

第二步：查阅第一类的类注及第 1 章的章注没有做出说明(即查阅第一类的类注及第 1 章的章注，不属于本章不包括的情形，因此可归入第 1 章)。

第三步：查阅第 1 章四位数品目所列黑体字，活火鸡属于家禽类，在 0105 可以找到家禽。

第四步：再进一步确定它的子目。

(1) 在 0105 下面有两个一级子目，一个是“—重量不超过 185 克”，另一个为“—其他”，根据题目中的条件，两个一级子目之间做比较，本题为重量为 1000 克的活火鸡，因此其一级子目确定为“—其他”。确定了一级子目后，再确定其二级子目。

(2) 在一级子目“—其他”下面有两个二级子目，一个是“— —鸡”，另一个是“— —其他”，本题要查的是火鸡，因此可确定其二级子目为“— —其他”。确定了二级子目后，再确定其三级子目。

(3) 在二级子目“— —其他”下面有两个三级子目，一个是“— — —改良种用”，一个为“— — —其他”，根据题目的条件，供食用，因此确定其三级子目为其他，由于左边还没有其对应的编码，因此继续往下确定四级子目。

(4) 在三级子目“— — —其他”下面有四个四级子目，根据题目的条件，活火鸡可确定其答案为 0105.9994。

任务实施

根据归类总规则和查找编码的方法，对任务导入中的商品进行归类。

(1) 牛尾毛。

归类说明：查阅类章名称，应属于第 5 章其他动物产品；税目 0511 中未提到牛尾毛则按其他未列名动物产品归类，按归类总规则一规定查阅第 5 章章注四：“马毛”包括马科、牛科的尾毛；最终归入 0511.9940。

(2) 装有计量装置的农业用离心水泵。

归类说明：查阅类章名称，应属第 84 章机械类货品，可涉及两个编码：8413 的液体泵，84248100 的农业器具。按归类总规则一规定，查阅第 84 章章注二规定：既符合品目 8401 至 8424，又符合品目 8425 至 8480 应往前归，故归入 8413.1900。

(3) 缺少鼠标的笔记本电脑。

归类说明：查阅类章名称，应属第 84 章物品，按规则二（一），未制成品如已具备制成品的基本特征应按制成品归类，按规则一规定查阅第 84 章章注，未提到该物品是否有具体列名，查阅 84 章品目条文，按笔记本电脑自动处理数据的特性，归入 8471；按规则二（一）按整机归入 8471.3000。

(4) 做手套用已剪成型的针织棉。

归类说明：查阅类章名称，针织棉布属第 52 章，手套属第 61 章，按规则二（一），未制成品如已具备制成品的基本特征应按制成品归类，按规则一规定查阅第 52 章、第 61 章章注，未提到该物品是否具体列名，按规则二（一）归入 6116.9200。

(5) 由一个靠背、一个支架、一个坐板组成的铝制椅子散件，组装即可使用。

归类说明：查阅类章名称，应属第 94 章的商品，按规则二（二）应归入 9401.7900。

(6) 汽车用风挡刮雨器。

归类说明：该货品可能归入两个税号：①8708 的汽车零件，②第 85 章的电动工具。查阅第 16 类、第 17 类及第 84 章、第 85 章注释，并无具体规定，按规则三（一）应选列

明最明确的品目，8512 是机动车风挡刮雨器，比 8708 的汽车零件更为具体，最终应归入 8512.4000。

(7) 由一块面饼、一个脱水蔬菜包、一个调味包组成的袋装方便面。

归类说明：该货品可能归入①第 19 章的面食，②第 7 章的干制蔬菜，③第 9 章的调味料，查阅第 19 章、第 7 章、第 9 章的注释，并无具体规定，按规则三（二）选具有基本特征的品目，第 19 章的面食构成了整袋方便面的基本特征，应归入 1902.3030。

(8) 浅蓝色的平纹机织物，由 50%棉、50%聚酰胺短纤织成每平方米重量超过 170 克。

归类说明：查阅类、章标题，棉属第 52 章，聚酰胺属第 55 章，查阅第 11 类和第 52 章、第 55 章注释，并无提到该合成织物的归类，按规则三（一）、（二）不适用，应按规则三（三）从后归类，按聚酰胺应归 5514。所以应从后归入 5514.3010。

(9) 特殊形状的塑料盒，盒内装有一块指针式石英铜表。

归类说明：上述商品属于适合于供长期使用的包装容器，由于塑料盒只是石英铜表的包装物，无论是从价值还是从作用来看，都不构成整个物品的基本特征。根据归类总规则五（一）故该塑料盒应与石英铜表一并归类，归入 9102.1100。

(10) 装有玻璃高脚杯的纸板箱。

归类说明：装有玻璃高脚杯的纸板箱属于明显不能重复使用的包装容器，根据归类总规则五（二），纸板箱应与玻璃杯子一并归类，应按照高脚杯归入 7013.2800。

(11) 中华绒螯蟹种苗。

归类说明：先确定一级子目，即将两个一级子目“冻的”与“未冻的”进行比较后归入“未冻的”；再确定二级子目，即将二级子目“龙虾”“大螯虾”“小虾及对虾”“蟹”“其他”进行比较后归入“蟹”；然后确定三级子目，即将两个三级子目“种苗”与“其他”进行比较后归入“种苗”。所以中华绒螯蟹种苗应归入子目 0306.2410。

任务实施

归类总规则是为保证每一个商品，甚至是层出不穷的新商品都能始终归入同一个品目或子目，避免商品归类的争议而制定的商品归类应遵循的原则。归类总规则共有六条构成，是指导并保证商品归类统一的法律依据。值得注意的是：归类总规则的使用顺序为规则一优先于规则二，规则二优先于规则三，再归类时必须顺序使用。在对商品进行归类的时候，税目条文、及相关的章注、类注是最重要的。如果按税目条文、及相关的章注、类注还无法确定归类的，才能够按规则二、规则三、规则四、规则五、规则六来归类。解决商品归类的具有法律效力的依据，它们的优先顺序为：品目条文—子目注释—章注—类注—归类总规则。

思考与训练

请根据归类总规则对以下商品进行归类：

(1) 冻猪胃；

(2) 一套散装的带时钟的收音机；

(3) 天然软木制成，外层包纱布的热水瓶塞子；

(4) 一套成套的理发工具，由一个电动理发推子、一把木梳、一把剪刀、一把刷子组成，装于一只塑料盒中；

(5) 成套的理发工具，由一个手动的理发推剪、一把木梳、一把剪刀、一把刷子组成，装于一只塑料盒中；

(6) 吊秤，最大称重为 1000 千克；

(7) 飞机用钢化玻璃；

(8) 由 50%大麦、30%大米、20%燕麦组成的混合物；

(9) 豆油 70%、花生油 20%、橄榄油 10%的混合食用油；

(10) 金属制带软垫的理发用椅。

参考文献

[1] 海关总署报关员资格考试编写委员会．报关员资格全国统一考试教材［M］．北京：中国海关出版社，2012.

[2] 国家质检总局报检员资格考试委员会．报检员资格全国统一考试教材［M］．北京：中国标准出版社，2012.

[3] 张援越．报关原理与实务［M］．天津：天津大学出版社，2008.

[4] 张援越．报关操作实务［M］．北京：中国海关出版社，2010.

[5] 罗兴武．进出口报关实务［M］．北京：中国人民大学出版社，2012.

[6] 仇荣国．报关实务［M］．北京：电子工业出版社，2012.

[7] 童宏祥．报检实务［M］．上海：上海财经大学出版社，2010.

[8] 游蓓蕾．出入境报检实务［M］．北京：中国人民大学出版社，2011.

[9] 田南生，李贺．报检实务［M］．大连：东北财经大学出版社，2010.

[10] 王桂英，赵阔．出入境报检操作实务［M］．北京：中国海关出版社，2011.

[11] 肖旭，韩斌．报检实务［M］．北京：高等教育出版社，2009.

[12] 孙康，王瑞华，朱蕾．报关与国际货运专业单证实务［M］．天津：天津大学出版社，2010.

[13] 刘文丽．商品归类基础［M］．北京：中国商务出版社，2012.

[14] 国家质检总局报检员资格考试委员会．报检员资格全国统一考试教材［M］．北京：中国标准出版社，2011.

[15] 全国国际商务单证专业培训考试办公室．国际商务单证理论与实务［M］．北京：中国商务出版社，2011.

[16] 魏传忠．原产地专业教程［M］．北京：中国商务出版社，2009.

[17] 李秀华，王艳，陈洁民．国际物流单证实务［M］．北京：清华大学出版社，2011.

[18] 高彦．原产地签证业务现状分析［J］．管理学家，2010（2）．

[19] 穆晶．苏州工业园区出境报检业务问题浅析［J］．商品与质量·学术观察，2010（11）．

[20] 周铁．报关实务［M］．长沙：湖南师范大学出版社，2012.

[21] 肖旭，韩斌．报检实务［M］．北京：高等教育出版社，2009.

[22] 孔德民．报检实务［M］．北京：中国海关出版社，2010.

[23] 严思忆，等．国际货物贸易单证实务［M］．北京：对外经济贸易大学出版社，2007.